安徽省博士后科研项目《古代徽州宗教信仰研究》
安徽省教育厅人文社科重点项目《明清徽州的民间信仰研究》
安徽省C类省级重点学科（专门史）建设项目
安徽省高等学校省级教学团队《中国历史与文化》建设项目
安徽大学徽学研究中心资助项目
安徽师范大学皖南历史文化研究中心资助项目
池州学院学术出版基金资助项目

U0746854

GUDAI HUIZHOU
ZONGJIAO XINYANG YANJIU

古代徽州宗教信仰研究

丁希勤◎著

安徽师范大学出版社

责任编辑:孙新文

装帧设计:丁奕奕

图书在版编目(CIP)数据

古代徽州宗教信仰研究 / 丁希勤著 . —芜湖 : 安徽师范大学出版社 , 2012.6

ISBN 978-7-81141-793-7

Ⅰ . ①古… Ⅱ . ①丁… Ⅲ . ①宗教信仰–研究–徽州地区–古代 Ⅳ . ①B928.2

中国版本图书馆CIP数据核字(2012)第128931号

古代徽州宗教信仰研究

丁希勤 著

出版发行 : 安徽师范大学出版社

芜湖市九华南路189号安徽师范大学花津校区 邮政编码 : 241002

网 址 : http://www.ahnupress.com/

发 行 部 : 0553-3883578 5910327 5910310(传真) E-mail : asdcbsfxb@126.com

经 销 : 全国新华书店

印 刷 : 苏州市古得堡数码印刷有限公司

版 次 : 2013年5月第1版

印 次 : 2013年5月第1次印刷

规 格 : 700×1000 1/16

印 张 : 18

字 数 : 303千

书 号 : ISBN 978-7-81141-793-7

定 价 : 36.00元

序

李琳琦

近代歙县人许承尧的《歙事闲谭》收录有《歙风俗礼教考》一文,其中有这样两段论述:

> 徽州独无教门,亦缘族居之故,非惟乡村中难以错处,即城中诸大姓,亦各分段落。所谓天主之堂、礼拜之寺,无从建矣。故教门人间有贸易来徽者,无萃聚之所,遂难久停焉。
>
> 徽州不尚佛、老之教,僧人、道士,惟用之以事斋醮耳,无敬信崇奉之者。所居不过施汤茗之察,奉香火之庙,求其崇宏壮丽,所设浮屠、老子之宫,绝无有焉。于以见文公道学之邦,有不为歧路途惑者,其教泽入人深哉。

此两段话对于徽学研究者来说可谓耳熟能详。高寿仙先生在《徽州文化》一书中就说:"相对来说,徽州由于是新儒学的故乡,儒家价值观的影响深入人心,社会生活基本遵循朱熹所倡导的礼仪和准则,宗教发挥的作用要小一些;族居生活也限制了具有不同信仰的外来人在此定居的可能性。因此,新的宗教很难在徽州找到信奉者,更不可能生根发芽,广为传播。"并引用上述材料以为佐证。也正因此,当前徽学研究虽硕果累累,并已达到了一个很高的层次,但徽州宗教信仰却很少有专文论述,更遑论专著了。二十卷本的"徽州文化全书"对徽州宗教信仰毫无涉及,卞利先生的《20世纪徽学研究回顾》一文也未论及徽州的宗教信仰问题。徽州宗教信仰研究的冷与徽学研究的热形成冰火两重天。

历史上的徽州果真"独无教门"吗?徽州地区现存最早、也是唯一的一部宋代方志——罗愿所纂《新安志》中说:"新安多佳山水,又有前世许、聂遗风,以故人多好仙。"许即许宣平,"歙县人,唐景云中隐于城阳山南坞中,绝粒不食,颜如四十许。"聂乃聂师道,"歙县人,少入老子法中,事道士于方外。后得内传服松脂法,乃与同志登绩溪百丈山采芝。"两人都是宋以前徽州极为有名的道教徒。《新安志》还专列《仙释》一节叙述了宋以前徽州一批著名的道教、佛教徒。此外,东晋大兴二年(319年),僧天然就在休宁万安镇水南村建南山寺;南朝宋元嘉年间(424—453年),有新罗僧人到黄山传经,并在钵盂峰下创建新罗庵。明代,休宁的齐云山成为江南道教的中心。乾隆四十年(1775年),江登云纂辑的歙县江村村志《橙阳散志》卷十《艺文志上》,收录了明末清初歙县江村人江学海的《佛堂山记》、婺源人曹鸣远的《觉华庵香灯田记》和宣城人施闰章的《觉华庵香灯田记》三篇文章,记述了明天启三年(1623年)江村士人和民众在距村四里的佛堂山隋唐时期旧有佛堂遗址上,重建觉华禅院,并"置饭僧田"的经过。这些均表明徽州不仅有"教门",且历史久远、绵延不绝。

其实,前引《歙风俗礼教考》所言要害在"文公道学之邦,有不为歧路途惑者,其教泽入人深哉"一句,"徽州不尚佛、老之教,僧人、道士,惟用之以事斋醮耳,无敬信崇奉之者"之语无非是为了突出"文公道学之邦"的百姓对"文公道学"之笃信。因此,此段话仅仅是徽州人追求儒家一统理想的流露,并非是对客观现实的描述。如果我们据此认为历史上的徽州"独无教门",显然是对历史事实的曲解,也恰表明了我们对历史文献解读上存在的误区。当然,这也在提醒我们在历史研究中绝对不能囿于"传统观点"的框框,而应从历史事实出发,从正确解读文献做起,才能不断地突破和创新,进而推动学术研究的不断向前迈进。

有学者指出,"宗教是文化的核心"。传统的徽州文化可谓博大精深,因而徽州的宗教文化自然也是充满生机和活力的。对徽州宗教信仰研究的漠视,无疑会影响我们对徽州文化的全面、深入的了解。

正是鉴于上述种种考虑,我一直渴望着能有学者投身于徽州宗教信仰的研究。希勤在2007年开始攻读博士学位伊始,即向我表达了要研究徽州宗教信仰的意愿。这与我内心的想法不谋而合。我不仅同意,还鼓励他要不囿陈见,敢于创新,在做足文献功夫和相关宗教理论功夫的基础上提出自己对徽州宗教信仰的认识和看法。

摆在读者面前的这本《古代徽州宗教信仰研究》一书,即是希勤在其博士论文的基础上修改补充而成。该书是目前学术界第一部研究徽州宗教信仰的专著。它不仅较为全面系统地介绍了徽州的儒教、道教、佛教及民间信仰的发展源流、宗教形式、内涵特点,还将它们与徽州社会紧密联系起来,使徽州历史文化中的宗教意蕴得以展现，我想就传统社会而言，这也是符合历史事实的。

值得一提的是，传统的宗教研究，或者从宗教学的角度，只知教义，而忽略其发展源流；或者从宗教史的角度，只知其源流，而不知宗教教义为何物。希勤一直对宗教充满浓厚的兴趣，阅读过大量的道教与佛教经典，故而能将宗教教义与宗教历史熔于一炉，以经佐史，以史证经。如书中关于齐云山玄武信仰和歙县、婺源县五显信仰的研究，就将道教经典《元始天尊说北方真武妙经》、《黄庭经》、《福德五圣经》等经书教义与其历史叙述有机结合，娓娓道来，不仅增强了文字的可读性，更增添了论述的深刻感。书后还附录了大量的资料，为日后他人研究提供了便利。

徽州宗教信仰的内容极其丰富，远非一书所能括尽，亦非一书能尽其堂奥，本书只是初具规模，完全之功，尚待将来。作为徽州宗教信仰研究的第一部专著，书中的一些观点还不够成熟，甚至还存在有不少臆测的成份。好在现在学术环境日益宽松，可以给年轻人更多敢于表达自己观点的勇气，从而推动学术新领域的不断开辟。

学术研究是一个长期的艰辛的过程，同时又充满了无限的乐趣。相信只要付出了劳动，就会有收获；只要坚韧不拔地去追求，定会有成功之日。在此，我衷心地祝愿希勤能在徽学研究，特别是徽州的宗教信仰研究领域再作新贡献。

是为序。

2013年2月18日

目　录

导　读

　　学术界有一种观点,认为宗教是文化的本体,是文明的本质。如英国历史学家阿诺德·约瑟夫·汤因比认为,"像传统历史研究那样单就国家而论历史,是根本无法涉及历史之本性的,历史的载体本来就是文明,历史的意义即寓于作为历史之现象的文明之中,而宗教信仰则是文明社会的本质体现,是文明过程的生机源泉。"①另一位英国历史学家洛德·阿克顿认为"宗教是历史的钥匙"②,美国神学家保罗·蒂利希认为"宗教是文化的实体,文化是宗教的形式"③,而清华大学的王晓朝也认为"宗教是文化的核心"④等。徽州文化作为一种"博大精深的文化",儒释道教以及众多的民间信仰在其中的作用也是渊源有自的。

　　安徽省的地形基本上可分三大块:皖北平原、江淮丘陵、皖南山区。徽州地处皖南山区,有黄山、齐云山等名山,"自古名山僧占多",徽州历史上宗教信仰也非常兴盛。徽州的黄山、齐云山均与道教有关,"相传黄山为轩辕与容成、浮丘炼丹处"⑤,而齐云山则是我国道教名山之一。徽州又称新安,宋代罗愿的《新安志》曰:"新安多佳山水,又有前世许、聂遗风,以故人多好仙。"⑥晋以后佛教开始传入,到唐宋时期,逐渐形成北有九华山和黄山的佛教、南有齐云山的道教、中有新安儒教的广大宗教信仰局面,并最终在徽州地区形成了一个以儒教为主、以佛道为辅、以民间信仰为基础的复杂的多神崇拜的宗教信仰体系,它维系了徽州历史上几千年稳定的社会秩序,促进了徽州社会的发展与进步,因而对其进行研究具有非常重要的意义。

　　本书共分五个部分:徽州儒教研究、徽州道教研究、徽州佛教研究、徽州民间

---

①　张志刚:《宗教文化学导论》,东方出版社1996年版,第324页。
②　张志刚:《宗教文化学导论》,东方出版社1996年版,第107页。
③　[美]保罗·蒂利希著,陈新权、王平译:《文化神学》,工人出版社1988年版,第53页。
④　王晓朝:《文化视域与新世纪宗教文化研究的基本走向》,《世界宗教研究》,2002年第3期。
⑤　(清)赵吉士:康熙《徽州府志》卷十八《仙释》,康熙三十八年万青阁刻本。
⑥　(宋)罗愿:《新安志》卷十《叙杂说》,清嘉庆十七年刻本。

信仰研究、徽州宗教信仰与徽州社会研究。在儒教部分,选择了徽州历史上流行的坛壝、祠庙、祠堂(或家庙)和庙学等宗教祭祀形式作为研究对象,四者是儒教在地方上的宗教实物形态,比较真实地反映了徽州儒教的信仰状况。在道教部分,重点是研究徽州道教信仰的发展史与道教思想。徽州道教信仰经历了由黄山到民间再到齐云山的发展历程,道教信仰渊源深厚,具有原质性的特点,每一次发展都促进了徽州社会的进步,产生了深远的影响。在佛教部分,徽州不重视佛教,但却出现了不少的佛门高僧,且都与黄山有一定的联系,因而本部分以黄山为主,重点是研究徽州佛教高僧的思想和徽州佛教的特点。在民间信仰部分,徽州民间信仰非常丰富,文中主要是考察徽州本地所产生的民间信仰,选择了徽州历史上影响较大的程灵洗信仰、汪华信仰、五显灵顺信仰和明清时期的目连戏作为考察对象,重在梳理徽州历史上民间信仰的发展脉络与内在规律。徽州民间信仰以儒释道三教为主要内容,儒释道的每一次发展都促进了徽州民间信仰的发展。唐朝以前,徽州流行早期道教传说,徽州民间信仰以道教为主要内容。唐宋元时期,徽州的儒教、道教和佛教都有了很大的发展,徽州民间信仰也以三教为主要内容,并形成了一定的发展模式。明清时期,齐云山道教和黄山佛教兴盛,促进了徽州目连戏的兴起。目连戏是徽州民间三教合一的产物,标志了徽州民间信仰发展的高级水平。目连戏以劝善思想作为总结[①],劝善思想是徽州民间信仰的主要思想,也是儒释道三教的主要思想,同时也是我国民间最伟大的思想之一。在徽州宗教信仰与徽州社会部分,主要是研究徽州宗教信仰对徽州社会的影响。大体上说,徽州历史上的宗教信仰是徽州区域社会精神价值的集中体现,在漫长的历史年代里曾促进了徽州社会的进步与发展,尤其是明清时期齐云山道教和黄山佛教的兴起使徽州闻名遐迩。但由于明清王朝宗教政策的变化,明清徽州民间宗教信仰结构逐渐失衡,对徽州的可持续发展产生了一定的负面影响。

　　徽州是我国古代一个重要的地方区域社会,通过徽州宗教信仰的研究可以展示我国古代社会的宗教信仰结构及其发展变化,并藉此探讨我国封建社会兴衰的宗教信仰上的原因。研究结果表明:自东汉以后,儒释道日益成为中国人的基本宗教信仰,三教形成一定的互补关系,对维护地方社会的稳定起到了重要的作用。但明清时期由于国家宗教政策的变化,儒教日益强化,佛道日渐逶弱,儒

---

① 见本书第四章《目连戏与劝善信仰》。

教与佛道之间的关系日趋紧张,导致三教的衰落,三教的衰落又导致社会道德的腐败,明朝就是在这种情势之下走向灭亡的。到了清朝,人口又大量增长,日渐萎缩的宗教信仰资源无法满足日益增长的人口的信仰需求,于是民间宗教大量兴起,而民间宗教在一定程度上又被统治者视为"异端"或"淫祠"而加以取缔甚或严厉打击,致使民间宗教信仰问题日趋尖锐化并集中爆发,最终在很大程度上推动了清朝统治的覆亡。

徽州宗教信仰是徽州区域社会的宗教信仰,具有以下特点。

1. 山区性

徽州多山,"州在万山中"①、"六邑皆环山以居"②,山区环境复杂,生活条件比较恶劣。山区居民大都有宗教信仰的心理需求,如南宋婺源道士李玉琳的宗教思想就涉及徽州山区的"蛟"、"蛟妖"、"猴精"、"狐精"、"白蛇"、"狂邪"、"山魅"、"井妖"、"魑魅"、"妖邪"、"鬼魅"、"鬼物"、"夔鬼"等内容(参见第二章中"李玉琳与经教符箓")。山区居民一般不能正确认识这些自然现象,只能用宗教来驱邪、制鬼、治病、祈祥和纳福,因而使徽州宗教信仰呈现出浓厚的山区性。"自古名山僧占多",徽州多山,也为道教和佛教的活动提供了良好的场所,如齐云山的道教、黄山的佛教均处深山中。宋代罗愿的《新安志》曰:"新安多佳山水,又有前世许、聂遗风,以故人多好仙。"③正是这一山区性的表现。

2. 道学性

康熙《徽州府志》曰:"徽州,道学之乡,不重二氏,虽有名号禅师开堂说法,人不响应,旋即废之。"④表明徽州宗教信仰具有道学性。所谓"道学"即是儒教和道教的混合物,徽州流行儒教和道教,但以道教为主。道学性在内容上表现为天地人三才合一,如徽州的五显灵顺信仰、玄帝信仰、文昌信仰、黄山信仰、程朱理学信仰等,均是徽州天文、地理与人文的结合,其中五显灵顺信仰是徽州天文方位、地理建置与徽州人的结合,玄帝信仰是徽州玄武星座与齐云山及朱熹的结合,文昌信仰是文昌星与黄山信仰的结合,程朱理学信仰是天道、性命与"程朱阙里"的结合。道学性在现实生活中表现为重践履、黜浮华、崇实学,如晋以前徽州山区道教以炼丹为主,唐宋徽州民间道教注重实用性,宋明程朱理学注重践履,明清齐云山道教注重斋醮和世俗性等。"二氏"在这里主要是指佛教,徽州佛教在

---

① (明)汪舜民:弘治《徽州府志》卷一《形胜》,弘治十五年刻本。

② (明)鲁点:《齐云山志》卷首《序》,明万历刻本。

③ (宋)罗愿:《新安志》卷十《叙杂说》,文渊阁四库全书本。

④ (清)赵吉士:康熙《徽州府志》卷十八《仙释》,道光七年刻本。

隋唐时期流行禅宗,但在宋朝以后,由于受儒教和道教尤其是程朱理学的影响,也呈现出浓厚的道学性。如明朝憨山德清评价黄山广寄和尚,"吾沙门之行,贵真修实证,不在炫名闻、立门庭为得也,以公之高明多艺,博识广闻,一入法门,即尽情屏绝,精心为道,如愚若讷,居常一念,密密绵绵,见人不发一语,问者唯唯,一笑而已,至若处同袍,忘人我,脱略形骸,无不爱而敬之。"①宋朝以后徽州也出现过一些著名的禅师,如宋代的释道宁、释嗣宗等都是徽州人,但主要蹿红于外邦,对徽州本地影响不大。由此观之,徽州儒释道三教都具有浓厚的道学性。

3. 道场性

道场性是指宗教信仰以道场文化为主,徽州的道场文化主要有新安的儒教、齐云山的道教、黄山的佛教和一些民间信仰,四者各有独立的发展体系,有各自固定的信仰内容,分别以程朱理学、玄武、文殊、程灵洗、汪华和五显为信仰核心,具有地方性和原质性的特点,不仅对徽州区域社会产生了重要的影响,且对周边地区形成了强烈的辐射,从而呈现出鲜明的道场性。如新安的儒教有"东南邹鲁"、"道学之乡"的美誉。齐云山有"玄帝之居"的美称,清《齐云山志·序》曰:"齐云旌甲江南,与黄山并峙,其山水之英姿,神灵之感应,宇内莫不仰而宗之。"②黄山是江南文殊菩萨的道场,有"文殊座出悬崖顶"、"飞下清凉界"之誉,其开山神僧唯安在明朝时曾饮誉京师。宋元时,张松谷栖息黄山,"历宣、歙、休、池,顶礼云集而祈求祷卜,其应如响。"③在民间信仰中,徽州的汪华信仰和五显灵顺信仰也产生了重要的影响,如浙江西湖有汪王庙,安徽庐江府有汪越公庙,江苏江宁府有汪越国公祠等,均祀汪华,"忠烈庙(即汪华)遍江浙而其祖庙实在徽郡"④。又如婺源的五显灵顺信仰,元《礼部集》曰:"婺源五显之神闻于天下尚矣,……每岁夏初,四方之人以祈福会集祠下者,上穷荆越,下极扬吴,御舟塞川,重雾翳陌,百贾列区,珍货填积,赋羡于官,施溢于庙,浃旬日乃止,尤为一邦之盛。"⑤

4. 政教性

政教性是指徽州宗教信仰含有政治教育的特点,包括政治性和教育性。

徽州宗教信仰大都与政治有密切的联系。如儒教信仰是科举与官僚制度崇拜的产物,程朱理学的集大成者朱熹被朝廷封为"徽国公"、"齐国公"。在道教信

---

① 《憨山老人梦游集·新安黄山掷钵庵寓安寄公塔铭》,《卍新纂续藏经》第七十三册,CBETA版。

② 齐云山志编纂办公室:《齐云山志》,黄山书社1990年版,第351页。

③ 《馆田李氏宗谱》卷二十四《松谷真人事略》,清光绪三十三年刻本。

④ 《宏村汪氏家谱》卷二十二《事实》,乾隆十三年刻本。

⑤ (元)吴师道:《礼部集》卷十二《婺源州灵顺庙新建昭敬楼记》,文渊阁四库全书本。

仰中,相传黄山为轩辕与容成、浮丘炼丹处,轩辕即黄帝,是我国最早的政治领军人物。在齐云山的玄武信仰中,玄武又名"玄帝",在道教传说中为净乐国王与善缘王后所生,与王室关系非常密切,因而宋朝以后成为重要的国家信仰,这也是宋朝和明朝重视齐云山道教的主要原因。在民间信仰中,程灵洗和汪华分别是南朝梁陈和隋唐时期朝廷的显贵,程灵洗是大将军,汪华是越国公,而婺源五显灵顺信仰的实质是五脏六腑信仰,五脏六腑是人体最重要的器官,显然又与"官"联系在一起。凡此,说明徽州宗教信仰有一股浓重的官化倾向,反映了徽州人骨子里有一种很深的政治情结。

　　教育性是徽州宗教信仰的另一个重要的特点。弘治《徽州府志》曰:"六县事迹以类纂辑,首地理,次食货,又次封建、职制、公署、学校、祀典、恤政、选举、人物、宫室、寺观、祥异、词翰,而终之以拾遗。盖建立,郡邑既定,然后山川城郭乡市之类有所附,田地户口贡赋之类有所统,由是建官而设属,由是敬神而爱民,由是育才而取士。"①其中祀典、寺观、祥异是属于宗教信仰的内容,"由是建官而设属,由是敬神而爱民,由是育才而取士",说明宗教信仰是徽州地方上的三件大事之一。如清朝徽州知府李公嵩上任之始即修府学先师庙,并慨然曰:"成民致神,先务斯急,不即不图,罚其在予。"②发展地方宗教信仰,可以达到"敬神而爱民"的目的,有利于地方的风俗教化,因而徽州积极扶持儒释道三教的发展,一些重要的祠庙和寺观的建设,一般都是由地方呈报朝廷,由皇上颁赐御旨敕建。如祭祀程灵洗的世忠庙、祭祀汪华及其从神的忠烈庙、祭祀五显的灵顺庙、祭祀玄武的玄天太素宫、祭祀文殊的慈光寺等,都是由朝廷和地方共建,充分体现了封建国家和徽州地方利用神道设教、化民正俗的教育目的。又如元朝的定宇先生祠,"先贤祠宇,学人诵习之区也,关系教化实非浅……于以继往圣之绝学,开万世之太平,道由此矣。"③宋代歙县的太平兴国寺有应梦罗汉院,其建立有"祗祗梦乞归严寺,要使邦人习气移"之语,而该县的天宁万寿禅寺在元代曾为"郡都道场",说明这些祠寺在教化人心方面发挥了重要的作用。

　　徽州宗教信仰的教育功能与其他地区相比,具有以下优势:第一,徽州是一个高移民社会,移民大都有宗教信仰的心理需求;第二,徽州祠庙与寺观的数量较多;第三,徽州地方官僚和文士对宗教信仰办理殷殷、不遗余力;第四,徽州儒

---

① (明)汪舜民:弘治《徽州府志》卷一《凡例》,弘治十五年刻本。

② (清)夏銮:道光《徽州府志》卷三《学校·秀水郑虎文徽州府修学记》,道光七年刻本。

③ (清)夏銮:道光《徽州府志》卷三《坛庙》,道光七年刻本。

释道三教与民间信仰紧密地结合在一起,化民正俗的目的比较明显;第五,徽州宗教信仰具有鲜明的道场性,对其他地区影响较大。由于这些原因,徽州宗教信仰的教育功能比其他地区要相对发达一些,而呈现出明显的教育性,且其教育性与政治性紧密地结合,成为徽州不断地向外发展和输出其大徽州观念的有力武器。

以上四大特点是由徽州得天独厚的地理环境所决定的。徽州北边是黄山,南边是齐云山,中间是盆地,新安江沿狭长的山间盆地自东南鳙口而出,山环水抱盆地开,四面辐辏神人来。这种独特的地理环境决定了其宗教信仰主要有四大特点,即万山决定了它的山区性,大山如黄山、齐云山决定了它的道场性,大水如新安江决定了它的道学性,盆地为人口聚居地,决定了它的政教性。山是佛教之象征,"自古名山僧占多",徽州最大的山乃黄山,黄山主要与轩辕和文殊信仰有关。水是道教之象征,《道德经》云:"上善若水,水善利万物而不争,处众人之所恶,故几于道",水变为云,云化为水,故齐云山以道教著名,而新安江亦因水而为道学性之表现。以上几大特点可以用《易经》的卦象作解释,如黄山和齐云山组成艮卦,《易经》艮卦曰:"兼山,艮,君子以思不出其位","艮,止也,时止则止,时行则行,动静不失其时,其道光明。""思不出位"和"其道光明"即是道场之义。新安江的卦象为坎卦,《易经》坎卦曰:"水再至,坎,君子以常德行,习教事。""常德"即是道学性之表现,佛教有"平常心是道"之说。新安江和盆地合成泽象,与周围的大山构成损卦,《易经》损卦曰:"山泽,损,君子以惩忿窒欲",是为新安程朱理学"存天理,灭人欲"的地域环境。盆地与泽又构成临卦,《易经》临卦曰:"地泽,临,君子以教思无穷,容保民无疆",是为政教性之表现。

徽州宗教信仰的四大特点是由徽州的山、水、盆地及地形的特点所决定的,地理上的优势及其独一无二的组合决定了徽州宗教信仰在我国古代地方宗教文化中占有一席之地。

1. 在皖南地区宗教文化中的地位

皖南地区的宗教文化主要有四大体系,即以九华山、黄山为中心的菩萨文化体系,以宣州为中心的禅宗文化体系,以齐云山为中心的道教文化体系以及以新安为中心的程朱儒教体系。四大体系分别以池州、宣州和徽州为其代表,池州有九华山地藏菩萨道场,宣州有杯渡禅师、南宗巨伟、大慧宗杲、黄蘖希运、南泉普愿等禅宗巨擘,徽州有黄山的文殊菩萨信仰、齐云山的玄武信仰、民间的五显灵顺信仰以及新安儒教信仰。若以教门论,则池州以佛教著称,宣州以禅宗著称,而徽州以儒教和道教著称。若以宗教本质论,则池州的地藏有"幽冥教主"之称,主管地狱,为鬼的宗教;齐云山的玄武为天上之神,玄武"誓断天下妖魔"、"间分人鬼",而黄山的文殊菩萨则主管智慧,它们与程朱儒教一样同属于人的宗教。故池州重鬼,傩戏发达,徽州重人,文教发达;宣州重禅宗,艺术发达。若以境界论,则文殊菩萨的境界最高,地藏其次,玄武又其次,禅宗又其次之次,而程朱为末,故徽州复杂,池州深沉,而宣州简约。若以贡献论,则徽州的宗教天人合一,对人的贡献最大;池州的宗教为末世之审判,对社会的贡献最大;宣州的宗教为生命之超越,对艺术的贡献最大。可以说,徽州的宗教信仰与人的关系最为密切,是皖南地区宗教文化中最重要的人脉一派。

这一点还表现在徽州六县的人形布局上(参见图1、图2)。明清时期齐云山玄武信仰兴盛,玄武帝是一个人的形象,徽州地图深受其影响,也呈人的形状。如绩溪县为人之首脑①,歙县为胸腔,休宁县为腹腔,祁门县和婺源县分别为腿部。徽州多山,人在山中行走重视腿部的力量,故又设黟县在大腿上。歙县是心脏之所在,故徽州府设在歙县。休宁县为腹腔,腹腔多水,故齐云山处在人的下腹位置,"其东北石壁五彩状,若楼台在空中势欲飞动,又如神仙五六人凭栏观望",是对其上五脏六腑形象的描述。齐云山在休宁境内,其神为玄武,故休宁县治是按照玄武的形象造的,道光《休宁县志》曰:"形家以县治为真武坐坛形,面玉几诸峰为六丁六甲,东墩为龟,南巳街为蛇,前直街为剑,阳山为皂纛旗。"真武即玄武,于五行为北方之水,其形象为龟蛇合形,龟象征了男性之根,蛇象征了女性。从地图上看,休宁县南方一条狭长的地带绝似男性之根,而齐云山"层岩去天近,织女夜鸣机",似乎又为女性之思。②二者交媾生水,故休宁县下方有浮梁、鄱湖等蓄水之地。六县中均设有灵顺庙,供奉五显神,始建于徽州府治所在地,实质上为脏腑信仰,它使徽州更加拟人化。道经中的玄武是"脚踏螣蛇、八卦、神龟",因此婺源县呈龟形,县城中的"星源八景",县域的主要山脉旧分为八段,明嘉靖时城开八门等,皆是八卦之象征,而婺源县城"实依山阜,阜形类蚰蛇,是称蚰城","城内西北隅山形类蚰蛇蟠结",又当取法螣蛇。这一布局大约成型于明朝洪武二年③,延续至民国时期,图中显示的乃一人跨步前进之姿态,象征了明清时期徽州的崛起与发展。总之,徽州六县的布局符合生理学原理,可谓是徽州宗教信仰的一大特点。

---

① 绩溪为人之首脑,其体积小而为精华之所系,故《光绪重修安徽通志》卷三十四《风俗》曰:"大江之东以郡名者十,而士之慕学新安为最。新安之地以县名者六,而邑小士多以绩溪为最。"

② (明)汪舜民:弘治《徽州府志》卷一《山川·齐云岩》,弘治十五年刻本。

③ (明)汪舜民:弘治《徽州府志》卷一《建置沿革》,弘治十五年刻本。

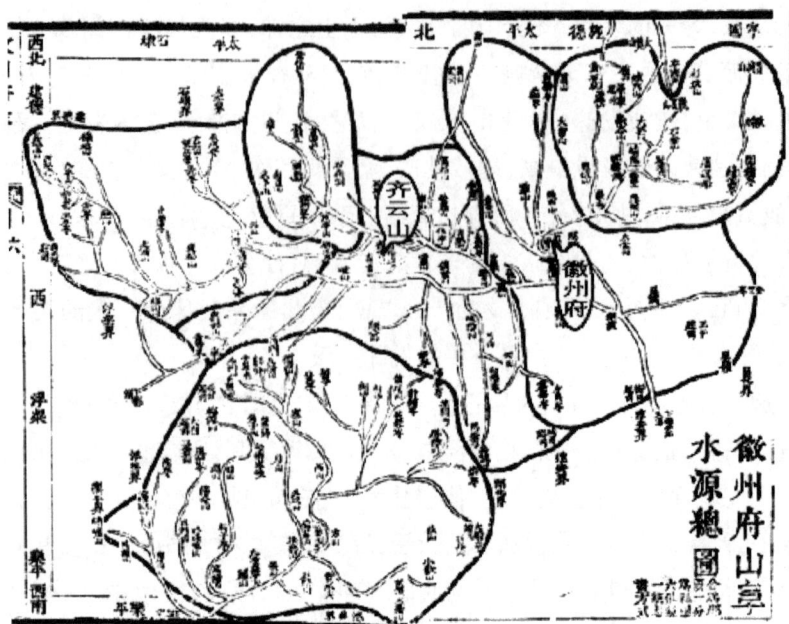

图1　康熙时期徽州全图①

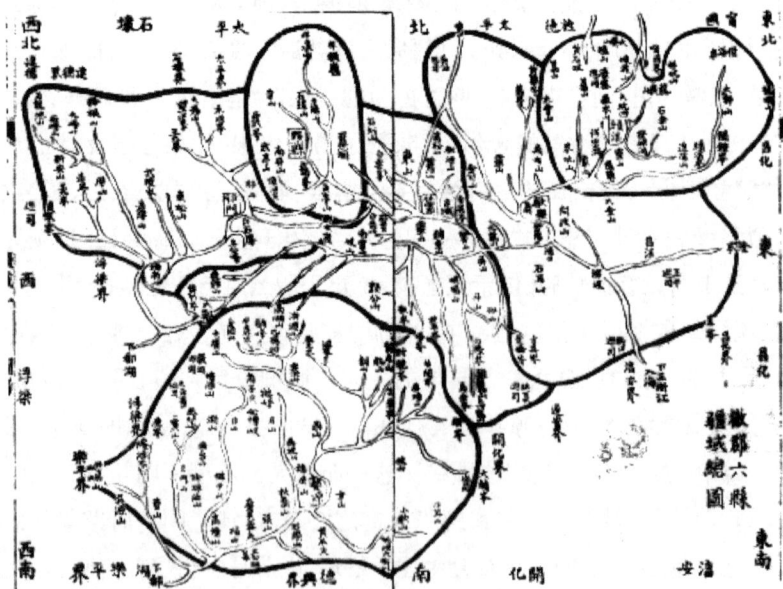

图2　民国时期徽州全图②

① 此图出自康熙《徽州府志》卷首《图说》。
② 此图出自民国《婺源县志》卷二《疆域图考》。

2. 在我国区域宗教文化中的地位

徽州虽曰三教流行，但佛教并不十分受重视，且其影响多被九华山的佛教和宣州的禅宗所遮蔽，因而在徽州区域宗教文化中主要是以儒教和道教著称。其中，儒教有"东南邹鲁"、"文公阙里"、"程朱阙里"、"道学之乡"、"道德之乡"的美誉，而齐云山的道教则有"玄帝之居"的说法，为我国道教四大名山之一。我国道教四大名山分别是武当山、龙虎山、青城山和齐云山。其中，龙虎山是张道陵的得道之地，传说张道陵在此修炼，"龙虎现而道成"，而青城山是张道陵得道之后入蜀创教之地，传说张道陵在此创立五斗米道，因而两者分别是道教创始人张道陵的得道之地和创教之地。武当山和齐云山的由来大致与此相同。二者信仰玄武，玄武是天上北方七宿（斗牛女虚危室壁）之神，传说玄武是在"太和山"修炼而得道，"太和山"即武当山，因而武当山是玄武的得道之地，而齐云山"测野在斗牛之墟而虚危之宿值焉"，在地理位置上与天上玄武星象相应，被认为是"玄帝之居"、"玄帝宫焉"，齐云山因之又名"中和山"。此外，齐云山的玄武信仰还与朱熹、朱棣联系在一起，这是武当山所不能及之处。至于其他的道教名山，如五岳、茅山、阁皂山、罗浮山、终南山、崂山、武夷山等，或为道教方位神之所在，或为一代宗师所创，地位均在四大名山之下，不足为埒。玄武信仰兴起于宋朝，是国家的守护神，徽州玄武的本体是朱熹，朱熹在宋朝时被称为"齐国公"。到明朝时，朱棣起兵北方，认为是得玄武之佑，因而特别崇奉玄武，迨至嘉靖、万历等朝，皇帝曾多次临幸或敕封齐云山，齐云山因此成为明朝的皇家道场。至清朝，乾隆皇帝南巡时封齐云山为"天下无双胜境，江南第一名山"，其旅游意味渐浓。至此，齐云山的道教名山地位才最终确立。观其确立的过程，可以发现齐云山道教始终与朝廷政治联系在一起。

前面已经讲过，政治性是徽州宗教信仰的一个重要的特点。政治性在方位上为中间，在颜色上为黄，在数字上为五，在五行上为土。如齐云山号称中和山，齐云山的玄帝信仰与天枢有关，黄山及文殊信仰与五字有关，黄山的轩辕黄帝、绩溪的"三天子都"与中央有关，婺源的五显灵顺信仰与五脏有关，五脏位于人的绛宫，是为中丹田等。"玄"、"黄"、"五"、"中"表明徽州宗教信仰有以天下之中自居的特点，当是徽州宗教信仰在我国区域宗教文化中的地位及其重要性的又一显征。这一特点还表现在其行政建置上。徽州的前身分别是歙黟县、新都郡、新安郡和歙州。歙黟二县建于"秦并天下"之年，是为庚辰年。新都郡建于汉献帝建安十三年，始领六县，是为戊子年。新安郡建于晋武帝太康元年，仍领六县，是为庚子年。歙州建于隋开皇九年,是为己酉年,至唐大历五年复统六县,是为庚戌年,此后成为定制。徽州建于宋徽宗宣和三年,是为辛丑年。黄山原名黟山,为唐天宝六年六月十七日敕改,是为丁亥年丁未月辛酉日。丑、辰、未、戌、戊、己皆为土,而庚、辛、酉皆为金[1],乃土生金,反映了五行的贵生观念,成为后来徽商的经济伦理[2]。土在中间,其色黄,《易经》坤卦曰:"君子黄中通理,正位居体,美在其中,而畅于四支,发于事业,美之至也。"可为古代徽州宗教信仰之概括。

---

[1] 我国古代天干地支与阴阳五行的对应关系:甲乙、寅卯为木,丙丁、巳午为火,戊己、丑辰未戌为土,庚辛、申酉为金,壬癸、亥子为水。

[2] 土在五音中为宫,金在五音中为商,土生金即宫生商。古代宫与官通用,宫生商亦即官生商。官商结合是徽商的重要的商业伦理之一。

第一章　徽州的儒教

　　关于儒教是否为宗教目前学术界尚存在争议,一般认为儒教非宗教,但具有一定的宗教性。既然具有一定的宗教性,就会有一定的宗教形式,儒教的宗教形式主要存在于它的祭祀活动中。子曰:"祭如在,祭神如神在"①,神的维度就是宗教的维度,因而祭祀也就意味着宗教之成立。②徽州儒教的宗教形式主要有坛庙、祠堂和庙学,它们一般都设有神主牌位,有固定的祭祀场所、礼仪和一定数量的致祭人群,以儒学信仰为主要教条,其内核基本上是神学的。其中,坛庙是封建国家所规定的儒教的主要祭祀制度,一般又称祀典,祠堂是坛庙制度在家族和地方上的延伸,是属于家族和地方的祭祀制度,而庙学是祠庙与儒学的结合,最能体现儒教的宗教性质,因而三者是儒教的主要的宗教形式。另外还有一些宗教形式如民间的五祀、丧礼等,也与儒教有关,但不是主要形式。儒教在地方上就存活于这些具体的宗教形式之中,一旦这些宗教形式不存在了,那么儒教也就不存在了,而单纯的儒学只是一种学术,并不是宗教。

　　徽州儒教的历史可分两个时期:唐宋时期和明清时期。唐宋时期是徽州儒教的形成时期,其形成的标志是"文公阙里"的形成。明清时期是徽州儒教的加强时期,徽州儒教的宗教性进一步加深,并呈现出扩大化的发展态势,使明清徽州社会深深烙上儒教的痕迹,且因祠庙数量众多及其地方性而打上鲜明的徽州特色。徽州儒教的宗教形式中尤以祠庙最为重要,祠庙所祭祀的社会神是徽州社会秩序、道德和价值的主要的神学载体,对维护徽州社会的长期稳定与发展起到了非常重要的作用。徽州祠庙主要表达了六种儒教信仰,其中又以程朱理学信仰为主,徽州因此又被誉为"文公阙里"和"程朱阙里"。但实际上,二程和朱熹

---

　　① 李泽厚:《论语今读》,安徽文艺出版社1998年版,第87页。
　　②《礼记·礼运》曰:"圣人参于天地,并于鬼神,以治政也。"《礼记·祭法》曰:"合鬼与神,教之至也。"《论语·雍也第六》曰:"务民之义,敬鬼神而远之,可谓知矣。"可知儒教对待鬼神的态度,无疑是承认了鬼神的存在,而鬼神正是宗教的核心,祭祀鬼神表明儒教也是一种宗教。

并不是徽州人,他们与徽州的关系主要是一种祖籍和学术上的关系,但这一关系适应了徽州社会发展的需要,因而被徽州后世文人无限放大并积极用于徽州社会的造神运动,从而对徽州产生了重要的影响。

一 徽州儒教的宗教形式

徽州儒教的宗教形式主要有坛庙、祠堂和庙学,总称祀庙。弘治《徽州府志·祀典》曰:"民非谷则不食,谷非土则不生,土非风云雷雨则不滋,云雨非山川之气上升则不降,鬼之为厉,非有所依则不息,故皆坛以祀之。礼有法施于民者,有以死勤事者,有以劳定国者,有能御大灾者,有能捍大患者,非崇德以报功则不义,故皆庙以祀之。"[1]二者合而言之即坛庙。此外,徽州民间还流行大量的祠堂(家庙),徽州府县还存在庙学,二者也是儒教的主要的宗教形式。

(一)坛 庙

坛庙即坛壝和祠庙,二者是儒教的主要的祀典制度。《礼记·祭法》曰:"天下有王,分地建国,置都立邑,设庙、祧、坛、墠而祭之,……去墠为鬼。……夫圣王之制祭祀也,法施于民则祀之,以死勤事则祀之,以劳定国则祀之,能御大灾则祀之,能捍大患则祀之。……山林、川谷、丘陵,民所取财用也。非此族也,不在祀典。"其中,山林、川谷、丘陵、坛、墠、鬼即坛壝,《礼记集说》广汉张氏疏曰:"古者诸侯各得祭其境内山川,山川所以为神灵者,以其气之所感能出云雨润泽群物,是故为之坛壝。"[2]"夫圣王之制祭祀也……"即祠庙,而庙、祧相当于后世的祠堂。《明集礼》曰:"周制祖庙,天子七,诸侯五,大夫三,适士二,官师一,庶士庶人无庙,祭于寝。汉世公卿贵人多建祠堂于墓所。魏晋以降渐复庙制,其后遂著为令,以官品为所祀世数之差,……先儒朱子约前代之礼,创祠堂之制,为四龛以奉四世之主,并以四仲月祭之,其冬至、立春、季秋、忌日之祭则又不与乎四仲之内,至今士大夫之家遵以为常。"[3]可见,坛壝和祠庙是儒教的主要的祀典制度,而民间的祠堂则是由贵族的"庙、祧"演变而来的,也是儒教的一种重要的宗教形式。

---

① (明)汪舜民:弘治《徽州府志》卷五《祀典》,弘治十五年刻本。
② (宋)卫湜:《礼记集说》卷三十一,文渊阁四库全书本。
③ (明)徐一夔:《明集礼》卷六《品官家庙》,文渊阁四库全书本。

据弘治《徽州府志·祀典》载,徽州坛壝的祭祀对象,本府有社稷坛(社者,土地之神;稷者,五谷之神)、风云雷雨山川坛、郡厉坛、乡厉坛、里社坛共5种,各县与府同(歙县从府祀),惟改郡厉坛为邑厉坛,也是5种,府县共30种。道光《徽州府志》改为社稷坛、风云雷雨山川城隍坛、先农坛、厉坛、乡厉坛、里社坛,府县共29种。可以看出,坛壝的祭祀对象主要是自然神。坛壝都有相应的祭祀机构,如社稷坛,"在府城镇安门外,其坛社右稷左,建神厨、宰牲房、库房各三间,洗牲宰牲各有池,有井缭以垣墙。按礼部则例,祭社稷坛以春秋仲月上戊日为民祈报,各府州县以正印官将事,以各学教官纠仪,生员充礼生,掾吏执事。"①与坛壝相比,徽州祠庙比较兴盛。祠庙分府和县两种类型,以弘治《徽州府志》为例,本府主要有城隍庙、忠烈庙(祀唐汪越国公)、世忠庙(祀陈将军程忠壮公)、郡守孙公祠(祀明朝知府孙遇)、蔺将军庙(祀隋将军蔺亮)、义勇武安王庙(祀关公)、东岳庙(祀东岳大帝)、灵顺庙(祀五显神)、通真庙、玄坛庙共10种;各县的祭祀情况如下:歙县28种,休宁23种,祁门23种,黟县19种,婺源18种,绩溪13种,新安卫1种,县共125种,府县共135种。坛壝主要是祭祀自然神,是人的自然关系的反映,而祠庙主要是祭祀社会神,是人的社会关系的反映,人的社会关系通过所祭祀的社会人物诸神得以表达、沟通和加强。所祀社会诸神主要有五种情况:"法施于民者,以死勤事者,以劳定国者,能御大灾者,能捍大患者",分而言之,又有135种之多。每种神都有相应的神格,如城隍神为"城池之神";汪越国公称"吴王",为地方"总管";程忠壮公"出身用武,以立功显",为武神;郡守孙公,"郡人怀之",是地方官楷模;蔺将军,"靖难有功于斯人",为地方靖难神;关公,"王之义勇,古今所称",为义勇神;东岳大帝"主治死生,百鬼之帅也",为生死神;五显神,"旱涝祷之辄应,民有疫疠,以告于神,皆获安全",为灵应神。其它如婺源的朱文公家庙、歙县的杨先生祠、休宁的定宇先生祠等祭祀理学名臣,绩溪的梓潼山庙祀功名禄位之神等。②如果说每一个神都对应了一种信仰,那么135个神就对应了135种信仰。信仰是社会道德规范、行为准则和价值观念的基础,而神又是信仰的基础。道德因获得信仰的力量,它才能蔚为一种不朽,而信仰一旦失去了神性的支持,它只能是一副空壳。因而,徽州祠庙所祀社会诸神是徽州社会价值的源泉和象征,是徽州社会秩序的立法者、维护者和葆有者。倘若没有这些祠庙及其发达的祭祀功能的存在,徽州的社会道德、价值观念乃至社会秩序就会成为无

---

① (清)夏銮:道光《徽州府志》卷三《坛壝》,道光七年刻本。

② (明)汪舜民:弘治《徽州府志》卷五《祀典》,弘治十五年刻本。

源之水、无本之木。

（二）祠　堂

祠堂也是徽州儒教的一个主要的宗教载体。《绩溪仙石周氏宗谱》曰："我徽宁各姓皆聚族而居，重祠堂谱牒，故风俗厚。"①祠堂是宗族内部祭祀祖先的重要场所。《礼记·郊特牲》曰："万物本乎天，人本乎祖，此所以配上帝也"。"配上帝"表明祠堂是一宗教活动场所。《朱子家礼》曰："君子将营宫室，先立祠堂于正寝之东，为四龛以奉先世神主……置祭田，具祭器，主人晨谒于大门之内，出入必告，正至朔望则参，俗节则献以时食，有事则告。"正是对这一宗教行为的描述。"或有水火盗贼则先救祠堂，迁神主、遗书，次及祭器，然后及家财。"②表明祠堂在古人的心目中占据着极其重要的地位。与祠堂相连的是族谱，"谱牒之作乃宗法之遗意也，上可以知吾身所自出，下可以知族派所由分。"③"（所以）求敦睦宗亲之道，翼以示范后世，启迪将来。"④可见，祠堂与族谱是家族崇拜中并行不悖的两种制度，前者是向上的制度，乃追本溯源，美报先人，后者是向下的制度，乃示范后世，启迪将来，合而为之乃尊祖、敬宗、收族、示后之意。通过祠堂可以祈求祖灵保佑宗族繁衍昌盛，通过族谱可以使族人相维相系相周相恤之宣传之无穷，二者是徽州家族祀法的主要形式，是维系徽人内心世界精神秩序的主要支柱。

（三）庙　学

庙学是我国一个古老的教育制度，一般流行于府、县。《礼记·文王世子》云："凡始立学者，必释奠于先圣先师。"据台湾高明士先生考证，我国最早的庙学大约出现于东晋孝武帝时的"庙屋"，到北魏孝文帝时开始在国子学中建立孔子庙，唐太宗贞观四年诏令全国县学皆建置孔子庙。⑤徽州有庙学始自唐朝，宋代罗愿的《新安志》曰："先圣庙及学，自唐至国朝在城之东北隅。"⑥至宋朝徽州庙学"规制雄丽，愈于他郡"⑦。庙学中置有祭祀礼仪制度，如徽州府学，宋嘉定十一

---

① 《仙石周氏宗谱》卷二《仙石十景诗序》，宣统三年刻本。
② （宋）朱熹：《家礼》卷一《通礼》，文渊阁四库全书本。
③ 《馆田李氏宗谱》卷首《重修馆田族谱源流志》，光绪三十三年刻本。
④ 《程氏人物志》卷首，康熙程氏延庆堂刻本。
⑤ 高明士：《传统庙学制的特质及其现代意义——"文化中心"地的再思考》，喜马拉雅研究发展基金会2006年发行，第231-256页。
⑥ （宋）罗愿：《新安志》卷一《学校》，文渊阁四库全书本。
⑦ （明）汪舜民：弘治《徽州府志》卷五《学校·本府儒学》，弘治十五年刻本。

年"置祭服二十余袭,每释奠,环珮肃然。"元大德四年"祭服、大成乐、雕装、从祀……皆备。"①至明清时,庙学制度日益完善。《明史》载洪武十五年"诏天下通祀孔子,并颁释奠仪。"十七年"敕每月朔望(国子学)祭酒以下行释菜礼,郡县长以下诣学行香。"二十六年"颁大成乐于天下府学,令州县如式制造。"②弘治《徽州府志》曰:"惟我太祖高皇帝建立府县庙学悉有成式……得人之盛胥此焉。"③康熙《安庆府志》亦曰:"(明)太祖更定孔庙释奠、乐章、舞六佾,命制大成乐器,颁行天下府州县学,乐用登歌,朔望令郡县以下诣学行礼。"至明世宗时,"遂永为定式","(清)国朝因之"。④从而建立起了明清两朝比较完善的庙学制度。道光《徽州府志》曰:"自宋迄明,地必有学,学必有庙,而礼乐亦渐次明备,及至国朝,崇奉之隆、祀典之盛,超轶前古,彬彬然称大备矣。"⑤高明士先生说:"一部中国教育史,可以说是由'学'到'庙学'的发展过程。"⑥可见我国的儒学存在着一个不断宗教化的过程。这对徽州产生了重要的影响,如明正统十年,徽州知府孙遇修建庙学时,"礼殿、祭器、门墙、道路,靡不周备"。又如黟县儒学"正统辛酉,严州胡拱辰来知县事,谒夫子庙庭,见西斋后狭隘,用奉银买民地以广之,又于学前山麓穿井以供祀事,作神主十有五,绘神像如神主之数,祭器之散缺者补之。"⑦

明清徽州府县庙学主要设有先师庙和崇圣祠。先师庙祀孔子,以四配、十二哲、先贤、先儒等从祀。四配:复圣颜子、宗圣曾子、述圣子思子、亚圣孟子。十二哲:闵子损、冉子雍、端木子赐、仲子由、卜子商、冉子耕、宰子予、冉子求、言子偃、颛孙子师;清朝康熙五十一年升朱熹,列十哲之次;乾隆三年又以有子若列十哲之次。先贤:澹台灭明、宓不齐、原宪、公冶长、南宫适、公皙哀、商瞿、高柴、漆雕开、樊须、司马耕、巫马施、公西赤、颜辛、梁鳣、曹卹、冉孺、公孙龙、伯虔、冉季、秦祖、漆雕哆、颜高、漆雕徒父、壤驷赤、商泽、石作蜀、任不齐、公夏首、公良孺、后处、奚容蒧、公肩定、颜祖、枭单、句井疆、罕父里、秦商、荣旂、公祖句兹、左人郢、县成、郑国、燕伋、原亢籍、颜之仆、廉洁、乐欬、叔仲会、邦巽、狄黑、公西舆如、孔忠、公西蒧、施之常、陈亢、秦非、琴牢、申枨、左丘明、步叔乘、颜哙;清朝雍正三年增祀蘧瑗、林放、秦冉、颜

① (明)汪舜民:弘治《徽州府志》卷五《学校·本府儒学》,弘治十五年刻本。
② (清)张廷玉:《明史》卷五十《志第二十六》,乾隆武英殿刻本。
③ (明)汪舜民:弘治《徽州府志》卷五《学校》,弘治十五年刻本。
④ (清)赵吉士:康熙《安庆府志》卷九《祭祀志》,康熙三十八年刻本。
⑤ (清)夏銮:道光《徽州府志》卷三《学校》,道光七年刻本。
⑥ 高明士:《传统庙学制的特质及其现代意义——"文化中心"地的再思考》,喜马拉雅研究发展基金会2006年发行,第3页。
⑦ (明)汪舜民:弘治《徽州府志》卷五《学校》,弘治十五年刻本。

何、牧皮、县亶、公都子、乐正克、公孙丑、万章,升宋儒周敦颐、张载、程颐、程颢、邵雍为先贤。先儒:公羊高、谷梁赤、伏胜、高堂生、孔安国、毛苌、董仲舒、杜子春、后苍、王通、韩愈、欧阳修、胡瑗、司马光、杨时、胡安国、罗从彦、李侗、陆九渊、吕祖谦、张栻、蔡沉、真德秀、许衡、薛瑄、胡居仁、陈献章、王守仁;清朝康熙五十三年增祀范仲淹;雍正三年增祀郑康成、诸葛亮、范宁、尹焞、黄干、陈淳、何基、魏了翁、王柏、赵复、许谦、金履祥、陈澔、罗钦顺、蔡清、陆陇其;乾隆三年增祀吴澄;道光二年增祀刘宗周,三年增祀汤斌,四年增祀黄道周,六年增祀吕坤、陆贽。此外,又设有崇圣祠,一名启圣祠,祀孔子父亲叔梁纥,并以先贤颜无繇、曾点、孔鲤、孟孙氏激配,先儒周辅成、程珦、朱松、蔡元定从祀,雍正元年诏封先师五代王爵:肇圣王木金父、裕圣王祈父、诒圣王防叔、昌圣王伯夏、启圣王叔梁纥,增宋张迪从祀。

除了先师庙和崇圣祠以外,明清徽州府县庙学还设立了不少地方祠祀,如徽州府有朱文公祠、韦斋祠、名宦祠、先贤祠、忠义祠,歙县有名宦祠、先贤祠、土地祠,休宁县有二程夫子祠、朱文公祠、程端明祠、名宦祠、先贤祠、遗教祠、忠义祠、孝弟祠、报功祠,婺源县有三贤祠(祀周、程三先生)、名宦祠、乡贤祠、企德堂(祀乡贤之羽翼经传者)、景哲堂(祀邑大夫之有劳于学校者),祁门县有朱文公祠、甘堂祠、名宦先贤祠、景贤祠、忠义孝弟祠,黟县有名宦祠、先贤祠、忠义孝弟祠、土地祠,绩溪县有三先生祠、朱文公祠、名宦祠、先贤祠、忠义孝弟祠等。另外还有不少书院也祭祀徽州地方先贤,如紫阳书院、东山书院、碧阳书院祀朱熹,问政书院、斗山书院祀程朱三夫子等。这些祠祀和书院使徽州庙学带有浓郁的地方特色,其中最重要的是体现了徽州地方的程朱理学信仰。

综上所述,儒教在徽民的信仰世界里分别以坛壝、祠庙、祠堂和庙学等宗教形式展示了其作为宗教的本质特征。其中坛壝、祠庙和祠堂分别展示了人与自然诸神、人与社会诸神以及人与家族诸神的关系,实质上是人的自然关系、社会关系和家族关系的反映。在这种反映中,人处在诸神的包围与关怀之中,置身于一个泛灵的世界,人因祭祀诸神而获得新生,因祭奠诸祖而获得佑护,因禳祭诸鬼而达至和平,人天偕进,人神共处,人鬼相安,人的所有的关系最终都被抽象成人与神的关系,平凡的人生因灵性之力的参与从而变得不平凡。庙学以其祭祀儒学先贤展示了儒学与宗教之间的联系,儒学、祭祀合而言之即成儒教,因而庙学可以说是儒教的宗教性的本质体现,它使坛壝、祠庙和祠堂等其他宗教形式能够坚持儒教的方向,四者是儒教在现实生活中的宗教形式,反映了儒教的宗教本质。英国学者汤因比曾指出文明的本质是宗教,英国学者道森也曾指出宗教信仰主要是一种文化传统①,徽州的坛壝、祠庙、祠堂和庙学正是这样一种以宗教形式表现文明本质的文化传统,又是以文化传统表达文明内涵的宗教形式。作为一种宗教形式,它们是世俗与神圣的舞台,是徽州社会价值的源泉和象征,是徽州社会秩序的立法者、维护者和葆有者,是维系徽民内心世界精神秩序的主要支柱。

坛壝、祠庙、祠堂和庙学的大量存在揭示了人作为一种高级存在,其实质是一种神性的存在,人有过一种高级精神生活的需要和必要。人通过参与祭祀活动而实现与神灵的沟通和交流,依赖主观精神直觉或升华了的感受作为手段,以获取理性认识无从达到的对生命真实目的的了解,以维持和实现人性崇高与神圣的一面于不坠。所谓的神性或神灵,其实是人的生命的一种功能,系以本身性能藉心灵之运用的自然发挥与延伸。坛壝、祠庙、祠堂和庙学正是这一生命功能在自然、社会、家族和圣贤四个方面的延伸与发挥。其中,坛壝是生命生态功能的延伸,祠庙是生命社会功能的延伸,祠堂是生命生物功能的延伸,庙学是生命正信功能的延伸,四者是生命的境界,也是人生得济的四种方式,通过人的生命功能的延伸而实现人的生存境界的超越与拓展,以超越与拓展的人生境界面对人生现实,自此以往可以至于无穷。

二　徽州祠庙与儒教信仰

坛壝和祠庙是儒教的主要的祀典制度,二者又以祠庙为主,"祠者,国家之祠祀也"②。徽州历史上祠庙非常兴盛,据宋代罗愿的《新安志》载,南宋以前徽州祠庙只有48种,大多反映了徽州早期的道教信仰和民间信仰。而据弘治《徽州府志》和道光《徽州府志》载,明朝弘治以前徽州祠庙总数有135种,清朝道光以前徽州祠庙总数有427种。通过分析可以发现,新增加的祠庙多与儒教信仰有关,表明徽州儒教信仰主要流行于南宋以后,并在明清时期达到鼎盛。徽州祠庙主要体现了以下儒教信仰,即保捍信仰、乡贤信仰、名宦信仰、程朱理学信仰、忠孝信仰和贞节信仰。其中,唐朝流行保捍信仰,宋明流行乡贤信仰和程朱理学信仰,明清又流行名宦信仰,而忠孝信仰和贞节信仰于宋以后皆普遍流行。弘治《徽州府志·风俗》曰:"旧志,前辈以材力保捍乡土,唐黄巢之乱,中原衣冠避地于此,益尚文雅,宋名臣辈出,多为御史、谏官者,自朱子而后为士者多明义理之学,

---

① 张志刚:《宗教文化学导论》,东方出版社1996年版,第101–150页。
② 《玉清无极总真文昌大洞仙经》卷二,明正统道藏本。

称为东南邹鲁。"①大致与此相同。

（一）保捍信仰

反映保捍信仰的祠庙主要有：

忠烈庙、忠助八侯庙：祀隋末汪华及其八子"保障六州"故事。

蔺将军庙：祀隋将军蔺亮镇新安，有靖难之功。

张许二侯双庙：祀唐安史之乱中张巡、许远保障江淮有功。

张许二圣庙：祀唐张巡、许远。

双忠庙：祀唐张巡、许远。

张将军祠：祀唐张巡。

威显庙：祀唐张巡。

洪相山忠靖王庙：祀唐张卞与张巡、许远一起保障江淮。

张王行祠：祀唐张卞。

胡仆射祠：祀唐末胡瞳于黄巢之乱聚兵保乡。

英烈庙：祀宋钱岀、钱鏐在方腊之乱中捍寇有功。

鄂王行祠：祀宋岳飞讨伐杨么时经过徽州。

阳山主簿庙：世传宋初以休宁阳山有异，遣李主簿解铜钉来镇，殁于山下，遂为神，村民祠之。

刘猛将军庙：刘猛将军名承忠，吴川人，元末授指挥使，弱冠临戎，兵不血刃。适江淮千里飞蝗遍野，挥剑追逐，蝗飞境外，后鼎革自沉于江。清雍正时敕建，授猛将军之号，各州县多有祠。②

---

① （明）汪舜民：弘治《徽州府志》卷一《风俗》，弘治十五年刻本。

② 清朝时徽州各县都有刘猛将军庙，全国其他地方也都广泛存在，关于其神的由来主要有以下几种说法。（一）刘锜说。按《宋史·刘锜传》《姑苏志》《常熟县志》等云，刘锜，字信叔，德顺军人，官至太尉，为人慷慨沉毅，知兵善战，有儒将风，曾在顺昌（今安徽阜阳）大败金兀术，为金人敬畏，与岳飞齐名，因忤秦桧，被贬病亡。而《怡庵杂录》谓宋江淮制置使刘锜因驱蝗，宋理宗景定四年旱蝗，上敕刘锜为扬威侯天曹猛将之神，敕云"飞蝗入境，渐食嘉禾，赖尔神灵，剪灭无余。"蝗遂殄灭。（二）刘宰说。按《山东通志》云刘猛将军庙者，各郡县均设专祠，春秋致祭。按周礼，族师春秋祭酺，酺与步同为人物灾害之神。宋绍兴中议举酺祭，蝗虫为灾则祀之，今之祀刘杂祭酺之遗制也。神为南宋刘宰，字平国，金坛人，绍熙元年进士，仕至浙东仓司干官，告归隐居三十年，卒谥文清，以正直为神，驱蝗保稼，而人以猛将军称之。《宋史·刘宰传》云：宰刚大正直，明敏仁恕，施惠乡邦，其烈实多。（三）刘承忠说。按《畿辅通志》云，承忠元末驻守江淮，会蝗旱，督兵捕逐，蝗殄灭殆尽。后元亡，自溺死，当地人祠之，称之曰刘猛将军。这三种说法都有以下共同点：（一）神都姓刘。（二）都在江淮一带任职，江淮历史上蝗灾比较严重，而三人都曾为民除害。（三）性格都正直，合乎《左传》"神，聪明正直而壹者也，依人而行"之规定。因此，三者神格都相同，至于神名之不同，乃是因地而异之结果，反映了民间信仰中大同小异的特点。

杜副帅祠:祀唐宪宗时宰相杜黄裳力保高崇文破刘辟蜀乱有功。

高副帅祠:祀唐宪宗时大将高崇文平蜀乱有功。

儒教中有关于保捍的理论。《孟子·梁惠王章句下》滕文公问曰:"滕,小国也,间于齐楚,事齐乎?事楚乎?"孟子对曰:"是谋,非吾所能及也,无已,则有一焉,凿斯池也,筑斯城也,与民守之,效死而民弗去,则是可为也。"可以说是徽州保捍信仰的理论渊源。

(二)乡贤信仰

徽州号称"东南邹鲁","宋名臣辈出,多为御史、谏官者",明朝为"畿辅重地",教育发达,人才兴盛,或仕于朝廷,或扬名阙里,由此形成一种乡贤信仰。如梅烈侯祠祀汉梅锔,"豪杰之士,生于其乡,历千百世而乡之人思之不忘,像而祀之。"[①]世忠庙祀梁陈将军程灵洗,"壮士之出身用武以立功显名于时者,世常有之,然能使其乡百世之思者鲜矣,若吾州程公则不然,吾乃知今有功烈者之不忘也。"[②]程襄毅公祠祀明朝太子少保兵部尚书程信,"徽之人念公之功烈英毅而幸出于其邦,其孰不歆慕敬仰!"[③]此外还有以下祠庙。

孔贞子祠:祀晋车骑将军孔敬康,本会稽山阴人,因避乱入新安。

胡公庙:祀梁太常卿胡明星,黟县人。

汪端公祠:祀唐银青光禄大夫检校太子宾客上柱国汪滨,婺源人。

郑司徒祠:祀唐郑传,祁门人。

孙勋烈祠:祀唐金吾将军新安伯孙万登、明都御史忠烈公孙燧,休宁人。

追远祠:祀唐末淮南制置茶院始寓居婺源朱古寮环。

谢将军祠:祀南唐谢诠,本会稽人,因避乱迁居祁门,遂家焉。

谏议祠:祀宋谏议大夫谢泌,歙县人。

排岭祠:祀宋统领程安节,休宁人。

双门祀:祀宋掌书程峒,休宁人。

陆忠节祠:祀宋朝请大夫陆梦发,歙县人。

报功祠:祀宋枢密院检详张敦颐、元知州千文传、歙义士鲍元康、婺义士汪镐、明给事戴铣。张敦颐、汪镐、戴铣,婺源人。

---

① (清)赵宏恩:《江南通志》卷四十一《舆地志》,文渊阁四库全书本。

② (清)夏銮:道光《徽州府志》卷三《坛庙》,道光七年刻本。

③ (明)汪舜民:弘治《徽州府志》卷五《祀典》,弘治十五年刻本。

滕氏启贤祠：祀宋中奉大夫滕洙，婺源人。

先贤祠：祀宋周敦颐、程颢、程颐、张载、朱子。

报功祠：祀明总督、兵部尚书胡宗宪，绩溪人。

汪忠愍公祠：祀明副使汪一中，歙县人。

父子乡贤祠：祀明赠宪副汪鈜、宪副汪康谣，休宁人。

太仆汪公祠：祀明太仆少卿汪先岸，休宁人。

程宗伯祠：祀明礼部右侍郎兼翰林院学士赠礼部尚书程敏政，休宁人。

程都宪祠：祀明右副都御史程富，歙县人。

名宦乡贤祠：在休宁。

（三）名宦信仰

弘治《徽州府志·序》曰："太祖高皇帝定鼎金陵而徽又为畿辅重地，是以累朝皆择贤中丞以抚斯境，择贤令守以牧斯民。"徽州有不少的祠、亭、碑与地方官员有关，是用来纪念其在任时的治绩，以示缅怀不忘，由此形成一种名宦信仰，如郡守孙公祠祀明朝徽州郡守孙遇"善政不可胜纪"，"在任十八年，最得民心"，"及去，民立祠生祀之"；胡公生祠祀明知县胡拱辰，"国朝成化间，邑民怀知县淳安胡拱辰德政，特立祠生祀之"；陶公祠祀明知府陶承学，"徽之德，公者深矣"；四贤祠祀明知县李士翱、曾忭、周如砥、朱衡，"十年更四贤，百姓安田庐"等。反映这一信仰的还有：

吴长史庙：祀唐祁门县令吴仁欢。

陈公祠：有3处，分别祀明知府陈彦回、陈所学和休宁知县陈履。

何留二公祠：祀明知府何歆、留志淑。

尚贤祠：祀晋程元谭，梁任昉，明陈彦回、孙遇、张正、彭泽、何歆、张芹、留志淑、王继礼等。

吕司马祠：祀唐歙州司马吕渭。

显忠祠：祀明靖难忠臣徽州知府陈彦回、河南左参政歙郑桓、辽府左长史绩溪程通。

任公祠：祀梁新安太守任昉。

张太守廉惠祠：祀明太守张芹。

徐公祠：祀梁太守徐摛。

吕内史祠：祀梁新安内史吕文达。

令君祠：祀元歙县尹郑安。

洪公祠:祀知府洪有助。

史公祠:祀歙知县史桂芳。

两贤祠:祀歙知县郑舜臣、彭好古。

姚公祠:祀歙知县姚学闵。

邬公祠:祀知府邬元会。

虞公祠:祀歙县推官虞廷陞。

刘公祠:祀歙县知县刘伸。

戴公祠:祀歙县知县戴东明。

倪公祠:祀歙县知县倪元珙。

陆公祠:祀知府陆锡明。

唐公祠:祀知府唐良懿。

李公祠:祀歙县同知李茂荣。

鲁公祠:祀歙县推官鲁元宠。

叶公祠:祀歙县知县叶高标。

傅公祠:祀歙县知县傅岩。

张公祠:祀明歙县知县张涛、清提督张天禄。

郑公祠:祀歙县邑令郑舜臣。

周公祠:祀太守周士昌。

二李公祠:祀歙县邑令李管、李右谏。

孙彭二公祠:祀明知府孙遇、彭泽。

胡公祠:祀清提督胡茂正。

王公祠:祀休宁知县王谣。

侯公祠:祀休宁知县侯安国。

项公祠:祀休宁知县项惟聪。

李公祠:祀休宁知县李乔岱。

曾公祠:祀休宁知县曾乾亨。

林公祠:祀休宁知县林腾蛟。

丁公祠:祀休宁知县丁应泰。

惠政祠:祀宋郡守宋济、袁甫,明知府张芹、彭泽、段朝宗、梁应泽。

四贤祠:祀婺源知县李士翱、曾忭、周如砥、朱衡。

五贤祠:祀婺源知县陈金、曾忭、周如砥、朱衡、张榗。

遗爱祠:凡24处,分别祀知府张芹,知县曹凤、洪晰、钮纬、尤烈、钱同文、曹大野、刘一炉、余士奇、李希泌、唐玉、陈翀奎、刘应龙、倪元珙、朱大雅、张大受,主簿卢默,游击赵亮、臧世龙,知县宋岳、姚三让、常道立。

去思亭:凡13处,为明太守张芹、曹凤、洪晰、钮纬、宋岳、尤烈、钱同文、曹大野、姚三让、常道立、刘一炉,主簿卢默、曾大野建。

德政亭:为休宁知县俞深立。

惠政亭:为明知府熊桂立。

遗爱亭:为休宁知县欧阳旦立。

治绩亭:为休宁知县张镎立。

甘棠亭:为休宁知县翟敬立。

折冲亭:为休宁知县唐勋立。

去思亭:为婺源知县陈金、聂瑄立。

邓二尹祠亭:为婺源邓揄材立。

王二尹祠亭:为婺源王元祉立。

黄二尹祠亭:为婺源黄世臣立。

孙三尹祠亭:为婺源孙良佐立。

喜雨亭:为祁门知县孙光祖、张季思、边坐建。

去思碑:为休宁知县欧阳铉立。

名宦信仰体现了儒教的"甘棠之政"思想,如惠政祠、德政亭就是这种思想的反映。"甘棠之政"来自《诗经·国风·召南·甘棠》:"蔽芾甘棠,勿翦勿伐,召伯所茇;蔽芾甘棠,勿翦勿败,召伯所憩;蔽芾甘棠,勿翦勿拜,召伯所说。"唐孔颖达《毛诗注疏》卷二曰:"甘棠,美召伯也,召伯之教明于南国,此美其为伯之功。"徽州的祠、亭、碑盖取此义,如四贤祠"祀之以彰前政之盛",甘棠亭、遗爱亭、去思亭"建亭以系去思"。

名宦信仰主要是对外来官员的一种信仰,通过这种信仰,能使地方人民对外来官员时刻保持着一种敬仰的心理,因而不失为外来官员对地方进行有效统治的一种措施,同时也是对外来官员的一种鞭策与约束,对其行政提出了更严格的要求,无疑是地方人民与外来官员之间的一种社会契约关系。

(四)程朱理学信仰

徽州为"程朱阙里",理学信仰兴盛,有朱韦斋先生祠(祀朱松)、朱文公阙里庙、晦翁祠(祀朱熹)、朱文公家庙、三夫子祠(祀程颐、程颢、朱熹)、先贤祠(祀周敦颐、程颢、程颐、张载、朱熹)、定宇先生祠(祀元儒陈栎)、杨先生祠(祀明朝杨升)。此外还有晦庵祠堂、知郡事刘公生祠(以祀知郡事刘炳教授)、江先生祠(祀江庆,尝受学安定胡公,归隐徽州授学,因祠之)、双湖胡先生祠(祀元儒胡一桂)、云峰祠(祀元儒胡炳文)、养晦先生祠(祀汪洗)、景贤祠(祀宋儒方岳,元儒汪克宽)等。其中,定宇先生祠祀元儒陈栎,杨先生祠祀明朝杨升,陈栎和杨升是继程朱之后对徽州影响较大的理学人物。

定宇先生祠祀元儒陈栎。陈栎,休宁处士,所居堂曰定宇,学者称为定宇先生。道光《徽州府志》曰:"历代大儒关系道统之传者如周敦颐、程颢、程颐、张载、朱熹、杨时、真德秀、许衡、陈栎、薛瑄、胡居仁、罗钦顺、顾宪成、高攀龙辈以及诸弟子渊源一派,或生长之乡,或宦游之地,类皆有力学读书之所,后之人景慕前徽,建为祠宇,设位置田,春秋致祭,具载各省通志,班班可考……先贤祠宇,学人诵习之区也,关系教化实非浅……于以继往圣之绝学,开万世之太平,道由此矣。"又曰:"定宇先生,吾邑之藤溪,后朱子文公五十有三载。当是时,学士分门立户,各逞奇附会、群起著述朱子之说,日以失正而先生独慨然发愤著四书,发明《书传纂疏》、《礼记集义》诸书余数十万言,句精字练,务求合于中正以不失乎朱子之遗旨,而后朱子之书若月之翳于云而复澈,泉之混于沙泥而复澄,若炉冶之锻炼,夫兼金而光芒更灿。此揭文安公所为有豪杰士之目,而篁墩程学士且指为文公世适也。……先生以一布衣未有所设施于时,而后之人谋所以尸祝之者,屡废而屡兴,遥遥数百年迄于今弗替,何哉?杨墨佛老之余,非我朱子接踵周程以力为表暴,则孔孟之道不明,而生朱子之后非得先生羽翼其传义于杂学异说纷纭之日,则朱子之道亦不得彰。固宜其生则荣而没则思,以与文公并不朽于天坏也。"[1]

杨先生祠祀明朝教授杨升及门人副都御史程富、侍郎吴宁、郎中金宗善、按察副使庄观、佥事程志学、参议方勉、御史张昊、御史许士达、知府江浩、训导康怀等同建以祀。少傅、吏部尚书王直曰:"新安为朱子乡邦,朱子之道天下后世所仰赖而师法者,先生之教亦率是而已,门人在是,子孙亦在是,声音笑貌志意乐嗜皆可以想见,精神血气之感通昭明,熏蒿之发见,当必有溉乎心者。循先生之教以上诉朱子,而修己治人之道皆驯至其极,可谓善学者矣,此固先生之志而后人之所当务也。"[2]

---

① (清)夏銮:道光《徽州府志·坛庙》卷三,道光七年刻本。
② (明)汪舜民:弘治《徽州府志》卷五《祀典》,弘治十五年刻本。

由此可知,徽州以元朝的陈栎、明朝的杨升为程朱理学后继,自程朱到陈栎、杨升,徽州一直保持着祭祀本土理学名人的传统,从而使徽州理学道统得以不坠,"先生之教亦率是而已,门人在是,子孙亦在是。"民国《祁门县志》曰:"徽郡自朱子讲学后,由宋迄清七百余年,紫阳学派,绵绵不绝。"①与不断祭祀理学名人有很大的关系。

(五)忠孝信仰

忠孝信仰包括忠义信仰和孝道信仰,是儒教的基本伦理道德信仰。

1. 忠义信仰

忠义信仰主要有忠烈庙(祀汪华,额曰忠显、忠烈、显忠、昭忠)、世忠庙、忠勇丛祠(宋宣和中,詹巨源、光国芝、瑞彦达等死义,乡人立祠祀之)、显忠祠、昭忠祠、忠靖王庙、忠助八侯庙、忠助庙、忠护庙、双忠祠、忠义祠、忠显庙、忠观阁、褒忠庙、义勇武安王庙(祀关公)、关武安王庙、关帝庙、秉义祠等,其神以汪华和关公为标志,分别是忠和义的化身之神,反映了徽州的忠义信仰。

2. 孝道信仰

孝道信仰主要有孝子、孝女和悯孝信仰。悯孝信仰是对那些中途而殁、不能全生尽孝的夭人表示哀怜的一种信仰。

(1)孝子

孝子信仰主要有孚惠庙、孝子祠、旌表孝子祠。

孚惠庙:在徽州府、歙县和黟县。本出信州,相传谓神为石敬纯,乃东晋时前赵之从子,为父报仇,山为鸣震,故信人祠之。宋时封至八字王,元至大三年被封为明仁广孝翊化真君。

孝子祠:在歙县、休宁县、祁门县。歙县有两处,一处祀历代孝子,一处祀黄芮、王六、鲍素孙等。休宁祀邵燕,祁门县不知所祀。按黄芮,据道光《徽州府志》,有黄孝子宅在县西九里黄屯村,村有黄屯园,为黄氏聚族避盗处,唐孝子黄芮旧居在其村。贞元中,刺史卢公上其事,诏旌其门,制曰:"歙州黄母病刲股以愈疾,父丧庐墓以终身,号泣之声,昼夜不绝,祥异之迹,遐迩咸知,非至诚动天,何由臻此!朕甚嘉焉,宜旌表门闾以褒正节。"其地历宋元明迄清朝免征如故。

旌表孝子祠:在歙县,祀明孝子郑泗。

① 胡光钊:《祁门县志》卷二《艺文志·目连救母劝善戏文》,民国三十三年铅印本。

（2）孝女

孝女信仰主要有大姑小姑庙、孝女庙、孝女祠。

大姑小姑庙、孝女祠：在歙县，祀唐章氏二女搏虎救母故事。章氏二女，歙县人，章预①之女，其母程氏与二女登山采桑，为虎所攫，二女号呼搏虎，虎遂弃去，母由是获免。刺史刘赞嘉之，蠲其户税，改所居合阳乡为孝女乡以表之。另有一九和尚，明朝绩溪人，其父为虎所噬，一九寻虎报仇，卒杀虎，被邑侯旌曰"孝勇"，后出家，人曰一九和尚。②二者盖取二十四孝之一的晋朝杨香扼虎救父故事。《孝子传》曰："杨香父为虎所噬，香忿搏之，父得免。又杨丰为虎所噬，有女年十四，手无刀刃，直扼虎头，以免父难。"③此曰有一男一女，故徽州亦取二种。所不同的是，《孝子传》均言救父，而此处既有救父，亦有救母，而且是男儿救父，女子救母。

孝女庙：在歙县，不知所祀。

（3）悯孝

悯孝信仰主要有通真庙、通真行祠、文孝庙、文孝祠、昭明庙、乳溪庙。

通真庙：在徽州府和歙县，祀唐通真太子，唐封新安郡王李徽，恭濮王泰之子，太宗皇帝孙，袭五世，厥后二王子曰通真、通灵，死武崇烈之乱，徽人哀之，为立祀。

文孝庙：在黟县，祀梁昭明太子萧统。统乃武帝长子，武帝天监元年立为太子，未及即位而卒，谥昭明，世称昭明太子，信佛能文，曾招聚文学之士编集《文选》，对后代文学颇有影响。《尚书·文侯之命》有"追孝于前文人"，文孝庙盖取此义。

昭明庙：在歙县溪西，祀梁高宗萧统，里人谓之九郎庙。

文孝祠：在祁门，祀梁高宗萧统。

忠护侯庙：在歙县，祀唐越国汪公第九子。唐越国公第九献早世无嗣，宋淳熙间，郡人念公爱子，特为立祠，颇著灵异，舟行浙江者必乞灵于庙，水旱必祷。

乳溪庙：在绩溪县，祀唐越国汪公第九子献。

悯孝信仰是逆取孝道之义，通过神学的方式补给现实中孝道的不足。通真太子、昭明太子、汪公第九子献等都是中途而殁、未得其正而死，可谓父母生前不

---

① 章预，一说章顶、章顼。

② 见本书《附录四：徽州历史上的名僧》。

③ （明）彭大翼：《山堂肆考》卷二百十七《杨香救父》，文渊阁四库全书本。

能尽孝,自己身后难能传代,此乃大不孝。现将他们立庙供奉,意味着他们生命形式的转换,借此弥补现实中孝道的缺憾。这是孝道信仰的一种变体,反映了人们的一种朴素的同情心理。关于悯孝信仰的祭祀,《礼记·祭法》中有明确的规定,"王下祭殇五:适子、适孙、适曾孙、适玄孙、适来孙,诸侯下祭三,大夫下祭二,适士及庶人祭子而止。"郑氏注曰:"祭适殇者,重适也。"金华应氏曰:"祭止于适,所重正统也。"①

(六)贞节信仰

在儒教中,妇女永远是男子的附属物,"妇人,从人者也,幼从父兄,嫁从夫,夫死从子"②,贞节信仰正是这一附属性质的表现。徽州的贞节信仰主要有贞女祠、节孝祠和节烈祠。

贞女祠:在休宁县,祀历代贞女。

节孝祠:在歙县、黟县、婺源县、绩溪县,其中歙县祀历旌贞烈。《清会典》曰:"京师暨各省府州县卫,各建……节孝祠一,祠外建大坊,应旌表者题名其上,身后设位祠中。"③徽州节孝祠本此。

节烈祠:在徽州府,祀历代节烈。

贞节信仰主要是儒教的伦理观念,但对道教和佛教的价值也有所反映。如宋朝程叔清女,"歙在城人,始方腊来寇,举家避地于城南,女年十七。父母计曰:'我等处此,不幸则死,独此女年色方盛,万一辱于贼,何以见族党!'乃呼谓曰:'吾州之俗,尤以淫为讳,尔良家女也,足未尝出闺门,贼倘以兵协尔,当奈何?'女曰:'儿岂从贼者,必不可,当以死据之。'父母喜曰:'果如是,真吾女也。吾闻死于兵者,用道家说,醮九幽则能升济魂魄尔,勿虑。'女笑曰:'诺。'明日散处东塘山中,女适为贼所遇,死乱刀下。"④反映了其背后的终极价值是道教。又如宋朝叶氏女,"歙县人,亲没鞠于叔父母,叔父为衙前吏,坐逋官钱五十万系狱。女以香置顶自灼,从昏达旦。中夜狱官梦帝命使审其狱,果前届吏所负。其后叔母有疾,昼夜拜叩,有光晔然,刲股进之,遂愈,卒皆制丧三年。女自幼不愿嫁,至是于舍后即山为庵,好佛法,每诵经有大蛇下听。尝以偈示小,本本以为演畅天然

---

① (宋)卫湜:《礼记集说》卷一百九,清通志堂经解本。
② (汉)郑玄:《礼记·郊特牲》,四部丛刊景宋本。
③ 《清会典》三十《礼部》,文渊阁四库全书本。
④ (明)汪舜民:弘治《徽州府志》卷十《列女》,弘治十五年刻本。

云。"①反映了其背后的终极价值是佛教。可见，道教、佛教和儒教一起构成徽州贞节信仰的价值内涵，道教和佛教深化了儒教信仰的精神境界，对开阔徽州女性的心理生存空间具有十分重要的意义。

三　程朱理学信仰

程朱理学信仰是徽州儒教的重要内容。徽州号称"文公阙里"、"程朱阙里"，所谓程朱即二程（程颢、程颐）和朱熹。但实际上二程和朱熹并非徽州人，他们与徽州的关系主要是通过他们的祖籍、后裔以及程朱之间的联系而得到加强和表现的。

（一）程朱的祖籍、后裔与徽州的关系

二程是河南人，其祖上是由徽州迁出的，乃梁陈时程灵洗之后。程灵洗又称忠壮公，明朝程敏政的《篁墩文集》曰："初忠壮五世孙大辨，唐六合令，北徙中山博野，再迁河南。九世曰琳，宋太师、中书令，谥文简，曰珦太中大夫，是生明道（程颢）、伊川（程颐）两夫子。靖康末，子孙俱从南渡居池州，曰祉仕为休宁尉，遂与（休宁）陪郭同居，且相择继，故休宁之程实两夫子之正系。"②说明二程的祖籍与后裔都在徽州。

朱熹出生于福建尤溪，其父朱韦斋是徽州婺源人，母亲是歙县人祝氏。南宋初年，朱韦斋在福建任官，清朝江永《考订朱子世家》曰："建炎四年庚戌九月十五日甲寅生朱子于尤溪寓舍"。朱熹十四岁时，朱韦斋病死，时人"为筑室里第之旁（崇安五夫里），朱子奉母居焉。"庆元六年朱熹病死。嘉定二年谥曰文，宝庆三年赠太师，封信国公，绍定三年改封徽国公，淳祐元年诏从祀孔子庙，咸淳五年诏赐文公阙里于婺源，元至正间加封齐国公。③

朱熹一生只回过婺源两次，大部分的时间都在福建建安，子孙也主要在建安。《考订朱子世家》曰："正德年间科臣戴铣、汪元锡、御史王完先后奏请，完疏以为朱子继孔子者也，重朱子所以重孔子。孔氏嫡长之裔随宋南迁居浙之衢州，后徙居曲阜者皆其支庶，累朝录荫惟曲阜子孙世袭公爵而衢不与，盖阙里为重故也。今朱氏在建安者恩典已隆，婺源子孙顾不得录荫主祀，尤为阙典，乞照孔氏

---

① （明）汪舜民：弘治《徽州府志》卷十《列女》，弘治十五年刻本。

② （明）程敏政：《篁墩文集》卷四十一《资德大夫正治上卿南京兵部尚书兼大理寺卿赠太子少保谥襄毅程公事状》，文渊阁四库全书本。

③ （清）江永：《考订朱子世家》，清同治十三年刻本。

阙里义例录荫婺源子孙贤而嫡长一人,量授博士等官以掌祠事。于是知府张芹奏保朱墅为文公十一代嫡派孙,次子垫之后居婺源者量授荫录,主奉婺源祀事……俾世荫录勿绝,于是世世以嫡长承袭。"因而"文公阙里"应有两个,一在建安,一在婺源。故元儒陈栎曰:"窃惟文公阙里乃古建、古歙二州,二州儒士素盛于东南。"①

(二)二程与朱熹的关系

1. 血缘的关系

二程与朱熹之间存在一定的血缘关系,朱熹的祖母乃程氏女。明朝程敏政的《新安程氏统宗世谱序》曰:"程氏女适朱氏者,一传得韦斋,再传得文公。"②清朝朱坤《新安程氏统宗补正图纂重编序》曰:"予祖晦庵文公私淑于河南二程夫子也,二程夫子系出东晋新安太守元谭公家歙黄墩之迁裔,凡新安土著……新安名族莫有能出其右者,而元谭公二十八世唐工部尚书湘公分迁婺源,六传清源派翔公,则我晦庵祖之祖母程氏所自出,故程朱为理学,相传因以桑梓而世联瓜葛。"③

2. 学术的关系

朱熹是二程的四传弟子。明朝程敏政的《篁墩文集》曰:"两夫子倡明斯道于河洛之间,从游之士比隆邹鲁,然独龟山杨氏以江南诸生号称高弟,两夫子尝送之归而有道南之叹,盖龟山三传得文公朱子于吾郡之婺源,则两夫子道学渊源之盛在新安久矣。"④

3. 性理的关系

宋朝流行理学,亦即性命义理之学,其思维方式是阴阳五行。朱熹作为二程学术的继承人,二者之间也存在一种性理上的联系。程颢生于宋仁宗明道元年壬申,程颐生于明道二年癸酉,壬癸为水,申酉为金,金生水,水生二程之禾,禾为木,生火,故当年程颢目送杨时南归时曾曰"吾道南矣",南方火也。朱熹之朱乃火,熹下四点构成火象,乃"闽学四贤"(杨时、罗从彦、李侗、朱熹)之象征。二程之道,通过四贤之间的师承关系而播迁南方。同时,火长生于寅而临官于巳,从寅到巳又是四数。不惟如此,查朱熹生于南宋高宗建炎四年九月十五日午时,其

---

① (元)陈栎:《定宇集》卷十《上许左丞相书》,文渊阁四库全书本。
② (明)程敏政:《篁墩文集》卷二十三《新安程氏统宗世谱序》,文渊阁四库全书本。
③《新安程氏统宗补正图》卷首《新安程氏统宗补正图纂重编序》,乾隆十二年刻本。
④ (明)程敏政:《篁墩文集》卷十四《休宁重修二程夫子祠记》,文渊阁四库全书本。

命造是庚戌、丙戌、甲寅、庚午,命中多金克木,所幸寅午戌连成火局制金卫木,达成木火齐辉、文明昭著之象,故朱熹命喜南方火运。[1]二程的后裔迁徙徽州,朱熹又从徽州迁往福建,是南又南矣,而其道愈昌,可为二者命运同喜南方之一证。《三命指迷赋》云:"文章明敏兮,定须火盛。"[2]良有以矣。

(三)程朱理学信仰的形成

弘治《徽州府志·风俗》曰:徽民"性刚喜斗","旧志前辈以材力保捍乡土,唐黄巢之乱,中原衣冠避地于此,益尚文雅,宋名臣辈出,多为御史、谏官者,自朱子而后为士者多明义理之学,称为东南邹鲁。"[3]说明唐宋时期徽州社会经历了很大的变化,实现了由"喜斗"、"保捍乡土"的社会向"益尚文雅"、"多明义理"的文明社会的转变。如梁陈的程灵洗信仰,隋末的蔺将军信仰,隋唐的汪华信仰,唐安史之乱中的张巡、许远信仰,唐末的胡曈信仰等就是早期保捍信仰的产物。二程和朱熹的祖先,早期也以保捍著称。如朱熹的祖先,"唐末有朱古寮者仕为婺源镇将,因家焉。"[4]其后才有朱熹。二程的祖先,据明朝程敏政的《新安程氏统宗世谱序》云:"汉晋隋唐以门第用人,有古封建遗法,而程氏幸居大姓之一,自江以南稍经变故则程氏必有保障之功。""至宋下江南而程氏之兵始解。"[5]徽州在向文明社会转变过程中起重要推动作用的是徽州儒教的形成。

弘治《徽州府志·学校》曰:"本府在唐郡邑始皆置学","唐学盛矣,其制之详及士之出于学者,世远不可考。""宋初书籍散佚,乃即师弟子所聚书院,赐以九经并释文之属,又诏齐七经疏义并三史于杭州摩传之而后家始有书。仁宗诏诸路州军监各立学,学者二百人以上许置县学而后郡邑始有学,下湖学取胡安定条约著为令而后学始有法。凡学又皆有田以为养,徽之贡士亦日盛。"[6]由此可知,唐朝时徽州"始皆置学",至宋朝时"家始有书"、"学始有法",而"徽之贡士亦日盛",说明唐宋时期是徽州儒学的普及时期。至南宋时徽州儒教开始形成,"绍兴十一年知州事汪藻始复建左庙右学,规制雄丽,愈于他郡。""嘉定十一年知州事孔元

---

[1] (清)袁树珊:《命谱》,中州古籍出版社1995年版,第179页。
[2] (宋)岳珂补注:《三命指迷赋》,文渊阁四库全书本。
[3] (明)汪舜民:弘治《徽州府志》卷一《风俗》,弘治十五年刻本。
[4] (清)江永:《考订朱子世家》,清同治十三年刻本。
[5] (明)程敏政:《篁墩文集》卷二十三《新安程氏统宗世谱序》。
[6] (明)汪舜民:弘治《徽州府志》卷五《学校》,弘治十五年刻本。

忠,增置祭服二十余袭,每释奠,环珮肃然。"①徽州儒教形成的标志是"文公阙里"的形成。据清朝江永的《考订朱子世家》,朱熹生于建炎四年,死于庆元六年,嘉定二年谥曰文,宝庆三年赠太师,封信国公,绍定三年改封徽国公,淳祐元年诏从祀孔子庙,咸淳五年诏赐"文公阙里"于婺源。②弘治《徽州府志》曰"自朱子而后为士者多明义理之学,称为东南邹鲁。"③故"文公阙里"的确立标志着徽州儒教的形成,至明朝又有"程朱阙里"之谓。

"程朱阙里"这一称呼始自明朝歙县建三夫子祠。《江南通志》曰:"梁程灵洗、唐朱师古皆居此,程为河南二程子之祖,朱为婺源朱子之祖,明歙令刘伸、邑人赵滂修墓而建三夫子祠曰程朱阙里。"④明末高攀龙的《程朱阙里志序》曰:"孟氏之后,圣学不传千四百年,重开于周子,光大于程朱,程夫子生洛,朱夫子居闽,人知三夫子洛闽相去之遥,不知两姓之祖同出歙,又同出黄墩之撮土也。天地之气、山川之灵钟为圣贤,或发于一时一地,或培其先世而发于异地异时,盖上下千古不能几见,然则黄墩者固千古灵异所钟而歙之最胜事也,朱子而来四百余年未有表其事者表之,自赵诚之先生始方定之,先生继之而后歙侯刘公即地建祠焉。"⑤赵滂撰有《程朱阙里志》八卷,考赵滂为明初洪武时人,则"程朱阙里"这一称呼最早应始自明洪武年间。据此而推,徽州的程朱理学信仰应该是在南宋末年至明朝初年之间形成的,至万历年间建立三夫子祠而最终形成。道光《徽州府志》曰:"三夫子祠,在篁墩,万历四十年知县刘伸建",乾隆年间重建时"当事以工竣上请,复奉旨命翰博河南程、婺源朱将以前所赐额鏊送至祠,辉煌御宝,照耀堂皇。"⑥说明清代徽州的程朱理学信仰进一步走向完善。

(四)"文公阙里"、"程朱阙里"存疑

清朝时曾有人对"程朱阙里"、"文公阙里"的提法表示怀疑。如清人郑虎文《徽州府修学记》曰:"徽之先贤,朱子而外若二程子,世鲜指为徽产者,邦之人犹原其所自,合祠崇祀之,名其地曰程朱阙里。"⑦《钦定四库全书总目》曰:"《程朱阙里志》八卷,明赵滂编,滂歙县人,是序前有高攀龙序,则成于万历中也,大旨谓

① (明)汪舜民:弘治《徽州府志》卷五《学校·本府儒学》,弘治十五年刻本。
② (清)江永:《考订朱子世家》,清同治十三年刻本。
③ (明)汪舜民:弘治《徽州府志》卷一《风俗》,弘治十五年刻本。
④ (清)赵宏恩:《江南通志》卷十五《徽州府·篁墩》,文渊阁四库全书本。
⑤ (明)高攀龙:《高子遗书》卷九《程朱阙里志序》,文渊阁四库全书本。
⑥ (清)夏銮:道光《徽州府志》卷三《坛庙》,道光七年刻本。
⑦ (清)夏銮:道光《徽州府志》卷三《学校·府学》,道光七年刻本。

朱子系出新安,二程祖墓亦在焉,故合志之,分为七门。案阙里乃孔子里名,非推尊之号,宋咸淳五年诏婺源祠所称文公阙里已为失实,今程子亦称阙里则尤承讹踵谬,习焉而不察者也。"①查"文公阙里"最早见于宋元之际俞德邻所撰《佩韦斋集》卷十二《刘悦心诗序》曰:"紫阳,吾文公阙里也。"至于"咸淳五年诏赐文公阙里于婺源"的说法是出自清朝婺源人江永的《考订朱子世家》以及《婺源县志》,而正史均无"文公阙里"和"程朱阙里"的记载,盖这一提法是由程朱后学及徽州文人提出来的,其初衷完全是出于推崇之意。

---

① (清)纪昀:《钦定四库全书总目》卷六十《程朱阙里志》,文渊阁武英殿本。

第二章 徽州的道教

徽州历史上的道教信仰非常兴盛,宋代罗愿的《新安志》曰:"新安多佳山水,又有前世许、聂遗风,以故人多好仙。"[①]徽州的两大名山均与道教有关,"相传黄山为轩辕与容成、浮丘炼丹处"[②],而齐云山则是我国著名的道教圣地之一。晋以前,徽州道教以黄山为中心,内容多与中国早期道教传说有关。唐宋时期,徽州民间道教信仰形成,出现了许多著名的民间道人。宋以后,齐云山道教开始兴起,并在明清时期形成"旌甲江南"的著名道场。"四方士女,顶载焚香,道路不绝,乃兹山之灵遂以大显。"[③]"齐云旌甲江南,与黄山并峙,其山水之英姿,神灵之感应,宇内莫不仰而宗之。"[④]因而徽州道教的发展可以分为三个时期,即晋以前的早期道教、唐宋民间道教和明清齐云山道教。早期道教以黄山为中心,内容多与黄帝有关。唐宋时期以民间为中心,内容多与仙道有关,其中不乏官场人物。明清时期则以齐云山为中心,内容以玄武为主,玄武与明朝皇室的关系非常密切。可见徽州道教多与政治相连,政治性可以说是徽州道教的一大特色。另外,徽州道教中有不少关于道人临终异象的记载,是我国传统文化临终理论中一笔宝贵的财富,对皖南民间社会的临终实践产生了一定的影响。

一 早期道教

(一)先 秦

徽州早期道教以黄山为中心,"相传黄山为轩辕与容成、浮丘炼丹处"反映了

---

① (宋)罗愿:《新安志》卷十《叙杂说》,清嘉庆十七年刻本。
② (清)赵吉士:康熙《徽州府志》卷十八《仙释》,康熙三十八年万青阁刻本。
③ (明)鲁点:《齐云山志》卷首《序》,明万历刻本。
④ 齐云山志编纂办公室:《齐云山志》,黄山书社1990年版,第351页。

徽州人对道教的最初认识。①

轩辕，又称轩辕黄帝。《云笈七签》曰："黄帝以天下既理，物用具备，乃寻真访隐，问道求仙，冀获长生久视，所谓先理代而后登仙者也。"②此处点明了道教与政事的关系，道教系政事之余的一种人生终极关怀，这当是"黄帝"一词所要表达的宗教意象。

容成，又称容成公。《云笈七签》曰："有容成公，善补导之术，守生养气，谷神不死，能使白发复黑，齿落复生。"③容成公在后世还是房中术的代名词，《后汉书》有"容成公御妇人法"，引《列仙传》曰："容成公者，能善补导之事，取精于玄牝，其要谷神不死，守生养气者也，发白复黑，齿落复生，御妇人之术，谓握固不泻，还精补脑也。"④"白发复黑，齿落复生"是老年学道之象征，"取精于玄牝"、"御妇人之术"乃房中术之表现。此处点明了道教与养生及家庭生活的关系，道教须在红尘俗事中修，这是"容成"一词的宗教意象。

浮丘，又称浮丘伯或浮丘公。《历世真仙体道通鉴》曰："李浮丘伯，世号浮丘公，居嵩山修道，白日飞升，尝作《原道歌》云：'虎伏龙亦藏，龙藏先伏虎。但毕河车功，不用提防拒。诸子学飞仙，狂迷不得住。左右得君臣，四物相念护。乾坤法象成，自有真人顾。'"⑤龙虎喻水火⑥，河车喻身体。此处点明了道教与身体的关系，道教是修身体之真，炼内丹以达体内阴阳之调柔，这是"浮丘"一词的宗教意象。

由此可知，"相传黄山为轩辕与容成、浮丘炼丹处"的传说通过"轩辕"、"容成"、"浮丘"三个宗教意象表达了徽州人对道教的一种最初的认识，即认为道教是人生于政事之余的一种玩意，于家庭生活的一种补益，于身体内秘的一门科学。人出则为政，入则为家，内则为身，政事、家庭、身体，是生命的三环，而徽州人将此三者通贯为一，一之以道教，在此中成就人天，这就是"相传黄山为轩辕与

---

① (清)赵吉士：康熙《徽州府志》卷十八《仙释》，康熙三十八年万青阁刻本。

② (宋)张君房：《云笈七签》卷一百《轩辕本纪》，文渊阁四库全书本。

③ (宋)张君房：《云笈七签》卷一百《轩辕本纪》，文渊阁四库全书本。

④ (南朝)范晔：《后汉书》卷一百一十二《方术列传第七十二·华佗传》。

⑤《历世真仙体道通鉴》卷四《浮丘公》，明正统道藏本。

⑥《西山群仙会真记》卷四《真龙虎》："龙从火里出，虎向水中生，阳龙言向离中出，阴虎还于坎上生。二物合时为道本，五方行尽得丹名。肾中生气，气中暗藏真一之水，名曰阴虎；心中生液，液中暗藏正阳之气，名曰阳龙。龙虎非肝肺也。肾气传心气，积气生液，液中有正阳之气，名曰阳龙，是谓出于离宫；心液传肾液，积液生气，气中有真一之水，名曰阴虎，是谓生于坎位。二物会时，在人生人，在己生神。水火既济，龙虎相交。"

容成、浮丘炼丹处"这一道教传说的基本内涵,也是徽州人对道教的基本的认识,这一认识必将指导此后徽州道教的发展。

(二)东汉、晋朝

东汉和晋朝徽州道人主要有方储和罗文佑。

方储,"字圣公,后汉歙县人,历句章长郡五官掾。母丧负土成坟,种松柏嘉木数千本,致鸾鹤白兔之瑞。后对策天下第一,拜洛阳令。夜辄还寝室,向晓而去,不动户枢。尝遗只履于牖下,母命藏去。章帝以储善天文,当郊祭,问之储,劝帝毋往。其日风景明淑,帝遂行,储称疾不从。比发,雨雹如斗,死者千计。使召储,已死,帝甚伤之。丧至家,母启视之,无尸,唯有只履,因取前履合之。良是宋明帝尝祠,以太牢追封龙骧将军黟县侯。"①

罗文佑,"(晋朝)南昌人,父塘与许逊学道。太康中,佑奉母谌,之歙采药黄山,寻轩辕故迹,既而结庐长春里居焉,烧丹丹成,乘白狼去,里人祀之称为呈坎天尊。其烧丹故地草木常青,下有丹井,母葬灵金山北麓。按文佑鄂州族人,尝阅白沙碑中有罗天尊诗云:'万里无片云,秋空一轮月。影清碧潭寒,上下两澄澈。泉涌土龙宫,火炎丹凤穴。祥光彻底明,金谷向中截。五气浑自然,一珠从此结。推动阿香车,隐隐雷声烈。送我上昆仑,中天光皎洁。有能知应心,何必问丹诀。'其碑在邑浦口庄定王祠左边第七株石榴树下,诗虽率成而仙灵之气宛如也。"②

从以上资料中可以看出,方储和罗文佑分别是徽州早期道教传说中轩辕和浮丘两个道教意象的演绎。方储为官为政事,其成仙故事正是"黄帝"一词所要表达的宗教意象,而罗文佑"烧丹丹成,乘白狼去",当是"浮丘"一词的宗教意象。然而这两个道教意象都是自了汉,黄帝"天下既理"、"而后登仙",浮丘"白日飞升",方储"唯有只履",罗文佑"乘白狼去",都是只顾自己成仙之例子。徽州早期道教传说中的三个道教意象,只有"容成"一词表达了自渡渡人的大乘思想,而这一思想在唐朝许宣平和郑全福身上得到了全面的演绎。

(三)罗文佑的丹道思想

"万里无片云,秋空一轮月,影清碧潭寒,上下两澄澈"是写外景,系以外景迁移

---

① (宋)罗愿:《新安志》卷八《叙仙释》,嘉庆十七年刻本。
② (清)夏銮:道光《徽州府志》卷十四《仙释》,道光七年刻本。

心境。"泉涌土龙宫,火炎丹凤穴,祥光彻底明,金谷向中截"是写内景,其中"土龙宫"喻肾,肾出水,故曰"泉涌土龙宫","丹凤穴"为心,心出火,故曰"火炎丹凤穴",肝为苍龙,龙飞呈祥,故曰"祥光彻底明",肺为金,金生丽水,故曰"金谷向中截"。"五气浑自然,一珠从此结","五气"指金、木、水、火、土,也指五脏之气,"珠"象征内丹,"五气浑自然,一珠从此结"指五脏之气自然结成内丹。"推动阿香车,隐隐雷声烈","阿香车"指香火,"隐隐雷声烈"指香火燃烧之霹雳声。"送我上昆仑,中天光皎洁"指内丹在香火的作用下,似感应腾空。"有能知应心,何必问丹诀"是强调内丹修炼过程中心识的作用,心为法王,于心自在,心自然能调动五脏之气结成内丹。但文中又曰"烧丹丹成",此指外丹,系藉外丹以修内丹,故曰"有能知应心,何必问丹诀",即是以外丹辅修内丹之意。"乘白狼去",一是金丹色白,二是白狼乃祥瑞之物,三是白狼五行在西北方位。文中称罗文佑是"呈坎天尊",坎是八卦之一,为北方之水。又说葬母灵金山北麓,金方位为西,北五行为水,"金山北麓"即西北金水之处。西北自古为游牧区,此地多狼,《史记》云"周穆王伐犬戎,得四白狼",即在西北地区。生我者母,母为金,儿即是水,故称"呈坎天尊"。道家的炼丹术又称龙虎术,如《西山群仙会真记》卷四《真龙虎》曰:"龙从火里出,虎向水中生,阳龙言向离中出,阴虎还于坎上生。二物合时为道本,五方行尽得丹名。肾中生气,气中暗藏真一之水,名曰阴虎;心中生液,液中暗藏正阳之气,名曰阳龙。龙虎非肝肺也。肾气传心气,积气生液,液中有正阳之气,名曰阳龙,是谓出于离宫;心液传肾液,积液生气,气中有真一之水,名曰阴虎,是谓生于坎位。二物会时,在人生人,在己生神。水火既济,龙虎相交。"可见罗文佑的丹道思想注重阴虎,虎五行为金,阴虎即金水,文中"白狼"、"金山北麓"、"呈坎"等均是阴虎之表现。

二　唐宋民间道教

(一)唐　代

唐代民间道人主要有许宣平和郑全福。

许宣平,歙人。光绪《重修安徽通志》曰:"唐景云中隐于城阳山南坞,结庵以居,不知其服饵,但见不食,颜色若四十许,人行及奔马,有题其诗于洛阳传舍,李白见之曰:'此仙人诗也。'乃游新安,访之不得,亦题诗于庵壁而去,是冬野火燎其庵,不复知所在。百余年后,至咸通七年,郡人许明奴家有妪入山,见一人坐石上曰：'汝，明奴家人也，我，明奴之祖宣平。'与之一桃，令食之，妪自后童颜轻健。中和以后，兵荒相继，明奴徙家避难，妪入山不归，有樵采者见妪衣藤叶，行疾如飞，升林木而去。"①道光《徽州府志》曰："许宣平，歙人，隐城阳山，绝粒不食，颜如四十许，人行及奔马，或题其诗于洛阳传舍云'隐居三十载，筑室南山巅，静夜玩明月，闲朝隐碧泉，樵夫歌陇上，谷鸟戏台前，乐矣不知老，都忘甲子年'，李白见其题壁诗曰'此仙人诗也'，访之不获。后百余年，有采樵者见之南山石上。"②

郑全福，"本浮梁人，开成中游猎婺源，深入穷谷，与其徒相失。既暮，有老人导游灵岩二洞，及出，有鹿引上山半，自是结茅居之，因修炼为道士。后徙居莲花洞之石室前，有天井深不可测，乃求麻为缏，辘轳而下，中极宽广，徐步桃花溪上，有老人乘铁船，全福揖之，愿借船还，老人曰：'已渡，尚须还耶？'曰：'欲传之人间耳。'老人曰：'如是，速还，虎豹且至，后三年当复来。'至岸，循缏而上，已七日矣。又三岁，是为开成五年，全福百余岁，语门人曰：'必葬我浮梁白水乡。'及卒，弟子二百余人与鹿俱送至夕阳岭上，觉棺空，发之，惟履在，群鹤翔引，鹿亦失所在。"③

《江西通志》曰："郑全福，浮梁人，幼不茹荤，文宗时入县东三十里灵岩洞修炼，后徙薄叶洞，游桃花溪，见老人乘铁船，曰：'愿借船还人间。'老人许之，曰：'后三年当复来。'时已百余岁，语门人曰：'死必葬我浮梁白水乡。'及举棺轻，发之，惟杖履存焉。郑有一白鹿甚驯，后鹿去，寻之而不获，乃逝。"④

以上四则资料显示许宣平和郑全福是"容成"一词宗教意象的表达。容成的房中术讲求双修，不但要求自己成仙，也要求对方成仙，扩而言之，即是一种大乘思想的表现，许宣平和郑全福的道教故事正表达了这一思想。许宣平自己成仙，尚不忘家人，他对家妪说："汝，明奴家人也，我，明奴之祖宣平"，"与之一桃，令食之，妪自后童颜轻健"，后"妪入山不归，有樵采者见妪衣藤叶，行疾如飞，升林木而去"，表明其也成仙。郑全福已得道，尚借船还，老人曰："已渡，尚须还耶？"曰："欲传之人间耳。""与之一桃，令食之"、"愿借船还人间"、"欲传之人间耳"表明许宣平和郑全福的道教思想已经超越了先前徽州道教狭隘的小乘思想，当是"容成"这一大乘宗教意象的演绎。

① (清)何绍基等：光绪《重修安徽通志》卷二百四十八《神仙传》，上海古籍出版社1995年影印本。
② (清)夏銮：道光《徽州府志》卷十四《仙释》，道光七年刻本。
③ (明)汪舜民：弘治《徽州府志》卷十《仙释》，弘治十五年刻本。
④ (清)谢旻：康熙《江西通志》卷一百四《仙释》，文渊阁四库全书本。

从以上分析中，我们可以看出，东汉、晋和唐朝的几个道人故事是在早期道教传说的基础上发展起来的，说明了早期道教传说对徽州产生了深远的影响。但为何前两个道教意象是小乘，后一个道教意象却是大乘，可能是受佛教的影响。早期传入中国的佛教思想主要是小乘，到了唐朝大乘思想才逐渐流行，而许宣平和郑全福正好生活于唐朝中后期，受其影响，遂演化出早期道教传说中大乘思想的影子，亦未可知。

（二）五代和宋朝

五代和宋朝是徽州道教思想的普及时期，这时期应称之为徽州民间道教时期，民间道教信仰兴盛，出现了许多著名的道士。其中的代表人物主要是聂师道、郑姑、李玉琳和新安道人，他们是徽州土著较著名、较有影响、较具典型的道士。下面将以他们为代表，重点诠释五代和宋朝徽州民间道教思想的基本内涵。

1. 聂师道与因缘

聂师道，字宗（或通）微，五代歙人。《十国春秋》、《新安志》、《明一统志》、《大清一统志》及徽州地方志对其事迹多有记载，称其"有弟子五百余人"，可见他是徽州一个著名的道教人物。聂师道的学道经历是一个不断访道遇仙的过程，一生共遇到四位神仙：蔡氏父子、彭真人、谢修通。四位神仙各有不同的形象，其中，蔡氏父子的形象为父亲是一位樵者，儿子"青白色似农者，年可三十"，彭真人是一位"老人"，三者分别是一个人的青年、中年和老年的形象，象征了聂师道学道的三个人生阶段。聂师道"少师事道士于方外"，"事之辛勤十余年"，此后才开始访道，此时他不过二十多岁，因而青年、中年和老年三个形象是他此后必经的三个人生阶段的理想化身。但当人走完老年阶段以后，又将去向何处？为此，在聂师道的人生中又出现了一位重要的神仙，这就是谢修通。"后又访汉梅福、梁萧子云于玉笥山中，见一丈夫布衣乌帽自言'我谢修通也'与语云：'子宿业已净，应有名玉籍，虽未即飞升，亦当度世。梅萧日中为小有天王所召，恐未便还，非可待也。'指架上素书令抽一卷，曰：'习之当得道。'"聂师道本来要访梅福、萧子云，却无意中遇到了谢修通。谢修通告诉了他的宿世因缘，又说"梅萧日中为小有天王所召，恐未便还，非可待也"，表明梅萧已不再是他访道的对象，进一步表明人到老年以后，不再是向外求，而应是向内求，所以给了他一本素书，令其习之。谢修通的一席话表明人到老年以后面临的不再是外在客观世界的问题，而是内在主观世界的问题，这一问题的最终解决须向道中悟得，所以给了他一本素书，"素"

字表明人到老年以后必须要面对死亡的现实。但是,如果向道书中不悟又如何呢? 谢修通于是又指出了一个办法。"我弟子紫芝在九嶷山,若往彼见之,为我传语,兼出素书示之,得尽其旨矣。或不见,但投素书于毛如溪上洞中,仍题石壁记我传语之意,紫芝当自授尔要道。"但对这位紫芝,聂师道却屡访不遇,"后常梦神人称紫芝,教之以释凝滞",说明紫芝只能在梦中际会,已非现实可求而得,更进一步表明死亡乃身后之事,对待死亡的问题,只能靠悟,不能靠求。由此,聂师道所遇到的四位神仙,其实是他的青年、中年、老年和死亡的化身与代表,他的仙遇故事是这四个人生阶段的神话演绎。

聂师道的仙遇故事揭示了徽州道教的一个基本思想即宿世因缘思想。聂师道的宿世因缘在文中四处得以揭示:一是同修曰:"吾子夙有仙分。"二是同修曰:"子一入见,遽逢三仙人,一日一宿,人间月余矣,其实积习之命也。"三是神仙云:"子宿业已净,应有名玉籍,虽未即飞升,亦当度世。"四是后人评价说:"详其由来,是二蔡彭谢之俦侣也。"神仙谢修通说"尔与我素有道缘,是时相见",表明神仙是因缘的化身,神仙度人乃是因为有缘,仙不度无缘之人。因而聂师道所遇到的四位神仙其实也就是四种因缘。四种因缘化身为四位神仙,四位神仙内化为四个心象,外化为人生的四个阶段,聂师道的一生就是在此四个心象的指引下不断去完成人生的四个阶段的过程,其仙遇故事是这四个心象的自我显现与神话的演绎,而所谓宿世因缘亦即"宿业"或"道缘"则与他早年的学道经历有关,是其早年的"积习之命"[①]。早年——因缘——神仙——心象阶段构成他仙遇故事的基本脉络,神仙、心象和阶段都来自早年的学道经历。可见,因缘思想是聂师道仙遇故事的中心思想,也是徽州道教的一个基本思想。

2. 郑姑与清静无为

郑姑,宋歙州人。苏辙任绩溪令时曾拜访过她,《龙川略志》云:

> 歙州郑仙姑父曰八郎,学道者也,家于歙之东岳庙前。家有一小阁,姑幼与父居阁上。客至,父见客阁下,姑自上捧茶汤下,率以为常,然人未尝见阁上有烟火。父死,殓棺中不葬,姑言父非死也。如是数十年未尝出城,人或见之百里外,亦略言人灾福。予为绩溪令,欲一见。曾到郡,闻其旧宅,岁久摧坏。是岁大风雨,夜中屋毁有声,邻居疑其压死,旦往视之,偶有一木斜

---

① (唐)沈汾:《续仙传》卷下《聂师道》,文渊阁四库全书本。以上资料主要出自此书。参见本书《附录三:徽州历史上的名道》聂师道。

倚床上得不压,而姑酣睡未觉,人尤异之。予问其年,曰:"八十矣。"予诘:"姑年八十而不嫁,何也?"曰:"吾诵《度人经》故尔。"予曰:"《度人经》安能使人不嫁?"曰:"此经元始天尊所说,元始天尊生于天地先,立于天地外,安得不尔!"予曰:"姑误矣,安有人能出天地上者?"曰:"此无他,盖亦道尔。"予曰:"道则能尔,然何与姑事?"曰:"君谓道不在我,然我身何者?非道?"予叹曰:"姑乃知此耶,明日略访,我当具一斋。"姑曰:"我随有而食,不择荤素。"明日即至,略能饮酒食肉。余问以养生,曰:"君今如器已破,难以成道。"余遍以术问之,如导引、吸纳、烧炼,皆曰非是。予曰:"竟以何者为是?"徐曰:"人但养成婴儿,何事不了。"予曰:"尝有人于百里外见姑,岂婴儿在耶?"微笑不答。予偶复谓曰:"姑家在岳庙前,庙中望水西山林极佳,姑亦尝至庙上否?"曰:"我道家不信神佛,未尝往也。"予曰:"道家不信神可也,如佛与道何异?"佛设《般若心经》,与道家《清净经》文意皆同,姑诵《清静经》,予觉其不习佛法,因问之曰:"经所谓五蕴何物也?"曰:"五行是也。"予笑曰:"姑未尝学佛而遽忽之可乎!五蕴即所谓色受想行识是已。"姑默然而已。①

从以上苏辙的访谈录中可以看出,郑姑是一位在家修道之人,"年八十而不嫁",她的修道秘诀主要集中于三部经书:《度人经》、《道德经》和《清静经》。当苏辙问她"八十而不嫁,何也?"她说:"吾诵《度人经》故尔。"当问及饮食,她说:"我随有而食,不择荤素。"当问及导引、吸纳、烧炼等养生之道时,皆曰非是。又说"人但养成婴儿,何事不了"。这些是《道德经》无欲、无为和复归思想的表现。此外,苏辙还指出"姑诵《清静经》"。由此可知,郑姑的道教思想是以《度人经》、《道德经》和《清静经》为主。《度人经》曰:"元始天尊说经中所言并是玉辰大道上帝内名隐韵之音","此音无所不辟,无所不禳,无所不度,无所不成,天真自然之音也,故诵之致飞天下观,上帝遥唱,万神朝礼,三界侍轩,群妖束首,鬼精自亡。"②可见《度人经》是讲自然之道。《清静经》曰:"夫人神好清而心扰之,人心好静而欲牵之,常能遣其欲而心自静,澄其心而神自清","人能常清静,天地悉皆归"③,是讲清静本性,而《道德经》主要是讲无欲无为。据此可知,郑姑的道教思想是以无欲无为、自然清静为体。"我随有而食,不择荤素",这是随俗。"人但养成婴儿,何事不了",这是

---

① (清)夏銮:道光《徽州府志》卷十四《仙释·郑姑》,道光七年刻本。

② 《灵宝无量度人上品妙经》卷一,明正统道藏本。

③ 《太上老君说常清静妙经》,明正统道藏本。

复归,《道德经》曰:"常德不离,复归于婴儿。"当问及佛道异同,五蕴与五行之别时,"姑默然而已",这是不辨,《道德经》曰:"道可道,非常道,名可名,非常名",文字性离,言语道断,故而不辨。因而,郑姑的道教思想是以真常随俗、不辨复归为用。

综之,郑姑的道教思想是以《度人经》《道德经》和《清静经》为主,以无欲无为、自然清静为体,以真常随俗、不辨复归为用,其根本思想是清静无为。

3. 李玉琳与经教符箓

李玉琳,南宋婺源人,"自幼崇真慕道,遍游江之东西,参礼道师若友,凡经八十有三人。将三十年,诣灵顺庙,忽遇异人遍身患疮痍,搔不辍,手召呼玉琳,词甚倨。玉琳异之,迎拜愈恭。因索酒食,玉琳供之而食其馂余,不为嫌。其人曰:'是子可教,期来年是日至此。'琳如期侵晨往候之,果至,乃授以玉皇经教真文符箓。言讫,其人忽不见。明年出应人求,拯灾祷雨无不响应。"[1]李氏死,其子孙均"世袭真经文字"。时左春坊左司直汪仲鲁为作《三师传》云:"三师者,三世相承以济民患,其显迹良多,至今日谈犹凛然如见。"[2]

李玉琳的得道经历与聂师道相似,也是遇仙得道,但目的并不相同,聂师道得道旨在成仙,李玉琳得道旨在淑世,前者重在宣扬宿世因缘,后者重在拯灾救民。具体而言,李玉琳的拯灾救民主要表现在四个方面:一是拯灾祷雨;二是立雷坛,瘗以真文铁诰,使雷雨不为民害;三是运雷击妖,投符即安;四是行符法,有奇验。这四个方面都重在宣扬真文符箓的神奇效用,而这个真文符箓乃"异人"所授的"玉皇经教真文符箓"。"玉皇"是对道教元始天尊的尊称,"经教"即是元始天尊的经文教导。"真文"指道的自然规律,《皇经集注》云:"盖道之自然,相循不怠,乃为真文。"[3]"符箓"是道士招神劾鬼、镇魔驱邪的一种方术。"符"指天神的文字,《洞神八帝元变经》曰:"符是天仙役之神文,学者灵章之秘宝。"[4]"箓",一为记录奉道者之名册,一为记录诸天曹佐吏之名及职责的名册,《隋书·经籍志》曰:"箓者,素书,记诸天曹官属佐吏之名有多少。"可知,符箓主要是指天官的文字,而天官的文字乃是由真文演化而来,故名"真文符箓"。道教谓真文有十二种品德,《太上洞玄灵宝真文要解上经》曰:"有十二德以崇宝于天真,标灵文之难穷":

---

① (明)汪舜民:弘治《徽州府志》卷十《仙释》,弘治十五年刻本。
② (明)汪舜民:弘治《徽州府志》卷十《仙释》,弘治十五年刻本。
③《皇经集注》卷五《神咒品三章注》,明正统道藏本。
④《洞神八帝元变经·服符见鬼第五》,明正统道藏本。

一者其德如虚无、澄真、洞寂、淡泊、自然、幽幽、冥冥,为天地之根;

二者其德如大道,恢廓无为,为神明之宗,一切万物普受其成功;

三者其德如天,澄虚广覆,高浮上清,一切万物普受生成;

四者其德如地,开张养生,含容无细,一切万物受其厚载;

五者其德如日月,光明洞映,无幽不澈,一切万物受其柔息;

六者其德如众星,照耀诸天,朗达幽冥,一切万物普受光明;

七者其德如云雨,和天润地,流泽广施,一切万物普受恩泽;

八者其德如四时,转轮阴阳,节气和平,一切万物普受含生;

九者其德如太山,包容障过,威灵恢恢,五帝安镇,神仙所居;

十者其德如大江,柔弱荡荡,息流百方,不简秽贱,无细不容;

十一者其德如真,教导三乘,绵绵长存,开张法门,普济万民;

十二者其德如神人,救死护生,使寒灰起烟,演明玄教,普度天民。①

　　真文亦即真藏,《真藏经要诀》云:"当知真藏最为第一,一切众生身性清静,天真正道隐在其中,名为真藏。"②可见,真文乃天地万物的自然规律,其基本特征是虚无、清静、澄真、洞寂、澹泊、自然、幽幽、冥冥,其基本作用是利益安乐、普受含生,而符箓的作用也就是运用自然规律,使万物各从其道,各安其时,自然调柔,和气致祥。因而诸如"祷雨"、"铁诰"、"运雷"、"投符"等,都是自然规律之运用,旨在使万物各从其道,各安其时,自然调柔,和气致祥。

　　徽州道教符箓主要应用在祈晴、祷雨、纳福、禁邪、制鬼、治病等方面,按其应用对象,可分为三类,一者气候,二者动物,三者鬼魅。气候主要是指祈晴、祷雨;动物主要有"蛟"、"蛟妖"、"猴精"、"狐精"、"白蛇"等;鬼魅主要有"狂邪"、"山魅"、"井妖"、"魑魅"、"妖邪"、"鬼魅"、"鬼物"、"夔鬼"等。不同的对象,行符的方法也各不同,如在气候方面是升坛祈祷,在动物方面是运诀掌雷,在鬼魅方面是符咒禁邪。但无论是升坛祈祷、运诀掌雷,还是符咒禁邪,都必须要求道士诚心专意,所谓"法行先天大道,将用自己元神"③,元神即心诚,心诚则灵。因此,胡月潭求天心五雷至元之秘、九灵飞步琼玑之书,"用心笃笃","竭诚十年",方见"感通"。

---

① 《太上洞玄灵宝真文要解上经》,明正统道藏本。

② 《真藏经要诀》,明正统道藏本。

③ 《道法会元》卷一《道法枢纽》,明正统道藏本。

诚是泛化天地生机的灵性之力,是人与万物沟通、交流的根本法则。《道法会元》曰:"夫法者,洞晓阴阳造化,明达鬼神机关,呼风召雷,祈晴请雨,行符咒水,治病驱邪,积行累功,与道合真,超凡入圣。必先明心知理,了了分明,不在狐疑。欲祈雨救旱,先择龙潭江海,碧壑深渊,云龙出没之地,依法书篆铁札投之。如不应,方动法部雷神,择日限时,登坛发用。祈晴之事,在乎诚心静念,运动阳神,召起冯夷风部之神,扫除云雾,荡散阴霾,易歉为丰,救民疾苦。若德合天心,应之随手。驱邪之道,先立正己之心,毋生妄想,审究真伪。古云:'若要降魔鬼,先降自己邪。'当以诚心召将而驱之。"①这里提出了一个运用法术的基本要求,必须是"德合天心"、"与道合真"、"在乎诚心静念"、"当以诚心召将而驱之",从而拈出了一个"诚"字。所谓"德合天心"、"与道合真",无非是诚。"符者,阴阳契合也,唯天下至诚者能用之,诚苟不至,自然不灵矣。"②又曰:"以诚敬守之,必获灵验。"③《礼记·中庸》曰:"诚者,天之道也;诚之者,人之道也。……唯天下至诚为能尽其性。……唯天下至诚为能化。至诚之道可以前知……故至诚如神。"《孟子·离娄章句上》曰:"诚者,天之道也;思诚者,人之道也。至诚而不动者,未之有也;不诚未有能动者也。"《皇极经世书》曰:"由直道,任至诚,则无所不通","至诚可以通神明,不诚则不可以得道。"④《通玄真经》曰:"其所以能行者,精诚也,推其诚心施之天下而已。"⑤可见,古人都主张一个"诚"字。

诚是万物同类相应、同气相求、精精相附、神神相依的基本原理。《易经·乾卦》:"同声相应,同气相求。"《道法会元》曰:"以我之精,合天地万物之精,以我之神,合天地万物之神。精精相附,神神相依,所以假尺寸之纸,号召鬼神,鬼神不得不对。"⑥同类相应、同气相感即是感应,所以朱熹曰:"天地之间只有一个感应而已。"⑦《道法会元》曰:"凡气之在彼,感之在我,应之在彼,行之在我,是以雷霆由我作,神明由我召,感召之机,在此不在彼。"又曰:"不疾而速,不行而至,不机而中,不神而灵者,诚也。"⑧可见,由感应召至神明,感应要求心诚,人若懂得至诚,便能运用至诚,达到参赞天地化育之目的。

①《道法会元》卷一《道法九要·行法第六》,明正统道藏本。
②《道法会元》卷一《道法枢纽》,明正统道藏本。
③《道法会元》卷一《道法九要·守一第七》,明正统道藏本。
④(宋)邵雍:《皇极经世书》卷十三《观物外篇》,文渊阁四库全书本。
⑤《通玄真经》卷二《精诚》,北京书同文四部丛刊本。
⑥《道法会元》卷一《道法枢纽》,明正统道藏本。
⑦(宋)黎靖德:《朱子语类》卷九十五,文渊阁四库全书本。
⑧(清)夏鋆:《道法会元》卷一《法序》,明正统道藏本。

综之,李玉琳的道教思想也就是真文符箓的思想。道教的真文符箓是以自然为体,以清静为用,具有安神镇威、辟魔驱邪之功效。真文符箓遵循万物相互感应的原理,要求人心至诚,因而对道士的人品提出了严格的要求,如李玉琳,遇"异人"之不嫌,对应诺之不违,待众生之不厌,谦顺、守时、悯世,是人品也是道品。因而李玉琳的道教思想不仅揭示了真文符箓之自然规律,而且揭示了真文符箓对人品的必然要求:至诚如神,有道心方成道术。

4. 新安道人与幻术

新安道人,道光《徽州府志》曰:"尝游洪尚书中孚之门,待之不倦。忽告别他适,言曰:'愿呈一术以为公欢。'时当岁晚,洪指园中枯李曰:'可使开花结子乎?'曰:'能。'即请以青幕罩其上,白洪延客置酒以赏之,乃于腰间探药一粒,纳李根封以土,少顷揭视,李已著花。又覆其幕如初,及再揭,李已结实,累累可爱,摘食味胜常种,但惊讶而不识其为异人。去后悟其神仙,欲见而不可得矣。"[1]

文中通过"枯李"、"开花"、"结子"及"摘食"等具体细节的描绘而使众人"悟其为神仙",乃是一种以幻术示现道果的方法,是新安道人得道的一种表征。这段文字虽然简短精干,却有几种含义:第一,通过枯李开花结子,寓含了返老还春、仙道可阶之义。以枯李作喻,一方面是因为老子姓李,故而李树是道教之象征,另一方面"枯"与春相对,寓示了只要明颠倒之法,得返复之义,见超脱之功,便可返老还春。第二,"尝游洪尚书中孚之门"、"忽告别他适"乃是道教示现方便、知非即舍的一种譬喻;而枯李开花、结子及摘食乃是道教先花后果、令至仙阶的一种譬喻;"惊讶而不识其为异人,去后悟其神仙"即是对仙果的一种揭示。因而这段文字实质上是对道教示现方便、知非即舍、先花后果、令至仙阶的修行方法的一种幻术的表达与阐释,旨在说明道教成仙不离世间觉、红尘即道场之意。

5. 总　结

五代和宋朝是徽州民间道教的蓬勃发展时期。此期民间道教以聂师道、郑姑、李玉琳和新安道人为代表,这四个人的思想基本上可以涵括其他人的思想。这些思想分别在体、用、因、果,即本体、起用、因缘和果报四个方面展开,比较全面地展示了此期徽州民间道教思想的基本内涵。具体地说,五代、宋朝徽州民间道教思想是以聂师道、郑姑、李玉琳和新安道人为代表,以宿世因缘为因,以清静无为为体,以经教符箓为用,以幻术为表,聂师道所以示因,郑姑所以立体,李玉琳所以起用,新安道人所以示果,体用因果,周遍互摄。聂师道示因,说明有缘来成仙,仙不度无缘之人;

---

[1]（清）夏銮:道光《徽州府志》卷十四《仙释》,道光七年刻本。

郑姑立体,说明清静无为乃真常本性,一切得道仙人以此为本;李玉琳起用,说明人品对道品之重要,有道心方成道术;新安道人示果,说明道教成仙不离世间觉,红尘即道场。四者的复合,即表示因缘清静,真文附体,历劫道场,果至圆明。

三　明清齐云山道教

齐云山又称白岳或中和山,是我国道教四大名山之一。齐云山道教信仰主要是玄武信仰。玄武,又称真武、玄帝,是由北方七宿(斗牛女虚危室壁)组成,同青龙、朱雀、白虎合称四方之神。宋明时期,齐云山因得天时地利之宜而兴起玄武信仰。

(一)玄武帝

玄武帝是四方神中唯一拟人化的神灵,与佛教四大菩萨之一的金地藏很相似。[①]据明《齐云山志》载,玄武"姓李","炎帝癸巳岁正月戊午,日月合璧,气混虚危,善胜太后日偶寝,梦日光入口吞之,觉而有孕,经十四月,黄帝甲午岁三月甲寅日帝产太后左肋。"[②]北宋元符二年的碑刻《元始天尊说北方真武经》谓玄武"于开皇元年甲辰之岁三月建辰初三日午时诞于王宫"。[③]大约成书于元明之时的《三教源流搜神大全》谓玄武于"开皇初劫下世紫云元年岁建甲午三月初三甲寅庚午时化生"。[④]明正统道藏《元始天尊说北方真武妙经》也持此说,谓玄武"于开皇元年甲辰之岁三月建辰初三日午时诞于王宫。"[⑤]道教中关于玄武帝的记载很多,但关于其诞辰基本上都定为甲午(辰)、戊辰、甲寅、庚午,它包含了玄武帝的丰富的生命信息。

命理上一般以年为祖籍出身,以日为命主。玄武帝的年干支甲午纳音是金,金在五行中属西方,故道经中说他降生于西方帝王之家。日干支甲寅纳音是水,水在五行中属北方,故道教把玄武作为北方之神。[⑥]从其八字来看,此命是财滋煞格,以时上庚金为用。《穷通宝鉴》曰:"三月春深木老,重见生旺,宜用庚金,有金啄

---

① 二者的相似之处有三:一、拟人化。二、据说都出生于帝王之家。三、都与金有关。参见笔者另撰文《金地藏与池州和九华山的关系》。

② (明)鲁点:《齐云山志》卷二《艺文·玄帝传》,明万历刻本。

③ (清)叶封:《嵩阳石刻集记》卷下,文渊阁四库全书本。

④ 佚名:《三教源流搜神大全》卷一《玄天上帝》,清末宣统刻本。

⑤ 《元始天尊说北方真武妙经》,明正统道藏本。

⑥ 后天八卦以东方震卦为木,南方离卦为火,西方兑卦为金,北方坎卦为水。

凿,可成栋梁。"①金的生长规律是:长生于巳,沐浴于午,弱冠于未,临官于申,旺于酉,衰于戌,病于亥,死于子。②玄武帝后天运走己巳、庚午、辛未、壬申、癸酉、甲戌、乙亥、丙子,正好与金的生长规律一致。巳运是玄武帝人生的第一个运,传说他十五岁出家学道,地点在武当山。武当山在天文上是属于"冀轸之下",在地盘上正对应于巳。在武当山修炼"四十二年"后"功成白日飞升",此时五十七岁。按一运十年,五十七岁应该在戌运。之后是亥运,亥在北方,故而道经说他"奉上帝之命往镇北方"。③古代以十二月对应十二神将,亥月之将为玄武④,想必与此有关。往镇北方被封为太玄元帅,一是因为玄武帝八字中命主坐寅,时上带午,命理上以寅午戌三合以午为将星⑤。二是月支辰与日支寅合拱卯为甲木之刃,时干庚为甲木之煞。《穷通宝鉴》曰:"木旺见庚,梁栋之器,寅辰夹卯而酉冲之,乙木出干,此阳刃也,煞刃相合,总握兵柄。"⑥玄武帝的职责主要是"间分人鬼"、"锁鬼众于酆都大洞"。⑦

我认为玄武帝其人只有五十七岁寿,死于戌运,所谓"功成白日飞升"是死亡在宗教上的一种委婉之说。如上所言,此命是财滋煞格,以时上庚金为用神。早年走巳、午、未南方火运,为命所忌,故出家学道。中年走申、酉西方金运,运气较好。晚年走戌运,与日主寅、时支午三合火局,焚身克金,制煞太过,又冲月支辰。戌后为亥,转往北方水运,均为玄武命中所忌,故《三教搜神大全》云玄武帝与六天魔王战于洞阴之野,魔王以坎离二气来攻玄帝,被玄帝以神力"摄于足下"。坎离二气即水和火、阴和阳。"摄于足下"含有寿终正寝之意,暗示了玄武帝其人由南方火运到北方水运、由阳间到阴间的一种生命转化过程,或曰死亡的过程。《三教源流搜神大全》对玄武帝"功成白日飞升"时的情景作了详细的描述,"黄帝紫云五十七年,岁次甲子九月初九日丙寅清晨,忽有祥云天花自空而下,迷漫山谷,绕山四方各三百里,林峦震响,自作步虚仙乐之音。"这种描述其实是对道人临终死亡时的一种渲染和烘托,在宗教中很常见(可参看后文《徽州道教的临终理

---

① (民国)徐乐吾评注:《穷通宝鉴》卷一《三春甲木》,民国二十六年铅印本。

②《三命通会》卷二《论五行旺相休囚死并寄生十二宫》:金胎于卯,养于辰,生于巳,败于午,冠带于未,临官于申,帝旺于酉,衰于戌,病于亥,死于子,墓于丑,绝于寅。文渊阁四库全书本。

③ 佚名:《三教源流搜神大全》卷一《玄天上帝》,清末宣统刻本。

④ 佚名:《六壬大全》卷二《十二将释》,文渊阁四库全书本。

⑤《三命通会》卷三《论将星华盖》:寅午戌三合以午为将星,申子辰三合以子为将星,己酉丑三合以酉为将星,亥卯未三合以卯为将星。

⑥ (民国)徐乐吾评注:《穷通宝鉴》卷一《三春甲木·齐燮元命》,民国二十六年铅印本。

⑦ 佚名:《三教搜神大全》卷一《玄天上帝》,清末宣统刻本。

论》)。又言玄帝飞升时"身长九尺",飞升日期为"九月初九",其实是对死于戌运的一种数字演绎。古代正月建寅,有寅一、卯二、辰三、巳四、午五、未六、申七、酉八、戌九、亥十、子十一、丑十二之说,因此九就是戌。玄武帝上应虚、危二宿,《史记》曰:"虚主死丧哭泣事","危为盖屋",二者"为邑居庙堂祭祀、祷祝之事"①,说明玄武是死亡祭祀之地,是生命的终极归宿。故古代有"亡者北首"的习俗,而南方民间也流行"吃在广州,穿在杭州,玩在苏州,死在徽州"之谣。

关于玄武的形象,道经中说他"脚踏龟蛇"、"披发跣足"、"金甲玄衣"。所谓"龟蛇",是指玄武上应虚危二宿,虚危与北方七宿共同组成龟和蛇的形状。为何"脚踏"?因为玄武的第一个人生之运是巳运,古代十二辰与十二兽相连,巳为蛇。最后归宿之地是亥,亥是壬水临官之地。壬与王形似,人称龟为王八,以其背上有王或壬之形,龟生活在水和土中,与人死后入土化水相似。故亥运论龟而不论猪,以其为死亡之后的事情,不可与生同论。从巳到亥俱为玄武帝人生之经历,故以"脚踏"为喻。"披发跣足"、"金甲玄衣"均由龟蛇衍化而来。古代蛇为女子之象征,《诗经》曰:"维熊维罴,男子之祥;维虺维蛇,女子之祥。"女子多披发,男子多束发,且女子为阴物,与人死后为阴类性质相近,故以"披发"为喻。"跣足"是由龟足衍化而来,"金甲"为蛇的鳞甲和龟甲,二者五行属性为金。"玄"指北方,又为龟之色。

综上所述,道教中的玄武帝反映了丰富的生命信息,涵括了生命从出生到死亡的整个过程,这也是一个大众的共同的生命过程,最重要的还在于它指出了人生对待生命之积极的态度,这就是修道。这些信息统摄在玄武帝的八字中,道教对玄武帝的传说与叙述基本都是围绕其八字而展开的。或者说,玄武帝的八字是后人对玄武帝这一宗教意象所包含的生命信息的一种高度拟人化的创造与概括,其八字不仅是玄武帝一人之八字,还是其他道教徒生命信息的一个缩影,因而能够在不同场合被几近精确地重复记载。

(二)齐云山玄武信仰形成与兴起的原因

据明鲁点《齐云山志》载,晋以前,齐云山"僻在万山中,草昧而已,鬼神盖秘之也。"②唐朝时开始有道人龚棲霞在此山修行,"兹山之幽奇,有道者潜游焉,不可踪迹,于唐得一人而已。"③至南宋道士余道元建立真武祠,齐云山玄武信仰才

---

① (汉)司马迁:《史记》卷二十七《天官书第五·北宫玄武》,文渊阁四库全书本。
② (明)鲁点:《齐云山志》卷二《建置》,明万历刻本。
③ (明)鲁点:《齐云山志》卷一《道士》,明万历刻本。

开始形成。明朝时,明世宗敕建玄天太素宫,"令侍从之臣作禖祀而兹山之灵遂显","四方士女,顶戴焚香,道路不绝",①齐云山道教进入兴盛时期。清代趋于衰微,乾隆皇帝南巡时誉为"天下无双胜境,江南第一名山"。齐云山玄武信仰形成于南宋,兴起于明朝,主要有以下原因。

第一,地理的原因。齐云山在地理位置上正与天上玄武星象相应,"齐云之栖帝真久矣,测野在斗牛之墟而虚危之宿值焉",②"白岳之争奇、云岩之竞巧,玄君宫焉"③,"玄帝之居,天造地设"。④古代,星宿与十二次以及天干地支相对应,如虚危在十二次中为玄枵,在地支中为子,在天干中为癸,《六壬大全》曰:"癸日玄武主事"⑤。古人则天垂象,主其事则祭其星,盖为齐云山玄武信仰的本意。

第二,历史的原因。"由宋来有玄帝行宫在焉"。南宋宝庆年间方士余道元创立佑圣真武祠于齐云岩,相传祠内玄武神像乃百鸟衔泥塑立,卓著灵异,招致香火日省。"齐云山肇自宋初真武化身百鸟衔泥塑立神像,显应于昭,尝经水火、迅雷、烈风、崖石、屋宇崩摧,神像不动。迄今数百余年,金容如始,凡饬难加,四方士民遇蝗灾、旱涝,徼福求嗣,有祷即应。"⑥

第三,明朝的原因。"成祖靖难北服,玄冥助顺,于是敬奉太和之祀赫著域中。齐云山属徽郡东南一乔岳也,由宋来有玄帝行宫在焉。世庙中兴,以禖祷验,于是祓而望拜,遣祠官至山告祷如仪,间岁屡至。"⑦"玄君,北帝也,我国家建都北极,与主玄君盛德始于北而济于南,二时俱在,于楚则時玄岳(武当山),文皇帝(明成祖)治之,于越则時白岳,肃皇帝(明世宗)治之,一以钜丽,一以神奇,絜其广狭不同,亦晋之于鲁也,所出同矣。"⑧"明祀百神奥主玄帝,成祖大治玄岳帝時,侈于(儒教)七十二君,爰及世宗作宫白岳即齐云山也,概诸神奇壮丽曾不能什一之,要以经牛斗当旬服之,南控三天子都,表群望岱衡之际,此其神皋,以故祝史祠官,冠盖相望,自邦畿以及方国,自卿相以及斋民,毂击肩摩,率以乞灵而至,不惮千里,有如朝宗。"⑨

这三点之中,明朝皇室崇奉道教是齐云山玄武信仰迅速兴起最主要的原因。

① (明)鲁点:《齐云山志》卷首《序》,明万历刻本。
② (明)鲁点:《齐云山志》卷首《序》,明万历刻本。
③ (明)鲁点:《齐云山志》卷一《岳图》,明万历刻本。
④ (明)鲁点:《齐云山志》卷首《序》,明万历刻本。
⑤ 佚名:《六壬大全》卷二《神将释》,文渊阁四库全书本。
⑥ (明)鲁点:《齐云山志》卷三《宸翰》,明万历刻本。
⑦ (明)鲁点:《齐云山志》卷首《序》,明万历刻本。
⑧ (明)鲁点:《齐云山志》卷二《建置》,明万历刻本。
⑨ (明)鲁点:《齐云山志》卷二《建置》,明万历刻本。

1. 明朝与道教的关系

明朝的取名和明太祖的年号与道教有一定的内在关系。明为日、月之合成,亦即阴阳之合成,阴为北,阳为南,因而也是南北之合成。南有朱雀,北有玄武,南北之合成亦即朱雀与玄武之合成,是为朱洪武取名之由来,含有统一南北之意。而洪武年号埋下明朝政治纷争之伏笔:一是朱(雀)在南方,为火象,含有文明之义,而朱允炆号称建文帝,字中带火带文,是为朱允炆定当践位之伏笔。二是洪武为水为玄武,在方位上为北方,是又为燕王朱棣由北方兴兵靖难之伏笔。《六壬大全》曰:"朱雀,在雷部行火,凶将也,阴火寄于重离,阳极反阴不足之神,雀吉得地,主文章、印信、敕命、服色、王庭事,失地则凶,主火烛、焚煌、口舌、生病、公讼、损失、灾伤等事,若旺相披刑带杀,为害必深。"[1]又曰:"朱雀开口,争斗填塞。"而玄武也是一员凶将,"主盗贼、侵凌事。"三是通观明朝的历史,如夺门之变、大礼仪之争、国本之争、党争等,无一不在纷争之中度过,则这一状况已由明初的政治所决定,盖明为火、水,则始终难逃"火水未济"之命运。《易经》未济卦曰:"火在水上,未济,君子以慎辨物居方。"

2. 明成祖与齐云山的关系

玄武是由北方七宿(斗牛女虚危室壁)组成。明成祖朱棣生于1360年,是年为鼠年,长成后又称燕王,起兵于北方。在古代,二十八星宿与动物是相对应的,鼠和燕分别对应于虚、危宿,是成祖生辰、方位均上印玄武,《明史》曰:"及太宗(明成祖)靖难,以神有显相功"[2],遂建真(玄)武庙于京师。明《齐云山志》曰:"齐云之栖帝真久矣,测野在斗牛之墟而虚危之宿值焉。"[3]"虚危之宿值焉"揭示了齐云山、玄武、明成祖三者之间的内在联系,而玄武的本体是朱熹(见下文以及第五章《齐云山道教和黄山佛教对徽州的影响》),明成祖也姓朱,《明史》亦载"永乐中颁文公家礼于天下"[4],则这一联系不仅是天文上的联系,又是地缘和政治上的联系,复是齐云山与朱氏家族之间的联系,同时也是齐云山与明朝之间的联系,以及明朝与道教之间的内在联系,这些联系统是明代齐云山道教兴起之关键。

3. 明世宗与齐云山的关系

世宗曾自号"灵霄上清飞玄真君"、"九天弘教普济玄应开化伏魔忠孝帝君"、

① 佚名:《六壬大全》卷二《十二将释》,文渊阁四库全书本。
② (清)张廷玉:《明史》卷五十《志第二十六》,乾隆武英殿刻本。
③ (明)鲁点:《齐云山志》卷首《序》。
④ (清)张廷玉:《明史》卷四十七《志第二十三》,乾隆武英殿刻本。

"太上大罗天玄都境万寿帝君"①等,是我国历史上一位著名的道教皇帝,而齐云山道教也于明世宗时真正兴起。明鲁点《齐云山志》曰:"爰及世宗作宫白岳即齐云山也",齐云山,"肃皇帝(明世宗)治之"②,则齐云山是明世宗重要的道教道场。

4. 明清两朝命运的喜忌与齐云山道教的兴衰

齐云山道教形成于宋朝,兴盛于明朝,衰落于清朝。明清鼎革是齐云山道教发展之转折,与明清两朝命运的喜忌有关。

明朝运喜南方、忌北方。据清袁树珊的《命谱》载,明太祖朱元璋的命造是戊辰、壬戌、丁丑、丁未。该命喜南方火运,其生平事业的发展也主要是在丙火运期间。③另据谷应泰的《明史纪事本末》载,"太祖生于元天历戊辰之九月丁丑,其夕赤光烛天,里中人竞呼朱家火,及至无有。三日洗儿,父出汲,有红罗浮至,遂取衣之,故所居名红罗障。"④说明明朝的建立与南方火运有关。火克金,但忌水。清朝早期号金,金为火克,故早期不顺。自皇太极改名清以后,金变为水,水克火,故对明朝的战争每每顺利,清朝的剪明事业实由此始。

清朝与明朝相反。查袁树珊的《命谱》,康熙的命造是甲午、戊辰、戊申、丁巳。命中土重,喜土生金以泄其气,喜水滋润。⑤乾隆的命造是辛卯、丁酉、庚午、丙子,喜庚辛化水以制丙丁火克金。⑥观此两命,一生事业的发展也主要是在金水运时期。说明清朝运喜北方水,忌讳南方火。

以上两朝命运的喜忌,直接决定了齐云山道教的兴衰。齐云山为南方一道教名山,且与明朝有密切的关系,更勿论道教乃汉人之宗教,而满族人信佛不信道,这使得齐云山进入清朝以后不再受宠,由此逐渐导致了齐云山道教的衰落。

(三)齐云山玄武的本体是汪华和朱熹

据宋代罗愿的《新安志》中"新安之神"载:汪华,"绩溪人,在隋末大业之乱中以土豪应郡募,平婺源寇有功,寻为众所推据歙乌聊山以保郡境。时四方割据,建号者众,乃稍以兵取旁郡,并有宣杭睦婺饶五州,带甲十万,建号吴王。唐武德

---

① (清)张廷玉:《明史》卷三百七《佞幸列传》,乾隆武英殿刻本。
② (明)鲁点:《齐云山志》卷二《建置》,明万历刻本。
③ (清)袁树珊:《命谱》,中州古籍出版社1995年版,第230页。
④ (清)谷应泰:《明史纪事本末》卷一《太祖起兵》,文渊阁四库全书本。
⑤ (清)袁树珊:《命谱》,中州古籍出版社1995年版,第337页。
⑥ (清)袁树珊:《命谱》,中州古籍出版社1995年版,第357页。

四年遣使纳款于唐,高祖嘉之,使持节总管歙宣杭睦婺饶等六州诸军事。武德七年朝于京师,贞观二年授左卫白渠府统军事,参掌禁兵。贞观十七年改忠武将军行右积福府折冲都尉,太宗征辽东为九宫留守,贞观二十二年三月三日薨于长安。永徽中归葬歙县,立祠祀之",目为"新安之神"。[①]而据道教《搜神记》和《三教源流搜神大全》载,玄武是一位佐玉帝荡平人间魔乱之后"凯还清都面朝金阙"接受册封之神,其事迹和形象与汪华有着惊人的相似之处,而更重要的是,汪华死于三月三日,而玄武生于三月三日[②],生死两相接续。汪华在宋朝被封为"仁武神英圣王",是徽州受朝廷册封诸神中惟一一位带"武神"的神灵,与玄武的武神身份很相符合。明《齐云山志·序》曰:"齐云之栖帝真久矣,测野在斗牛之墟而虚危之宿值焉","斗牛"即歙县,弘治《徽州府志》曰:"按古丹阳,歙县地,是斗牛之交也。"[③]而汪华发迹于歙县,又归葬于歙县,因而歙县可谓是汪华的道场,"测野在斗牛之墟而虚危之宿值焉"暗示了汪华与玄武的内在联系。两者都是徽州的大神,又有着惊人的相似之处与内在关系,因而可以认为汪华就是玄武的本体。

玄武的另一本体是朱熹。徽州号称程朱阙里,朱熹是程朱理学的集大成者。朱熹生于南宋建炎四年,死于南宋宁宗庆元六年三月初九日午时[④],死后不久齐云山玄武信仰开始形成。明《齐云山志》曰:"宝庆丙戌方士余道元初建佑圣真武祠于齐云山"[⑤],真武即玄武,真武祠的建立标志着齐云山玄武信仰开始形成。真武祠建立的次年即1227年,朝廷开始册封朱熹及其理学。《宋史纪事本末》曰:"理宗宝庆三年春正月诏曰:朕观朱熹集注《大学》、《论语》、《孟子》、《中庸》,发挥圣贤蕴奥,有补治道,朕方励志讲学,缅怀典刑,深用叹慕,可特赠熹太师,追封信国公。"[⑥]绍定二年九月改封朱熹徽国公,咸淳五年诏赐文公阙里于婺源,元至正年间加封齐国公。从这里可以看出齐云山真武祠与朱熹的内在联系,我认为真武的本体即是朱熹。今人编的《齐云山志·概述》引旧志云:"相传祠内玄帝神像,乃百鸟衔泥塑立,卓著灵异,招致香火日省。"玄帝即玄武,玄武本是天上之神,为何要百鸟衔泥塑立?"衔泥塑立"说明玄武的真身出自徽州,而其时朱熹理学开始

---

① (宋)罗愿:《新安志》卷一《祠庙·新安之神》,嘉庆十七年刻本。

② 《元始天尊说北方真武妙经》,明正统道藏本。

③ (明)汪舜民:弘治《徽州府志》卷一《分野》,弘治十五年刻本。

④ (清)袁树珊:《命谱》,中州古籍出版社1995年版,第179页。

⑤ (明)鲁点:《齐云山志》卷一《道士》,明万历刻本。

⑥ (明)冯琦、陈邦瞻:《宋史纪事本末》卷二十一《道学崇黜》,万历刻本。

得到册封,徽州又被封为"文公阙里",朱熹本人则被封为徽国公、齐国公,因而可以认为玄武的本体是朱熹。元仇远所撰《金渊集》卷五《送汤希贤晦庵书院山长》有"文公阙里女星源"之句,女星即是玄武七宿之一,这句话揭示了朱熹与玄武的内在联系。从义理层面看,玄即道,道即理,因而可以用玄帝比喻朱熹,用"卓著灵异,招致香火日省"比喻朱熹理学日后的影响。这应该是齐云山真武祠的适时创建及其神话传说所要表达的真实内涵。简言之,齐云山真武祠的建立与朱熹有密切的关系,当是朱熹及其理学在宗教上的要求与体现,齐云山玄武信仰可以说是程朱理学的宗教象征。

综上所述,汪华和朱熹同是齐云山玄武的本体。玄武之"武"象征了汪华,而玄武之"玄"象征了朱熹,玄武是汪华与朱熹的综合之神,是徽州区域精神高度凝练的神学象征。

(四)齐云山玄武信仰的主要内容

齐云山玄武信仰的主要内容有保命延寿、祈嗣生育和水旱祷祀等。

1. 保命延寿

玄武又称真武。在《元始天尊说北方真武妙经》中天尊告真武曰:"自今后凡遇甲子庚申每月三七日宜一人间,受人之醮祭,察人之善恶、修学、功过、年命长短,可依吾教,供养转经,众真来降,魔精消伏,断灭不详,过去超生,九幽息对,见存获庆,天下和平。"[1]可见玄武是"察人之善恶、修学功过、年命长短"之神。玄武由北方七宿组成,其中斗宿又称南斗,主人长寿。如《搜神记》曰:"南斗注生,北斗注死。"[2]《通占天象历星经》曰:"南斗六星,主天子寿命,亦云宰相爵禄之位。"[3]齐云山的玄武信仰也表明了这一点。

据明《齐云山志·祀典》载,明朝嘉靖和万历两位皇帝先后八次在齐云山修建大斋,其中有四次都是祈命延寿,这四次分别是(文中有节录):

嘉靖戊戌六月,修建"金箓祈恩保母安疾永寿延禧大斋",祷文曰:"伏愿玄极早除见患之灾,即臻勿药之喜,转灾为福,去旧从新,玉体尊安,乐含饴之有永,绵眉寿于无疆。"

嘉靖丙午八月,修建"金箓生辰报恩祈福永寿斋醮",祷文曰:"今秋八月十

---

① 《元始天尊说北方真武妙经》,明正统道藏本。

② (晋)干宝:《搜神记》卷三,明津逮秘书本。

③ (清)嵇曾筠:雍正《浙江通志》卷二《星野》,文渊阁四库全书本。

日,届朕初生之辰,伏愿天鉴神歆,降祥赐庆,密垂启佑。"

嘉靖辛酉八月,修建"金箓祈天永命集庆安邦大斋",祷文曰:"朕以初度之辰,每戴生成之德,特遣卫官捧斋香帛诣齐云山坛殿,伏愿国祚延长,遐龄永奠。"

嘉靖甲子八月,修建"金箓元(命)承眷诞日祈恩延生集庆大斋",祷文曰:"八月十日朕初生辰,特命侍卫官员捧斋香帛敬诣齐云山建醮,伏愿恩佑宗社,寿延眇躬,庆及六宫,休覃万国。"①

保命延寿信仰还体现在民间的建桥、建庵上,另有一则"小儿坠岩而无损伤"也说明了这一信仰。

嘉靖乙卯,吴惟昭建梦真桥于桃花涧。吴瀛曰:"余家去齐云三舍而近,余兄惟昭孝友忠信,仰止山灵,对越惟谨,岁乙卯遭危疾,医无奏功,一夕梦玄武君语曰:'尔疾须衡石程金购药,庶其痊可。'兄寤惊,无何疾瘳,忆梦登山,祗谢神眷,将至天门,渡石涧危桥,因悟神言,于是捐金,召工伐石为梁,以济游客。"②

万历戊戌十二月初一日,"邑人丁惟喧读书云岩,素患,额有瘤如胡桃大,百法药物不能治,是夕感梦惊寤,瘤遂平,因建庵于碧霄峰下,塑像崇奉。"③

万历甲戌三月初九日,"巡按直隶监察御史朱公文科登云岩礼太素宫,毕至飞身崖,俄有小儿坠岩而下无损伤,公惊讶,问其幼行孝,赏米二石。"④

2.祈嗣生育

玄武还是主管生育之神,能够满足人们求取子嗣的愿望。玄武的这一职能与其自己的出身有关。《元始天尊说北方真武妙经》曰:

昔有净乐国王与善缘王后梦吞日光,觉而有娠,怀胎十四个月,于开皇元年甲辰之岁三月建辰初三日午时诞于王宫,生而神灵,长而勇猛,不统王位,唯务修行,辅助玉帝,誓断天下妖魔,救护群品,日夜于王宫中发此誓愿,父王不能禁制,遂舍家辞父母入武当山中修道四十二年,功成果满,白日登天,玉帝闻其勇猛,敕镇北方统摄真武之位以断天下妖邪。⑤

"真武",亦即玄武,乃净乐国王与善缘王后所生,其本身就是一个人子的形

---

① (明)鲁点:《齐云山志》卷二《祀典》,明万历刻本。
② (明)鲁点:《齐云山志》卷二《建置》,明万历刻本。
③ (明)鲁点:《齐云山志》卷二《灵应》,明万历刻本。
④ (明)鲁点:《齐云山志》卷二《灵应》,明万历刻本。
⑤ 《元始天尊说北方真武妙经》,明正统道藏本。

象,因而他还象征了生育之神,能够满足人们求子的愿望。"真武"曾"入武当山中修道",武当山建有净乐宫,齐云山也建有净乐宫,明《齐云山志》曰:"净乐国(宫)乃玄帝降秀钟灵,一度桑梓之乡,帝承天诏父母赴真仙,封父曰净乐天君明真大帝,母曰善胜太后琼真上仙,居任九霄。我文皇靖难之初,感上帝之佑敕建答神赐,复逮所亲,此太和(武当山)净乐宫所由肇也。夫太和乃炼道衣钵之时,齐云乃神游剑蕙之寓。齐云虽未敕建,其洪厓邃洞,处处雕祠,丛桂繁松,林林结馆,庄严福地,羽仪洞天,而净乐宫尚有遗焉。赞教杨玄相有斯志亦久矣,其徒汪丽清能嗣其志,广募建斯宫。"[1]"桑梓之乡"正是生育观念的代名词。这一观念在明朝皇帝的建醮仪式中得以体现,如嘉靖和万历两位皇帝在齐云山先后修建的八次大斋中,有三次都与求子有关,这三次分别是:

嘉靖壬辰五月,修建"金箓祈恩求嗣继绪保国大斋",祷文曰:"朕以菲薄仰荷天命,君临海宇,奉守宗祧十一年,岁时若流,百千世统绪至重,储嗣未立,朝夕战惧,闻齐云山乃北极神真之福地,敬沥诚恳,祷真灵垂鉴而赐休。……端拜玄恩,赐予贤子,纬宗社于万年,世世守宗祧而主祀,保国祚于亿载,代代宜君位以承天年。……恭诣齐云山北极佑圣真君神祠下,仰祈阴佑,俾予早立哲子以嗣洪基。"

嘉靖戊戌五月,修建"金箓酬恩赐嗣继统承天大斋",祷文曰:"伏愿福禄来同子孙,千亿昭明,有俶家室,万年绥令,闻于无穷,基景命之有,永玄机默翊弘施保育之仁,神教诞敷,永被清佑之化,敬摅微悃,上答洪休。"

万历庚辰正月,修建"吁天请佑祈嗣皇储奠安宫壸保泰邦家大斋",祷文曰:"伏愿丹悃潜通,玄尊默相,灵台早孕,庶诞嗣于储君,国本攸长。"[2]

3. 水旱祷祀

玄武乃"太阴化生,水位之精"[3],在四方神中处于北方为水,因而玄武还是水神,为天下水旱必祷之神。明《齐云山志》曰:"古者山川能出云为风雨则皆曰神,诸侯在其地则祭之,新安山无如白岳,岳之神曰玄君,民间祝祺祷雨多应。"[4]"白岳为新安之灵山,能出灵物,不崇朝而雨千里者也。"[5]"兹山潭洞能致雨以救旱,为民福甚远"[6],"历起宋以来,水旱(祷)祀辄应。"[7]明《齐云山志·灵应》共记

---

① (明)鲁点:《齐云山志》卷二《建置》,明万历刻本。
② (明)鲁点:《齐云山志》卷二《祀典》,明万历刻本。
③ 《元始天尊说北方真武妙经》,明正统道藏本。
④ (明)鲁点:《齐云山志》卷二《建置》,明万历刻本。
⑤ (明)鲁点:《齐云山志》卷二《建置》,明万历刻本。
⑥ (明)鲁点:《齐云山志》卷二《建置》,明万历刻本。
⑦ (明)鲁点:《齐云山志》卷首《序》,明万历刻本。

载了九则灵应,其中有两则与旱灾祷雨有关:

> 万历甲戌六月二十六日大旱久,休宁县知县东莞陈履步祷于云岩请法水,至县立坛祈祷,申剥到坛,酉大雨,平地水三尺。
>
> 万历己丑六月初一日大旱久,休宁县知县江夏丁应泰步祷于云岩请水,至崇寿观立坛曰:"赤日青天,旱魃如许,一时何能得雨?"言毕少焉,云合,大雨霑足。①

4. 文昌信仰

齐云山还建有文昌阁,以上应文昌星。文昌星在北斗魁口附近,由六颗小星组成,相传为道教中文昌帝君的化身,是我国古代文章、学问和科举士子的守护神。齐云山的文昌阁,据明《齐云山志》载,万历丁丑年,徽宁兵备按察使冯叔吉建文昌阁于五老峰前,兵部左侍郎汪道昆题曰瑶光亭,汪道昆曰:

> 玄君,北帝也。我国家建都北极,与主玄君盛德始于北而济于南,二时俱在,于楚则畤玄岳(武当山),文皇帝(明成祖)治之,于越则畤白岳(齐云山),肃皇帝(明世宗)治之,一以钜丽,一以神奇,絜其广狭不同,亦晋之于鲁也,所出同矣。夫天象悬衡于北斗而居斗口者曰文昌,二时故未有特祠,殆非类于上帝之义也。往余有事于玄岳,乃始建文昌祠……及余既释邦政,退就父母之邦,则以望祀同科……会冯使君行县至,余辄以祠议抵使君,使君慨然应役……不五月而告成……(文昌阁)既完且美,庶几乎瑶光之庭,即隩区神皋避三舍矣。窃惟明兴,以文治治天下,实惟诸臣光辅列圣,而左右之括苍于越,具曰'文成袖然并举'……诗曰'惟岳降神,生甫及申',自昔籍籍称楚材,其为岳降不虚矣,惟兹产上都而被首善,蔚为国桢,非有所待而兴,此其选也,乃今连茹而进,翩翩而拔前茅,亦既如林矣,上之为周召之治,为训诰之文,经纬天地以成章,煌煌乎明德也,下之则知天命如括苍、知性与天道如于越即德……天垂象而岳效灵,何为也?……夫象而列星,形而名岳,天文也。太上立德,其次立功,其次立言,人文也。若殷良弼,若汉宗臣,逊志典学以佐中兴,鞠躬尽瘁以辅少主,天人征应之符不爽矣。三命二表,则其绪余,都人士第,师文王,学孔子,时而盐梅,时而鱼水,无施而不宜。司马

---

① (明)鲁点:《齐云山志》卷二《灵应》,明万历刻本。

非直为南国谋,且以张楚,非直张楚,且以广厉四方。①

　　这段话有三层意思:第一,文昌居北斗之首,而北斗又居玄武之首,齐云山上应玄武,因而文昌也应是齐云山道教信仰之一。第二,明朝"以文治治天下",应该提倡文昌信仰。第三,楚地人才济济,徽州人才济济,与上应文昌有一定的关系,因而徽州要提倡文昌信仰,"师文王,学孔子",为朝廷效命。这段话出自明朝兵部左侍郎汪道昆之口。《明史》曰:"汪道昆,字伯玉,王世贞同年进士,大学士张居正亦其同年生也,父七十寿,道昆文,当其意,居正亟称之,世贞笔之艺苑,厄言曰'文繁而有法者于鳞,简而有法者伯玉',道昆由是名大起。晚年官兵部左侍郎,世贞亦尝贰兵部,天下称两司马。"②汪道昆是徽州歙县人,他提倡文昌信仰,齐云山的文昌阁也是由他倡建的,因而文昌代表了徽州的文人信仰,是徽州人以文立邦、以文兴国观念的体现。

(五)齐云山玄武信仰的主要特点

1.上应天象

　　齐云山在地理位置上与天上玄武星座相应,"海阳白岳,此世庙封時之山也,祷祀玄帝,宫阙映乎星辰。"③"齐云之栖帝真久矣,测野在斗牛之墟而虚危之宿值焉"④,"玄君宫焉",有"玄帝之居"、"玄都灵境"之称。如玄天太素宫、文昌阁、净乐宫等都是根据上天星象建立。

2.仿造武当山

　　武当山有玄天太素宫、净乐宫、榔梅、文昌阁,齐云山也有此等建筑,均系仿造。

　　如玄天太素宫,"照太和、龙虎等山,并赐重建,金碧辉煌,宫阙壮丽,迥过于前代,武当太和宫之匹亚也。"⑤

　　又如净乐宫,"夫太和乃炼道衣钵之时,齐云乃神游剑冀之寓。齐云准太和之置,两宫相望,蓬莱接圆峤之间,永作亿载之观,又增一区之胜。"⑥

　　又如榔梅庵,"玄帝香火之盛,在均州曰武当,在徽曰齐云。武当有榔梅,榔

---

① (明)鲁点:《齐云山志》卷二《建置》,明万历刻本。

② (清)张廷玉:《明史》卷二百八十七《文苑三》,乾隆武英殿刻本。

③ (明)鲁点:《齐云山志》卷二《建置》,明万历刻本。

④ (明)鲁点:《齐云山志》卷首《序》,明万历刻本。

⑤ (明)鲁点:《齐云山志》卷二《建置》,明万历刻本。

⑥ (明)鲁点:《齐云山志》卷二《建置》,明万历刻本。

体梅实,树至今存,特为神异,齐云未之有焉。本山道会方琼真以棚梅二树植之,武当之神异者又移于兹山矣。"①

又如文昌阁,"往余有事于玄岳,乃始建文昌祠,及余既释邦政,退就父母之邦,则以望祀同科。会冯使君行县至,余辄以祠议抵使君,使君慨然应役,不五月而告成,使君则以碑属焉,请得如玄岳故事。"②

3. 与明朝关系密切

齐云山道教与明朝关系密切,史称"肃皇帝(明世宗)治之"。明《齐云山志》曰:

> 玄君,北帝也,我国家建都北极,与主玄君盛德始于北而济于南,二畤俱在,于楚则畤玄岳(武当山),文皇帝(明成祖)治之,于越则畤白岳(齐云山),肃皇帝(明世宗)治之。③

> 玄帝之居,天造地设,与楚岳太和相表里,历赵宋以来,水旱祷祀辄应,然尚阒而隐也,迨我国朝世庙被灵,圣聪诞生,禋祀始崇。嗣出少府钱遣官贲本山,命将作构室宇而神居益廓,楼台亭榭,丹艧日新,四方士女,顶戴焚香,道路不绝,游人骚客镌题歌咏,金石为遍,乃兹山之灵遂以大显。④

齐云山道士也因与明朝的特殊关系而被授予相应的职务,如汪曦和,"嘉靖壬辰祷应皇嗣,丙午钦主醮事,以赞教入觐,升提点,颁印掌教。"杨玄相,"应祷皇储,拜恩受敕,三上京师,钦授本宫住持。"朱宗相,"缘皇储,应祷官,拜太常寺寺丞,以亲老辞归,赠封道流官列卿。"⑤

4. 融合佛道

齐云山有齐云、石桥二岩,唐元和四年歙州刺史韦绶建石门寺于岐山石桥岩,是为齐云山较早的佛寺,早于南宋余道元建真武祠于齐云岩。明朝道教兴起以后,齐云山佛教和道教呈融合的特色,如无量寿宫。汪道昆《阅无量寿宫成赋》曰:"西方白帝引真源,北极玄君启法门。大地平分净乐国,精庐宛在给孤园。峰

---

① (明)鲁点:《齐云山志》卷二《建置》,明万历刻本。
② (明)鲁点:《齐云山志》卷二《建置》,明万历刻本。
③ (明)鲁点:《齐云山志》卷二《建置》,明万历刻本。
④ (明)鲁点:《齐云山志》卷首《序》,明万历刻本。
⑤ (明)鲁点:《齐云山志》卷一《道士》,明万历刻本。

开莲社吾堪老,云拥金城佛自尊。已见化身离色界,直须对面问轩辕。"①

5.居士道教

明《齐云山志·道士》曰:"有功行者,勿论出家在家,并录之志道士。"表明齐云山道士有不少是在家道士。如方琼真,"虽舍身老氏,事母甚笃。"汪景清,"虽托身老氏,酷好儒术。"朱宗相,"缘皇储,应祷官,拜太常寺寺丞,以亲老辞归,赠封道流官列卿。"又如陈惟一、金安礼、金士龙、叶介夫、程大有、胡道祥,"俱休本里人。"②此外,还有一些阁、庵、桥为居士所建,如文昌阁为徽宁兵备按察使冯叔吉所建,碧霄庵为邑人丁惟暄建,梦真桥为休宁吴维昭建等,表明齐云山道教的居士色彩很浓厚,居士为齐云山道教做出了杰出的贡献,是齐云山道教的一个不可分割的部分。

(六)余 论

据上可知,齐云山玄武信仰经历了三个发展阶段:早期的玄武传说与齐云山的地理位置是齐云山玄武信仰形成的前提条件;唐宋时期汪华保障信仰和朱熹理学信仰是齐云山玄武信仰形成的本体基础;明朝皇室尊崇道教使齐云山玄武信仰进入鼎盛时期,而清朝则开始走向衰微,主要因为清朝统治者重视佛教而不重视道教造成的。可见,齐云山玄武信仰具有浓厚的政治色彩。这一点从其信仰的内容与特点上也可看出,如玄武本身是净乐国王与善缘王后所生,玄武的本体汪华乃越国公,朱熹乃徽国公,齐云山是"三天子都"的衍脉③,明朝时又与皇室关系密切等。道教是徽州人的第一信仰,宋代罗愿《新安志》曰:"新安多佳山水,又有前世许、聂遗风,以故人多好仙。"宋朝以后,齐云山玄武信仰逐渐成为徽州道教信仰的主要内容,玄武的政治性也逐渐成为徽州宗教信仰的重要特征,有力地促进了徽州自宋至明的社会发展。但进入清朝以后,由于清朝统治者不重视道教,玄武的政治优势无疑丧失,对徽州的发展造成了一定的负面影响。

四 徽州道教的临终理论

徽州是"道学之乡",史称徽州"人多好仙"。徽州"人多好仙"与徽州道教的临终理论有密切的关系。徽州道教认为人临终之际必有灵异之象,若平素与道

---

①(明)鲁点:《齐云山志》卷二《建置》,明万历刻本。

②(明)鲁点:《齐云山志》卷一《道士》,明万历刻本。

③《齐云山志·序》曰:"率山者,山海经所载峦山也,为江南陬区鼻祖,古尊三天子都即此,若黄山、大鄣山皆其衍脉一,再衍而为齐云山。"

友善,临终必获吉象相随;若是道高之人,可能还会尸解;通过生平修行,临终可以飞升天堂等,这些临终理论对皖南民间社会产生了深远的影响。

(一)徽州道教临终理论概述

1. 临终吉象

临终吉象一般表现为:自知大限将至;临终时出现异象;临终安详无疾而终。

自知大限将至,如五代聂绍元,先一夕告母曰:"胡将军至,可备酒果。"又如宋聂师道,一日告弟子曰:"适为黑帻朱衣一符吏,告我为仙官所召,必须去矣。"又如宋丘浚,尝语家人曰:"吾寿终九九。"又如元赵定庵,一日呼其弟子曰:"吾闻上界有命丁使阍门,可告常所往来官属弟子。"入城回曰:"官属移暑必至。"先生曰:"吾去期告,邃不遑俟矣。"又如元胡月潭,一日谓其徒曰:"吾夜梦登于九霄与先师会,吾将逝矣。"

临终时出现异象,如聂绍元临终时,"有四鹤集于屋,有光自空而下。"聂师道临终时,"异香满室,云鹄近庭,若真灵所集。"清章天山临终时,"有白气二道腾空","举室咸闻笙箫之声。"

临终安详,无疾而终,如聂绍元"晨起沐浴",曰:"吾往南岳矣";聂师道临终时,"爽然言别而化";赵定庵临终时,"悠然逝矣";胡月潭临终时,"沐浴更衣,无疾而逝";丘浚临终时,"盥沐索笔,为《春草诗》,诗毕,端坐而逝。"

聂绍元,字伯初,五代、宋新安歙人,精玄学,诣金陵受戒箓,还问政山,筑室事母勤,瘁不交流,俗世多以炼师称之。一日忽晨起沐浴,戒家人以伯祖有训,宜世勤修炼,毋忘太上教。俄有四鹤集于屋,有光自空而下,远望疑以为火,至则无他,而绍元已化矣。先一夕告母曰:"胡将军至,可备酒果。"至是,若有就坐者。诘旦,仆夫自外入云:"炼师与三道士衣朱绿乘马,武士冠带从者数辈烨然南去。"炼师回首语之曰:"吾往南岳矣。"最后一人云:"为语宅中,谢贻我酒果。"[1]

聂师道,字通微,宋新安歙人也。居广陵三十余年,有弟子五百余人。师道胎息已久,炼丹有成,一旦告弟子曰:"适为黑帻朱衣一符吏,告我为仙官所召,必须去矣。"顷之异香满室,云鹄近庭,若真灵所集,爽然言别而化。[2]

赵定庵,名道可,元辽州人。大德二年秋,先生爱婺源溪山之胜,构屋崇奉上真,署曰中和精舍。延祐五年九月十有二日,呼其弟子曰:"吾闻上界有命丁使阍

---

① (宋)罗愿:《新安志》卷八《叙仙释》,嘉庆十七年刻本。
② (宋)张君房:《云笈七签》卷一百一十三,文渊阁四库全书本。

门,可告常所往来官属弟子。"入城回曰:"官属移晷必至。"先生曰:"吾去期告,遽不遑俟矣。"口占有"孤舟片云"之句,悠然逝矣。①

胡月潭,字守正,元婺源人。适黟之天尊观,参汪云隐为师,传太玄法。后皈礼孙月蟾求天心五雷至元之秘、九灵飞步琼玑之书。一日谓其徒曰:"吾夜梦登于九霄与先师会,吾将逝矣。"言讫,遂沐浴更衣,无疾而逝。②

丘浚,字道源,宋黟县人。天圣中登进士第,因读易,悟损益二卦,以此能通数知未来兴废。尝语家人曰:"吾寿终九九。"后在池州,一日起,盥沐索笔,为春草诗,诗毕,端坐而逝,年八十一。及殓衣空,众谓尸解。数年有黄衣人持浚书抵滁州,家人启封,持书者忽不见。书中云:"吾本预仙籍,以推步象数谪为太山主宰。"③

章天山,号月鉴,一号乐真子,清朝绩溪西关人。幼喜修炼,尝游石镜山,遇梅道人,授以长生术,居处时有紫云覆其上。及尸解,鼻中有白气二道腾空,须臾而减,举室咸闻笙箫之声。后数十年乡人至南海,有复见乐真子于普陀岩者,犹携月鉴踞盘石鼓琴焉。④

2. 临终尸解

所谓尸解,指元神出窍,遗体或留存原处,或移去他处,或不见而以"只履"替代,是道教成仙的一种方式。道教认为人的生命体是有限的,而生命力可以无限,借助尸解可以实现由有限向无限的过渡,从而实现长生不死。如晋葛洪《抱朴子》曰:"上士举形升虚,谓之天仙;中士游于名山,谓之地仙;下士先死后蜕,谓之尸解仙。"⑤"尸解之仙,非为真死也,夫神仙之法,所以与俗人不同者,正以不老不死为贵耳。"⑥宋张君房《云笈七签》曰:"凡尸解者,皆寄一物而后去,或刀,或剑,或竹,或杖,及水火兵刃之解。既得脱去,即不得回恋故乡及父母妻子之爱也。"⑦道教《无上秘要》曰:"夫尸解者,形之化也,本真之练蜕也,躯质之遁变也。"⑧可知,尸解乃是"形之化"、"躯质之遁变"。徽州道教中有许多关于尸解的例子,如汉方储死时,"唯有只履";五代聂师道死时,"棺忽有声,视之若蝉蜕";宋

---

① (明)唐桂芳:《白云集》卷七《重建中和道院碑》,文渊阁四库全书本。

② (明)汪舜民:弘治《徽州府志》卷十《仙释》,弘治十五年刻本。

③ (宋)罗愿:《新安志》卷八《叙仙释》,嘉庆十七年刻本。

④ (清)夏銮:道光《徽州府志》卷十四《仙释》,道光七年刻本。

⑤ (晋)葛洪:《抱朴子》卷二《内篇》,北京书同文四部丛刊本。

⑥ (晋)葛洪:《抱朴子》卷九《内篇》,北京书同文四部丛刊本。

⑦ (宋)张君房:《云笈七签》卷八十五,文渊阁四库全书本。

⑧ 《无上秘要》卷八十七,明正统道藏本。

丘浚死时,"及殓衣空";唐郑全福死时,"觉棺空,发之,惟履在耳";宋孙元明死后,"有蜀客至,言有老孙道士在青城山,云是此观中人,乃知其蜕解也";宋金野仙死后,"有自蜀中见之者为携家书归,即其没之岁,或谓之尸解。"从表面上看尸解是仙人生命形式的一种时空转换,实质上是一种生命有机体的新陈代谢的功能。这是一种无限扩大的生命有机体的自我更新能力,是一种高度升华的生命灵性之力的自由的表达。它所要表达的乃是生命本质对死亡与有限的否定与超越,以及对永生与无限的渴慕与追求,体现了道教"死而不亡者寿"的临终理念。

(二)徽州道教临终理论的特点及影响

以上所举徽州道教的临终理论中,有三点对皖南民间社会产生了深远的影响,一是沐浴更衣,二是临终异象,三是往生南方,这三点都强调对亡者临终的救赎内涵。

一是沐浴更衣。如聂绍元临终"晨起沐浴",胡月潭临终"沐浴更衣",丘浚临终"盥沐"等。道教非常重视亡者的沐浴更衣,认为沐浴更衣是为亡者净身、澡浴灵魂、准备升天的必需仪式,具有重要的意义。宋鹤林道士吕太古集录的《道门通教必用集》有临终法仪《澡浴偈》和《引沐浴仪语》,就是针对亡者临终沐浴更衣而言的。《澡浴偈》曰:"总因心垢难湔洗,苦海漂流不净身。津津恶障未祛除,穆穆清光难礼觐。金龙负致长庚水,玉女分传御坐香。三熏三沐整威仪,蹑景乘虚朝太上。"《引沐浴仪语》曰:"上来奉召所荐死者,已乘温诏得出寒乡。随符吏之匆匆,不行而至。望旛竿之渺渺,应召而来。将朝对于轩墀,即受传于符戒。先须澡身浴德,振衣弹冠,敬凭神咒,以护符请就兰汤而灌濯,四灵备卫,九气密罗。澡浴仪文,请为宣示。"[①]可知,沐浴不仅是为了"净身",更重要的是,它象征了从此洗去亡者的"心垢"和"恶障",以便亡者能够以洁净之灵"礼觐"、"蹑景"、"乘虚"、朝拜太上,升入天堂。《太上说九幽拔罪心印妙经》曰:"一切罪根,皆从心起,天堂快乐,自由心生……身心清净,烦恼不侵……七祖解脱,永离幽阴。"[②]即是以身、心两个方面的清净作为升入天堂的条件,而临终沐浴正是取此二义。沐浴过后便是更衣,更衣是为亡者穿上崭新的衣服,以衣服之新象征着亡者将开始一种新的生活,它意味着死亡并非一个人生命的终结,生命的意义通过更衣仪式得以再次延续。因而沐浴更衣具有重要的意义,对亡者而言,它是帮助亡者度过死

---

① 《道门通教必用集》卷三,明正统道藏本。
② 《太上说九幽拔罪心印妙经》,明正统道藏本。

亡过程、获取另类新生的必经途径。对生人而言，它可以起到抚慰失去亲人的悲痛、消解人们对死亡的恐惧之作用，以达到节哀顺变之目的。

二是临终异象。如聂绍元临终时，"有四鹤集于屋，有光自空而下"；聂师道临终时，"异香满室，云鹄近庭，若真灵所集"；章天山临终时，"有白气二道腾空"，"举室咸闻笙箫之声。"这是有道之士的临终异象，它表示道人已升天仙去，其基本特征便是"异香满室"、"白气腾空"、"有光自空而下"、有"笙箫之声"。道人的临终异象对民间临终实践很有影响，民间往往取法这一异象，于死者临终之际，通过点天灯、烧香纸、做法事等仪式帮助死者超度。其中，点天灯取法于"有光自空而下"；烧香纸取法于"异香满室"、"白气腾空"；而做法事中之乐器声，则取法于"笙箫之声"；法事中往往还要焚烧兰艾，这是以其香气比喻"异香满室"、"白气腾空"之象。此外，道人临终时往往会出现仙鹤等鸟类，如聂绍元临终时，"云鹄近庭"，聂绍元临终时，"有四鹤集于屋"，民间因而有称死亡为驾鹤归去之说。凡此，都是取法道人临终异象之举，是道教临终思想在民间的影响与反映。

三是往生南方。道教崇尚南方，以南方为长生不死之地。南方又名南斗、南宫、南昌、南府、南岳，《元始无量度人上品妙经四注》曰："东华天中有散华之台，四斗真人治在其中，主录、筹、生、死功德。东斗主增筹寿，西斗主记录其功名，南斗即度三界之难，拔九幽之苦，北斗即收人魂，付九幽之役。北斗除死籍，南斗上生名"，"南宫者，长生之宫也，度命君治在其中"，"死魂举度于南宫，则以流火之膏炼其鬼质，从兹改化便得仙也。"[①]《道门通教必用集》之《焚章颂》曰："罪名除北府，生籍上南昌"，[②]《为亡者皈依三宝忏罪》曰："北都除愆过之文，南府注长生之字"。[③]由此可见，道教以南方为尊，以南方为人飞升往生理想之所。正因如此，聂绍元临终时曰："吾往南岳矣"，其仆夫见"从者数辈烨然南去"。道教以南方为尊、往生南方的理论对民间临终实践影响也很大。如《道门通教必用集》之《送亡人法事》曰："亡过某等既已闻经听法，必能见性知天，仰侍丹舆，便升云路，上升仙桥，于此际登朱陵府，向今时既得超生。"[④]朱陵府即位于南方天上，可见道教往生理论对民间之影响。

---

① 《元始无量度人上品妙经四注》卷二，明正统道藏本。
② 《道门通教必用集》卷二，明正统道藏本。
③ 《道门通教必用集》卷三，明正统道藏本。
④ 《道门通教必用集》卷三，明正统道藏本。

(三)徽州道教临终理论的意义

从以上分析可以看出,徽州道教临终理论主要由自知大限将至、临终时出现异象、临终安详无疾而终,以及临终尸解等几个部分组成,它们构成了一个完整的人生临终理论体系。其中,道人临终沐浴更衣、临终异象、往生南方等理论对我国皖南地区民间社会的临终实践产生了深远的影响,民间通过取法道人临终沐浴更衣而为亡者沐浴更衣,通过取法道人临终异象而为亡者点天灯、烧香纸、做法事,通过取法道人临终飞升而为亡者祈祝往生天堂等,从而发展出了徽州道教临终理论的救赎内涵,在我国传统文化中具有十分重要的意义。

中国传统文化儒释道三教各有不同的临终思想。其中,儒教"不语怪乱力神","敬鬼神而远之",在临终问题上主要讲求"务民之义"。如孔子曰:"务民之义,敬鬼神而远之,可谓知矣。"①《孝经》曰:"为之棺椁衣衾而举之,陈其簠簋而哀戚之,擗踊哭泣哀以送之,卜其宅兆而安厝之,为之宗庙以鬼飨之,春秋祭祀以时思之。生事爱敬,死事哀戚,生民之本尽矣,死生之义备矣,孝子之事亲终矣。"②由此可知,儒教的临终旨趣只讲"务民之义"、"生民之本",而对死者的临终表现、终极去向以及中阴救度等问题均略而不论。换句话说,儒教在临终问题上只注重生人,不关心亡者。

佛教认为人临终时,或现吉相,或呈恶相,吉相升天堂,恶相下地狱,非吉非恶,投生人间。《佛学次第统编》曰:"人既有死,死相如何?兹述人死舍报之相。人死时身心昏昧,如睡无梦,极闷绝时,明了意识,必不现起,六种转识,行相所缘,必不能知,是散有心,名生死心。此时由善恶业,上下身分,冷触渐起,验其舍暖,最后于在何部,可知升沈何趣。颂云:顶圣眼生天,人心饿鬼腹,旁生膝盖离,地狱脚板出。"③认为头顶发热将往生西方极乐,眼眶发热将上升天堂,心口发热将投生人间,膝盖发热将投生畜生,脚底发热将堕落地狱,并且认为西方极乐、天堂、人间、畜生、地狱皆是人生前善业和恶业因果报应的结果。又如《楞严经》曰:"一切世间生死相续,生从顺习,死从变流,临命终时,未舍暖触,一生善恶俱时顿现,死逆生顺,二习相交。纯想即飞,必生天上。若飞,心中兼福兼慧,及与净愿,自然心开,见十方佛,一切净土,随愿往生。情少想多,轻举非远,即为飞仙、大力

---

① 李泽厚:《论语今读》,安徽文艺出版社1998年版,第160页。
② (明)胡时化:《孝经本义·丧亲章第十八》,明刻本。
③ (明)杨卓:《佛学次第统编》,北京图书馆出版社2008年版。

鬼王、飞行夜叉、地行罗刹,游于四天,所去无碍。其中若有善愿善心,护持我法,或护禁戒,随持戒人,或护神咒,随持咒者,或护禅定,保绥法忍,是等亲住如来座下。情想均等,不飞不坠,生于人间,想明斯聪,情幽斯钝。情多想少,流入横生,重为毛群,轻为羽族。七情三想,沉下水轮,生于火际,受气猛火,身为饿鬼,常被焚烧,水能害己,无食无饮,经百千劫。九情一想,下洞火轮,身入风火二交过地,轻生有间,重生无间,二种地狱。纯情即沈,入阿鼻狱。"①这是按"情"和"想"将临终去向分成七种情况:纯想即飞,必生天上;情少想多,即为飞仙;情想均等,生于人间;情多想少,生于畜生;七情三想,身为饿鬼;九情一想,身入地狱;纯情即沈,入阿鼻狱。所谓"情"和"想",即是恶业和善业之义。据此,佛教在临终问题上出现了两种观点,一种以净土宗为代表,主张临终念阿弥陀佛名号,以期往生西方极乐世界,以此为死亡的最高境界。另一种观点以禅宗为代表,主张在临终问题上顿悟诸法性空,不随业力流转。如黄檗希运禅师曰:"凡人临欲终时,但观五蕴皆空四大无我,真心无相不去不来,生时性亦不来,死时性亦不去,湛然圆寂心境一如。但能如是,直下顿了,不为三世所拘系,便是出世人也。切不得有分毫趣向,若见善相诸佛来迎及种种现前,亦无心随去,若见恶相种种现前,亦无心怖畏。但自忘心,同于法界,便得自在,此即是要节也。"②由此观之,佛教的临终思想远比儒教深刻。

徽州道教临终理论主要是关于道人飞天成仙的理论,相当于佛教前面所讲的"顶圣、眼生天",但它对道人临终时的种种迹象作了较多的客观说明,可以补佛教临终思想之不足,兼补儒教在这一领域的空白,因而在我国传统文化中具有重要的意义。与佛教一味关心临终的根本去向问题不同,徽州道教更关注于临终飞升的具体环节,从而发展了临终的救赎内涵,对民间社会产生了深远的影响。且道教以南方为尊,以往生南方为天堂,南方在先天八卦中为乾卦,这与儒教尊崇乾卦,以乾为天道纲纪不谋而合。因而民间在临终问题上更倾心于道教,以道教作为亡者中阴超度的工具。总之,儒教、道教和佛教构成了人生临终问题上由浅至深的一组系列,分别关系到生死路上生者、死者和来者三个层面的深层次的问题,而徽州道教注重对人临终的救赎,不仅对死者乃至来者,且对生者都具有十分重要的意义。

①《大佛顶首楞严经》卷八,《大正新修大藏经》第十九册,CBETA版。
②《黄檗山断际禅师传心法要》,《大正新修大藏经》第四十八册,CBETA版。

第三章　徽州的佛教

徽州佛教始于晋以后,兴盛于唐宋,受挫于元末,衰落于明清,明末清初黄山佛教兴起,可谓晚期佛门龙象。佛教俗称有"三宝"(佛宝、法宝、僧宝),寺院是"三宝"之所在,佛教研究离不开对寺院的研究,故本部分始自徽州寺观研究以见徽州佛教之变迁及特点,继之以徽州高僧研究以见徽州佛教的精神大义。徽州佛教在唐朝多带神话色彩,在宋朝则主要流行禅宗思想,神话不可尽信,因而唐宋时期以禅宗思想为主,而明清时期以明末黄山佛教的兴起为交接,因而选择了明末黄山的三位高僧与宋朝禅宗的三位大德,共六位为徽州高僧的主要思想研究。此外,明末清初黄山佛教兴起,可谓一时龙象,因而专辟一节以终之。

一　徽州寺观(包括道观)

徽州寺观大部分创建于唐宋,发展于宋元,毁于元末,复建于明清,有个别寺观可以追溯到晋朝。唐宋元时期是徽州寺观发展的黄金时代,至明清时期徽州寺观发展缓慢下来。弘治《徽州府志》曰:"本府有寺观始于晋,历唐及宋元而益炽洪,惟我高皇帝稽古为治,于佛老虽不废其教而给牒度,天下郡邑僧道则有定额,未尝少滥,洪武二十四年又下归并之令,合数寺观各立一丛林,且严私创庵院之律,故本府寺观皆仍前代之旧,未尝少有私创者。"①明朝嘉靖和万历年间,齐云山道教和黄山佛教开始兴起,促进了一批新寺观的建立。清朝,随着人口的增长,徽州寺观总数增长较快,主要表现为许多前代的寺观遗址得以修复,小型寺观如庵得以大量发展,反映了清朝民间宗教信仰的兴盛。

(一)唐宋元时期:创建与发展

徽州寺观主要建立于唐宋元时期。根据弘治《徽州府志》载,明弘治年间徽

① (明)汪舜民:弘治《徽州府志》卷十《寺观》,弘治十五年刻本。

州寺观总数有 323 个,其中建立于晋朝的有 1 个,南朝梁代 4 个,唐朝 101 个,五代 16 个,宋朝 100 个,元朝 33 个,明朝 2 个,没有明确年代的有 66 个,表明明朝弘治年间徽州寺观主要建立于唐宋元时期。

唐宋元时期徽州寺观的创建有两个特点,一是多由僧道募缘、民间捐地、地方官员积极参与、朝廷敕建或赐额而成;二是此期寺观的创建多带有神异色彩,如休宁石桥院纪念唐朝"韦侯建寺感神异",黟县泗洲庵纪念唐朝泗洲大士"神迹灵异,人共瞻仰",祁门广福宝林禅院纪念唐朝僧清素"飞锡往观,求安禅之地",休宁双门寺纪念唐朝"有异僧来此建庵",歙县苗儒观纪念宋朝吴道章"屡见神术"等,反映了徽州人对佛道的基本认识,认为佛道是神异的一种表现,因而建寺加以崇奉。

唐宋元时期创建的寺观对徽州产生了重要的影响。如歙县的太平兴国寺,"此寺旧有院二十四,后起废仅十五六处,有应梦罗汉院者,唐末僧清澜与婺州僧贯休游,休为画十六梵相,相传尝取入禁中,后梦歙僧十五六辈求还,因复以赐之,内相汪藻诗所谓'祇祇梦乞归严寺,要使邦人习气移'。"又如天宁万寿禅寺,"(宋)庆历三年僧省募人为塔十三层,其下为屋百余间,元时天下普称天宁万寿禅寺,为郡都道场。"①"要使邦人习气移"、"为屋百余间"、"为郡都道场",说明这些寺观在教化人心方面发挥了重要的作用。

(二)明清时期:开发与管理

明清时期徽州寺观大多是在唐宋元寺观的基础上发展起来的,但也新开发了一批寺观。根据道光《徽州府志》载,清朝道光年间徽州寺观总数有 484 个,其中建立于晋朝的有 1 个,南朝梁代 4 个,唐朝 120 个,五代 16 个,宋朝 96 个,元朝 20 个,明朝 28 个,清朝 5 个,没有明确年代的有 194 个,可见,明朝新建 28 个,清朝新建 5 个,另有未知 194 个大部分为弘治《徽州府志》所无而为道光《徽州府志》所载,表明这些寺观主要是在弘治至道光年间开发的。

明清时期徽州寺观的发展也有两个特点,一是国家加强了管理与统治。如明朝徽州府设僧纲司、道纪司,县设僧会司、道会司,寺观设丛林、僧会、道会、道录、赞教、知事、住持、法师等对地方寺观进行管理,"洪武二十四年又下归并之令,合数寺观各立一丛林,且严私创庵院之律。"②二是寺观由民间募建、改建、重

① (明)汪舜民:弘治《徽州府志》卷十《寺观》,弘治十五年刻本。

② (明)汪舜民:弘治《徽州府志》卷十《寺观》,弘治十五年刻本。

建或创建的现象比较普遍,尤其是由"里人"或"邑人"建立的寺观较多,反映了明清时期徽州民间宗教信仰很兴盛。

(三)寺观"因梦所兴"

佛教最初传入中国据说与梦有关,东汉明帝因夜梦"丈六金人"而派人去西域求取佛法。徽州寺观的创建也有不少与梦有关,如石门寺、崇寿观、紫阳观、湘湖岭庵、地藏宫、梦真桥、碧霄庵等,皆是"因梦所兴"的产物。

石门寺,唐元和四年歙州刺史韦绶建于齐云山石桥岩,宋朝杜昱曰:"韦公绶持节领刺史本州,一夕梦古貌僧造公长揖曰:'特来相访。'公曰:'住何所?'僧曰:'郡休宁县石桥岩。'公既寤,迄旦问诸左右,索图经视之,县西三十里有岐山石桥岩,岩下有石室,深广数十丈,可容数百人,中有石讲堂、佛像,遣人按之,一如图经所载,乃辄俸建精宇,其他钟鼓什物具足。有僧本立游歙,造公以石桥岩焚修为请,公欣然命往,马山下人胡则为施财,补所未完,卒为一方胜地。光聪续住,至今山主行昕即第八代法属。遂书本末,托黄居士请予为记,余方知此岩因梦所兴,后居是岩者无致忽焉。"[1]

崇寿观,"旧名白鹤观,在休宁县西三十里许,宋大观元年闽士邵拳应举都下,夜梦一道士谓曰:'公将宰休宁,但求一栖息所。'明旦观榜,果若其言。到任,访诸父老,无有识者,乃谒道观,已为丘墟,独观一石人瓦覆其顶,熟视如梦所见,因感前事,遂徙县东南之葆真山,更名崇寿。"[2]

紫阳观,"在歙县城阳山,本许真君祠,宋天圣二年四月奉敕赐观额,淳熙戊戌郡守陈居仁梦与许仙遇,因访故基重建。"[3]

梦真桥,明朝嘉靖乙卯吴惟昭建于齐云山桃花涧,吴瀛曰:"余家去齐云三舍而近,余兄惟昭孝友忠信,仰止山灵,对越惟谨,岁乙卯遭危疾,医无奏功,一夕梦玄武君语曰:'尔疾须衡石程金购药,庶其瘳可。'兄瘳惊,无何疾瘥,忆梦登山,祗谢神眷,将至天门,渡石涧危桥,因悟神言,于是捐金,召工伐石为梁,以济游客。"[4]

碧霄庵,明朝万历戊戌丁惟喧建于齐云山,"邑人丁惟喧读书云岩,素患,额有瘤如胡桃大,百法药物不能治,是夕感梦惊寤,瘤遂平,因建庵于碧霄峰下,塑

① (明)鲁点:《齐云山志》卷二《建置》,明万历刻本。另有石桥院,见弘治《徽州府志·寺观》。
② (明)汪舜民:弘治《徽州府志》卷十《寺观》,弘治十五年刻本。
③ (明)汪舜民:弘治《徽州府志》卷十《寺观》,弘治十五年刻本。
④ (明)鲁点:《齐云山志》卷二《建置》,明万历刻本。

像崇奉。"①

地藏宫，"在黟县二都，明初叶景科夜梦神人借居，是日果见僧人忠达募地供佛，都人咸异其显应，遂争成之。"②

湘湖岭庵，"在休宁十六都雷溪岭下，有湘湖，即陈将军程灵洗射蜃处。"③弘治《徽州府志》曰："篁墩湖，一名相公湖，程灵洗有勇力善射，宅在湖东二里，夜梦人告曰：'吾数为吕湖蜃所困，明日幸见助，束白练者我也。'及旦往视之，见二牛相触，肩白者困，灵洗射黑牛中之，明日有蜃死于吉阳滩下，吕湖由是渐塞，今名其滩为蛟滩，灵洗墓在湖北，有庙专祀之，额曰世忠。"④《天中记》曰："后有一道教灵洗求善墓地，灵洗随陈武帝有功，为佐命功臣。"⑤

梦果堂：在歙县城南白水寺。元总管萧循正，南昌人，家于歙，明万历间有宗孙敏道守郡。先是为诸生时，梦有伟而髯者语之曰："若某年科第，异日与若晤于白水寺后。"登第，果符其言。至徽披寻祖迹，偕族人建祠寺中，塑像祀之，额其堂曰梦果。⑥

灵应祠：在洞元观左，宋张相商英奉使过祁，宿驿就寝，梦神蹴曰："公有难，宜急避。"英觉异之，少顷复寝，又梦，如是者三。英骇，急起就厅，坐未定，寝处栋折，床榻皆碎。晨遍历祁庙访之，至洞元观，观土神像如梦中所见，拜谢而去。使还奏其事，敕封灵应真官。

"因梦所兴"揭示了一个古老的宗教母题即宗教与梦的关系。梦是一种重要的心理现象，一般被认为是心理潜意识的释放。潜意识是人的所有意识中居于支配地位的一种意识，而宗教，按照美国神学家保罗·蒂利希的观点，"宗教是人类精神生活所有机能的基础，它居于人类精神整体中的深层"，所谓的"深层"，"它的意思是，宗教指向人类精神生活中终极的、无限的、无条件的一面"⑦。因而梦与宗教有着一定的联系，都是人的深层心理意识的产物，徽州寺观"因梦所兴"揭示了徽州人有一种很深且很普遍的宗教心理意识。从梦的内容来看，这一宗教心理涉及儒释道三个方面，所反映的乃是人的今

---

① （明）鲁点：《齐云山志》卷二《灵应》，明万历刻本。

② （清）夏銮：道光《徽州府志》卷四《寺观》，道光七年刻本。

③ （清）夏銮：道光《徽州府志》卷四《寺观》，道光七年刻本。

④ （明）汪舜民：弘治《徽州府志》卷一《山川》，弘治十五年刻本。

⑤ （明）陈耀文：《天中记》卷五十六，文渊阁四库全书本。

⑥ （明）汪舜民：弘治《徽州府志》卷二《古迹》，弘治十五年刻本。

⑦ （美）保罗·蒂利希：《文化神学》，工人出版社1988年版，第7页。

生福祉与宗教的因果关系问题。如在石门寺中,韦绶梦僧曰"昔与公同修证,今为二千石",反映了前世佛教因缘对今世福祉的影响。在湘湖岭庵中,程灵洗帮助湘湖蜑射杀敌手,"后有一道教灵洗求善墓地,灵洗随陈武帝有功,为佐命功臣",反映了今世道教因缘对今世福祉的影响。在崇寿观中,"闽士邵拳应举都下,夜梦一道士谓曰'公将宰休宁,但求一栖息所',明旦观榜,果若其言",则反映了当下道教因缘对今后福祉的影响。反映此类影响的还有梦真桥和碧霄庵,是通过做梦人染病继而康复而感悟其中的宗教因缘,揭示了徽州人对人生福祉与宗教的关系的基本看法,即认为人的幸福来源于神,来源于虔诚的宗教生活。

但这一宗教心理是以梦的形式释放出来的,一方面固然说明其宗教意识之深刻,另一方面也说明了它与现实社会还是有一定的距离。徽州盛行儒教,道教次之,佛教又次之。正如梦中所现,佛教显示的是前世因缘,道教显示的是今世因缘,而儒教以梦者的身份为象征,显示的乃是现在的状况。这一按时间显示的先后顺序表明在其现实宗教意识中儒教居第一位,道教和佛教次之。但在梦中,佛教和道教对现实状况的巨大影响,又表明佛教和道教的宗教意识是决定性的。因而,三教的宗教意识可分为显意识和潜意识两个方面,在显意识中儒教第一,而道教和佛教其次,但在潜意识中佛教和道教第一,儒教其次。昭昭者天,梦梦者亦天,"因梦所兴"揭示的正是这一潜在的宗教规律,它表明佛教和道教对徽州人文精神世界产生了巨大的影响,而"因梦所兴"的寺观正是这一影响的产物。

二　徽州高僧的主要思想

康熙《徽州府志》曰:"徽州,道学之乡,不重二氏,虽有名号禅师开堂说法,人不响应,旋即废之。"[1]因而徽州的佛教人才大多流向外地,而本地则专门走向践履一途,如释道宁的"实际"理论、宗白头的"四无间断"学说,都是徽州人在外地的发明,本地的佛教如张松谷的"把定当头命脉"、广寄的"单持一念"则偏重于践履实行。徽州佛教正如憨山德清评价黄山广寄,"吾沙门之行,贵真修实证,不在炫名闻、立门庭为得也。"[2]"贵真修实证"是徽州佛教的一大特点。

徽州高僧的主要思想有婺源释道宁的"实际"理论、黄山张松谷的"把定当头

---

[1]（清）赵吉士:康熙《徽州府志》卷十八《仙释》,康熙三十八年刻本。
[2]《憨山老人梦游集·新安黄山掷钵庵寓安寄公塔铭》,《卍新纂续藏经》第七十三册,CBETA版。

命脉"、歙县释嗣宗的"四无间断"、黄山释广寄的"单持一念"、释惟安的"处处西方地"、释如本的"湛湛青莲花"等。释道宁的"唱道语录昔尝镂版闽中",释嗣宗被誉为佛门"大奇",张松谷"历宣、歙、休、池,顶礼云集而祈求祷卜,其应如响",释广寄"一坐十二年","一方缁白归信者众","咸推重之",释惟安"戒行精严,人尽仰为(黄山)开山神僧",释如本重修黄山云林道场,"百废更新,遂成盛地"。以上都是徽州有影响的佛门高僧,他们的思想在一定程度上代表了徽州佛教的思想,概括起来,这些佛教思想主要集中在以下方面,即面向"实际",面向践履,提倡"个样家风","把定当头命脉",做到"四无间断",只需"单持一念","一念不移",便是"湛湛青莲花","处处西方地"。

(一)释道宁与"实际"理论

释道宁(?—1113),婺源人,俗姓汪名道灵,北宋末年临济宗著名禅僧,因常住潭州开福寺,人称开福道宁禅师。《五灯会元》有《开福道宁禅师》,卍续藏收录有《开福道宁禅师语录》,《新安志》、弘治《徽州府志》均载有其事。南宋云居山真如禅院祖证曰:"师祖宁禅师生于徽州婺源县汪氏家,得业建康府蒋山,出世开福,唱道语录昔尝镂版闽中,然江湖丛林禅衲故艰得之,谨令新安毗丘怀璋募众缘,依旧本重刊以广流通。"①说明道宁的禅法在当时是很有影响的。道宁的禅法主要包括两个方面,一是提出了现实世界本原之相的"实际"理论,二是开示了达于实相之理的慈悲精神,两者指出了通向世界绵密处生命真实性所在的根本途径与方法。在北宋末年禅宗衰落的情况下,他的禅法思想产生了重要的影响。

1. 悟道经历

初证道果。"参五祖法演禅师,诵金刚经有悟,诵至'于此章句能生信心,以此为实',不觉脚在汤桶,脚皱桶破,当体获解脱,道证本元。"②《金刚经》中"于此章句"主要讲了三点:"若菩萨有我相、人相、众生相、寿者相,即非菩萨";"菩萨于法应无所住行于布施,所谓不住色布施,不住声香味触法布施";"凡所有相,皆是虚妄,若见诸相非相则见如来。"可见《金刚经》中的"于此章句"是讲实相无相、应无所住而行布施的道理。道宁读至此句时,"不觉脚在汤桶,脚皱桶破,当体获解脱,道证本元",是他初证道果的一种表现。

再趣三昧。"自此遍参明州诸尊宿雪窦老良禅师,过天台参涌泉觉,至开先见

①《开福道宁禅师语录》,《卍新纂续藏经》第六十九册,CBETA版。
②(宋)罗愿:《新安志》卷八《仙释》,嘉庆十七年刻本。

心印,到衢州参紫湖诚,入庐山见罗汉英说禅祖偈,至圆通参法镜禅师,将住一年,渡江到二祖见宗禅师,深入旨趣,得游戏三昧。"①这里,道宁与善财童子的经历相似,善财童子遍参五十三善知识而证入法界,道宁遍参禅林而深入旨趣,得游戏三昧。

三方顺透。"到太平见清禅师,捉赵州狗子无佛性话师资,方顺透,身便退回。"②"方顺透,身便退回"表明他的禅学已经达到了身心合一的状态。

四获解脱。"至白莲峰下再来庵前,见一蓬头老人,提忠国师古佛净瓶话,如削下千斤重担,自此以后方脱去贴肉汗衫。"③又曰"当下如去千斤重担,握佛祖威权,建立法门至于今日。"④"削下"、"方脱去"说明他彻底获得了解脱,"握佛祖威权"、"建立法门"表明他的禅法思想已经成熟。

2.禅法思想

(1)批判禅宗末流,正本清源

北宋末年,禅宗衰落,道宁对禅宗末流进行了猛烈的抨击。他说:"祖师苗裔诸佛要门,法界群情刚然讳却,至使五湖衲子物外高流,挈锡携瓶名山洞府,或经冬夏或涉春秋,但知鼓弄辞源摩唇拧觜,争锋竞锐以当家风";"达摩九季面壁早涉离微,皮髓分张法流寰海,致使儿孙各将知解蕴在胸中以为己见,看看祖道凋零,对此实堪伤悯";"妄呈见解缁素奚分,鼓弄词锋是非竞作";"三玄料简未称衲僧,五位君臣殊乖道体,平实无事诳呼闾阎,入理深谈粘皮带骨";"比拟徒夸唇觜";"二听那晓其音,三玄料简谩施功,五位君臣徒话会";"五位君臣徒夸作略,三玄宾主谩逞锋机,直截无私殊乖妙用,设使四十九季三百余会,琅函玉偈海藏龙宫,检点将来呼为切脚";"君臣道合犹涉偏圆,宾主穆时翻成途辙";"提纲举要鼓唱玄风,簇锦攒花以为谛当,都无所益枉费心机";"伤嗟门外人,处处寻弥勒,蓦路忽抬头,相逢不相识";"灵山瞬目早是周遮,良马窥鞭岂为英俊,岩间宴坐天帝散花,无说无闻藏头露影,少林面壁计较未成,立雪断肱辜他衲子,黄梅呈颂胜负偏枯,半夜传衣瞒人不少,从上来事合作么生,岂假人天众前摇唇鼓舌竞锐争锋?互立主宾交参问答,检点将来弥天过犯";"堪笑灵云回首处,何须花发始忘机";"灵山密付,谩说拈华,少室亲传,徒夸得髓";"毗蓝园内右胁降生,七步周行四方目顾,天上天下唯我独尊,大似贪观天上月,失却掌中珠";"马大师等闲舒

① (宋)罗愿:《新安志》卷八《仙释》,嘉庆十七年刻本。
② (宋)罗愿:《新安志》卷八《仙释》,嘉庆十七年刻本。
③ (宋)罗愿:《新安志》卷八《仙释》,嘉庆十七年刻本。
④ 《开福道宁禅师语录》,《卍新纂续藏经》第六十九册,CBETA版。

卷,妙手天然,也是贪观云里雁,失却渡头船"。①

以上抨击包括了临济宗的三玄料简、曹洞宗的五位君臣以及禅宗释迦初生、迦叶拈花、达摩传法、少林面壁、立雪断臂、黄梅呈颂、半夜传衣、马祖判法等禅宗著名公案,指出这些禅宗公案和参学方法只是"比拟商量","未透目前关,难明心地印",因而提出"拨转玄关通同实际"、"欲使禅人不动舌头"的"实际"理论。

(2)提出"实际"理论,直切佛法真源

他说:"一言已出驷马难追,拨转玄关通同实际","严霜晓露彻骨清寒,匝地普天通同实际,休问得皮得髓,徒夸见浅见深","通人分上言诠寂默皆归实际之场,晚学高流遂成取舍之法","理事无碍法界通同归实际","深入实际,得游戏三昧",表明其禅法的中心思想即"实际"。②

何谓"实际"?

从理论上说,"实际"是指一个现实的世界,它是一个不经任何心思污染的、没有任何先入之见的如是坦然的现实世界。所谓"净法界中纤尘不立";"心无形状全物而彰";"实际地理华藏海中,无一法从内而出,无一法从外而入";"通同实际一体无遗";"尘尘普现色身,处处毗卢境界"。

从自然方面说,"实际"是指一个自然的世界。"山河大地草木丛林,万象森罗全彰妙体";"春山青,春水绿,啼鸟落花清耳目";"春风浩浩,春鸟喃喃,山花开似锦,涧水湛如蓝,大圆镜里扣己而参";"休要别处寻讨,廊下喏喏分明,阶前斛斗叫噪";"头角分明在目前,五湖衲子抬眸看"。

从修行上看,"实际"是指一个无为的世界。"禅家高卧无余事,渴饮饥飧贺太平";"唯有禅家无一事,饥来吃饭困来眠";"莫将闲事挂心头,便是人间好时节";"岂劳熏习体用昭彰,直下归来复有何事";"三昧海中游戏自在,轮回界内任意升腾";"全机不用,同道方知";"不舒不卷,寂尔无根,不放不收,是真常住"。

从参学方法上看,"实际"是指一个不辨的、混融的世界。"曾看江上弄潮人,未闻爱水嫌波浪";"休向途中乱穿凿,体用从来非自他";"伤嗟门外人,处处寻弥勒";"处处总持头头弥勒,拟议思量当门荆棘";"此之一事,不可以有心知";"祖师门下妙旨无私,不堕物机混融凡圣";"急回首,不须猜,乾坤都一片,何用更徘徊";"击碎斯关,尘中物外,凡则全凡,圣则全圣,若能如是解,通达事理竟。其或涯际未分,路逢死蛇莫打杀,没底篮子盛将归";"要行便行要住即住,翻身踏破太

---

①《开福道宁禅师语录》,《卍新纂续藏经》第六十九册,CBETA 版。

②《开福道宁禅师语录》,《卍新纂续藏经》第六十九册,CBETA 版。

虚空";"瑞云散尽春风生,走却文殊遇弥勒";"如今不究根源,直到龙华三会";"妙体本如如,无劳待卷舒";"生死与去来,从来无忌讳";"这里见得混融,今古透出"。①

从入道安要上看,"实际"是指一个慈悲的世界。"要津把断凡圣迷源,利物垂慈等闲入道";"争见龙华会里人,久立众慈伏惟珍重";"病在膏肓世医拱手,赖有智人出世悯物垂慈";"净法界身本无出没,大悲愿力示现受生";"无明海内驾起慈舟";"慈门大启今古历然,踏得故关田地稳,始知千圣不曾传";"父慈子孝少人知";"几回抛向众人前,千眼大悲觑不见";"大悲不展手,通身是眼睛";"浩浩尘中善能垂手,悲智冥符古今希有"。

由此可知,"实际"是指一个现实的、自然的、无为的、不辨的、混融的、慈悲的世界。无为的、不辨的、混融的世界也即一个方便的世界;现实的、自然的世界也即一个清净的世界。清净的世界要求人心清净,人心清净则一切世界清净。《大毗卢遮那成佛神变加持经》有所谓"菩提心清净",《大日经疏》曰:"菩提心,即是白净信心义也。"因而清净心也即菩提心。《大毗卢遮那成佛神变加持经》中,金刚秘密主言:"世尊如是智能,以何为因? 云何为根? 云何究竟?"佛曰:"菩提心为因,悲为根本,方便为究竟。"②道宁的实际理论也揭示了这三种法心:菩提心、慈悲心和方便心。其中,现实的、自然的世界属于菩提心,以菩提为因;慈悲的世界属于大悲心,以悲为根本;无为的、不辨的、混融的世界属于方便心,以方便为究竟。菩提心要求人们以一个清净心也即菩提心去戳破世界的内在真实性;方便心要求人们以无待对越世界,入道安心以方便为要;慈悲心要求人们尽心致性,其视天下无一物非我,亦无一众生非佛,所谓无缘大慈、同体大悲。《圆觉经》曰:"菩萨唯以大悲方便入诸世间,开发未悟,乃至示现种种形相逆顺境界,与其同事化令成佛,皆依无始清净愿力。"③因而,道宁的禅法实际上是佛所讲的三种法心在现实世界的展开,这使道宁的禅法直切佛法真谛。

(3)慈悲是正道

佛曰:"三世诸世尊,大悲为根本,……若无大悲者,是则不名佛。"④又曰:"菩萨于诸学中大悲为根本。"⑤可见现实世界中的三种法心,悲心为根本。道宁

---

①《开福道宁禅师语录》,《卍新纂续藏经》第六十九册,CBETA版。
②《大毗卢遮那成佛神变加持经》卷一,《大正新修大藏经》第十八册,CBETA版。
③《大方广圆觉修多罗了义经》卷一,《大正新修大藏经》第十七册,CBETA版。
④《大般涅盘经》卷十一,《大正新修大藏经》第一册,CBETA版。
⑤《佛说法集经》卷六,《大正新修大藏经》第十七册,CBETA版。

于此三种法心也最倾心于悲心,悲心使他的禅法具备了大乘佛法的坚实基础,是他区别于其他禅僧的不同之处,是其禅法的精髓。

他说:"净法界身本无出没,大悲愿力示现受生","病在膏肓世医拱手,赖有智人出世悯物垂慈","浩浩尘中善能垂手,悲智冥符古今希有","要津把断凡圣迷源,利物垂慈等闲入道","处处总持头头弥勒","走却文殊遇弥勒","如今不究根源,直到龙华三会"。①

弥勒,又名慈氏。隋吉藏曰:"弥勒,此云慈氏也,过去值弥勒佛发愿名弥勒也,又值慈氏佛说慈心三昧经,故曰慈也。华严经云:初得慈心三昧,故名慈也。"②唐玄应曰:"慈有二因缘,一值慈佛发心,二初得慈心三昧,因以名焉。"③又,"龙华三会"指弥勒佛将来在华林园中龙华树下成道,开三番法会,度尽上中下三根众生,故叫龙华三会。因而"弥勒"与"龙华三会"代表了大乘佛教的慈悲精神。"处处总持头头弥勒"、"走却文殊遇弥勒"、"如今不究根源,直到龙华三会"正是这一精神的反映,它们表明弥勒信仰和以弥勒为代表的慈悲精神是道宁禅法的根本思想。《大智度论》曰:"大慈与一切众生乐,大悲拔一切众生苦。"④道宁的"大悲受生"正是以悲拔苦,"利物垂慈"正是以慈与乐,"大悲愿力示现受生"、"利物垂慈等闲入道"、"赖有智人出世悯物垂慈"等说明道宁禅师以慈悲为怀、以慈悲入法、以慈悲化导众生的精神本质,他以"报慈"自任,正是这一精神的体现。

慈悲精神还见于他对待同学的态度。"晚参老演,演一见器重,每当众誉之,命充堂司。同学妒之,夜相率山行道话,因殴之,伤其面目。赴众不得,演躬往慰问曰:'闻汝被那一辈无礼,待老僧赶逐他与汝雪屈。'师竟不忍显,但云:'某自吃扑伤损,不干他事。'演泪下曰:'吾忍力不如汝,他日其奈汝何。'后出世开福,槌拂之下众常满五千指。"⑤被同学殴打,反替同学求情,以至他的老师都流泪说:"吾忍力不如汝",这一"忍力"也就是他的慈悲胸怀。"他日其奈汝何"、"后出世开福,槌拂之下众常满五千指",正是他以慈悲为怀修得的法报。

慈悲精神还体现于他的临终遗言。临终,他说:"(汝)等不得举哀恸哭,被麻作孝,费用常住布绢,广致孝道,法堂右边安龛,左边安床,中间挂真,起动诸山长老举哀下火。起灵挂真事涉迂回,有昧因果,所费常住,何如买油籴米供养众僧。

①《开福道宁禅师语录》,《卍新纂续藏经》第六十九册,CBETA 版。
②《法华义疏》卷二,《大正新修大藏经》第三十四册,CBETA 版。
③《一切经音义》卷二十五,《大正新修大藏经》第五十四册,CBETA 版。
④《大智度论》卷二十七,《大正新宿大藏经》第二十五册,CBETA 版。
⑤《开福道宁禅师语录》,《卍新纂续藏经》第六十九册,CBETA 版。

只可依亡僧例,留龛于法堂右边一宿,侵晨念诵,每僧执一片柴送至亡僧坛上,请首座下火,至三日收灰,所有遗骨盛以花碗送入大江水心,不得造塔。"①丧事从简,所费用来供养众僧,又将遗骨撒入大江,作为一名住持方丈,这一做法是不多见的,反映了他的慈悲精神和彻底的禅法思想。

慈悲精神是佛法的根本精神,也是道宁禅法的精髓。《大佛顶首楞严经》讲观音菩萨修闻思法门,获二殊胜,即一慈二悲,"彼佛教我从闻思修,入三摩地,初于闻中入流亡所,所入既寂,动静二相了然不生。如是渐增,闻所闻尽,尽闻不住,觉所觉空,空觉极圆,空所空灭,生灭既灭,寂灭现前,忽然超越世出世间,十方圆明,获二殊胜,一者上合十方诸佛本妙觉心,与佛如来同一慈力,二者下合十方一切六道众生,与诸众生同一悲仰。"②可知,慈悲是佛菩萨的根本精神。《大智度论》云:"慈悲心有三种,众生缘、法缘、无缘。凡夫人众生缘。声闻、辟支佛及菩萨,初众生缘后法缘。诸佛善修行,毕竟空,故名为无缘,是故慈悲亦名佛眼。"③道宁的慈悲精神也具备这三种特点:"病在膏肓世医拱手,赖有智人出世悯物垂慈"是生缘慈悲;"净法界身本无出没,大悲愿力示现受生"、"浩浩尘中善能垂手,悲智冥符古今希有"、"要津把断凡圣迷源,利物垂慈等闲入道"是法缘慈悲;"处处总持头头弥勒"、"走却文殊遇弥勒"、"如今不究根源,直到龙华三会"是无缘慈悲。憨悯同学、临终遗言是生缘慈悲;上堂示众是法缘慈悲;不留遗骸在人间是无缘慈悲。可见,慈悲是佛眼,也是道宁禅法的精髓,它使道宁禅法在"实际"理论基础上更进一步切近佛法真谛。

3. 意义及影响

实际理论和慈悲精神是道宁禅法的两面大斧。"实际"揭示了世界的本来面目,而"慈悲"则指出了个体对待世界应有的态度。所谓实际,"拨转玄关通同实际","通同实际一体无遗",故"实际"是与万物同一。所谓慈悲,"慈与一切众生乐,悲拔一切众生苦",无缘大慈,同体大悲,故"慈悲"是与众生同体。《元始说先天道德经注解》曰:"人所以流浪生死,由其不能全一","一不可离,我即一,一即我,是名真得"。④庄子曰:"通于一,万事毕。"《易经》曰:"洗心退藏于密,吉凶与民同患。"所谓实际,即是洗心退藏于密,即是全一、通于一;所谓慈悲,即是吉凶与民同患,即是生死与物同游。同一、同体、同同、同有、同无,无即空,无中生有,

---

①《开福道宁禅师语录》,《卍新纂续藏经》第六十九册,CBETA版。
②《大佛顶首楞严经》卷六,《大正新修大藏经》第十九册,CBETA版。
③《大智度论》卷二十九,《大正新修大藏经》第二十五册,CBETA版。
④《元始说先天道德经注解》卷四,明正统道藏本。

故真空妙有。因而,实际理论揭示了生命根本同一、万物根本同一、世界根本同一的宇宙大同思想,而慈悲精神则揭示了关怀一切、同情一切、参与一切的终极人文精神,两者指出了通向世界绵密处生命真实性所在的根本途径与方法,因而产生了重要的影响。

首先,它使道宁成为北宋末年临济宗的四大丛林之一,时称"二勤一远一宁"、"祖席晚出之子"。

昭山谭章曰:"如来正法眼传三十三世抵曹溪得让,让得马祖而后为临济宗,六传至慈明实振发之,慈明之子曰杨岐会、黄龙南、翠岩真,皆所谓师子儿,能哮吼一方弭伏百兽者。会接白云端,端接五祖演,演坐东山,时谓大满,后身孤峻少许可,所得之嗣二勤一远一宁尔。师即宁也,敏悟坚恪,遍参诸方,蒙演印记信缘,由湖湘居天宁第一座。大观中待制席公帅潭,以开福遴选,遂出世,禅徒大集众盈五百。来者纵铜头铁额,遇之粉碎。巧口辩舌,到则如哑。一拄杖划断古今葛藤,一拂子指开大千障碍。行住坐卧无非妙用,语默动静悉为佛事。虽历年未久而利人为多。"①"二勤一远一宁"即指圆悟克勤、佛鉴慧勤、佛眼清远和开福道宁,为北宋末年临济宗的四大道场,而道宁居其一焉。

圆悟克勤曰:"歙州宁道者,祖席晚出之子。参到罗笼不住处,行到祖佛莫知之地。发迹开福,领五百众,诸方景慕。克日时坐化,预作小参,叮咛同学佛鉴、佛眼及老僧,人天耸然,其遗言妙句足见启大炉鞴,运大钳锤,览之者当高着眼。"②可见对其评价之高,誉为"祖席晚出之子"。

其次,使他的禅法思想远播日本,产生了重要的国际影响。

日僧慈麟元趾曾曰:"(宁)以大法授月庵果,果克大家声,横出十二支神足,老衲证传月林观,观传无门开,开传日本法灯,灯东归旺化南纪鹫峰也。于戏!宁师之道造诣深稳,践履明白,其为东山、圆悟之所称许也如此,足以为后学之蓍镜,孰不钦仰!宜其遗风余烈流之海外,历数百载而不湮没也矣。"又曰:"当今斗净末劫,暗证狂禅,机锋逞俊,竞起人我,慈悲忍让之风殆将扫地,若诵师之言,观师之行,则可以识惭愧。……盖欲俾参玄者流谙洞济之水脉,于曹溪一源知他舌头具眼。"③这洞济之"水脉",这曹溪之"具眼","历数百载而不湮没"者,即指道宁的实际理论,而"当今斗净末劫,暗证狂禅,机锋逞俊,竞起人我"则缘于不识慈

---

① 《开福道宁禅师语录》,《卍新纂续藏经》第六十九册,CBETA版。
② 《开福道宁禅师语录》,《卍新纂续藏经》第六十九册,CBETA版。
③ 《开福道宁禅师语录》,《卍新纂续藏经》第六十九册,CBETA版。

悲精神之运用,故不能洞达生命实相之理。由此观之,道宁的禅法影响深远。

(二)张松谷与"把定当头命脉"

张真人,字尹甫,号松谷,浙江人。少时学儒,后携妻室隐居钱塘江,宋宝祐间曾在天水任官,被革职后学道,来黄山建松谷道场,元大德四年五月二十日子时坐化而终。明宣德间,当地人为其募建寺庙,盛极一时,"历宣、歙、休、池,顶礼云集而祈求祷卜,其应如响"。①张松谷是一位以世俗身份悟玄入道之人,其富于传奇的禅学人生不同于同时代的经院哲学路线,其禅学思想比较独特,具有浓郁的地方性、民间性和融合性等特点,是宋元之际禅学与地方和世俗相结合的一个典范,在宋元禅宗日趋衰落的情况下正可补救其弊。

1. 悟道经历

张松谷的悟道经历可分四个阶段:求道、开悟、再悟、修炼。求道在早年,开悟在贵池,再悟在太平,修炼在黄山。

求道。《事略》曰:张松谷"少负颖异,博览丘坟奥典","长荫右监门卫大将军","素有恢复中原之志,因掣于权奸贾似道,不得伸,遂投劾归田。"②《父子歌》曰:"平生求道甚切,不遇当人正诀。一朝拶着摩尼,落落分明直说。"③表明他是自悟成道。

开悟。《父子歌》曰:"来从辛巳孟冬,江上梅根许宅。父子合个心王,轰起一声脑裂。"《事略》曰:"至元辛巳游梅根江,侨寓许氏家,忽悟养真之术,时年四十有七矣。"梅根江即贵池梅根河,"父子合个心王,轰起一声脑裂","忽悟养真之术",表明他已经开悟,开悟的地点在贵池梅根河。

再悟。《父子歌》曰:"因游狮子峰前,千三公家安歇。晓来一段奇哉,再会灵山妙诀。"《事略》曰:"旋至(太平)仙源馆田,余鼻祖千三公延居宾坐,令子社乙公从之受易,留四载,为卜宅基于狮峰,迁墓兆于和冲,并有记。一夕大癌竺乾旨,恍惚若神,授《父子歌》,中所谓'因游狮子峰前,千三公家安歇,晓来一段奇哉,再会灵山妙诀'是也。""再会灵山妙诀"表明他再次悟道,再悟的地点在黄山太平仙源馆田李氏家中。

修炼。《事略》曰:"遂棲黄山南斗庵,吾祖为外护,饷视不绝,修炼不数年而道

---

①《馆田李氏宗谱》卷二十四《松谷真人事略》(以下文中简称《事略》)。

②《馆田李氏宗谱》卷二十四《松谷真人事略》。

③《馆田李氏宗谱》卷二十四《张松谷祖师遗草·父子歌》。

成焉。"又曰："凡人有病告之,则掇草为药以授,无不愈。天时亢旱,官民致恳,即默坐潭上而风雨倏至。"表明他再悟之后,专门迁到黄山南斗庵从事修炼。此后法眼大开,能够为人治病,为地方祈雨。

张松谷的禅学经历中有不少的象征性意义,暗示了其禅学的若干特点。张松谷开悟是在贵池梅根河许宅。贵池在九华山脚下,九华山为佛教的道场,"许"字含有默许之义,"许宅"暗示了张松谷的禅学契合佛祖心印,但是"侨寓许氏家"又说明佛教并非他的最终归宿。再悟是在太平李氏家中,太平、李氏与道教有密切的关系,如道教中有《太平经》,道教尊老子为教主,老子姓李,因而太平李氏象征了道教。始自贵池梅根河许宅,及于太平李氏家中,含有溯流及源、由佛及道之意。最后落脚在黄山南斗庵,"相传黄山为轩辕与容成、浮丘炼丹处",故而黄山也象征了道教,黄山在九华山的南面,又与天上斗宿相应,故而庵称南斗。从这些可以看出,张松谷的禅学亦佛亦道,以佛教为主,以道教为辅,始自佛学,落在道家。道教是中国的本土宗教,为中国民间广泛信奉,道家暗示了其禅学的道学化、本土化和民间化特点,其禅学经历中有山有水有家,即是这一特点的反映。从贵池梅根河许宅到太平李氏家中,再到黄山南斗庵,处处成道,处处做佛,又反映了其禅学遍融佛道、普摄一切的大乘性质,用张松谷自己的话说即是"普度一切有情",从而又使其禅学呈现出一种融合性和普摄性的特点。之所以会出现这些特点,在一定程度上应归结为他自学成道、不离民间的缘故。在此意义上说,张松谷于宋元佛教之外另辟了一条蹊径,为个人修心悟道树立了一个典范。

2. 禅学思想

张松谷的禅学思想集中体现在《父子歌》中,主要有"无相"思想、"把定当头命脉"和主张"个样家风",其中,以"无相"为体,以"当头命脉"为用,以"个样家风"为基本形式,具有自学成道、返本还源和拨乱反正的重要意义。

(1)"无相"

无念:"一念不生休说破,任教古往与今来。"[1]

无为、无住:"一着修行出世间,箪瓢陋巷亦如颜。功名于我全无分,清淡为人守一间。"[2]"自从一别先生面,不与世人共流转。迩来年老觉身孤,羞对弥陀诵经卷。天都结个小庵兜,独坐独行无人管。"[3]"青山绿水兴无尽,终老林泉破

---

①《馆田李氏宗谱》卷二十四《张松谷祖师遗草·题兴国寺壁》。

②《馆田李氏宗谱》卷二十四《张松谷祖师遗草·答叶复阳见寄次殒》。

③《馆田李氏宗谱》卷二十四《张松谷祖师遗草·寄友》。

孤闷。衲被蒙头万事休，与世了无离别恨。春风秋月日徘徊，暑往寒来事不捱。修个幻躯还造化，此生今古不尘埃。"①"若于世界生缠缚，故织妄业流，不悟根元如一黄叶，在烈风中几何而不危坠也欤。"②

"无相"："去去来来生不生，一个水牛无牵缚。"③"有为俱是枉，无相乃真形。这汉实风流，屋里泛杨州。晴干不肯去，直待雨淋头。世人识不破，识破些兜过。拨火悟平生，穷神破灶堕。咄，弄巧成拙，漆桶底穿，笊篱柄折。铁牛鞭向四禅天，此驴尤自在旁边。泥蛇衔个金毛走，石女钻花火里眠。金身已寄千花座，木人空手牵牛过。鼻绳拽断任纵横，大家唱个哩囵啰。"④"信道古佛爹爹，不肯落七落八，也非直指人心，也非教外穷劫，只将一句了然，盖尽普天风月。""大法只是如斯，父子从头命脉图。鸳鸯绣出从君看，不把金针度与人。"⑤

从以上可以看出，张松谷的禅学思想以"无相"为主，无念、无为和无住都是"无相"的一种表现，张松谷的"无相"思想体现了佛教禅法的根本精神。如禅宗六祖《坛经》曰："我此法门，从上以来，先立无念为宗，无相为体，无住为本。无相者，于相而离相。无念者，于念而无念。无住者，人之本性，于世间善恶好丑，乃至冤之与亲，言语触刺欺争之时，并将为空，不思酬害。念念之中，不思前境。若前念今念后念，念念相续不断，名为系缚。于诸法上，念念不住，即无缚也。此是以无住为本。善知识，外离一切相，名为无相，能离于相，即法体清净，此是以无相为体。"《金刚经》曰："须菩提，若菩萨有我相、人相、众生相、寿者相，即非菩萨。复次，须菩提，菩萨于法应无所住行于布施，所谓不住色布施，不住声香味触法布施。"可见，张松谷的"无相"思想比较接近于禅宗六祖的思想，与《金刚经》的菩萨思想也比较契合，体现了佛教禅法的根本精神。

(2)"把定当头命脉"

"把定当头命脉"是张松谷禅学思想的精髓。

《父子歌》曰："来从辛巳孟冬，江上梅根许宅。父子合个心王，轰起一声脑裂。明时法雨滂沱，涌出蟾宫秋月。提住过去未来，把定当头命脉。释迦且立下风，弥勒不须交额。拨转些子归家，默默无言自悦。元来好个天公，一体三身洞彻。"这里"父"喻法，"子"喻己，"合个心王"指悟法。"过去"指释迦牟尼佛，"未来"

①《馆田李氏宗谱》卷二十四《张松谷祖师遗草·南斗庵即今老庵基》。
②《馆田李氏宗谱》卷二十四《张松谷祖师遗草·答示李社乙》。
③《馆田李氏宗谱》卷二十四《张松谷祖师遗草·题兴国寺壁》。
④《馆田李氏宗谱》卷二十四《张松谷祖师遗草·释》。
⑤《馆田李氏宗谱》卷二十四《张松谷祖师遗草·父子歌》。

指弥勒佛,弥勒佛是继释迦牟尼佛之后下生的佛。"些子"即楔子,是禅林用语,指用以悟法之手段,这里是指释迦如来禅、弥勒教以及下文的祖师禅、弥陀教。这段话的要旨是在"把定当头命脉"。

《父子歌》曰:"复来即日恭维,旧日今朝都别。牛眠间处青天,绳衤不劳牵拽。即非火里生莲,不是炉中点雪。证过灭劫生前,重整后来衣钵。免教后代儿孙,却被波沉冤劫。""火里生莲"、"炉中点雪"是祖师禅常用的譬喻。这段话的要旨在"复来即日恭维,旧日今朝都别",也是指"把定当头命脉"。

"捉住过去未来,把定当头命脉","即非火里生莲,不是炉中点雪","释迦且立下风,弥勒不须交额","拨转些子归家,默默无言自悦",指"当头命脉"即非如来禅、祖师禅,又非弥勒教。其另一首诗《寄友》曰:"自从一别先生面,不与世人共流转。迩来年老觉身孤,羞对弥陀诵经卷。天都结个小庵兜,独坐独行无人管。"表明"当头命脉"亦非弥陀教。

"信道古佛爹爹,不肯落七落八,也非直指人心,也非教外穷劫,只将一句了然,盖尽普天风月。""直指人心"属于禅宗顿悟法门,"教外穷劫"属于渐修。"也非直指人心,也非教外穷劫"表明"当头命脉"非顿悟,亦非渐修。

非禅、非教、非顿、非渐,说明"当头命脉"离一切言说,离一切形象,它揭示了生命当下境遇的特征,表明只有当下才是唯一真实的存在,这一存在乃是过去的无量世界在当下的一种豁然的显明与继承,是生命对无始以来的一种直觉、洞观与把握,是一种被抽去了具体内容的灵性的存在。"当头命脉"是生命的灵源活水,体现了佛教禅法的本质特征,是张松谷禅学思想的精髓。

(3)批评禅学末流,主张"个样家风"

在禅学问题上,张松谷批评了宋元之际的禅宗末流和净土宗的一些教法,而主张"个样家风"。如《父子歌》曰:"捉住过去未来,把定当头命脉。释迦且立下风,弥勒不须交额。拨转些子归家,默默无言自悦。元来好个天公,一体三身洞彻。反观历代高人,却是调棒打月。却将个样家风,奉侍文章清白。一般群女野狐,大言祖佛命脉。不顾后面阿鼻,但得几钱便接。善哉善哉宗师,莲社一般规格。教仪搅挠心肠,涕泣涟涟难说。……证过灭劫生前,重整后来衣钵。免教后代儿孙,却被波沉冤劫。"

这里,他将禅门公案,包括文字禅、参话头,以及净土宗的规格、教仪等一棍子掀翻,因为在他看来,这些统统违背了"个样家风"。那么,何谓"个样家风"?他说:"且喜正法重生,天上人间亲炙。普度一切有情,方便门开选选。重重普请归来,认取自家金石,大法只是如斯,父子从头命脉图,鸳鸯绣出从君看,不把金针度与人。"

从这里可以看出,"个样家风"的内容主要是"亲炙"、"普度"、"方便"、"普请"、"自家"等,它更多的是强调人的主观感受,强调人本身所具有的直悟能力,之所以称之为"家风",是把它与禅宗心法联系在一起。因而,"个样家风"比禅宗和净土宗的一些教法更加贴近禅的本质,无宵为宋元之际禅宗的发展指示了一条正确的门径,具有返本还源、拨乱反正的重要意义。

(4)张松谷的道教思想

主张"个样家风"使其思想不仅仅局限于佛教,还涉足于道教,深受道教神仙思想的影响。如《寄友》中"愿君安乐值钱多,愿君为我神仙伴。"《依韵酬咏海棠》中"富贵娇姿色色兼,辞松避竹外林泉,唐宫幻出色无价,洞府移来骨自仙。"《沁园春》中"虑箍地,把定真心介子,把金牛鞭入芦花里,尚半身簑笠云间,伎俩不劳,弹指神仙"等,反映了其思想中具有道教的因子,从而为其禅学增添了几分自由和浪漫的色彩,成为其一生坚持追求真理的重要的精神支柱之一。

3. 影 响

张松谷原是一位儒者①,长大后从政,"因掣于权臣贾似道,不得伸",遂出离修道。但他悟道并不在寺院里,而是在民间,一是在贵池梅根河许宅,二是在黄山太平仙源馆田李氏家。这说明他的禅学经历不同于同时代的经院路线,而是始终不离世间觉,始终面向人间,因而在当时产生了较大的影响。

(1)结交李氏,培植法缘

张松谷到黄山后,在馆田李氏的帮助下,最终修成正果。

首先是,至黄山,结交李氏,为其迁阴阳二宅,并传易学。《事略》云:"旋至(太平)仙源馆田,余鼻祖千三公延居宾坐,令子社乙公从之受易,留四载,为卜宅基于狮峰,迁墓兆于和冲。"《千三公传》云:"千三公讳世杰,字南谷,宋淳祐间始迁沟村。元至正二十八年契张松谷先生,使子从而受易。越四年,为先生创建南斗庵,出田佐馔。先生为公卜阴阳二宅。"②《社乙公传》云:"社乙公,千三公之子也,幼从张松谷先生受易义,阐伊洛之学,探皇极之秘,欣然有得,辄废寝忘食。元大德四年庚子,先生坐化于黄山青龙潭上,公为建浮屠、梓遗草,心丧三年,岁

---

①《馆田李氏宗谱》卷二十四《题松谷先生小像》李应源云:"地老天荒志不渝,孤臣踪迹托浮屠。世人识得人难做,方信先生冠是儒"。

②《馆田李氏宗谱》卷二十一《千三公传》。

时致祭。千三公生子晚，及卒，公甫弱冠，能修厥德，不失旧业，时誉归之而性甘淡泊，州郡征辟皆不就，奉母隐居教授以寿终。"①

作为报答，李氏家族为其做了三件事情。第一，为之外护。"栖黄山南斗庵，吾祖为外护，饷视不绝。"第二，为募建庙宇。"至国朝宣德间，余大父德庄公等募建梵宇而恢宏其制，金貌绀象，照耀人天，历宣歙休池，顶礼云集而祈求祷卜，其应如响。"第三，为茸建松谷庵。"未几正德戊寅而刹遭毁，独石塔岿然尚存，噫，岂其神之护耶！余怅然久之，不忍先绪付之煨烬，于是捐赀鸠工，茸建于青龙潭上，距芙蓉峰可三里许，颜之曰'松谷庵'，旌其号也。"

（2）为百姓祈福，广结人缘

张松谷得道之后还为黄山当地居民做了不少的善事。如《事略》曰："尝演易传而知天地之变化，歌父子而得圣人之正宗，其秋月铁牛之学有非释迦、弥勒所能及者。凡人有病告之，则掇草为药以授，无不愈。天时亢旱，官民致恳，即默坐潭上而风雨倏至。"说明张松谷得道之后能积极发扬菩萨道精神，这使他的影响进一步扩大。

（3）身后遗响，播迁佛缘

张松谷死后，李氏家族为他建立了寺庙，在皖南地区一度产生了较大的影响。

《事略》曰："至国朝宣德间，余大父德庄公等募建梵宇而恢宏其制，金貌绀象，照耀人天，历宣歙休池，顶礼云集而祈求祷卜，其应如响。"李志洙《题重修松谷庵》曰："我来欲拜千花座，劫后茅庵风雨破。谁解金钱复缮修，登高一响众山和。顷刻庀材栋宇成，琼光丹彩散晶莹。水奔断涧龙梁接，石凿巉崖鸟道平。迎神从此归山定，云里疏钟花外磬。石塔氤氲檀气熏，贝经仿佛莲花证。老僧朴拙供斋厨，咄咄只说神灵殊。虎豹潜藏鸾鹤见，魑魅尽遣海之隅。"②

观其生前法缘、人缘，皆不离其禅学的民间化与普世化，则其身后佛缘亦是这一思想应化的结果。不仅如此，其禅学融合三教、直面人生、独辟蹊径、自悟成道，对日趋衰落的宋元禅宗而言无疑是"柳暗花明又一村"，对此后中国佛教的发展亦未尝不是一件幸事。

（三）释嗣宗与"四无间断"

嗣宗，新安歙人，又称宗白头、真白眉，南宋初年曹洞宗的一位著名禅师。《新

---

① 《馆田李氏宗谱》卷二十一《社乙公传》。
② 《馆田李氏宗谱》卷二十四《题重修松谷庵》。

安志》曰:"宗白头,名嗣宗,歙人陈氏,受业水西寺,试经得度,年二十,游方参径山睿,深见器重,去即龙门远道林,劝江浙、庐皖、荆楚、湘汉之间,凡庵居屏处禅林所称者辄造而问之。"①水西寺即宋代歙县太平兴国寺,旧有福圣院,弘治《徽州府志》曰:"福圣院者,雪窦长老嗣宗出家处也。"②《五灯会元》曰:"明州雪窦闻庵嗣宗禅师,徽州陈氏子,幼业经圆具,依妙湛慧禅师。诘问次,释然契悟,慧以麈尾拂付之。后谒宏智,蒙印可,其道愈尊,出住普照、善权、翠岩、雪窦。"③说明嗣宗是明州天童宏智正觉禅师的嗣法弟子,为青原行思下十四世法嗣,是南宋初年曹洞宗的一位著名禅师。

嗣宗的禅法思想主要有"四个不得"、"四无间断"、五位君臣和功位论、第一义与时机论以及临终偈语,这些思想基本上都是对曹洞宗祖师们思想的继承与总结,系统地表达了曹洞宗的禅学思想及其方法论。

1."四个不得"与"四无间断"

"四个不得",即"不得依样画葫芦、不得去古人背后叉手、不得守株待兔、不得无绳自缚"。

尝示人曰:"大众体究此事,第一,不得依样画葫芦;第二,不得去古人背后叉手;第三,不得守株待兔;第四,不得无绳自缚。何谓依样画葫芦? 如今学者不肯退步休歇,一向用心强作道理,见古人立个拳也,立个拳划个圆相也,划个圆相,提起座具,拂袖便行,及至穷究着,黑漫漫地。何谓古人背后叉手? 学者已事不明,日夜商量古人公案,这个说话又如何,那个问答又如何设。或会得,祇是别人底,被他言语搅缚,得来不成肠肚,岂不见道。若要提倡宗乘,须是从自己胸襟流出。何谓守株待兔? 有一种学者,认得个影响,只管泥在一处,或良久或退后,认着不忘,一生无动转。长沙道:'百尺竿头坐底人,虽然得入未为真,百尺竿头须进步,十方世界是全身。'何谓无绳自缚? 学者在众中,不肯亲近尊宿抉择此事,但认过自家休歇,一向痴坐,从朝至暮,只管瞌睡,所以道'透网金鳞犹滞水,回涂石马出沙笼'。若是本分坐禅人,孜孜念念未尝暂时与此事有丝毫隔,行住坐卧常在其中。"④

针对"依样画葫芦"和"去古人背后叉手"两种情况,嗣宗提出"须是从自己胸

---

① (宋)罗愿:《新安志》卷八《仙释》,嘉庆十七年刻本。
② (明)汪舜民:弘治《徽州府志》卷十《寺观》,弘治十五年刻本。
③ 《五灯会元》卷十四《雪窦嗣宗禅师》,《卍新纂续藏经》第八十册,CBETA版。
④ (宋)罗愿:《新安志》卷八《仙释》,嘉庆十七年刻本。

襟流出"的观点,针对"守株待兔",引用长沙景岑招贤禅师的话提出"十方世界是全身"的观点,针对"无绳自缚"提出"孜孜念念未尝暂时,行住坐卧常在其中"的观点。并对这三种观点作了进一步的理论总结,提出"四无间断"理论,嗣宗曰:"僧堂里亦不是闲坐处,若不那么见去,尽是虚度光阴。直须念念无间断,步步无间断,时时无间断,处处无间断。"①"无间断"是曹洞宗开山祖师洞山良价的思想,洞山曰:"若不体此意,何超始终之患? 直须心心不触物,步步无处所,常无间断,始得相应。直须努力,莫闲过日。"②可见其祖师思想的痕迹。

"四个不得"表明禅法是不可复制的、不可模仿的、不可设问的,禅法以当下性和随机性为特点,"四无间断"表明功夫打成一片,是禅法连续性的体现。"四个不得"与"四无间断"是嗣宗禅学的主要思想,也是嗣宗对曹洞宗祖师们思想的继承与总结。

2. 五位君臣和功位论

五位君臣论是指君、臣、君臣道合以及正中偏、偏中正、正中来、兼中至、兼中到,功位论即转功就位、转位就功、功位齐彰、功位俱隐。

问:"如何是君?"师曰:"磨砻三尺剑,待斩不平人。"

问:"如何是臣?"师曰:"白云闲不彻,流水太忙生。"

问:"如何是君臣道合?"师曰:"云行雨施,月皎星辉。"

问:"如何是正中偏?"师曰:"菱花未照前。"

问:"如何是偏中正"师曰:"团圆无少剩。"

问:"如何是正中来?"师曰:"遍界绝纤埃。"

问:"如何是兼中至?"师曰:"啮镞功前戏。"

问:"如何是兼中到?"师曰:"十道不通耗。"

问:"如何是转功就位?"师曰:"撒手无依全体现,扁舟渔父宿芦花。"

问:"如何是转位就功?"师曰:"半夜岭头风月静,一声高树老猿啼。"

问:"如何是功位齐彰?"师曰:"出门不踏来时路,满目飞尘绝点埃。"

问:"如何是功位俱隐?"师曰:"泥牛饮尽澄潭月,石马加鞭不转头。"③

五位君臣是曹洞宗的基本方法论,为开山祖师洞山良价禅师及其弟子本寂禅师所发明。洞山良价禅师以真理立为正位、以事物立为偏位,依偏正回互之

① (宋)罗愿:《新安志》卷八《仙释》,嘉庆十七年刻本。
②《五灯会元》卷十三《洞山良价禅师》,《卍新纂续藏经》第八十册,CBETA版。
③《五灯会元》卷十四《雪窦嗣宗禅师》,《卍新纂续藏经》第八十册,CBETA版。

理,立五位之说,即正中偏、偏中正、正中来、偏中至、兼中到。本寂禅师复承洞山之本意而发明之,假托君臣之例而说明五位之旨诀,称为君臣五位。本寂曰:"正位即空界,本来无物。偏位即色界,有万象形。正中偏者,背理就事。偏中正者,舍事人理。兼带者冥应众缘,不堕诸有,非染非净,非正非偏,故曰虚玄大道无著真宗,从上先德,推此一位,最妙最玄,当详审辨明。君为正位,臣为偏位。臣向君是偏中正,君视臣是正中偏,君臣道合是兼带语。"①五位君臣论在曹洞宗中经常被运用,作为参禅问学的基本方法。

嗣宗在这里不仅提到了祖师的五位君臣论,还提到了功和位的问题,功位是长芦清了禅师的法语。长芦清了曾曰:"转功就位,是向去底人,玉韫荆山贵。转位就功是却来底人,红炉片雪春。功位俱转,通身不滞,撒手亡依。"②长芦清了与天童正觉同是曹洞宗丹霞淳禅师的弟子,而天童正觉是嗣宗的师父,因而长芦清了是嗣宗的师叔。由此可见,五位君臣和功位论是嗣宗对曹洞宗禅学方法论的一次总结。

3. 第一义与时机论

僧问:"曹山如何是无间断的人?"师曰:"曹山今日伤杯。"僧曰:"某甲不会。"师曰:"东西不辨,即是到这里作么生体悉?"③

上堂:"人人有个鼻孔,唯有善权无鼻孔,为甚么无? 二十年前被人掣落了也。人人有两个眼睛,唯有善权无眼睛,为甚么无? 被人木樨子换了也。人人有个髑髅,唯有善权无髑髅,为甚么无? 借人作屎杓了也。"遂召大众曰:"鼻孔又无,眼睛又无,髑髅又无,诸人还识善权么? 若也不识,是诸人埋没善权。其或未然,更听一颂:'涧底泥牛金贴面,山头石女着真红。系驴橛上生芝草,不是云霭香炉峰。'"

僧问:"莲花未出水时如何?"师曰:"没却你鼻孔。"曰:"出水后如何?"师曰:"穿着你眼睛。"

问:"如何是正法眼?"师曰:"乌豆。"

上堂:"翠岩不是不说,只为无个时节。今朝快便难逢,一句为君剖决。露柱本是木头,秤锤只是生铁。诸人若到诸方,莫道山僧饶舌。"④

---

①《五灯会元》卷十三《曹山本寂禅师》,《卍新纂续藏经》第八十册,CBETA版。

②《五灯会元》卷十四《长芦清了禅师》,《卍新纂续藏经》第八十册,CBETA版。

③ (宋)罗愿:《新安志》卷八《仙释》,嘉庆十七年刻本。

④《五灯会元》卷十四《雪窦嗣宗禅师》,《卍新纂续藏经》第八十册,CBETA版。

这里的五个公案,"如何是无间断的人"、"谁识善权"、"莲花"、"正法眼"、"时节",前面四个公案表明禅法第一义不可说,需要作者自己去参悟,所谓道可道,非常道,名可名,非常名。"时节"公案表明说法讲究机缘,当说则说,时机不到,说犹未说。所以径山宗杲赞他"不动口、不饶舌",反映了嗣宗的禅法的灵活性。

4. 临终偈语

将终,书偈曰:"全心自照,无佛无人,诸缘不共,时至便行。"[①]

从此偈中可见其师天童影响之痕迹,"全心自照"即天童的"全心之相,全相之心,写成这个,聊应而今","唯默默而自照"、"寂默家风自照"。"诸缘不共"即天童的"扫尽诸缘"、"不被诸缘笼络"、"心心绝诸缘"、"诸缘放尽"、"脱尽诸缘"、"自出诸缘之上"、"照破诸缘"、"诸缘坐断"、"不带诸缘"。[②]且其禅法脱泥滞水,既然"无佛无人",何来"自照"? 既然"诸缘不共",何来"时至便行"? 可见嗣宗禅法并不彻底,继承乃师有余,启迪将来不足。

5. 影响与地位

为天童正觉的嗣法弟子,成为曹洞宗的著名僧人。《新安志》曰:"(嗣宗)后从觉于泗州普照,觉去遂代之,时建炎初也。开堂云:'喝井庵畔似真似伪,断足岩前乃精乃粹。'遂为觉粘一瓣以酬法乳,诸方及知洞下一宗复有人矣。"[③]

深受径山宗杲的赞誉。曹洞宗的天童正觉与临济宗的大慧宗杲,当时被誉为二大甘露门,但二人的风格迥异,天童炽唱默照禅,宗杲令人纯看话头。大慧宗杲很少赞人,尝赞嗣宗曰:"太湖三万六千顷之渺茫即师之口也,洞庭七十二峰之峭峻即师之舌也,不动口,不饶舌,已说、未说、今说、当说也,大奇也。大奇,此是吾家真白眉。"[④]可见嗣宗当时不但获重于内,且见誉于外。

但从他的语录看,他只是对曹洞宗先辈们的思想作了个总结,并无创新,且他的禅法思想拖泥带水,尽不彻底。但尽管如此,他还是深受时人的赞誉,说明曹洞宗到了南宋初年已走向了衰落,而嗣宗能够继承和发扬先辈们的思想,对光复曹洞宗无疑做出了一定的贡献。

(四)释广寄与"单持一念"

广寄,字寓安,明朝衢州开化人,净土宗高僧。十五岁投新安郡张公山无为

---

① (宋)罗愿:《新安志》卷八《仙释》,嘉庆十七年刻本。
② 《宏智禅师广录》,《大正新修大藏经》第四十八册,CBETA版。
③ (宋)罗愿:《新安志》卷八《仙释》,嘉庆十七年刻本。
④ (宋)罗愿:《新安志》卷八《仙释》,嘉庆十七年刻本。

法公为沙弥,"恒往来于休、婺之间,一时士大夫无不器重,乐与为忘年交。"①二十四岁投杭州云栖袾宏大师,受具足戒,得"一心不乱"念佛法门。万历三十八年入黄山丞相原,结庵精修,"一方缁白归信者众"。天启元年辛酉二月二日,跏趺而逝。广寄的禅法思想主要是"单持一念"、"一念不移"。《憨山老人梦游集》和《新安黄山掷钵庵寓安寄公塔铭》著其生平、语录及行迹。

1. 悟道经历

立志求学,初露端倪。"年十五,白父母,听出家,投郡张公山无为法公为沙弥。好学多能,博雅游艺,恒往来于休婺之间,一时士大夫无不器重,乐与为忘年交。"

受具足戒,得念佛法门。"年二十四,叹曰:'人生过隙驹耳,泛泛若此,何以出家为!'遂决志游方,参访知识,屡行为亲知羁留不果。乃宵遁,单瓢只杖,径造云栖。大师见而器之,为授具戒,开示念佛法门曰:'念佛无他伎俩,专在一心不乱。'公服膺,遂以充维那。居常刻意精修,单持一念,谨束三业,严整威仪,调和内外,悦可众心。"

黄山结庵,精进自修。"万历庚戌入黄山之丞相原,诛茅藏修,精进自策,一念不移,若忘人世。久之,一方缁白归信者众。图南汪公为结庵以居之,一坐十二年。"

证成道果。"一日召弟子曰:'吾行矣,末后一事,汝等识之。'言讫,跏趺而逝,时天启元年辛酉二月二日也。初,弟子不意公遽化,未理龛室,乃置坐于几上,且恐形变,急积薪茶毗。值天大雪,不能动转,如是者七日。远近缁白,闻而破雪奔吊,见公颜色如生,喜容可掬,唇红不改,手软如绵,咸曰:'此生人也,安忍化。'固止之。乃借佛龛收敛,供于所整之丈室,雪乃止。弟子相谓曰:'此岂末后事耶。'于是亦不敢火,经夏秋炎热,形气不变,意欲奉三年乃葬。"

2. 禅法思想

豁达的人生态度。《新安黄山掷钵庵寓安寄公塔铭》云:"年二十四,叹曰:'人生过隙驹耳,泛泛若此,何以出家为!'。""偶婴真疾,竟不言,动止如常,人莫知之。久之疾笃,乡人请医诊视。公曰:'死生如客耳,当行即行,又何为乎!'竟勿药,唯安然端坐,如不有身。""一日召弟子曰:'吾行矣,末后一事,汝等识之。'言讫,跏趺而逝。""人生过隙驹耳"、"死生如客耳"、"安然端坐"表明了其豁达的人

---

① 《憨山老人梦游集·新安黄山掷钵庵寓安寄公塔铭》(《释广寄与"单持一念"》一文中其他未注明的资料均出自此书)。

生态度。支持这一人生态度的是他的"单持一念"、"一念不移"的念佛法门。

"单持一念"、"一念不移"。"径造云栖,大师见而器之,为授具戒,开示念佛法门曰:'念佛无他伎俩,专在一心不乱。'公服膺,遂以充维那。居常刻意精修,单持一念,谨束三业,严整威仪,调和内外,悦可众心。""万历庚戌入黄山之丞相原,诛茅藏修,精进自策,一念不移,若忘人世。"可见"单持一念"、"一念不移"是其禅法的主要思想。该思想来源于云栖诛宏的"念佛无他伎俩,专在一心不乱"的念佛法门。时人塔铭曰:"以公之高明多艺,博识广闻,一入法门,即尽情屏绝,精心为道,如愚若讷,居常一念,密密绵绵,见人不发一语,问者唯唯,一笑而已,至若处同袍,忘人我,脱略形骸,无不爱而敬之,岂非威仪摄生,正容悟物,无言而说法者耶? 呜呼! 若公之于生死,神往形留,化臭腐为神奇,岂非戒定熏修,精心融贯而然耶?"反映了其禅法"单持一念"、"一念不移"的思想。正是在此思想的支配下,他能"一坐八年",闭关三年,然后又是"一坐十二年"。"大师一日临众曰:'朝廷设官以称职为最,岂惟国家,丛林亦然。梵语维那,此云悦众,若(广)寄维那,可谓称职矣。'由是一众咸推重之,一坐八年。以省师归故山,闭关三年。万历庚戌入黄山之丞相原,诛茅藏修,精进自策,一念不移,若忘人世。久之,一方缁白归信者众,图南汪公为结庵以居之,一坐十二年。"

"单持一念"、"一念不移"之禅佛合一。广寄的"一念不移"源于其师云栖诛宏的"念佛无他伎俩,专在一心不乱"的念佛法门。诛宏曰:"不论在家出家,执持名号,一心不乱,即执持名号四字,是入头处。执持二字,莫草草看过。返照念佛人是谁,与参禅同。""而今一心念佛,万缘自舍,即布施波罗蜜。一心念佛,诸恶自止,即持戒波罗蜜。一心念佛,心自柔软,即忍辱波罗蜜。一心念佛,永不退坠,即精进波罗蜜。一心念佛,余想不生即禅波罗蜜。一心念佛,一念分明,即般若波罗蜜。推而极之,不出一心,万行具足。"[①]广寄的"单持一念"、"一念不移"即是诛宏的"一心念佛,余想不生"与"执持名号,一心不乱"之念佛与禅修的结合。

3. 影 响

在新安张公山,垂誉士林。"好学多能,博雅游艺,恒往来于休、婺之间,一时士大夫无不器重,乐与为忘年交。"

在杭州云栖山,见重禅林。"径造云栖,大师见而器之,为授具戒,开示念佛法门曰:'念佛无他伎俩,专在一心不乱。'公服膺,遂以充维那。居常刻意精修,单

---

① [日]忽滑谷快天著,朱谦之译:《中国禅宗思想史》,上海古籍出版社1994年版,第796、797页。

持一念,谨束三业,严整威仪,调和内外,悦可众心。大师一日临众曰:'朝廷设官以称职为最,岂惟国家,丛林亦然。梵语维那,此云悦众,若寄维那,可谓称职矣。'由是一众咸推重之。"

在黄山建掷钵禅院,化导一方。"万历庚戌入黄山之丞相原,诛茅藏修,精进自策,一念不移,若忘人世。久之,一方缁白归信者众,图南汪公为结庵以居之,一坐十二年。"道光《徽州府志》曰:"掷钵禅院,在钵盂峰下山坞中,俗名丞相原,原为邑岩镇汪氏书院,明万历己酉寓安寄公乞地于汪,不数月遂成梵刹,太学生潘之恒题名'一钵',太史汤宾尹易为'掷钵'。"①

真修实证,肉身传奇。"明年壬戌三月,弟子大守,走匡山,具白其事,且请为铭。予闻而叹曰:'吾沙门之行,贵真修实证,不在炫名闻,立门庭为得也。以公之高明多艺,博识广闻,一入法门,即尽情屏绝,精心为道,如愚若讷,居常一念,密密绵绵,见人不发一语,问者唯唯,一笑而已,至若处同袍,忘人我,脱略形骸,无不爱而敬之,岂非威仪摄生,正容悟物,无言而说法者耶!呜呼,若公之于生死,神往形留,化臭腐为神奇,岂非戒定熏修,精心融贯而然耶?即佛祖之金刚不坏,常住不朽,亦由是而致。"

三　明末黄山佛教的兴起

黄山在徽州历史上曾以道教著称。清朝赵吉士曰:"吾乡为山水奥区,相传黄山为轩辕与容成、浮丘炼丹处。"②但黄山在明清时期也一度以佛教闻名。明朝万历年间,黄山先后来了三大佛门高僧,普门、如本、广寄。清朝窦遴奇《黄山志序》曰:"自二帝三王历汉唐宋元以逮明之隆万间,始有一帝太后奉浮屠教甚谨,乃范金为四面佛,遣中使扈从,供养朱砂庵内。而普门大师遂承中旨,薙棘诛莱,廓清梯栈,不遗心力,开一线鸟道,以达于三十六峰之间,而寻山之屐齿,始络绎不绝。"③普门来到黄山后,创建了朱砂庵(慈光阁)、文殊院、法海禅院等,开辟了黄山文殊菩萨的道场,被人称为"开山神僧"。如本来到黄山后,重建云林道场,使"百废更新,遂成盛地"。广寄来到黄山后,建掷钵禅院,"僧俗归信者日众"。在他们的影响下,黄山先后吸纳了一大批僧众,开辟了明清时期黄山佛教发展的新气象。

---

① (清)夏銮:道光《徽州府志》卷四《寺观》,道光七年刻本。
② (清)赵吉士:康熙《徽州府志》卷十八《仙释》,康熙三十八年刻本。
③ 黄山志编纂委员会:《黄山志》,黄山书社1988年版,第459页。

（一）"开山神僧"释惟安

惟安或唯安，号普门，陕西鄜县人。幼失怙恃，十岁投入空门，年近二十剃发受具足戒，遍叩宗匠。三十年中往来少林、五台、太行、伏牛、普陀诸名山，饥不言疲，患之不怖，昼夜精勤，自疑自豁。行立禅法，人见其腊月露顶赤脚乞斋，夜立禅风雪中。尝梦佛祖予以五色土，唯安取黄，又梦佛南指一高山，因于明万历三十三年行脚至休宁，与歙吴百昌邀入黄山，辟朱砂庵，上文殊院，见山即梦所到，又以黄名，遂结茅文殊。万历三十八年行脚至京师，万历母李太后见之梦境，差中涓物色得安，颁赐宫中四面七层浑铜古佛及铜佛十二尊、经一藏、彩缎百余匹、紫袈裟一袭及紫金钵盂、锡杖，中宫东宫俱有赐佛。由是，自苏杭溯流而上，一路多神异，沿途有异香弥月不散，黄山数日前有万千天尊罗汉神祇现云中如迎状，因改朱砂庵为敕建慈光寺。黄山天都峰最高去慈光四十五里，壁立无路，惟安坚竿峰顶，每日午上峰顶燃天灯，归慈光晚课未毕，寒暑雨雪无间，戒行精严，人尽仰为"开山神僧"。[1]明天启五年六月十二日示寂，有偈曰："处处西方地，我无西方心，满目皆莲花，惟不见我身。"[2]

慈光寺，在黄山朱砂峰下，旧称朱砂庵，明万历间赐今额，清康熙丙午重修。清朝休宁赵吉士有诗曰："客到山门噪白鸦，佛光四面现昙华。钟鱼隐隐传天梵，台阁层层蔟石霞。百啭时闻山乐鸟，一株独放木莲花。长空碧落流丹液，好向云中泛日槎。"[3]

文殊院，在天都、莲花两峰间，后拥玉屏，峰前有菩萨座，登座趺坐，烟云无际，万峰出没足底，乃普门所建。道光《徽州府志·寺观》曰："光明顶之旷，桃花源之幽，石笋矼之异，各擅其奇，惟文殊院兼之，其奇尤在山迳，缘梯栈，穿石穴，历历见远山平楚，故景为独绝。"清朝休宁赵吉士诗云："曲磴天边路百回，此身长傍白云隈。看山有胆双眸豁，铺海无声万象来。夜放佛光人指月，上升旭日下鸣雷。文殊座出悬崖顶，趺坐忘年长丝苔。"歙县黄生诗云："我爱文殊院，中天拥玉屏。双峰峙苍翠，万壑俯青冥。古佛默相对，空堂永不扃。月明河汉尽，摘却满山星。"休宁吴启元诗云："飞下清凉界，今宵卧玉屏。杖前云已白，顶山石犹青。

① （清）夏銮：道光《徽州府志》卷十四《仙释》，道光七年刻本。
② 安徽省地方志编纂委员会：《安徽省志》卷六十三《民族宗教志》，方志出版社1997年版。
③ （清）夏銮：道光《徽州府志》卷四《寺观》，道光七年刻本。

大地蹲狮象,中天过日星。山空钟声落,静者独为听。"①

清朝赵吉士曰:"释中尊宿自普门以后鲜圣异焉。"②可见普门在明清徽州佛教中地位之高,因他在黄山的一系列作为而被目为黄山的"开山神僧",尤其是他建立的文殊院意义较大。早在唐末,有高僧清素自五台山来徽州,尝拈"文殊遣我来"之语,而普门建立的文殊院,使徽州最终有了文殊菩萨的道场,致使后人有"文殊座出悬崖顶"、"我爱文殊院"、"飞下清凉界"之誉,可以说,普门是开辟黄山文殊菩萨道场的人。在他的影响下,黄山先后吸纳了一批名僧,建立了一系列寺院,使黄山佛教在明末清初达到了鼎盛。

(二)兴福高僧释如本

如本,字妙园。万历年间与妙光慧禅师同游黄山,止于佛岭,把茅葺亭,设姜施茗,弘其愿力,相与胼胝,百废更新,遂成盛地。妙光慧为歙县王氏子,如本则遗其氏里。尝自述《佛岭纪事》一篇,略云明万历三十二年自浙江虎跑寺来游黄山,至歙县西潜口之上五里曰佛岭处,前后十里间悄无人烟,岭头有亭额曰"佛岭云亭"。时当炎夏,行人大苦渴,因与道侣雪樵行头陀行,就亭右构茅棚为蔽风雨,日煮水以赡行旅。忽于荒草中见一断碑,载于唐有志满,于宋有云林,具见林传,而亭亦于淳祐甲辰为汪桢珉所建,工费壮固,自宋至元,兴废不常等事。明洪武甲子亭将圮,众为修治,有僧栎庵居之。正德丙寅里人汪以辅氏又为更新,盖佛岭之名由来久矣。如本即爱其叠峰排空,中通一线,松声涧响,云影山光,鸟鸣喈喈,掩映其间,诚佳境也,爱与道友定居焉。此可见本之志愿矣。又亭北麓有水一泓,乳汁溁溁出石骨中,白拟流酥,清同法鑑者,雪照泉也。泉以石为腹,泉心清澈,可鑑毛发。偶立久之,凉气沁人,不待洗涤,尘垢自消。慧初辟地时,疏凿成池,用以济行旅饥渴,因给庵僧食饮,至今赖之。如本尝参憨山清,清有《示妙园禅者偈》曰:"湛湛青莲花,居泥而不染,明明出世心,雪在玻璃盏。"状其禅心彻悟,功侯圆成。故寂时辞众偈云:"打破虚空,如风扫叶,天外山青,岭头日白。"正岩《豁堂雪霁寄妙圆老宿》有"寄言久卧寒岩柏,共拂高枝仰太阳"之句。正岩康熙中始寂,如本盖有高年者。又谢彦章《赠妙光上人诗》叙曰:"十年前为作《募修石路疏》,今路已成,经楼佛阁,亦复焕然,观其愿力,可谓无负厥功。"其诗云:"四十年如一日,入泥入水意如何。从他觉路光明殿,不比山僧愿力多。"可见如本

① (清)夏銮:道光《徽州府志》卷四《寺观》,道光七年刻本。
② (清)赵吉士:康熙《徽州府志》卷十八《仙释》,康熙三十八年刻本。

与妙光慧开拓之勤。①

(三)净土高僧释广寄

广寄,字寓安,俗姓余,开化人,明朝净土宗高僧。幼即出家,好学多能。往来于休婺之间,一时士大夫皆器重之,乐为忘年交。二十四岁时始决志参方,单瓢只影,径造云栖大师,受具足戒。八年后辞归故山,闭关三年。明万历三十八年入黄山,建掷钵禅院,僧俗归信者日众。年逾一纪,患病,乡人请医诊视,广寄曰:"生死如客耳,当行即行,又何为乎!"竟不医,唯安然端坐,明天启元年辛酉二月二日,跏趺而逝,年48岁。次年憨山德清为之塔铭②。掷钵禅院后于崇祯间歙人傅严题书"云谷"二字,后改名为云谷寺③。(见上文《徽州高僧的主要思想》"释广寄与单持一念")

(四)其他僧人

法通,明僧,七岁出家,诵经礼佛78年,后沐浴更衣,趺坐而逝。

全宁,明正统十一年为祥符寺住持僧,多次修缮祥符寺,曾广泛收集黄山题咏。

旸谷,杨干寺住持僧。明嘉靖二年,见祥符寺宇摇动,曾主动率众登山,重修古刹。

如孝,明僧,号敬贤。由普门推荐,继任慈光寺住持。

一乘,明万历三十九年从五台山来,探石笋矼奇景,开辟狮子林,在始信峰绝顶创建定空室。爱好咏诗,有《黄山记胜集》。

静庵,明僧,四川人,个子矮小,身似猕猴,栖居莲花洞,每夜登峰顶点灯,百里可见。

阔庵,明僧,陕西关中人。慕名游黄山,至慈光寺,遇普门禅师,相谈甚为投机,决定协助普门开山。曾与普门一起,攀悬崖,登绝壁,上天都峰,每遇险径,总为前导,面无难色。

墨浪,明僧,年轻时学书法,擅长草、篆等书,在白龙潭上墨浪庵静修。

如愚,明僧,字揾璞,湖北武昌人。曾读书中举,能诗,因仕途失意而入佛门,

---

① 喻谦:《新续高僧传四集》卷五十四,民国十二年铅印本。

② 安徽省地方志编纂委员会:《安徽省志·民族宗教志》,方志出版社1997年版,第194页。

③ 黄山志编纂委员会:《黄山志》,黄山书社1988年版,第222页。

拜雪浪和尚为师。万历间于天海炼丹台下建静室,名为指象庵。

宝相,明僧。协助愚安和尚开创掷钵禅院,经常持钵募金,山中称为念佛和尚。

雪峤,俗姓朱,名圆信,浙江鄞县人,二十九岁出家。明崇祯八年游黄山,登莲花峰,而后留居黄山。顺治四年八月二十六日卒于黄山。

林泉,俗姓陈,名音豫,号晦夫,江苏昆山人。十九岁入佛门,诵《金刚经》,居黄山指象扇。顺治三年卒。

朝宗,俗姓陈,名通忍,江苏武进人。少时学诗文,入佛门后,专心参禅,精研佛经。三十岁游天都,居别峰庵。顺治五年圆寂。

元旦,俗姓邓,名音可。二十岁出家,拜愚衡和尚为师。曾遍访博山、湛然、憨山、雪峤等为师。居莲顶庵,有"黄海青莲开万仞,天都犹下未为高"之诗句。

云外,俗姓汪,名行泽,法号智泽,江西婺源人,幼时因家贫入佛门。明崇祯六年投云谷禅院。顺治九年开堂讲戒法,十一年冬卒。

见月,明僧,俗名读体,云南人。在华山出家,拜三昧和尚为师,持讲佛经十多年。来黄山后,在贝叶庵讲经,各地前来听经者甚多。康熙十八年卒。

无易,明僧,俗姓张,江西婺源人。拜寓安和尚为师,后为掷钵禅院住持。顺治八年卒。

智舷,字苇如,号秋潭,浙江嘉兴人。创建黄叶庵,自称黄叶老人。遍游黄山,触景吟诗,今存诗数首。

晦昙,明僧,号水齐,陕西关中人,久居文殊院。

果然,明僧,俗姓汪,安徽休宁人。创建香山庵,崇祯十二年卒。

毒鼓,明僧。幼年出家,游黄山,爱莲花峰奇胜,筑庵静养。每晚下汤泉沐浴,沿途高呼佛号,次晨返庵,多年如一日。

心月,明僧,慕普门和尚名而来黄山,建天海庵。

老巢,明僧,在丞相东源建黄谷庵,终日喜笑,人称笑和尚。

融真,明僧,结茅于狮子峰。相传每当云雾天气,融真即用瓶装白云,游客至,则捧瓶启盖,放出云雾,状如烟缕,见者称奇。

万缘,明僧,栖居于宝珠庵,食野果,穿草衣,生活清苦,三十年不出山。

海运,明僧,少入佛门,善诗文。居黄山,为僧十年,二十四岁时卒。

印我,明僧,久居莲花庵。

文齐,歙县人,五十五岁出家,为僧不参禅诵经,只讲"万法俱空,一善是实"。为僧七年,崇祯三年十一月卒。

一齐,明僧,俗姓寿,湖南邵阳人,自五台山入佛门,转入黄山云谷禅院,后为慈光寺住持。

印生,明僧,安徽巢县人,在黄山剃度,五台山受戒,崇祯末年,归居翠云庵圆寂。

心空,明僧,侣名学海,在荆州惠王府禅院受戒,来黄山为慈光寺住持,后居翠微寺,曾重建寺宇。

檗庵,俗姓熊,名开元,号龟山,歙县人。明天启五年中进士,崇祯四年,征授吏科给事中,后因直言进谏而入狱。出狱后入佛门隐居,七年不为人知。清顺治八年,在掷钵禅院卒,著有《檗庵别录》六卷。

白毫,明僧,俗名大时,字官球,歙县人。明崇祯七年进士,后受母命还愿入佛门。清顺治二年游黄山,住文殊院。

无知,明崇祯十六年进士,曾任县令,被革职后入佛门,在掷钵禅院拜无易和尚为师,法名智灯,著有《净土诗集》。顺治五年卒于显圣寺。

吴山,俗姓汪,名沐日、弘济,字扶光,号益然,歙县人。崇祯六年举人,次年会试第一。年幼时在黄山读书,后在福建入佛门,拜古航和尚为师。康熙十四年回黄山,次年五月三日卒。

如东,明僧,号明阳,随护钦赐物品来山,居慈光寺四十余年。清顺治十六年卒。

渐江,俗姓江,名滔,字六奇,歙县人。入佛门后号渐江,又号弘仁,明诸生,少孤贫,后成为著名画家。明亡后游武夷为僧,归黄山,往来于云谷、慈光二寺间。深爱黄山之胜,足迹遍全山,深得松、石、云、岩、壑之精髓,工山水,作品多层峦陡壑、伟峻沉厚,与查士标、汪之瑞、孙逸合称"海阳四家",创新安画派。所作《黄山真景册》,写山中名胜五十处。卒年五十四岁。

石涛,俗姓朱,名若极,清代画家,广西全州人。明亡后,随兄出家为僧。康熙六年,与兄经宣城来黄山览胜,"搜尽奇峰打草稿"。之后,屡游黄山,对黄山体验深切,曾说:"黄山是我师,我是黄山友。"石涛以黄山为师,采用"截取"法,抒发胸臆而创新造化,画出了黄山的气势特色,《黄山八胜图》是其传世精品。石涛为黄山画派奠基人之一,是我国著名的国画大师。《宁国府志》云,僧济号石涛,又号苦瓜和尚,住宣城广教寺,能诗,尤工画,云烟变灭,夭矫离奇。太仓王司农原祁尝曰:"大江以南,画当以石涛为第一,余与石谷皆不及也。"其兄亮,字喝涛,一号鹿翁,驻锡姑山,能诗善画,与涛齐名。

雪庄,名道悟,字雪庄,有黄山野人、青溪后学、铁鞋道人等号,江苏淮安人。清康熙二十八年秋,入山遇雪,跌坐岩石达旦,积雪盈顶,山僧异之,挽留栖居。能诗善画,与汪士铉、释海岳、倡雁黄投契。康熙三十二年冬,应召入都,次年夏返山。汪辉钦其高尚,为其筑云舫居之,楼上卧室名得月轩,前有如意亭,后有五峰阁,所绘黄山图百幅,悉得山灵真面,画山产异卉120种,命名系诗,均着色彩,还为黄筹庵评定黄海真形图。居黄山三十年,终年一百岁,或说一百二十岁,墓在云舫,已不存。

海岳,字菌人,号中洲,江苏丹徒人,家居镇江。清顺治十六年三岁时出家,后曾在南京主持清凉寺,又到黄山,为慈光寺住持。著有《绿萝庵诗集》、《万山拜下堂稿》等。所作《黄山赋》,洋洋万言,全用集句,上取六经,下取百氏。另有专咏慈光寺木莲的七律一百首。

大涵,俗姓潘,法名大涵,江苏吴江人。清代诗画僧,因爱雁荡山与黄山风景,自号雁黄布衲,又号洞庭痴。曾断粮吃雪,故号吃雪子、江城吃雪。清康熙三十五年、三十六年漫游黄山,结茅炼丹台,终年无日不诗。著有《雁黄布衲黄山游草》,收记游诗数百首,与雪庄等有唱酬交往。

弘眉,号紫石山主。于康熙三年至五年编撰成《黄山志》十卷。有窦遴、陈恭、王国相、刘其仁序及弘眉自序。卷一为因考、山水、寺观(附灵塔)、书院、物产、赋税、灵异、轶事、古迹;卷二为释、道、金汤、隐逸、文苑、理学;卷三至卷七为文,卷八至卷十为歌诗。[1]

---

① 黄山志编纂委员会:《黄山志》,黄山书社1988年版,第233—238页。以上资料主要出自此书。

第四章 徽州的民间信仰

徽州历史上民间信仰非常丰富,民间信仰的主要载体是祠庙。根据宋代罗愿的《新安志》载,南宋初年徽州祠庙共有48种,而据弘治《徽州府志》和道光《徽州府志》载,明弘治以前徽州祠庙共有135种,清道光以前共有427种,说明徽州历史上民间信仰在不断地发展。在这些祠庙中,世忠庙、忠烈庙和灵顺庙是徽州本土所产生的三大祠庙,在徽州普遍都有祭祀,比较典型地反映了徽州自隋唐至宋元时期民间信仰的发展变化。明朝以后,徽州民间又流行目连戏,目连戏由徽州祁门人郑之珍所创变,民国《祁门县志》曰:"徽郡自朱子讲学后,由宋迄清七百余年,紫阳学派,绵绵不绝,江戴兴而皖派经学复风靡天下,然支配三百年来中下社会之人心,允推郑氏,至今日而目连戏曲徽属而外,具流行于浙江之昌化、临安、于潜一带,其力量之久远溥极,洵为可惊也。"①可见目连戏既是徽州的一种地方戏曲,又是徽州的一种民间信仰。

三大祠庙和目连戏是徽州民间信仰的基本内核,体现了徽州民间信仰的发展规律。具体而言,三大祠庙分别是徽州历史上向外发展、向内发展和向自身发展的三个宗教意象的完美组合,而目连戏的中心思想是劝善,当是三大祠庙向自身发展的必然产物。通过向外发展,转而向内发展,递至向自身发展,终之以劝善总结,彰显了徽州民间信仰的发展模式。在这一模式中,世忠庙与忠烈庙展示了徽州民间的儒教信仰,灵顺庙展示了徽州民间的道教信仰,目连戏展示了徽州民间的佛教信仰,目连戏中还有许多儒教和道教思想,因而还是三教合一的产物,代表了徽州民间信仰发展的高级阶段。三大祠庙和目连戏是徽州区域社会精神价值的主要载体。

一 世忠庙与程灵洗信仰

程灵洗,休宁篁墩人。据南宋嘉熙己亥年胡麟撰《重建世忠庙记》载,公姓

---

① 胡光钊:《祁门县志》卷二《艺文志·目连救母劝善戏文》,民国三十三年铅印本。

程,讳灵洗,字玄滌,少有勇略。所居之偏有湖,深广有神居焉,与吕湖为邻,吕湖有鼍素为居民之害。湖之神一夕为黄冠现梦于公曰:"吕湖鼍稔恶于此,不早图去,民其鱼乎。明日吾复与战,披白于肩者吾也。以公义士,敢以辱告,公倘为助,酬报敢后。"翌日公果率乡之少年鼓噪于湖侧。而俟有顷,湖水浩荡,云雾隐暗,两牛角于滩上,而肩白者屈,公挽弓发矢,中彼黑者。俄而隐晦廓清,湖波澄静。居不更夕,有巨鼍死于吉阳滩下,即吕湖鼍也,至今号其滩曰神滩,自是吕湖涨塞而鼍之害除矣。越数日有道士叩门候公,公为具馔,道士曰:"公尝有德于我矣,又劳鸡黍之勤,何以为报?吾灵宝天机书能卜善地,当徐我以行。"至黄牢山,以白石识之,曰:"迁此可暴贵矣。"公于是为太夫人寿茔焉。梁太(清)、(大)宝间侯景之乱,公据黟歙以拒之。侯景移军,新安太守萧隐奔依焉,公奉以主盟,景不得而陆梁也。其后平徐嗣徽,破王琳,走周迪,败华皎,降元定进,克周沔州,擒裴宽,与士卒同甘共苦,虽节制甚严而人乐为之用。梁太清、承圣间,除散骑常侍、建威将军,累迁新安、丹阳太守,历谯州、青州、豫州刺史,巴丘县侯,食邑千户。陈受梁禅,事陈高祖为佐命功臣,与周文育、侯安都号为三杰,以功授兰陵、南阳太守,封遂安县侯,迁太子左卫,率事世祖为豫州刺史将军,持节西道,授都督、司空,食邑千户,鼓吹一部,班创四十人,迁中护军,出都督、郢州刺史,废帝即位进云麾将军,封重安县。公卒,赠镇西将军开府仪同三司,配享陈武帝庙庭,谥曰忠壮。

初,公微时,其声名气节达于朝廷,尝负铧视田而诏使钟门。公置铧水中以卜休咎,果得吉卜,今尚有铧卜坑焉。其旁则公之宅也,今众水潴为深湖,湖之水清莹可鉴,时有巨鲜聚游其中,人不得而渔焉,号曰相公湖。不数百步,公之墓也。公尝自营其兆域,以丝帛埋之墓前,祝曰:"吾子孙有能大吾门户,当生大木以为休证。"既而楮木生焉,今大且十围。其一不知何代为风雨所摺,旁出二枝亦合抱矣,号曰千年木。乡人遂于其下叠石为坛以奉祭祀,号曰相公坛。公生为黄墩人,而死为黄墩神,祈雨而雨,祈晴而晴,瘟火疾疠,有祷即应,黄墩之民受公之庇为不浅矣,曰牛一,曰羊一,曰豕一,与夫脯腌之荐,莫不时谨。故自夏四月、秋八月,土鼓冬冬,不绝其声,展敬乞灵于祠下者有百余社,陈奠荐辞,何其虔也![1]

---

[1] 乾隆《新安程氏统宗补正图纂》卷首。

（一）朝廷册封与程灵洗信仰的形成

世忠庙祀南北朝梁陈将军程灵洗,宋嘉定十六年赐庙额世忠,宝庆三年封广烈侯,淳祐十二年加封广烈孚佑侯,宝祐间加封广烈孚佑显应侯,旋加忠惠,转加忠烈显惠公,继加灵顺善应公,元泰定三年加封忠烈显惠灵顺善应王。以下是宋元明朝廷册封神灵的主要诰敕[①]。

1. 正神诰敕

（1）宋朝赐世忠庙额诰敕

敕黄尚书省牒徽州歙县忠翼疆济孚佑广烈公程婴裔孙忠壮公程灵洗庙额,牒奉敕,宜赐世忠为庙额,牒至准敕。故牒。嘉定十六年十二月。

（2）宋朝封忠烈显惠灵顺善应公诰敕

敕徽州歙县管下黄墩世忠庙神忠烈显惠公。山川发祥,神则灵止,封爵申命,礼固宜然。尔著迹黄端,遗忠祥德,生贤佐而为国之辅,普施以利泽于人。比者方诏祠官,特升公爵。曾褒崇之未久,复感应之迭陈,是知扶舆清淑之姿宜受写奕荧煌之号,爰载加之八字,庸是报于一州。曰忠烈显惠者,彰既往之休,曰灵顺善应者,侈方来之佑,益宏景祝,茂封宠光,可特封忠烈显惠灵顺善应公。奉敕如右,牒到奉行。宝祐五年六月六日。

（3）元朝封忠烈王诰敕

皇帝圣旨,中书省牒徽州路世忠庙忠烈显惠灵顺善应公程灵洗。牒奉敕,可特封忠烈王,牒至准敕。如牒。泰定四年正月。

（4）明朝春秋致祭世忠庙祝文

钦降徽州府春秋致祭世忠庙祝文。维洪武×年×月×日,直隶徽州府某等敢昭告于梁将军程忠壮公之神曰:"惟神发灵,古歙著迹,萧梁拒逆兵而忠义萧然,射妖蜃而威名赫奕,捍灾恤患,护国安民,生殁之功两全其盛。某钦承上命忝职兹土,今当仲春、仲秋,谨循祀典以牲醴上荐,歆哉。"洪武三年×月×日。

2. 从神诰敕

（1）宋朝追封程灵洗远祖程元谭忠佑公诰敕

敕世忠庙神忠烈显惠灵顺善应公程灵洗远祖晋新安太守元谭循良之臣,典礼宜祀,本原之义,幽明所同。尔当典午之朝,实领专城之命,遗爱不泯,赐

---

① 乾隆《新安程氏统宗补正图纂》卷首。

地犹存,况有文孙久严庙食,善必基于累世,福恒施于一方,爰赐褒彰,用广劝孝,尚庇尔后,以宏厥灵,可特封忠佑公。奉敕如右,牒到奉行。德祐元年四月二十日。

(2)宋朝封程灵洗妻童氏惠懿夫人诰敕

敕世忠庙神忠烈显惠灵顺善应公程灵洗妻童氏,惟尔秉德之贞,作神之配以附食于庙庭久矣。凡神之威灵赫奕,时雨旸而驱疫疠者,系尔阴相之贤。斯颁命书以从民请,尚时式享,永孚于休,可特封惠懿夫人。奉敕如右,牒到奉行。德祐元年四月二十日。

(3)宋朝封程灵洗子程文季忠护侯诰敕

敕世忠庙神忠烈显惠灵顺善应公子故陈都督文季,惟汉关寿亭及唐张睢阳昔有令子世济其忠,侑食崇祠,应于祭法。惟尔生为名将,绰有忠壮之风,没显威灵,不悔神明之胄,斯疏封于爵土,爰纪绩于有司,尔其益恢阴功以赞乃父,相我稽事,福我邦人,聿昭庙祐之光,称朕象贤之意,可特封忠护侯。奉敕如右,牒到奉行。德祐元年四月二十日。

(二)程灵洗信仰的宗教意象

南宋初年郡人罗愿撰《歙黄墩程忠壮公庙碑》云:"壮士之出身用武以立功显名于时者,世常有之,然能使其乡百世之思者鲜矣。中古以来相矜以权利,有啮臂而去其亲,为间而焚其孥,临阵而欺其友,苟取一功不顾所厚,其威则伸于敌矣而不见信于族党,其位则列于朝矣而不见誉于州里,激扬于人主之前,矜视同列,得志富贵矣,而不可以见故乡之父老、先世之丘墓,往往随官留止不能复还,使其子孙为羁人于四方,数世之后燕、秦、楚、越矣,而况能使其乡百世之思哉!若吾州程公则不然。"又曰:"吾乃知今有功烈者之不忘也。古之见祭于人者,当时则祀,过则舍之。梁陈氏之去今六百余年矣,其恩之及我者,耳与目不接矣,不接则宜懈以废,然益相与崇奉,以坛为未足防,于此乎立庙,是非其道有可怀者乎!由此观之,虽百世可也。"[①]

从以上描述可以看出,程灵洗是一个"得志富贵"、"位列于朝",但又能"见信于族党"、致使"其乡百世思之不懈"的达官贵人。那么,到底是何原因使他能"见信于族党"呢?据弘治《徽州府志》载,"篁墩湖,在府城西南四十五里,梁程灵洗有勇力,善射,宅在湖东二里,夜梦人告曰:'吾数为吕湖蜃所困,明日幸见助,束

---

① (明)程敏政:《新安文献志》卷四十四,文渊阁四库全书本。

白练者我也。'及旦往视之,见二牛相触,肩白者困,灵洗射黑牛,中之。明日有蜃死于吉阳滩下,吕湖由是渐塞,今名其滩为蛟滩,灵洗墓在湖北,有庙专祀之,额曰世忠。"①这段材料有两种解释,一是反映了程灵洗在家乡斩蛟龙、平水患的英勇事迹。蜃是古代的一种蛟龙,能兴风作浪。程灵洗夜梦人告曰:"吾数为吕湖蜃所困,明日幸见助。"他的射蜃动作表面上看是为梦中人解困,实际上是为乡人解困,射蜃为乡人得以乘水路向外发展扫清了障碍,因而他代表了徽州"有为"的拓殖精神。二是揭示了程灵洗在梁朝灭亡以后面临新的人生抉择的复杂的心路历程。程灵洗本来仕梁,梁朝灭亡之后,他面临两种人生选择,一是退隐,二是继续仕陈,这种复杂的心态以神话的方式得以演绎。《天中记》曰:"徽歙黄墩湖,一名蛟湖,其湖有蜃,常与吕湖蜃斗。程灵洗好勇而善射,梦蜃化人告之曰:'吾为吕湖蜃厄,君共助吾,必厚报,束帛练者我也。'明日灵洗弯弓射之,正中目蜃。后有一道教灵洗求善墓地,灵洗随陈武帝有功,为佐命功臣。"②这段材料中有两个湖,一是黄墩湖,一是吕湖,分别象征了儒教和道教。在上文材料中,吕湖蜃化身为黑牛,黑牛是道教的象征,道教中有许逊化身为黑牛斩蛟的故事,事见《天中记》"真君斩蛟"。此外,黑色又称玄色,乃道教之象征,因而吕湖蜃象征了道教和退隐。而材料中的黄墩湖、"束帛"以及上文中提到的"黄冠"则象征了儒教,代表了功名和利禄。黄墩在宋朝是"程朱阙里",因而是儒教之象征。材料通过程灵洗帮助黄墩湖蜃战胜吕湖蜃,象征了程灵洗最终选择了儒教,选择了功名和利禄,选择了仕陈和重出江湖。材料中最后交代了程灵洗"随陈武帝有功,为佐命功臣",正是这一复杂的心理斗争的结果。这段材料实际上揭示了早期徽州人对外界的一种朦胧的向往,暗示了徽州人向外发展、积极开拓进取的精神,是早期徽州人心路历程的真实写照和一段神话的演绎。

这段材料揭示了徽州人与道教的不解之缘。吕湖蜃为道教之象征,但黄墩湖蜃也是蜃,同样也是道教的象征,所不同的是,黄墩又为儒教之象征,因而黄墩湖蜃是道教与儒教的混合物,不同于吕湖蜃是纯粹的道教之象征。这一点可以从"黄"与"吕"的字义结构中分析得出,"黄"在五行中为土,在方位上为中间,在五脏为脾,《易经》曰:"君子黄中通理,正位居体。""黄"为儒教和道教同时尊奉,儒教中有"黄帝","黄帝"同时也是道教的一位神仙,道教中有黄帝炼丹之说,因而黄墩湖蜃堪称儒教与道教的混合物。而"吕"字的结构为两"口",此乃人身中

---

① (明)汪舜民:弘治《徽州府志》卷五《祀典》,弘治十五年刻本。
② (明)陈耀文:《天中记》卷五十六,文渊阁四库全书本。

两肾之表征,"蠹"通"肾",肾为水,居北方,为玄,是道教的典型象征,因而吕湖蠹象征了纯粹意义上的道教,与黄墩湖蠹为道教和儒教的混合略有不同。因而程灵洗帮助黄墩湖蠹战胜吕湖蠹,不是完全放弃了道教,而是放弃了其糟粕,选择了其精华,放弃了其消极的一面,选择了其积极的一面。因而"射蠹"可以说是儒教与道教之间的一种结合、一种不解之缘的表现,它说明徽州人以道教为体、以儒教为用,儒教和道教自始至终相结合的特点,"后有一道教灵洗求善墓地,灵洗随陈武帝有功,为佐命功臣"即表明了这一点。

二 忠烈庙与汪华信仰

据汪华《行状》载,王姓汪讳华,新安歙人。其先鲁成公支子汪食采颍川,后世子孙因以汪氏焉,汉建安中避地始家新安。王曾祖泰、祖勋、父僧莹皆仕于陈。母歙西郑氏,梦黄衣年少长丈余拥五云自天而下,因与之遇,觉而有娠,陈至德四年正月十七日夜半乃生。王幼颖慧,所居常有奇气。早孤家贫,母挈归外氏,母亦寻卒。九岁为舅牧牛,每出常踞坐磐石,气使群儿如将帅指麾状。及长,身长九尺,广颡方颐,庞眉隆准,美须髯,不喜田业,独喜昼卧。舅妻苦之,伺间抽去其簣,王复寝如初,怪而视之,若有青龙蹲负,由是乡里惊叹。王因落魄放纵,闻睦州有演公习武事,往从之游,时年十八矣,遂以勇侠闻。时婺源寇起投军,战争所向披靡,土人目为东灵神。遂奄有六州,带甲十万,虽四方大扰,部内赖以安业,私谓太平之主。及唐高祖起兵太原,出师江左,王谓群下曰:"日月出矣而烛火不熄可乎?顷吾夜视天象,荧惑正侵太白。太白西方,于音为商,吾姓商音也。灾异既形,吾计决矣。"武德四年九月甲子,公自纳款归唐,逮事两朝,历显宦者三十年。至贞观二十三年三月三日薨于长安,享年六十有四。[①]

古人作史,大凡圣贤,感孕而生,几成家法,汪华亦不例外,如其母所梦黄衣和五云均为徽州之象征(这在前文已经述说),言外之意,汪华不仅是一人之子,且是徽州之子。据上可知汪华生于陈至德四年正月十七日夜半,其命造应是丙午、庚寅、戊辰、壬子。此造8岁行运,后天运走辛卯(8~17)、壬辰(18~27)、癸巳(28~37)、甲午(38~47)、乙未(48~57)、丙申(58~67)。命理上以年为祖上,月为兄弟,日为命主,时为子女。日主坐辰,辰为东方之龙,故《行状》目其"青龙蹲负"、"东灵神"。日主戊土生于寅月,《穷通宝鉴》曰:"三春戊土,无丙照暖,戊土

---

① (元)郑弘祖:《新安忠烈庙神纪实》卷一《行状》,明天顺四年刻本。

不生,无甲疏劈,戊土不灵,无癸滋润,万物不长。正二月先丙后甲,癸次之。三月先甲后丙,癸亦次之。……(正月)戊土长生在寅,而寅宫甲木临官,木旺土崩,势将倾颓,有丙则土实,无丙则土虚,故先取丙为用。"①可知汪华命造应以丙火为用。火生南方,于辰为巳、午、未,故汪华自28岁至58岁之间运气很好,如《行状》所言"历显宦者三十年",正在此际。58岁进入丙运亦好,但64岁大运走申,与时上子、日上辰三合水局灭火,又引子冲午、申冲寅。贞观二十三年三月是为己酉年戊辰月,酉与辰六合为金,金生水,盗土气而助水势,故死于申运酉年辰月。命理上又以申子辰三合以子为将星,汪华日上坐辰,以时上子为将星,故一生以勇侠闻名。且时为子女,后世遂演绎出汪华一门九子俱为忠烈的故事。《行状》载汪华只有"子男八人",言九不言八,九为极数,更加符合人们造神的心理需求。②《敕赐王九子庙额》曰:"其第九子汪九相公近来尤为灵异,应棹舟结桴入浙者必诺香头乃敢东下。"③究其原因,除九为极数之外,可能还与传统观念中的八卦九宫、东方九气青天等有关,江浙在徽州东边,故出九子以附会天地之数。此外,汪华的命是戊土,土生金,金之成数是九,《易经》曰"地四生金,天九成之",故出九子以附会金之成数。又,金生水,故以第九子为水神,而曰"应棹舟结桴入浙者必诺香头乃敢东下"。照此,则第四子也应是水神,这尚有待于进一步验证。

(一)汪华正神信仰

忠烈庙祀唐越国公汪华在隋末起兵据郡保障六州故事,在歙县乌聊山。据弘治《徽州府志》载,"公在隋称吴王时尝屯兵此山,后纳款归朝,贞观二十二年薨于长安。永徽中归葬云岚山,郡人请祠于刺史宅西偏。大历十年刺史薛邕请迁于山之东峰,元和三年刺史范傅正又迁于山之南阜,天复二年,陶雅为刺史重修灵宫。(宋)德祐元年赐庙额曰忠烈。"此后,历宋元明清,每有册封。

后人对汪华评价极高。唐末郡人汪台符曰:"天不欲盖,地不欲载,两曜不欲凝,万根不欲生,玉石一尘,贤愚一血,则神人不得不降,圣人不得不作,我唐不得不兴,越公不得不起,起而不失进退存亡者,越公得之矣。"南宋侍郎陈淳祖曰:"惟王幼蕴灵气,长负英略,身护六郡赤子,当神尧受命,一旦奉职贡,自归于唐,不烦尺纸寸铁之命,夫岂有为而无为哉!三纲五常之正,天理民彝之不可以已,

---

① 徐乐吾评注:《穷通宝鉴》卷三《总论三春戊土》,民国二十六年铅印本。
② 参见下文《汪华从神信仰》中的"忠护侯庙"。
③ (元)郑宏祖:《新安忠烈庙神纪实》卷三《敕赐王九子庙额》,明天顺刻本。

忠足以守而知足以明之也。"又曰:"天地间万物之合散消息何可穷诘? 未有不随运而往。惟有精忠之气与人心天理流行不可磨灭,皓皓乎与日月光景常新。"元总管方回诗云:"香火雄三庙,楼台冠一州",胡炳文诗云:"虬髯人出鹿归唐,多少英雄失故乡,昔日六州曾卷土,此邦千载尚尊王。"明礼部尚书汪泽民诗云:"锦帆忘返干戈起,天产英雄定六州。唐诰表忠垂宇宙,宋臣编史失春秋。风云神异来车马,祀庙烝尝拜冕旒。让德固宜绵百世,昭陵无处问松楸。"①

从后人的膜拜与评价当中可以看出,汪华成了"让德"的化身,成了一个"有为而无为"、"起而不失进退存亡"、"忠足以守而知足以明"的人,是一个对朝廷忠贞不贰且不失英明的地方保护神的形象。从"香火雄三庙,楼台冠一州"、"此邦千载尚尊王"来看,徽州人把他当成了一尊大神来崇拜,他的神品因此成为徽州人最普遍的人品,"让德"、"有为而无为"、"起而不失进退存亡"以及"忠足以守而知足以明"因此成为徽州人最内在的品质,徽州人通过不断顶礼膜拜而时常唤醒和磨砺着自己的这一品质。

汪华本是一个历史人物,他是如何上升为神的? 由人成神说明了一个什么问题?

汪华上升为神,在唐朝就已经开始了。汪华,"贞观二十二年薨于长安,永徽中归葬云岚山,郡人请祠于刺史宅西偏,大历十年刺史薛邕请迁于山之东峰,元和三年刺史范傅正又迁于山之南阜,天复二年,陶雅为刺史重修灵宫。"②从"归葬云岚山"、"郡人请祠"和"重修灵宫"来看,在他死后不久,徽州就开始了汪华的造神运动。

在汪华身上,一直存在着三种角色,第一,作为一名族人,他是汪氏的族神;第二,作为一名地方长官,他是徽州的地方神;第三,作为一名政治人物,他是朝廷笼络地方的神道工具。前者是人,后者是神。他由人上升为神,因此适应了三种需要,一是汪氏宗族发展的需要,二是徽州社会信仰发展的需要,三是国家政治的需要。

首先,由人上升为神是汪氏宗族发展的需要。

徽州汪氏祖籍北方,东汉末年始居江南。《晋淮安侯上谱表》云:"臣承黄帝之后、玄嚣之苗裔、周武王弟周公旦鲁伯禽之后,至成公黑肱支子汪封汪侯,食邑颍川,臣四世祖文和汉建安二年为会稽令,因渡江而家焉,子孙遍布诸郡,无不簪缨。"《唐越国公上谱表》亦云:"暨汉建安之岁,臣十三代祖文和胤荣墨绶,治任会稽,遂居江左。"③渡江以后汪氏宗族诸支分布具体情况如下:"会稽七户承祖文

---

① (明)汪舜民:弘治《徽州府志》卷五《祀典》,弘治十五年刻本。
② (明)汪舜民:弘治《徽州府志》卷五《祀典》,弘治十五年刻本。
③ 《宏村汪氏家谱》卷二十二《事实》,乾隆十三年刻本。

和次子超后,庐江五户承祖轸四子万春后,休宁诸支承祖授长子塑后,歙县绩溪沙溪凤池登源诸支承祖授二子解后,睦州遂安新安诸支承祖授三子演后,宣城诸支承祖授四子旭后,豫章三户承祖澈三子谦后,歙县长乐南乡诸支承祖道献长子恭后,北野灵村辈村乌村琶村诸支承祖道献次子威后,白杨诸支承祖叔举长子泰后,葛塘诸支承祖叔举次子志后,临溪诸支承祖叔举三子孺后,长乐诸支承祖叔举四子霸后。"①其中分布在徽州的汪氏最多,成为徽州的一个大族。

唐朝时,唐太宗、高宗和玄宗曾屡次诏定氏族志,品定天下望族共二十六姓,其中武阳李、荥阳郑、陇西牛、并州郭、河西汪、安定皇甫、中山鲍、河间刘、上党陈、雁门夏等十姓为"国之柱",武阳贾、白水张、扶风马、京南叶、陈留王、冯翊赵、蒙扶水、冀赵苏、京兆杜、河内荀、梁山钜、南阳何、岭南庞、安定胡、高阳许、南阳侯等十六姓为"国之梁"。据徽州汪氏族谱记载"唐高宗永徽六年乙卯诏孔志约等品新安汪为国之柱",下注曰:"即后品定河西汪。"②新安汪氏本从北方迁移过来,与河西汪氏有密切的渊源关系,二者可以合为一家。因而,在唐朝徽州汪氏得以跻身天下望姓名录,成为"国之柱"。

同时,汪华在朝廷也仕途显达。先是"持节歙、宣、杭、睦、婺、饶六州诸军事",封为"歙州刺史上柱国越国公",后"忝掌禁兵",授"左卫白渠府统军"、"右卫白渠府统军",唐太宗贞观十七年癸卯改"忠武将军行右卫积福府折冲都尉",可谓宠极一时。

由徽州的大族到徽州的望族直至朝廷的重臣,汪华成为渡江以后汪氏宗族在江南成长的一个形象与标志。由人上升为神是汪氏宗族势力不断增长的一种需要,是汪氏宗族内核力不断凝聚与加强的一种表现,是汪氏宗族精神的一种高度的神性的升华。

其次,由人上升为神是徽州社会信仰发展的需要。

徽州在历史上是一个高移民社会,自汉末历经魏晋南北朝,形成第一次移民的大潮。唐统一以后,徽州社会共同体开始形成,其形成的标志,便是徽州民间信仰的形成,徽州一些大的民间信仰如汪华信仰、程灵洗信仰以及灵顺庙信仰都是在唐朝时期开始形成的。这三大信仰是徽州历史上祭祀比较普遍和分布比较广泛的民间信仰,它们的形成表明徽州民间社会开始有了共同的精神信仰与伦理道德,而汪华信仰是这一时期形成的最重要的民间信仰之一,被称为"新安之

①《宏村汪氏家谱》卷二十二《事实》,乾隆十三年刻本。
②《宏村汪氏家谱》卷二十二《事实》,乾隆十三年刻本。

神",是徽州区域社会形成的一种标志。

隋末,汪华据歙州乌聊山保障六州,唐朝统一以后被封为六州总督。尽管那时六州是指歙、宣、杭、睦、婺、饶,但汪华出生于歙州,据歙州保障六州,死后又归葬歙州,因而他的影响主要是在歙州,也就是后来的徽州。后人赞曰:"天产英雄定六州"、"生以义旅保一方,殁以阴功施百世"、"徽州土主汪王福佑一方"、"聪明正直,广庇一方"。"定六州"、"保一方"、"佑一方"、"庇一方"表明汪华信仰已使徽州民间有了一种共同体的感觉,从而成为徽州历史上第一个土主。汪华由人上升为神因而在一定意义上是徽州民间社会形成的一种精神表征,它满足了徽州地方信仰的需要,促进了徽州区域社会的发育与形成。

此外,由人上升为神是国家政治的一种需要。

汪华是隋末唐初人,汪华信仰在唐朝已经形成,但主要是在民间。唐朝以后,汪华信仰逐渐引起了朝廷的重视,宋、元、明历朝统治者对汪华屡加册封,使汪华信仰具有了某种政治上的意义。下面是汪华被追封的一系列朝廷诰敕。

大中祥符二年三月,宋真宗开始追封汪华为灵惠公,"中书门下牒歙州,歙州越国公汪王神牒奉敕,宜追封灵惠公,牒至准敕,故牒。"

政和四年三月二十六日,宋徽宗赐忠显庙额,"尚书省牒歙州越国公礼部状,承都省批送下。江南东路转运司奏:近据歙州申本州有灵惠公神庙,祈祷即应,保民是实。寻取到太常寺状检,承本寺令节文,诸神祠应增封者先赐庙额,更合取自朝廷指挥,奉敕宜赐忠显庙为额,牒至准敕。"

政和七年十二月五日,宋徽宗封英济王,"朕惟稼穑之丰登,由雨旸之备叙,民所望矣,畴实从之,惟神正直无私,聪明悉鉴,作庙乐土,诒福一方,其感以诚,有应如响,兴兹嘉泽,助乃康年,念有利于农功,宜疏恩于褒典,肆颁书命,用答神休,宠以王封,更其公爵,益垂顾听,歆此显荣,可特封英济王。"

宣和四年六月二十八日,宋徽宗封显灵英济王,"朕以庆赏之权,驭封爵之柄,奖予忠显,罔间幽明,徽州忠显庙英济王,武烈之功,久严方祀,灵威之德,能警群迷,比昭风马之祥,卒弥干戈之悖,云雷顺序,山川廓清,乃即旧封,肆加显号,俾民奉享,恪恭不忘,相其丰年,以苏疲瘵,繄神之祉,厥惟休哉,可特封显灵英济王。"

兴隆二年闰十二月二十一日,宋孝宗封信顺显灵英济王,"朕登秩诸神,敬共明祀,苟大灾之能御,宜显号之必加,徽州忠显庙显灵英济王,生以义旅保一方,殁以阴功施百世,取凶残而就有道,昔屡著于威灵,驱疠疫而却不祥,今复彰于懿绩,忝稽褒典,增侈闶休,崇德报功,固无殊于幽显,履信思顺,斯共助于天人,尚体命名,益思受职,可特封信顺显灵英济王。"

乾道四年三月二十三日,宋孝宗封信顺显灵英济广惠王,"爵封极于真王,显美至于八字,名数之异,神人共荣,厥今郡县之祠,均被国家之宠,为民之意,视古有加,徽州忠显庙信顺显灵英济王,聪明以临,正直而一,怀忠抱义,劲节表干唐朝,捍患御灾,阴功著于黟水,历年滋远,戴德弥芳,有华命服之煌,于赫徽称之懿,尚祗茂渥,益亢灵威,可特封信顺显灵英济广惠王。"

嘉定四年十一月二十日,宋宁宗改封昭应显灵英济广惠王,"凡有功于一时,必垂休于百世,此庙食之无穷也,然威灵气焰,炳炳在人耳目,而封爵未降,岂所以示阳虖妥灵之意欤!徽州忠显庙信顺显灵英济广惠王聪明正直,广庇一方,凡有祈祷,应如声答,比年雨旸时若,五谷丰登,实神之赐也,肆加美号,以示褒扬,胗夐之间,无忘嘉报,可特改封昭应显灵英济广惠王。"

淳祐八年十二月十二日,宋理宗改封昭应显灵英济威信王,"生有忠称者,殁著灵迹,徽州忠显庙昭应显灵英济广惠王,大业平寇,遂保新安,武德纳款,就为守将,备历显爵,生荣死哀,血食乌聊,水旱应祷,褒封迭累,称谓既极,耆老尚有请焉,朕嘉神之功,从民之欲,其不易以徽号乎,尔其顾歆,益大阴骘,可特改封昭应显灵英济威信王。"

淳祐十二年九月二十八日,宋理宗更封昭应广灵显德英烈王,"惟神受职,随事见功,周游天地之间,默佑邦家之庆,况在近服,必有崇褒,徽州忠显庙昭应显灵英济威信王,宅彼新安,食其旧德,旱于某,水于某,虫蝗于某,备言尔功,儒者流,兵者流,阴阳者流,悉受其福,定徽名而改界,因王爵而有光,宜衍神休,式孚众志,可更封昭应广灵显德英烈王。"

宝祐三年三月二日,宋理宗改封昭应广佑显圣英烈王,"徽州忠显庙昭应广惠灵显德英烈王,番君得江湖之心,忠具存于令甲,偃王弃大末之地,仁施及于后人,皆由文德之敷施,俱致庆流之绵远,粤惟忠显,实庇前徽,霸业山河,忍视将颠之隋室,里闾图籍,远归崛起之唐家,观处心积虑之间,得君国子民之道,既策勋于义旅,遂血食于新安,逮至迩年,累彰异迹,火因风而返焰,能全合郡之万家,水有时而回澜,不没并城之三版,此为近效,允谓殊勋,虽尊八字之王封,尚歉一方之民愿,用更兹号,以称厥灵,乌聊云岚,久闷千古英灵之气,紫坛莼壁,永严两峰香火之情,可改封昭应广佑显圣英烈王。"

宝祐六年正月十一日,宋理宗更封昭忠广仁显圣英烈王,"王爵居六等之先,式彰休德,神封至八字而止,具载彝章,若屡着于阴功,则当更其美号,徽州乌聊山忠显庙神昭应广佑显圣英烈王,生也沉毅,殁而昭明,慕化识机,名位已著于前代,御灾捍患,灵祠遂显于皇朝,郡久恃以为安,人有呼而辄应,霸国之山川如旧乌聊之影响常新,兹观多士之忱辞,欲广一家之祀典,礼由义起,人欲天从,肆命有司,恩徽已洽于四世,顾瞻王庙,宠荣可后于一身,其因故称,易界二美,朕惟忠者臣之节,历万古而常在,仁者心之德,溥六合以流行,繄尔之休,于斯为称神哉,沛澹容欤,想云车风马之临,灵既享锡,吉祥增练带花屏之胜,可特更封昭忠广仁显圣英烈王。"

德祐元年四月十五日,宋恭宗改赐忠烈庙为额,"行在尚书省,牒徽州忠烈庙,准敕中书门下省送到礼部状,准都省批下徽州状,当州据六邑士庶陈实等连状陈述,昨观颁降御名,所有本州汪王圣号与夫庙额,未免暗犯,恐神明于此,亦不能自安也,欲乞特赐敷奏公朝,将圣号第五字庙号第二字换一徽美之号,事必槐书,注汪王之著迹此土有年矣,前后灵验,匪一而足,信矣,有大造于徽民也,汇辞所请,我国家礼亦宜之。州司备申,伏乞敷奏,行下所属,从申施行,后批送礼部,下太常寺,拟申本寺,遵从指挥,其元封内与御讳同音者,依已降指挥,一并改拟状内徽州忠显庙下一字同音,今欲拟忠烈庙,其庙神昭忠广仁显圣英烈王第五字同音,今欲拟昭忠广仁武神英圣王。本部今欲依太常寺申到事理施行,更取自朝廷指挥,牒奉敕宜改赐忠烈庙为额,牒至准敕,故牒。"

德祐元年十月十五日,宋恭宗封昭忠广仁武神英圣王,"赤壁之风,胡为而助顺,公山之木,何自以皆兵,兹非天幸之偶然,意有神助而至此,徽州忠烈庙神昭忠广仁显圣英烈王,生而烈士,殁则正神,明德在民,宜得通百世而祀,阴功及物,何止活千人之封,属边尘之未清,致内寇之俶扰,浸迫近境,实繁有徒,灵若降于云中,厉遂驱于山左,允矣英威之孔灼,见于士庶之所陈,方人心危疑之秋,倚神为重,则国家褒崇之典于礼亦宜,易庙额之嘉名,锡王爵之美号,以昭异渥,以答殊休,噫,惠吉逆凶,盖有同于影响,御灾捍患,尚益着于生灵,永孚于休,大庇兹土,可特封昭忠广仁武神英圣王。"

至正元年闰五月初九日,元顺帝改封昭忠广仁武烈灵显王,"礼不忘其初,祀典盖明于报施,爵以驭其贵,国恩何间于显幽?况神于六州之民,其功宜百世之祀,徽州路忠烈庙昭忠广仁武神英圣王,生而先几之知,殁而及物之仁,有感遂通,无远弗届,箕风毕雨,阴阳听其翕张,黟山黝水,春秋安其耕凿,盖聪明正直而一者,故水旱疾疫必祷焉。爰易显称庸光休烈,尚其体兹敬恭明之意,庶无忘夫阴骘下民之功,式克顾歆,以承茂渥,可改封昭忠广仁武烈灵显王。"

明太祖将汪王载诸国家祀典,"明太祖谕旨江南等处行中书省,照得徽州土主汪王福佑一方,载诸祀典,本省大军克捷城池,神兵助顺,累着威灵,厥功显赫,理宜崇敬。除已恭迎神主于天兴翼祠祀外,据祖庙殿庭省府,合行出榜晓谕,禁约诸色头目官军人等,毋得于内安歇,损坏屋宇,斫伐树木,栓系马匹,牧养牲畜,非礼作践,以致亵渎神明,如有似此违犯之人,许诸人陈告,痛行断罪,仍责赔偿,所有榜文,须议出给者。"①

以上十五条是宋元明历代皇帝的册封,观其册封的理由,无外乎以下几点:第一,汪华屡著神兴,造福一方。"祈祷即应"、"诒福一方"、"助乃康年"、"有利于农功"、"屡著于威灵,驱疠疫而却不祥"、"比年雨旸时若,五谷丰登,实神之赐也"。第二,应地方的请求。"称谓既极,耆老尚有请焉,朕嘉神之功,从民之欲。""旱于某,水于某,虫蝗于某,备言尔功。儒者流,兵者流,阴阳者流,悉受其福。定徽名而改界,因王爵而有光,宜衍神休,式孚众志。""虽尊八字之王封,尚歉一方之民愿,用更兹号,以称厥灵。""兹观多士之忱辞,欲广一家之虵典。""汇辞所请,我国家礼亦宜之。"第三,实施政治教化,宣扬忠君思想。"灵威之德,能警群迷","履信思顺,斯共助于天人","厥今郡县之祠,均被国家之宠,为民之意,视古有加","生有忠称者,殁著灵迹","观处心积虑之间,得君国子民之道","朕惟忠者臣之节,历万古而常在"。第四,于战乱之际,安抚人心。"比昭风马之祥,卒弥干戈之悖","御灾捍患","能全合郡之万家","属边尘之未清,致内寇之俶扰,浸迫近境,实繁有徒,灵若降于云中,厉遂驱于山左","方人心危疑之秋,倚神为重","本省大军克捷城池,神兵助顺"。

汪华是徽州人,又曾是徽州的最高长官,现在又上升为神,被称为"新安之神",成为徽州区域社会精神的象征,因而朝廷对汪华神的册封,其实也就是对徽州人民的册封,是对徽州现行制度和区域社会价值的认可。通过册封加强和密切了中央与地方的联系,这是一种神学上的联系,是一种以信仰的方式进入到民间社会的,因而是一种最牢靠的联系。这一联系具有双方贯通、互馈返惠的性质,一方面,民间信仰通过神学方式被上层默许,另一方面,上层制度也通过神学方式为民间所接受。通过这种神学方式上的联系,诸如忠君、爱国等政治思想就很容易进入民间。这一联系类似于一种契约关系,立约的双方自始至终都要接受神的监督,契约的内容具有神圣的性质,双方的关系也被上升到一种神圣的角度。既然

①《宏村汪氏家谱》卷二十二《事实》,乾隆十三年刻本(以上诰敕均出自此书)。

是神圣的,当然是不容侵犯和亵渎的,双方的关系因而是牢不可破的。尤其是在宋朝,在外敌入侵的情况下,这一关系就显的格加重要。上述十五道皇帝诰敕,有十三道是宋朝的,就集中表明了宋朝皇帝通过册封神学加强双方关系的企图。《易经》曰:"圣人以神道设教而天下服",历朝对汪华神的册封亦无非是为"神道设教"服务。《春秋左传》曰:"神,聪明正直而壹者也",用神道教化出来的人民也正如神的品质"聪明正直而壹",因而任何企图背叛国家和皇权的行为在徽州都很难发生,历朝的册封旨意也正在此。这种通过神学方式发生的政治关系其实是一种政治神学,对汪华神的册封具有政治神学的性质,它服从和满足了国家政治的需要。

综上所述,汪华由人上升为神,是徽州汪氏宗族发展的需要,是徽州社会信仰发展的需要,也是国家政治的一种需要。由人上升为神的汪华成为徽州宗族精神的表率,成为徽州民间信仰的载体,成为徽州社会价值的象征,成为国家神道政治的工具。

(二)汪华从神信仰

汪华从神信仰的祠庙主要有:忠助八侯庙、忠护侯庙、福惠庙。

忠助八侯庙:祀汪公八子,旧称八郎君,皆助父保障六州有功者,宋绍兴十年赐庙额曰忠助。乾道九年咸赐侯爵,长唐朗州都督府法曹建封忠惠侯,次唐费州涪川令璨封忠利侯,次唐袭封越国公达封忠应侯,次唐卫勋府飞骑尉广、逊,广封忠济侯,逊封忠泽侯,次薛王府户曹逵封忠仁侯,次岐王府法曹爽封忠德侯,次郑王府参军俊封忠佑侯。

忠护侯庙:祀汪公第九子。弘治《徽州府志》曰:"唐越国公第九子早逝无嗣,宋淳熙间,郡人念公爱子,特为立祠,颇著灵异,舟行浙江者必乞灵于庙,水旱必祷。"《敕赐王九子庙额》曰:"其第九子汪九相公近来尤为灵异,应棹舟结桴入浙者必诺香头,乃敢东下,风帆浪楫,遂成安流。篙人屡于波涛汹涌中见之。"《新安忠烈庙神纪实》曰:"观王《行状》、《家传》仅书王八子而已,其所谓九子者,嘉泰以来始因祷雨应期,旋登祀典。凡篙工筏商之趋浙者,必于此乞灵保佑。初年煊赫尤甚,千里民庶遇有疾疢,多求其炉薰中灰烬,瀹而饮之,所患即瘳。忠护别祠,寖以昌大。伏观宸廷恩封诰命九子之名讳三夫人所生,姓氏班班可考,事关公上,安敢妄议,故悉仍之。"[①]可见,汪华共有九个儿子,其中小儿子英年早逝,但也登入祀典,作为水神。这里含有重要的意义,一是九为极数,符合《易经》"用

[①] (元)郑弘祖:《新安忠烈庙神纪实》卷首,明天顺四年刻本。

九天德"之观念,顺应了人们造神的心理需求;二是九是金数,《易经》曰"地四生金,天九成之",金生丽水,故以第九子作为水神。此外,九还与传统观念中的八卦九宫、东方九气青天、九州等有关,江浙在徽州东边,故出九子以附会天地之数。

福惠庙:祀汪公第八子忠佑侯郑王府参军俊。洪武初,邑人张仲甫重建,道人汪道清捐田十余亩以克常住。

汪华从神信仰是指汪华身边的人因汪华的裙带关系而上升为神灵的一种信仰,乃是汪华神性的一种血缘和地缘关系的延伸。从神主要有汪华夫人两钱氏、嵇氏、庞氏、张氏,和上自三代下及四弟、九子并附长孙以及忠烈庙的各位从人。此外,尚有黟县令林凯、休宁县令汪通,给事中王应麟、程富、任贵、钱相行、董晏,将军陈朴、羊宣、逯浦、毛甘、汪节等。

以下是朝廷册封各位从神的诰敕。

《宋宁宗封王父母诰》:"敕徽州忠显庙信顺显灵英济广惠王父等,朕览黟歙父老之奏,谓郡有神明,垂庇其民,既陟祀典,显受王爵,独其父母缺然未有命数,恐非所以揭虔妥灵也,通侯之封,小君之号,并加褒典,告于神栖,夫民心之敬事,朝廷之假宠至矣,益庇厥子,永闶其休,特封王父世惠侯,王母协惠夫人。庆元五年九月二十二日。"

《宋宁宗封王父诰》:"敕徽州忠显庙信顺显灵英济广惠王父世惠侯,惟朕抚有四海,怀视百神,矧兹古歙之山川,近接行都之壤地,式为民庇,可后封荣,惟尔克家,钟庆于子,蔚有功烈,既久弥彰,凡兹祈祷,无远弗届,推本所自,已锡命章,载稽舆言,并进显号,默祈王灵之赫,爰昭庙祀之光,可特封世惠乘赐侯。"

《宋宁宗封王母诰》:"敕徽州忠显庙信顺显灵英济广惠王母协应夫人,人神一理,亶为正直之依,父母俱荣,当慰尊亲之奉,惟忠显之世祀,佑协惠之元妃,同堂不异于生存,千载未忘于幽赞,既从民欲,并锡尔封,兹侈王灵,申加褒典,正期胙飨,共此欢娱,可特封协惠赞佑夫人。嘉泰元年六月三日。"

《宋理宗再封王父母诰》:"敕忠显庙神王父母世惠乘赐侯,王母协惠赞佑夫人,敬神而及其父母,此先生之意,我朝既行之矣,尔之有子,生国封而死庙食,又大有功德于故乡,则按律进封,衍四而六,非特以朝臣请也,宜也尚其灵爽不昧,歆兹,可特封王父世惠乘赐善应灵明侯,王母协惠赞佑善积夫人。德祐元年四月二十日。"

《宋理宗封王祖父母诰》:"敕徽州昭应显灵英济王祖考等,国家于执政大臣,册命之始,疏恩锡爵,远及其曾祖显祖显考之封,所以教天下不忘其本也。越国汪公,显于唐代,至本朝而庙祀益严。水以源深而流派长,木以根固而枝叶茂。越国一家,胤王之封久矣,而祖考妣未有以致崇极之至,幽明一道,独无歉乎。其以彻侯小君之爵,命往告于祠庭,尔小孙大庇我民,如生之日,可特封祖考灵庆侯,祖妣灵裕夫人。淳祐元年六月十五日。"

《宋理宗封王祖父母诰》:"敕忠显庙神王祖灵庆侯,祖母灵裕夫人。敬神而及其父母,此先王反本复始之意,所以为黔首则也。若等而上之,又及祖父母,如汝得位彻侯,得正小君者,非国家异典乎,乃朝臣腾士庶之词,日请益封,肆命有司,衍二而四,尚其英爽不昧,歆兹,可特封玉祖衍庆灵佑侯,祖母衍庆灵裕夫人。宝祐六年正月十一日。"

《宋理宗封王曾祖父母诰》:"敕忠显庙神王曾祖泰、曾祖母刘氏时位一品者,赠禭及于三世,法也,今施于神,法之推也。尔有曾孙,庙食王爵,乃祖乃父,并位彻侯,祖母嫡母,皆崇小君之号,等而上之,何独汝缺,肆从舆请,特昊宠封。夫福必有基,积于前人,故留于后嗣,尔其富山之基欤。王曾祖可特封基福侯,曾祖母刘氏特封基善夫人。宝祐六年。"

《宋理宗封王曾祖父母祖父母及四封王父母诰》:"敕天地间万形皆有蔽,惟忠义一脉,与天地相为久长。歙之忠显庙神王,保有一方,不失臣节,功在国家,德在生民,千载而下,凛有生气,则其胚胎前光者尚矣。我国朝昔既封其三代,今祭有大泽,其可后乎。歙州忠显庙神王曾祖基福侯,特封基福昭佑侯,曾祖母基善夫人,特封基善衍佑夫人,祖衍庆灵佑侯,特封衍庆灵佑广济侯,祖母衍庆灵裕夫人,特封衍庆灵裕协佑夫人,父世惠乘赐善应侯,特封世惠乘赐善应灵显侯,母协惠赞佑善积夫人,特封协惠赞佑善积昭福夫人。尔尚祗服光宠,同福斯民,可依前件。景定五年六月二十九日。"

《宋孝宗封王夫人诰》:"敕徽州忠显庙信顺显灵英济广惠王夫人钱氏,尔生自名阀,作配于神,以庙食兹土。凡神之威灵烜赫,亦惟尔为助之贤,矧水旱有祷,其应如响,今神以王爵之崇而尔未及封,甚阙典也,肆颁命号,以从民请,以称一方敬事之意,可特封灵惠夫人。乾道五年六月六日。"

《宋宁宗封王夫人诰》:"敕忠显庙夫人,惟神之灵,有功于民则祀,而礼所载,凡妇之爵从夫,荣宠所加,幽明罔异。厥今黔水,夙载明神,顾其庇民之深,系尔作配之助,申以命号,媲于王封,益慰邦人,式严庙食,可特封灵惠助善夫人。庆元五年九月二十二日。"

《宋宁宗封王夫人诰》:"敕徽州忠显庙信顺显灵英济广惠王妻灵惠助善夫

人，坤顺乾刚，率本阴阳之义，妇从夫爵，式均幽显之宜，尔作配于神，佑食兹庙，顾乃应祈之福，实系尔为助之功，载览奏陈，爰申命号，从民之欲，朕何爱于宠章，依人而行，尔宜称于敬事，可特封灵惠助善协顺夫人。嘉泰元年六月。"

《宋理宗封王夫人诰》："敕忠显庙信顺显灵英济广惠王妻灵惠助善协顺夫人，古歙乌聊山越国汪公宅灵久矣，当隋之季，宇县鼎沸，公纠率豪俊，力保乡社，合宣杭睦婺饶，咸所蒙赖。李唐兴起，遂以勋烈显，死而不泯，德加其乡及我本朝，庙飨益侈。尔神天作之合，柔淑静嘉，正位小君，戚惠深著。因民之请，加锡徽称，克相尔夫，为民介福，可特封灵惠助善协助显应夫人。淳祐元年六月十五日。"

《宋理宗封王妃诰》："敕朕有天下，致力于神，倘阴相有功于民，则崇报不遗厥妃，此汉祀重夫人之义也。徽州忠显庙神继妻灵惠钱夫人，秉德之灵，为神之俪，曰旸曰雨，有祷斯格，部使者哀其迹来上，朕惟汝嘉，神已疏八字之封，尔盍正四妃之号，尚时式享，永孚于休，可特封协德妃。宝祐三年十月十一日。"

《宋理宗再封王妃诰》："敕伉俪之义，显幽不殊，庙貌之崇，褒秩以律，忠显庙神继妻协德妃，出自将种，嫔于人豪，血食之典方新，元妃之号已正，肆因舆请，载衍真封，庸择二名之嘉，以昭四德之备，尚相夫子，永福邦人，可特封协德辅顺妃。宝祐六年正月十一日。"

《宋理宗三封王妃诰》："敕天极后四星，其一为正妃，此命妇之正荣也。忠显庙王继妻协德辅顺妃，锡爵从夫久矣，正元妃之号矣，爰因众请，加畀徽称，尚相薰砧，益兹襄祉，可特封协德辅顺昭惠妃。景定五年六月二十九日。"

《宋理宗封王子所生三夫人诰》："敕忠显庙神王子崇利公、崇安公所生母嵇氏夫人，崇应公、崇和公、崇惠公所生母庞氏夫人，崇显公所生母张氏夫人，母以子贵，古之道也，于幽显乎何殊。尔秉淑嘉，克生英嗣，庙食百世，而称号缺焉，非有司之失欤，抑邦之人未以告也。兹正小君之位，仍嘉二字之褒，祇服宠光，以相冥漠，可特封嵇氏柔则夫人，庞氏柔肃夫人，张氏柔淑夫人。宝祐六年正月十一日。"

《宋理宗再封王子所生三夫人诰》："敕忠显庙神崇利公、崇安公所生母嵇氏柔则夫人，崇应公、崇和公、崇惠公所生母庞氏柔肃夫人，崇显公所生母张氏柔淑夫人，各诞掌珠，森森阶砌，协相忠显，跨灶可嘉，木本水源，推所自出，信知非此母不生此子也。今尔子咸跻上公之荣，而其母未加美号，寔为缺事。兹从异渥，申锡徽称，尔尚祇服宠光，均以祉佑相其子，俾为朕国家之福，其嵇氏特封柔则淑惠夫人，庞氏特封柔肃顺济夫人，张氏特封柔淑顺德夫人。景德五年六月二十九日。"

111

《宋恭宗封王长子诰》:"敕世有是父,必有是子,匪惟人为然,虽神明亦尔。忠烈庙神长子崇德衍福王正直聪明,绍父勋烈,配享于庙,大彰厥灵,乃者寇犯郡境,畏神之威,辟易遁去,人赖以安。郡以其事来上,朕嘉尔父之功,因其王封锡以美号,睠维蒙嗣,式有勤劳,载加二字之荣,庸示九重之渥,尔其益恢灵应,以赞乃父,以佑我民,民将世世奉王无怠,可特封崇德衍福广佑王。德祐元年四月二十日。"

《宋恭宗封王长孙诰》:"敕忠烈庙神孙处修,国家崇报功之典,非独荣其身而已,必使其子若孙皆与有荣焉,若人若神,其揆一也。惟尔乃祖乃父有功于民,封王庙食,尔既从而与享之矣。兹颁异渥,爰锡初封,胙肍有灵,服我休命,可特封福惠侯。德祐元年四月二十日。"

《宏村汪氏家谱》曰:"按王仲弟世英,宋封协佑侯;三弟世荣,宋封协济侯。淳祐元年六月,王从弟铁佛,宋封协顺侯;天瑶,宋封协济侯。外,忠烈庙各从人均仗王灵,与叨封典,黟令林舍人凯,宋封协应侯;休宁令汪舍人通,宋封协正侯。德祐元年四月,给事中王应麟、程富,宋封辅显侯;任贵,宋封佐顺侯。淳祐元年六月,给事中钱相行、董晏,宋封助善将军;陈朴,宋封助利将军;羊宣,宋封助卫将军;逯浦,宋封助德将军。诰敕概不复录。外,毛甘,封护国将军;汉人汪节,封神策将军。唐人与王虽异世,今所在王庙,有二武士介而立于庙侧。土人以其同属歙绩,兼有功乌聊及材勇特异,故类而祀之。"①

除以上诰敕,尚有其它从神有封,但诰敕阙如,共有四十二人得到了册封。元代《新安忠烈庙神纪实》曰:"忠烈圣号八字王爵徽称极矣,王妻亦正元妃之位,嗣封王者一,封公者八,封侯者六,封夫人者十二。不特此也,内而嫔御封夫人者亦三,外而扈从封侯者亦六,将军者亦四,驰典尊荣。"②

从以上可以看出,从神的册封乃因地方民愿所请,而由朝廷行册封之实,其册封的理由也各不同。

其中,对汪华父母和祖父母册封的理由是:"歙之忠显庙神王,保有一方,不失臣节,功在国家,德在生民,千载而下,凛有生气,则其胚胎前光者尚矣","显受王爵,独其父母缺然未有命数,恐非所以揭虔妥灵也","父母俱荣,当慰尊亲之奉","敬神而及其父母,此先生之意","敬神而及其父母,此先王反本复始之意,所以为黔首则也","远及其曾祖显祖显考之封,所以教天下不忘其本

---

① 《宏村汪氏家谱》卷二十二《事实》,乾隆十三年刻本(以上诰敕出自此书)。

② (元)郑弘祖:《新安忠烈庙神纪实》卷首,明天顺四年刻本。

也"，"赠祦及于三世，法也，今施于神，法之推也"，"夫福必有基，积于前人，故留于后嗣"。

对汪华五个夫人册封的理由是："伉俪之义，显幽不殊"，"朕有天下，致力于神，倘阴相有功于民，则崇报不遗厥妃，此汉祀重夫人之义也"，"凡神之威灵烜赫，亦惟尔为助之贤"，"顾其庇民之深，系尔作配之助"，"凡妇之爵从夫，荣宠所加，幽明罔异"，"率本阴阳之义，妇从夫爵，式均幽显之宜，尔作配于神，佑食兹庙，顾乃应祈之福，实系尔为助之功"，"天极后四星，其一为正妃，此命妇之正荣也"，"母以子贵，古之道也"。

对汪华儿孙册封的理由是："助父保障六州有功"，"世有是父，必有是子，匪惟人为然，虽神明亦尔"，"国家崇报功之典，非独荣其身而已，必使其子若孙皆与有荣焉。若人若神，其揆一也"。

对汪华弟兄册封的理由未详，盖取"同胞"之义、"保障六州与有功焉"之意。

对忠烈庙各位从人册封的理由是："均仗王灵"。

对地方官如黟令、休宁令、给事中、将军等的册封理由是："以其同属歙绩，兼有功乌聊及材勇特异，故类而祀之"。

由此可知，对汪华父母、祖父母、曾祖父母的册封乃取"不忘其本"之意，对夫人的册封乃取"得正小君"之意，对子孙、兄弟的册封乃取"与有功焉"、"与有荣焉"之意，对从人的册封乃取"均仰王灵"之意，对地方官的册封乃取"以类相从"之意。可见，凡与汪华有关系的人都通过正名和册封而获得神格，上升为神灵。这是一种扩大了的汪华信仰，即通过血缘和地缘的关系而使汪华身边的人都获得了神性。按照这一逻辑，所有参与祭拜汪华的人均可分享他的神性，乃至整个徽州最终将成为一个神性的徽州，成为一个充满神灵的天堂。

汪华从神信仰说明了三点。第一，所有的从神都是通过朝廷册封而获取神格的，册封反映了徽州人骨子里有一种很深的政治情结。第二，从对从神的册封理由来看，从神与正神的关系乃是一种古老的宗法关系的体现，反映了徽州宗法社会的本质。以汪华为中心，向上三代，向下两代，旁及夫人、兄弟和地方官员，结成种种裙带关系，这是一种宗法社会关系的典型反映。汪华从神信仰是徽州宗法社会的一种变体，是一种神圣化了的宗法社会关系的体现。第三，汪华从神信仰还反映了民间信仰中宗教度人的思想。"度人"是一切宗教的母题，也是民间信仰采取宗教或神话方式演绎的目的所在。道教有"仙道贵生，无量度人"之说，佛教有"度尽一切众生"之云，汪华正神与从神也是一种"度"与"被度"的关系，它凸显了宗教救赎的世俗母题。但神的政治性和宗法性表明这一救赎是靠一定的社会关系来实现的,从神信仰不能超越特定的社会关系,因而具有一定的局限性。

(三)汪华神灵应事迹

1. 梦克期许雨

政和四年(1114)春,郡守许颂以久旱不雨斋戒以告,梦王克日许以雨,至期大霔,远近霑洽。颂以其事闻于朝,诏赐庙额,号忠显。

2. 雨随郡守车

嘉定十七年(1224),郡守袁甫学自高,始至惟谒先圣庙,越六月不雨,咸请祈忠显庙,袁不信。逾旬旱益甚,吏民哭泣,曰:"此而不祈,岁将去矣。"勉从之,躬谒庙与王约三日雨。侵晨发驾,月色如银,炉香方燃,碧云四合。归半途狂风撤车顶,骤雨满车,凡三昼夜。袁且喜且惧,曰:"王灵若此。"因刻王像,昕夕供奉,又作自劾文以谢过,终身致敬,蒙王佑处甚多,并戒子若孙世世毋忘。随持节江右,以祷雨不应,庙多遭毁,惨过狄梁,公益信忠显王神,不可概视云。后袁兼江东宪仓,过郡特捐俸建王庙梳洗楼,委倅潘颙伯董其役。

3. 绩溪宰汪沈祈雨文

沈为吏于此,今三年矣,然旱岁亦有之,惟今秋之旱,其害为甚,民不得不忧,吏不得不惧也。吏之治民,一切从事惟谨绳墨,督赋敛而已,内无私于己,外无私于物,果阴积罪戾,敢以言罔神,愿神诛之。顾祷于神而求泽于民,其诚心殆可见矣。传曰:"非人实亲,惟德是依。"伏惟尚向。

4. 绩溪宰汪沈谢雨文

自夏涉秋,久愆甘泽,吏之忧民,莫知所措,辄以身祷于神,曰:"吏或有罪,愿神诛之以谢邑民,吏苟无罪,愿神听之以救民旱。"翌日果大雨,甽浍通流,苗禾浡兴,野夫田老,交口相庆,谓神之赐也。夫神之感应如此,非特救民之旱,盖亦表吏之无罪矣。神之有灵,能表吏之无罪,民而有知,其可负吏乎!民或负吏,是亦负神。

5. 歙守董正封谢雨文

惟神昔在隋末保全一方,识机顺道,纳款于唐,持节六州,光荣故乡,生为忠臣,殁受明祀,威灵如在,福惠昭布。今岁之秋,天久不雨,迎像乳溪,甘雨旋注。

再逾旬时,朝夕云雾,逮于甲申,沛泽有裕,盈畎溢浍,灌我田圃。神赐昭然,此邦是护,奉王而归,远近奔趋,致词庙堂,以答神祚。

6. 徽守洪适祈雨谢文

呜呼!神之尊可谓灵也哉。先是六月辛酉,农以不雨告郡上,癸亥帅其属走祠下,丙寅己巳大雨矣,种之早者皆底于成。七月既望后十日余,未获之禾有枯其株,农又以不雨告焉。吏不敢安,乃以己亥复祷于神,即旬癸卯亦既滂沛。自是累日雨意绵密,溪欲涸而流水暴涨,风虽急而油云不开,是岂人力之能然?故曰神之尊可谓灵也哉!惟牲惟醴,何以拜赐?匪报也,第特识其事于将来。

7. 徽守王公迈祈雨文

属者以不雨而田之未殖者可忧也,遂祷雨于尔明神,荷神之赐不旋踵而雨矣。既而又以霪雨将为人灾,则又乞晴于尔明神,亦随祷而应矣,是神之爱乎民者甚休,而太守蒙神之赐者甚厚也。今稻且穟矣,不可以无雨,川泽竭而灌输且不给矣,不可以无雨,太守不敢以不告也。惟神聪明无日,太守再三渎而不惠以福也。

8. 徽守王公迈谢雨文

天地之大,犹无全功,今神乃能全天地之所不全而终其惠于无穷,此所以庙食百世而益推其功德之隆。盖闻之老农曰"十日不雨则无禾",而唐虞泰和之世乃十日一雨而五日一风。使神无前日之雨则旱既太甚,使神不赐之以后日之雨则又何有始有卒而保其年之丰?赖尔神之鉴格,故两全乎造化之土。备卮酒以报神,翼神心其默通。

9. 徽守季南寿谢雨文(吏部侍郎)

凡人之生,惟食是系。人而无食,命焉攸济。嗟尔旱魃,于何为沴?歼厥百谷,且槁且毙。人亦何辜,而获此戾?有嘉乃神,垂仁百世。反旸而雨,降此大惠。槁者复振,毙者复艺。自今以始,庶几卒岁。惟神之休,鲜所与俪。何以报之?酌酒以祭。

10. 郡侯脱欢、总管孟淳同祈雨文

自春以来,霪雨为沴。阴霾既扫,又以旱告。民之忧也,亦吏之忧也。惟王血食此邦,必不恝然,于是曲加阴骘,沛为膏泽,以兆丰年之祥,以宽吏民之忧。神其亟图之。

11. 郡侯脱欢、总管孟淳同谢雨文

惟王神明,驾风鞭霆,光掣龙行之电来苏龟坼之田。此以旱祷,甘雨应期,田禾沾足,民免怨咨,王之覆护此邦如是其大也,吏敢忘报乎? 爰洁牲醪,拜于祠下,庆其有秋,吏亦塞责,敬为民以谢。

12. 徽守唐作求祈雪谢文

岁腊将周,久愆甘泽,乃季冬戊申祇于祠下,翼获灵赐,阅日滋久,尚迟响答。丙辰斋戒熏沐,密申恳悃,期以三日,尽七日而止,过七日不雨雪,吏既无德于民,神亦何灵之有? 果蒙乘听,三日应祈。惟神与吏,更相为赐,以庇一方。有怀恩施,夙夜不敢怠,乃上良日,荐此肴羞酒醴,佑以音声以答神庥。

13. 徽守章芟祈晴谢文

霪雨弗息,守臣是忧。为民请祈,旋获嘉应。晴曦露杲,阴霭廓收。神赐昭然,何以报称。

14. 徽守李植祈晴谢文

岁晚有秋,霪雨不止,岂天造之意? 阴阳适尔,黩神请命。吏非获己,会不崇朝? 风日清美,影响形声,其应莫此。昭报之诚,有洁其礼。

15. 徽守洪适祈晴谢文(丞相)

以雨害蚕谷,乃甲寅迟明,奔走乞晴,登车之始,雨足未断,谒祠而返,人已撤盖。不旋踵,清风起于东北,扫除重阴,化蒸溽而清凉。青天白日,众所瞻仰。吏则不德,何以感召? 惟神有大威灵,曰旸而旸,如反覆手。厄酒脔肉,何足拜赐。

16. 徽守沈开祈晴文

维古歙之为郡,上高仰而下沮洳,五日之晴,则人以旱告,一雨之暴,则浮山漂谷之足虑,况自是月以来属有弥旬之雨,宜乎蚕食湿而恐瘥,麦将秋而欲腐。王其念之乎,则反雨而回旸,驱氛而却雾。王其不念之乎,则由唐迄今庙食兹土,王乎王乎,尚鉴斯语。

17. 徽守沈开谢晴文

前日霪雨不已,虑有以病乎农也,故肃王之来以恳以祈,庶几或浸溢以害我农民也,故王一出而濛濛之雨俄而为旸矣,陇上之麦,则荟荟如云矣,而三俯三起,喜温而恶雨者,又可望其蛹以为母,而蛾以为父矣,是皆王之功也。醑酒牲俎,姑以旌忱,王其归乎,太守不敢久客王于外也。

18. 徽总管马远忽祈晴文

农桑,吾民衣食之源,吏治之先务也。今兹春夏之交,蚕不簇,麦未刈,嘉禾未植而霪雨不止,民其病之,吏实忧焉。惟神庙食于兹,吏民所依,返雨而旸,以赐我民,以济吏治之不及,盖神之余事耳。王其念之,尚无徒食于兹土。

19. 徽总管马远忽谢晴文

乃者弥月之雨,自春徂夏,蚕麦未收,毙烂是忧,黍稷未植,浪乃翻乎田畴。夫民无麦无禾,饥馑洊至,无衣无褐,何以卒岁? 民之迫于饥寒,吏将奚以为治? 惟王聪明,于赫厥灵,扫彼霾曀,廓分朗清,民纾其忧,吏纾其责。匪谁之赐? 伊谁之力? 不腆牲仪,将其谢意。庶几歆兹,尊崇无斁。

20. 驱蝗出境

嘉定四年,江浙间蝗蝻为灾,所至蝐集,岁五月徽之四野飞翔尤甚。郡守赵希远诣忠显庙祷之越日,天发暴风,蝗阵望西飏去,亦多有赴水而灭者。是岁江浙田稻竟免螟螣之苦,王之惠浦矣。

21. 驱除蝗蝻

至大己酉六月,徽之四境田禾被野,丰年有象矣。忽蝗蝻蔽空而来,贻害滋甚,军民官吏捕扑不能剿绝,民心惶懼,殆无所措。郡侯万总管李斋沐诣庙恩祈,一夕迅风,疾雨暴作,驱逐出境而灭。是岁禾稼丰登,非神之赐,曷以臻此!

22. 祈驱蝗文(郡侯万奴、总管李贤翼)

禾黍盈畴,秀而未实,蝗蝻蔽空,作我蟊贼,凶丰未卜,农夫之望,何以卒岁? 群心惶惶,仰惟圣王,民之父母,愿赐灵威,驱逐入水,使不为灾,随祷而应,作此丰年,以苏民命。

23. 祈驱蝗文(万奴、李贤翼)

民以食为天,数口之家,勤望岁焉。曩者伤稼之虫连云接顷,有祷于王,遣驱出境。忧民者吏,为民而请德王之赐,爰洁牲醪以答王贶,王其鉴之。

24. 叱逐瘟神

乾道初元,大阪汪仆王十五,方耘田,忽什死。儿归尚微喘,不便殓,八日复苏,云在田见十余人赍箱篋大扇,顿被殴捽着地,令荷担行至县五侯庙门,有吏诃何所须,答曰特于婺源行瘟,当叱急去,乃从五岭适休邑,复走徽城,皆为英济王叱逐。迤逦至宣州,无有阻者,遂入一大祠,运木立寨栅于外,若营垒然,各执械自北门孟生家始,先揍孟氏二子脑,即什,次击奴婢辈,俱应手而殒。留二日,其从入报西南有火光,救兵至,亟率弓弩射之,即灭。又二日,火光接天,复报,及登陴已大炽,焚其寨栅,十余人各溃败,独王十五在。始悟身已死,寻道归,乃苏而述其状。里人汪赓新有妹婿余永观为宣城尉,具书其事,询之云孟生乃医者,七月合门病疫,始二子继奴婢招巫禳之,方作法,巫忽疾归死,复集一城师巫并祷英济王禳袯始愈,盖所谓火焚其寨栅者是也。是岁浙西民疫甚夥,独江东无恙,王之神可谓仁矣。

25. 乘骑送疫

徽俗递年四月八日郡人迎请合郡诸神,预于七日出庆丰门沙州,接水西寺佛像回天宁寺奉安,建庆释道场。次日具纸船,出西津水滨烧送,以禳疫疠。延祐戊午,王乘府吏张德辉黑马至昭庆寺,会大雨倾注,泥泞失瞻,未及出城,竟请王下马,辇送回殿,极力请举不动,马忽奔骤,众惧罗拜,复整仪驭出西津如常,方辇还殿。是岁他郡疾疫,徽独无恙,王之眷顾此邦如是。

26. 建醮禳疫请文(总管马速忽、治中灭理吉思等)

惟王功烈著于唐朝,威灵被于徽郡,今江左浙右庙貌相望,百祀不废,然则民固依神以生,神亦赖民而血食者也。曩岁亢旱,禾稼不登,春夏之交细民艰食,奈异乡瘴疠之流行而载路之怨咨洋溢。遇灾恐惧,敢后祗禳。恭命黄冠,式陈清醮。肇启瑶坛,整肃敬邀。飚驭降临,鉴兹率土。微忱转为笺天达圣。谨告。

27. 禳疫谢文(总管马速忽等)

国以民为本,民而居之安,则刍牧之责轻矣。天灾流行,为吏实惧。肃王之来,是纠是禬。亦既毕事,敢遄其归。谨洁粢盛,告虔妥灵,翼自今至于后日,无愆阳,无苦雨,且无螟蝗以害我田稚,庶无疵疠以害我庶人,吏处其间,方可无悔。神鉴孔昭,锡其终惠。

28. 绩溪宰苏辙病愈谢文(黄门侍郎)

神有功斯民,世享庙祀。辙来长是邑,即神旧邦,蒙神之休,雨旸以时,稼穑大熟,赋役毕完,狱讼衰少,政短才拙,何以获此? 意由侥幸,以致疾疫寒热为虐,下逮儿女,更相播染,卧者过半,迄兹痊捐。忆夏徂秋,中间祷神不厌渎,卒保康乂,皆神之恩。兹用恭敬,致薄礼以谢不敏,敢告驱除瘴疠,时节风气,使民不告病而吏更蒙贶。

29. 云中以刃麾贼

宣和初,睦寇方腊攻徽郡,将领庄永提兵三千讨之。千军至绩之蕨山,贼亦至,众数万,力不敌。永坚壁自守,士方悚惧,俄有云起东南如队伍状,冉冉而下,已而贼不战而溃。永乘势追袭,擒其首领,杀数千级,因问所捕贼,云其酋长见云中兵万数,矛戟森然,有一长人美髯绀巾白马,以刃麾己,故退屈其党至登源,意王阴助官军,纵火烧庙不燃。事平,永白都帅,闻于朝,诏加王显灵二字。

30. 梦叱叛兵亟行

绍兴初元,张琪领叛兵屯徽城外,谋不轨,梦一丈夫伟而髯,立城上叱琪曰:

"汝宜亟行,稍迁延,祸且及。"琪惊觉,意有神告,明日入城,遍诣郡祠,见王像如梦,俯伏拜跪,退谓党曰:"自吾领兵,所过焚庙多矣。今日不觉膝自屈。"遂引众退,屯黟祁,后果败死。

31. 白际岭败寇

景定四年,衢寇汪来一声撼江浙,徽与衢仅一山,震邻实甚。郡守谢采伯遣戍会讨,亲祷于王,戍兵方抵白际岭,贼众已登半山,但见山岭徽兵万数,内一将军美髯绀巾白袍跃马云端,指挥叱咤,贼惊恐自溃,遂就擒。

32. 常山平寇

景定五年,衢寇詹珉窃发,官军屡战不克,贼益张。先是珉常为中军戎府,周知道地,锐意入徽,据险为巢,忽见云中有忠显旗帜,军容甚盛,近徽一带山上皆兵队状,殆与八公山草木无异。匪第贼寇见之,官军亦见。贼胆惊碎,乘势追击,不日遂平。

33. 祈平寇文(郡侯马思忽朝请大夫)

惟王生以忠义夷群盗,殁以阴功福邦民,狐狗营营,猖狂肆虐,皆王之所深疾也。蠢尔柯贼,负险弄兵,戕害吾民,为妖为孽。敬护偏师,恭行天罚,庸是薰艿,拜于祠下,以祈默相,使渠党恶,就戮鲸鲵,消其玉石之焚,早遂室家之庆,祀报无穷,吏亦塞责。

34. 谢平寇文(郡侯马思忽)

顽民作孽,天网难逃,壮士收功,神威鼓勇,珍兹元恶,实赖阴谋,奋风声鹤唳之灵,夺寇攘奸宄之魄,潢池警息,旄倪咸安,既效扫除,敢忘恭谢,是用蠲吉,以祀以禋,神之鉴之,来格来飨。

35. 现像火熄

景定二年,岁值辛酉八月间,北市居民火炽,烟焰障空。郡守贾明道仓皇,惟仰天呼号曰:"汪王汪王,守则有罪,民何辜焉,许大愿以祈覆佑。"须臾若现王像,往来云端,风静火熄,不至蔓延。观者皆见,功有攸归矣。

36. 东门坎潜火

咸淳六年,郡守王应麟领事三日,首谒忠显庙,得签云:"涉水蹈火几重危,历遍尤危观福基,千里故人传好信,旧家门内再光辉。"守曰:"签云蹈火,又云光辉,知不免庚辛之厄。"是晚果报燎起东门。急辇忠显王像,坐街衢齐心控祈,随反风,烈焰竟止。

37. 纪王灵异（郡守谢采伯）

新安父老传诵地谶云："庚辛吾州厄年也。"绍定辛卯八月不雨，九月尤旱燥，井智池涸，采伯饬备甚急。越三日巳三刻，北门外叶氏燔其居，采伯急令撤北门之楼。少顷延燎入城，飘扬余烬实备，仓北小门、教场作院、酒务蓬屋、通判廨后圃枯木、郡圃四宝堂、茆亭、喜雨楼皆遭烬及，滥炎妄起，分头扑救，奔走不暇。采伯与二三同僚极力喝犒用命之士二千余名，薄暮方止。始风自东来，吹入郡圃喜雨楼，火凡三作，州廨在黑烟中。采伯急举王像于黄山堂上亟拜亟扣，诺修葺坟殿街路。俄而风收烟灭，一椽不毁。嗟乎！此岂人力也哉。扑救，人之所能为，而风之作止，岂人力之所为？故曰人所能为者，人也，人之所不能为而为之者，神也。秩满辞庙之次，思王灵异之迹，合详记备言以诏后人。绍定癸巳中秋天台谢采伯谨志。

38. 感应志（徽守谢堂）

岁在庚辛，新安厄于火灾者屡矣。庚戌季夏，堂被命职守，几阅一载。辛亥四月二十六日，西门外居民延燎，焚及城闉，时融风大作，烟焰蔽天，堂率兵民奔走救扑，风势不已，殆无所容力，亟迓忠显神像于公庭，燃香肃拜致祷。俄而风势转南，炎焰随灭，人力获施，迄就扑灭。是日微忠显神力，官廨民廛俱堕煨尽矣。万目共睹，一城欢呼，王福此邦，响应如此神速哉。堂尝拜观忠显遗事，伯祖节使（即谢采伯）辛卯岁守徽，燉作于郡圃之侧，有祷于王遄拜反风之赐，殆今整二十一年。堂再世祇荷神贶，保完生聚，阴功莫大，敢不拜？手敬识其实，以附不朽之传。淳祐壬子三月望日，天台谢堂书。

39. 云雾障盗

乾道三年，大盗赵兴系狱，奏谳未下。九月晦夜，守者稍懈，脱桎梏毁壁逃，缉捕无踪。十月十五日权州郭如晦遣吏宋傑祷于王，乞以三日获，间日果得于绩溪高祖山。贼自言至山中欲出界，若有云雾障其前，莫能行，以故被擒。

40. 拘系窃神衣贼

王诞辰四方献香接踵，服御鼎新罥从皆然。庙素无赋，逻卒罕到。一夕，若有神告曰：庙山有贼，可速捕之。卒辈亟至殿后主事堂，见二人束担骈首而卧，以杖扣之，应曰："愿受缚，我本天台人，窃神衣为活。"卒问担束何物，曰："将军新衣，初欲盗王服，神威赫赫，不敢前，翼得从者衣以逃，终夜疾趋，自谓出徽界，不知阴被拘系，犹在庙侧。"卒闻官，人竞往观之，时泰定甲戌正月二十日。[①]

---

① 元泰定年号无甲戌之年，此处疑刻录失误。

41. 捕虎祝文（徽守刘炳）

窃闻祁门境内有虎伤人，此郡守疵政之所致也。戒饬官吏部率保伍驱而逐之，擒而剿之，其用力不过如此。人力所不能胜者，必仗神力焉。维神久矣福民，其忍猛兽之害民乎？赫厥威灵，珍彼异类，旬日之间速获感应，俾一方虎倪乐此凶岁，则神与守俱无愧于民，岂不休哉。

42. 获虎谢文（徽守刘炳绍定四年）

猛虎为害，守实忧之，然犹得稍宽其忧者，赖有尔明神在焉。守斋明请祷，惟神怙凭，神之听之，即加阴相。越三日，祁之里正果以巨虎献，且云其种类悉已远遁矣。守非仲由暴虎之才，又无冯妇搏虎之勇，其所以挽而入栏者，非神乎？其所驱而渡河者，非神乎？樽酒炉香，守不得不为尔神明谢也。[①]

三 灵顺庙与脏腑信仰

徽州灵顺庙即道教《搜神记》中的"五圣始末"，是我国唐朝以后流行的一种民间信仰，主要流行于东南地区的安徽、浙江、江苏和江西，此外，河南滑州在历史上也曾有灵顺庙的记录。以上各地的灵顺庙最早可能产生于徽州婺源县，其他各地的灵顺庙基本上都是受此影响而建立的，如宋朝浙江余杭（今杭州市）的灵顺庙，"即徽州婺源灵祠，余杭立行祠者七"[②]；四明（今浙江宁波市）的五显灵顺庙，"在城西南隅，宋开禧年间乡人徐侍郎守徽州神，尝效灵迎香火建庙于此"[③]；明初江苏南京的"五显灵顺庙"等。吴师道《礼部集》曰："婺源五显之神闻于天下尚矣，盖其上当天星之精，据山川之雄，储英发灵，烜赫震迭，自唐至于近代，迹具记载，国朝加庙号，崇封爵，香醪金币之赐遣使时至，每岁夏初四方之人以祈福会集祠下者，上穷荆越，下极扬吴，御舟塞川，重雾翳陌，百贾列区，珍货填积，赋羡于官，施溢于庙，浃旬日乃止，尤为一邦之盛。"[④]可见，徽州灵顺庙对东南地区的影响。

徽州灵顺庙建立于唐朝，形成于宋元，又称五显庙，五通庙。其建立有两说，

---

① 以上42则材料出自《宏村汪氏家谱》卷二十二《事实》。该书只收录了42则，基本上都是宋元时期的事迹。值得注意的是，前面汪华正神和从神的册封人数也正好是42。佛教有《四十二章经》，儒教《礼记》第四十二章是《大学》，朱熹作《四书章句集注》时，将《大学》从《礼记》中析出，置四书之列，因而四十二具有象征意义。此处的42盖取"大学"之义。

② （宋）吴自牧：《梦粱录》卷十四，文渊阁四库全书本。

③ （元）袁桷：延祐《四明志》卷十五，文渊阁四库全书本。

④ （元）吴师道：《礼部集》卷十二《婺源州灵顺庙新建昭敬楼记》，文渊阁四库全书本。

一说是唐光启二年建于婺源县,弘治《徽州府志》曰:"按《祖殿灵应集》载,唐光启二年,邑人王瑜有园在城北隅。一夕,红光烛天,见五神自天而下,威仪如王侯,黄衣皂涤,据胡床呼而言曰'吾当庙食此方,福庇斯人。'言讫升天去,明日一人来相宅良佳处也。王瑜闻之有司,捐地输币,肖像建庙,复拨水田为修造洒扫之备。四方辐辏,祈祷立应,闻于朝,累有褒封。"①一说是唐贞观元年始建于歙县,弘治《徽州府志》曰:"盖婺源五显行祠也。龙阳知县章元崇记云:唐贞观元年五月十三夜,红光接汉,祥彩腾远,郡人惊骇,至山下观神五人黄衣道装自天而降,立双杉之上。翌日父老想象立祠,旱涝祷之辄应,民有疾厉以告于神皆获全安。近双杉上小庙尚存,此乃初发迹之祖也。……按前志所载诰命之词,乃云兄弟五人,与记不合,亦与婺源灵顺庙始末不同。其说渺茫,莫知其详。"②但据正史和其他书籍的记载均在婺源县,如上面宋朝吴自牧的《梦粱录》中讲到浙江余杭的灵顺庙,"即徽州婺源灵祠",吴师道《礼部集》曰"婺源五显之神闻于天下尚矣",宋代罗愿的《新安志》亦云"灵顺庙,其神五人皆封公事,见婺源县卷中"。③元明时期流行的《三教源流搜神大全》也讲在婺源县,"按《祖殿灵应集》云,五显公之神在天地间相与为本,始至唐光启中乃降于兹邑(婺源)。"④由此推断,唐末光启二年建于婺源县一说比较可信,而歙县说亦不可废,盖五显神所降并非一处,要之以徽州区域为限则是。

两说之成立可能与婺源县和歙县的天文信仰有关。弘治《徽州府志》曰:"按旧志宋胡太史升云,唐开元初五显神降于(婺源)清化。"⑤可见五显神与婺源之关系。婺源县建于唐开元二十八年,景定《严州续志》曰:"今婺州与徽之婺源县皆以女宿得名",⑥元代仇元的《金渊集》谓"文公阙里女星源"⑦,其地理位置与天上二十八星宿中的女宿相应。唐朝时,女宿在道教信仰中为六欲天,为五欲粗净之神所居。《元始无量度人上品妙经四注》曰:"东第六上监天帝,位通阳之气,(唐)李少微曰:'此天色黑气,系北方须女宿,帝讳玉真,主开度幽难,天中人……五欲根粗净,一欲根粗染,以上六天谓之欲界。'太真科曰:'初下二天果报尚粗,犹以身交为欲,次二天以执手为欲,第五天以口为欲,第六天以眼视为欲。今缘

① (明)汪舜民:弘治《徽州府志》卷五《祀典·婺源·灵顺庙》,弘治十五年刻本。
② (明)汪舜民:弘治《徽州府志》卷五《祀典·本府·灵顺庙》,弘治十五年刻本。
③ (宋)罗愿:《新安志》卷一《祠庙》,嘉庆十七年刻本。
④ 佚名:《三教源流搜神大全》,清末宣统刻本。
⑤ (明)汪舜民:弘治《徽州府志》卷五《祀典·婺源·灵顺庙》。
⑥ (宋)方仁荣:《景定严州续志》卷八,文渊阁四库全书本。
⑦ (元)仇远:《金渊集》卷五《送汤希贤晦庵书院山长》,文渊阁四库全书本。

六欲感此六天,一根粗净,上进一天,六欲总净,超出欲界,上登色界。'宗君曰:
'言有色欲,交接阴阳,人民胎生,故为欲界也。'"①须女又名婺女,即二十八宿中
的女宿,为婺源县上应之星宿。经中所言的"五欲"和"六欲"是人体生理功能的
体现,实指人的五脏六腑,灵顺庙中的五位正神和六位从神正是仿此而设。据
此可知,婺源县灵顺庙的形成可能是由婺源县"以女宿得名"以及女宿在道教中
的信仰决定的。而歙县说源于徽州府治。徽州在唐代已形成一府六县的格局,
歙县为府治之所在,譬如人之五脏,下领六县如六腑,故设象征五脏六腑的灵顺
庙于歙地。明清徽州区域地图的形状也表明了这一点,徽州犹如一个人的形
象,而歙县正处于五脏之位置。

　　此两说的原型与黄帝建立五行有关。《史记·历书》曰:"黄帝考定星历,建立
五行,起消息,正闰余,于是有天地神祇物类之官,是谓五官,各司其序,不相乱
也,民是以能有信,神是以能有明德,民神异业,敬而不渎,故神降之嘉生,民以物
享,灾祸不生,所求不匮。"《正义》应劭云:"黄帝受命有云瑞,故以云纪官:春官为
青云,夏官为红云,秋官为白云,冬官为黑云,中官为黄云。按黄帝置五官,各以
物类名其职掌也。"②灵顺庙中的五显神即此处的五行、五官,如"黄衣道装"即黄
帝,"五神自天而下"即"以云纪官","红光烛天"即"夏官为红云",因徽州地处南
方之故。传说黄帝曾到过古徽州的"三天子都",即婺源的大鄣山③,又到过歙县
的黄山,故灵顺庙最早诞生于这两个县,应该还与黄帝的行迹有关。

(一)灵顺庙与五脏六腑的关系

　　徽州灵顺庙除奉五位神仙外,宋朝时还增加了六位从神,分别是史将军、卞
将军、周将军、王将军、胡将军、胡提点。此外,建庙的王瑜于元泰定二年被封为
"大唐开山凝神体道居士"。通过分析,我们不难发现一个惊人的秘密:这五位神
仙、六位从神和一个居士正好对应于一个人的五脏六腑,灵顺庙的功能其实是人
的五脏六腑的功能。

　　宋宣和五年朝廷封五位正神为通赐侯、通佑侯、通泽侯、通惠侯、通济侯,绍
兴二年各加二字曰善应、善助、善利、善及、善顺,后屡经改封和加字,至嘉定元年
各加二字曰孚仁、孚义、孚智、孚信、孚爱。元延祐六年又改封显仁协德昭圣孚应

①《元始无量度人上品妙经四注》卷二,明正统道藏本。
②(汉)司马迁:《史记》卷二十六《历书》,文渊阁四库全书本。
③ 关于徽州"三天子都"(即大鄣山)的具体地理位置,有多种说法,如绩溪说、休宁说、歙县说、婺源说
等。但据道光《徽州府志·寺观·婺源》的"须弥庵"、"高际庵"、"泊如庵"等介绍,大鄣山应该是在婺源境内。

王、显义协正昭圣孚惠王、显礼协明昭圣孚泽王、显智协聪昭圣孚济王、显信协直昭圣孚佑王。①从宋、元的加封中我们可以看出,五位神仙是与仁、义、礼、智、信"五常"联系在一起的,而"五常"又与五行相对应。道光《徽州府志》曰:"灵顺庙,一名五显庙,一名五通庙,宋大观中赐额灵顺。按陶及申笔猎云:五显即五帝,实司五行,避帝而称显者,其诸神之通谓也。"②"实司五行"说明灵顺庙的五位神仙是与五行相对应的。五脏又有五行之说,《云笈七签》曰:"五藏,五行者,肝为木,心为火,肺为金,肾为水,脾为土,谓之五行。"③《易经蒙引》曰:"肝为木而心为火,肺为金而肾为水,内体之阴阳也,仁木而礼火,义金而智水,性之阴阳也",④讲的就是五脏与五行及五常的关系。《元始无量度人上品妙经四注》曰:"五老帝君各受赤书符命,在天则主领五方神仙,在地则主领五岳神鬼,在人则主领五藏精神。"⑤因此可以说,灵顺庙的五位神仙其实就是人的五脏,是五脏的神学象征,而六位从神也就象征了人的六腑。

六位从神也是从宋朝开始册封的,宋朝对六位从神的册封可能与朝廷崇奉"六真人"有密切的关系。《上清灵宝大法》曰:"九天司命真君于大宋真宗大中祥符元年十月二十五日降于延恩殿,时有六真人侍立左右,自称是赵氏之始祖,当时王钦若为宰相,遂下诏上尊号曰高道上灵九天司命圣祖保生天尊大帝,又尊司命之配为圣祖母,上尊号曰元天大圣后,自此列天帝之班,为上九位天,下只得遵朝旨行,或云黄龙一气司命保生天尊,乃神仙人物之主,天子王侯之尊也。"⑥宋嘉定二年开始册封六位从神,弘治《徽州府志》曰:"庙之从神史侯德姓孙氏,卞侯胜姓项氏,宋嘉定二年封助灵史将军、助顺卞将军,淳祐四年封辅灵辅顺二侯,宝祐五年加封辅灵翊惠、辅顺翊善二侯。周侯讳雄,信州玉山人,宋端平三年加封翊应将军,淳祐四年封翊应侯,宝祐五年加封翊应助顺侯。王侯讳兴,宋德祐元年封王将军感应侯。胡检察讳发世,居城北种德坊福泉井畔,颖悟过人,入庙事神,远游募化,灵迹昭著,殁随庙食,张天师封为检察将军。又忠靖胡提点,名德胜,乃检察之子,生而神异,长有慧性,有术者相之曰:生不封侯,死当庙食。尝昼寝觉则汗流浃背,所穿履尽弊,且言某处风浪覆舟,城池失火,后累验之果然。

---

① (明)汪舜民:弘治《徽州府志》卷五《祀典》,弘治十五年刻本。
② (清)夏銮:道光《徽州府志》卷三《坛庙》,道光七年刻本。
③ (宋)张君房:《云笈七签》卷六十一《诸家气法》,文渊阁四库全书本。
④ (明)蔡清:《易经蒙引》卷十一《系辞下传》,文渊阁四库全书本。
⑤ 《元始无量度人上品妙经四注》卷二,明正统道藏本。
⑥ 《上清灵宝大法》卷十,明正统道藏本。

及卒,御灾捍患,有祷辄应,四方之人奔走祠下惟恐或后。三十八代天师张与材赐号忠靖灵远大师胡提点,赐七星剑。元至正间镇南王奏封忠靖灵远护国胡总管,其剑犹在。"①从这里可以看出,六位从神的神格分别为辅灵、辅顺、翊应、感应、检察、忠靖。人的六腑为胆、胃、大肠、小肠、三焦、膀胱。《黄帝内经素问》云:"胆者,中正之官,决断出焉;脾胃者,仓廪之官,五味出焉;大肠者,传道之官,变化出焉;小肠者,受盛之官,化物出焉;三焦者,决渎之官,水道出焉;膀胱者,州都之官,津液藏焉,气化则能出焉。"②这里,"辅灵"针对"决断","辅顺"针对"五味","翊应"针对"变化","感应"针对"化物","检察"针对"决渎","忠靖"针对"州都",分别是六腑生理功能的神学描述,而材料中辅灵、辅顺、翊应、感应、检察、忠靖诸神的排列顺序也正与胆、胃、大肠、小肠、三焦、膀胱的生理机制相一致,表明六位从神正是人的六腑的象征。

对六位从神形象描述最露骨的是胡提点,因为他是膀胱,不但"昼寝觉则汗流浃背"(这是内急的象征),而且能预言"某处风浪覆舟,城池失火"。张天师给他安了一把"七星剑",想让他飙得远一点,所以又称"灵远大师胡提点",但尽管如此,每每还是"所穿履尽弊",表明他的神性其实并不怎样,但人们还是"奔走祠下惟恐或后",乃是因为他是每个人都急用的膀胱。他与他的父亲胡将军一起掌管人世间的排泄大权,所以元朝封他为"胡总管",实在是一语道破真谛。

六位从神均以假托真人而存在,通过真人而上升为神,因而六位从神是从地而上的阳性之神,与五位正神"自天而下"为阴性之神构成一阴一阳的运动,正是五脏六腑阴阳属性的表现。《黄帝内经素问》曰:"肝心脾肺肾五脏皆为阴,胆胃大肠小肠膀胱三焦六腑皆为阳。"③说明五脏是阴性而六腑是阳性。庄子曰:"至阴肃肃,至阳赫赫,肃肃出乎天,赫赫发乎地,两者交通成和而物生焉。"④这与五位正神自天而降之阴气和六位从神从地而出之阳气正相一致,表明正神与从神的阴阳运动正是五脏六腑的阴阳功能。

综上所述,灵顺庙是人体生理机能的宗教象征,是生命灵性的宗教表达。徽州人祭拜灵顺庙,事实上是在祭拜自己的生命,通过祭拜而获得生命功能的延伸,实现生存境界的拓展,在延伸与拓展的生命境界里获得存在的真实性与纯粹性,灵顺庙的建立者王瑜被封为"凝神体道居士"正是针对此点而言。

---

① (明)汪舜民:弘治《徽州府志》卷五《祀典》,弘治十五年刻本。
② (唐)王冰注:《黄帝内经素问》卷三《灵兰秘典论》,北京书同文四部丛刊本。
③ (唐)王冰注:《黄帝内经素问》卷一《金匮真言论》,北京书同文四部丛刊本。
④ (战国)庄子:《南华真经》卷七《庄子外篇》,北京书同文四部丛刊本。

(二)灵顺庙与道教的关系

徽州灵顺庙信仰的形成可能受到道教《黄庭经》和《福德五圣经》的影响。

徽州灵顺庙总共供奉十一位神仙,五位正神,六位从神,共同构成人的五脏六腑,这种组合关系在上文中已经论证过了,这里需要提出的是,徽州灵顺庙信仰的建立与道教《黄庭经》信仰密切相关。《黄庭经》是一部关于人的五脏六腑修炼的经书,《真龙虎九仙经》引《黄庭经》曰:"人有五脏六腑、三魂七魄,毛发以来皆有其神。"[①]《上清黄庭五脏六腑真人玉轴经》曰:"人之生也,建八尺之质,合万有之躯,外有四肢九窍,内有五脏六腑,各有神主。"[②]灵顺庙的五位正神和六位从神与《黄庭经》所述的五脏六腑形成确切的对应关系,应当是受《黄庭经》的影响。《黄庭经》形成于晋代,自晋以来在我国十分流行,唐朝崇奉道教,也遵奉此经,如《唐会要》曰:"(穆宗)长庆二年五月,敕诸色人中有情愿入道者,但能暗记《老子经》及《度人经》灼然精熟者,即任入道,其《度人经》情愿以《黄庭经》代之者亦听,宣令所司,具令立文状条目,限降诞月内投名请试,今年十月内试毕。"[③]即是将《黄庭经》作为道士考试的经书之一。徽州"人多好仙",历史上一直流行道教,又因唐越国公汪华与李唐王朝的特殊关系,因而在唐朝时就受此经的影响是完全可能的事。唐末光启二年,象征《黄庭经》五脏六腑的灵顺庙在徽州开始建立,此时只有五位神仙,象征了五脏。至宋朝时,朝廷曾赐《黄庭经》给徽州歙县问政山道观,"绍兴中诏以御书《黄庭经》及临魏晋、六朝、唐人书凡十卷藏于山。"[④]宋宣和五年开始封五位正神,嘉定二年又开始封六位从神,到元至正间加封完毕,至此,象征五脏六腑的灵顺庙信仰最终形成。从其形成过程来看,它应该是受到了道教《黄庭经》的影响。

此外,徽州灵顺庙信仰的形成可能还受到道教《福德五圣经》的影响。《福德五圣经》是成书于宋元时期的道教经书,与宋元朝廷敕封五位正神和六位从神的时间正好一致。《福德五圣经》正一灵官都大元帅敕封五显灵观大帝咒曰:"灵观大帝,睿智聪明。日光菩萨,气射帝宸。金刊圣像,三目圣明。黄裳锦袍,足踏火轮。金砖金枪,按行乾坤。名山大川,灵洞真君。火瓢火鸦,气焰威灵。斩妖灭

---

①《真龙虎九仙经》,明正统道藏本。

②《上清黄庭五脏六腑真人玉轴经》,明正统道藏本。

③(宋)王溥:《唐会要》卷五十,武英殿聚珍版丛书本。

④(明)汪舜民:弘治《徽州府志》卷十《寺观》,弘治十五年刻本。

邪,如电如霆。护国砥柱,卫民灵神。德亿万世,福亿万民。辅灵助顺,二圣将军。顺风千里,百万神兵。救度灾厄,如响应声。变祸成福,如影随形。护佑臣身,何求不应。神光洞照,求处吉庆。奉大帝敕,急急如律令。"①

又曰:"灵观尊圣在天为五帅,在世为五王,勇烈明灵,威权至重,有赐福消灾之力,有赏善惩恶之功,贫富差殊,穷通虽异,然隶攸司之考核悉归。"②五帅分别是:第一都天威猛大元帅显聪昭圣孚仁广济福善王,第二横天都部大元帅显明昭圣孚义广佑福顺王,第三通天金目大元帅显正昭圣孚智广惠福应王,第四飞天风火大元帅显直昭圣孚信广泽福佑王,第五丹天降魔大元帅显德昭圣孚爱广成福惠王。③

又曰:"仰启灵观大元帅,福德华光五显王。锦袍绸帽威容猛,火剑金枪圣力强。天下正神功第一,佛中上善世无双。玉宸殿畔登珠幌,金色台边建宝幢。破洞封山魍魅绝,兴风走电鬼邪亡。化导万民垂福佑,保安九域去灾殃。焚香奉请虔诚礼,愿赐恩光降道场。"④

可知,灵观大帝在天为"五帅",在地为"五显王",在人事为"辅灵助顺",这与宋元时期朝廷对灵顺庙五显神的册封有惊人的一致。如宋朝的"孚仁"、"孚义"、"孚智"、"孚信"、"孚爱",元朝的"显仁"、"显义"、"显礼"、"显智"、"显信"等,与《福德五圣经》中"五帅"和"五显王"的名号基本相同,而六位从神的神格分别为"辅灵"、"辅顺"、"助顺",疑由《福德五圣经》中的"辅灵助顺"演化而来。由此不难看出徽州灵顺庙的五显神与灵观大帝的渊源关系,五显神的封号可能来源于道教《福德五圣经》。

综上所述,徽州灵顺庙五显信仰的实质是关于五脏六腑的信仰,这一信仰的形成与道教有密切的关系。首先,它是由婺源县在道教中的信仰决定的。婺源县上应女宿,女宿在道教中为六欲天,为五欲清净之神所居,五欲和六欲皆是人体生理机能的象征,由此构成的信仰即是五脏六腑信仰。其次,五脏六腑信仰的形成可能还深受道教《黄庭经》和《福德五圣经》的影响。具体而言,灵顺庙的五位正神即五显神和六位从神是受《黄庭经》中"五脏"和"六腑"的影响而形成的,而五显神和六位从神的封号皆取自《福德五圣经》,可以看出,灵顺庙是这两部道

①《大惠静慈妙乐天尊说福德五圣经》,明正统道藏本。
②《大惠静慈妙乐天尊说福德五圣经》,明正统道藏本。
③《大惠静慈妙乐天尊说福德五圣经》,明正统道藏本。
④《大惠静慈妙乐天尊说福德五圣经》,明正统道藏本。

经的神话的演绎。道教主张"无量大神,皆由我身","钦信悟解,得道成真",即是通过神话演绎来源于自身的真理,又通过相信神话回归真理本身,并通过执著于神话生活于真理之中,徽州灵顺庙即是这么一个关于真理与神话、自性与神性关系的故事,它遵循了道教"五合我精,六合我身"①的原理,说明人的存在是一种神性的存在,其神性即存在于人的自性之中,人通过发明自身的神性而延宕出其他的神性,道教所谓"法行先天大道,将用自己元神"即是这个道理。

四 目连戏与劝善信仰

目连戏是一种宗教剧,其内容来自《佛说盂兰盆经》中目犍连救母故事。目连又名目犍连,为佛的十大弟子之一,据盂兰盆经所载,目连以母堕饿鬼道中不得食,佛令作盂兰盆,于七月十五日,具足百味五果于盆中,供养十方大德众僧,而后其母始得吃食。佛教传入我国以后,目连救母的故事开始在我国民间流传,梁武帝时已经出现了《大目犍连冥间救母变文》,到宋代开始演变为戏剧。北宋孟元老的《东京梦华录》曰:"构肆乐人,自过七夕,便般(搬)目连经救母杂剧,直至十五日止,观者增倍。"②到了明朝万历年间,徽州祁门人郑之珍取当时民间流行的各种本子,重新编撰成《目连救母劝善戏文》,开始在皖南民间演唱。民国《祁门县志》曰:"《目连救母劝善戏文》,明郑之珍撰,之珍字子玉,号高石山人,祁西清幽人,弱冠补邑庠,性至孝,在诸生中英气勃勃,自负文武全才,善谈诗,兼习吴歈,宏词奥旨,一于调笑中发之。既困于场屋,不获伸其志,乃思以言救世,又以世浑浊不可壮语,而挽救人心,莫如佛化,因特撰《目连救母劝善戏文》,俾优伶演唱,以警世人。"③明代《陶庵梦忆》曰:"余蕴叔演武场搭一大台,选徽州旌阳戏子……搬演目连戏,凡三日三夜。四围女台百十座,戏子献技台上,如度索舞絙、翻桌翻梯、觔斗蜻蜓、蹬坛蹬臼、跳索跳圈、窜火窜剑之类,大非情理。凡天神地祇、牛头马面、鬼母丧门、夜叉罗刹、锯磨鼎镬、刀山寒冰、剑树森罗、铁城血澥,一似吴道子《地狱变相》,为之费纸札者万钱,人心惴惴,灯下面皆鬼色。戏中套数,如《招五方恶鬼》、《刘氏逃棚》等剧,万余人齐声呐喊。熊太守谓是海寇卒至,惊起,差衙官侦

---

① 《上清大洞真经》卷六《帝一尊君章》曰:"一合我气,再合我神,三合我魄,四合我魂,五合我精,六合我身,我身六合,洞灵启真,八景虚驾,三素浮轮,我与帝一,俱升玉辰。"
② (宋)孟元老:《东京梦华录》卷八《中元节》,文渊阁四库全书本。
③ 胡光钊:《祁门县志》卷二《艺文志·目连救母劝善戏文》,民国三十三年铅印本。

问,余叔自往复之,乃安。台成,叔走笔书二对。一曰:'果证幽明,看善善恶恶随形答响,到底来那个能逃? 道通昼夜,任生生死死换姓移名,下场去此人还在。'一曰:'装神扮鬼,愚蠢的心下惊慌,怕当真也是如此。成佛作祖,聪明人眼底忽略,临了时还待怎生?'真是以戏说法。"①民国《中华全国风俗志》曰:"目连戏,演目连救母故事,皖以南盛行之。"②

皖南郑本《目连戏》共3卷102场,内容主要是关于南耶王舍城中傅相一生为善,死后升入天堂,其妻刘青提生前作孽,死后下地狱,其儿傅罗卜(目连)西天取经,地狱救母以及刘青提投胎为狗,继而转生为人的故事,重点宣扬了佛教的三世因果和报应思想。与明朝以前的目连变文、传奇及杂剧相比,郑本《目连戏》主要突出了劝善的成分,如郑之珍曰:"余不敏,幼学夫子而志《春秋》,惜以文不趋时而志不获遂,于是萎念于翰场,而游心于方外。时寓秋浦之剡溪,乃取目连救母之事,编为《劝善记》三册,敷之声歌,使有耳者之共闻,著之象形,使有目者之共睹,至于离合悲欢,抑扬劝惩,不惟中人之能知,虽愚夫愚妇靡不悚恻涕凄、感悟通晓矣,不将为劝善之一助乎! 余学夫子不见用于世,于是惧之以鬼道,盖惧则悟矣,悟则改矣,改则善矣,余学夫子之心亦少慰矣,而欲人之从善则一矣。"③明朝徽人胡天禄曰:"(郑之珍)取《目连传》,括成《劝善记》三册,余详观之,不过假借其事,以寓劝善惩恶之意,至于崇正之说,未尝不严,其有关于世教不小矣。"④

为了充分达到劝善的效果,《目连戏》中引入了大量的神祇,有佛教、道教和阴间诸神,从而构筑了一个复杂的神学体系,以作为劝善惩恶的终极力量,而这也正是《目连戏》的价值所在。目连戏的价值主要包含在其神学体系与宗教思想之中。

(一)佛教神祇与救度思想

佛教神祇有释迦牟尼佛、观音菩萨、地藏菩萨、铁扇公主、云桥道人、猪八戒、白猿猴、沙和尚、寒山、拾得等,这些神祇及其功能表现如下。⑤

---

① (明)张岱:《陶庵梦忆》卷六《目连戏》,中华书局2008年版。
② 胡朴安:《中华全国风俗志》下编卷五《目连戏》,上海广益书局,民国十二年版。
③ 茆耕茹:《安徽目连戏资料集》,台北:财团法人施合郑民俗文化基金会,1997年版,第8—9页。
④ 茆耕茹:《安徽目连戏资料集》,台北:财团法人施合郑民俗文化基金会,1997年版,第8—9页。
⑤ 以下资料出自王秋桂:《皖南高腔目连戏卷》,台北:财团法人施合郑民俗文化基金会,1998年版。《皖南高腔目连戏卷》共117场,为清朝作品,比郑本《目连戏》共102场内容要丰富一些,故此处以高腔本为主进行论述。

释迦牟尼佛:现在佛,指点目连参禅,赐目连锡杖、芒鞋、乌饭、神灯入地狱以救其母,又教导张佑大、李纯元兄弟十人摆设盂兰会以超度目连母亲。

阿弥陀佛:过去佛,为追荐斋仪中所念之佛。

弥勒佛:未来佛,为追荐斋仪中所念之佛。

以上三佛象征了过去、现在和未来的法体,表往生和普度。

文殊、普贤、地藏菩萨:为追荐斋仪中所念菩萨,其中地藏菩萨为地狱幽冥教主。

观音菩萨:大慈大悲救苦救难,指点和帮助目连、张佑大、李纯元兄弟十人去西天见佛。

以上四位菩萨分别象征了大慧、大行、大愿、大悲,表往生和普度的四种品质。

善才、龙女:观音菩萨的侍童。

韦驮:手执金刚杵,为佛教护法神。

王母、龙君:为观音菩萨祝寿之神。

铁扇公主、云桥道人、猪八戒:观音菩萨点化强盗张佑大、李纯元等兄弟十人西天见佛修行,当他们来到火焰山、寒冰池和浪沙河时,观音菩萨唤铁扇公主渡他们过火焰山,唤云桥道人渡他们过寒冰池,唤猪八戒渡他们过浪沙河。

寒山、拾得:"我是招财利市仙,行行步步踏金钱,若有善人供佛,管取财利涌如泉。我本蓬头赤脚仙,潇潇洒洒戏金蟾,世人诚意来供佛,管取新年胜旧年。自家,寒山、拾得是也,原居人世,动获财利之百倍,今在天宫,普显神通于四海,人见蓬头赤脚,呼为利市招财,岂知道姓通名,本是寒山拾得。"

白猿猴、沙和尚:奉观音菩萨之命,一路护送傅罗卜西天求取佛法。

从以上可以看出,佛教神祇主要是起救苦救难作用。其中,释迦牟尼佛为救苦救难的总策划人,观音菩萨是其意旨的执行者,主要是阳间救苦救难之神,而地藏菩萨号称幽冥教主,主要是地狱中救苦救难之神。铁扇公主、云桥道人、猪八戒、白猿猴、沙和尚、招财利市仙、赤脚仙等都是观音菩萨请来帮助剧中人物的,如招财利市仙、赤脚仙是观音娘娘请来帮助傅罗卜经营生意,铁扇公主、云桥道人、猪八戒是观音娘娘请来帮助张佑大、李纯元兄弟十人过火焰山、寒冰池、浪沙河,去西天见佛参禅,白猿猴、沙和尚是奉观音菩萨之命一路护送傅罗卜赴西天见佛参禅。傅罗卜见佛参禅是为了方便入地狱追寻母亲的踪迹,张佑大、李纯元兄弟十人见佛参禅是为了日后辅佐傅罗卜摆设盂兰大会超度其母,剧中一切所行都旨在救母,反映了《目连戏》以佛教为中心的拯救苦难的主题思想。

（二）道教神祇与检察思想

道教神祇有玉帝、马将、赵公明、温琼、岳少保、金星、三官、雷公、电母、魁星、降生圣母、金童、玉女、五殿阎罗、判官、城隍、土地、社令、五猖、东厨司命、门神等，这些神祇及其功能表现如下。

玉帝：天界总管，位正中天，四海万灵咸仰赖，职临下土，十方三界尽皈依。

马将、赵公明、温琼、岳少保：玉帝殿前四大元帅，是玉帝的护卫神。

金星：太白金星李长庚，奉上帝御旨，巡视人间。

三官：天官、水官、地官，三官详察人间祸与冤，天官赐福，地官赦罪，水官解厄。天官职掌天曹，察人间善恶；地官赦罪，把素持斋，甘守清醮，善男信女尽皆超；水官职掌波涛，江流一派，逢厄遇难，一霎时风浪平消。玉帝封天官为南极长生大帝，封地官为清虚大帝，封水官为阳谷真君。

雷公、电母："电一掣时雷一震，乾坤教自此中行，一打不孝不悌，二打不忠不良，三打欺心盗贼，四打骗人扁虫，五打公门不法，六打牙人不公，七打挑唆使嘴，八打偷薄成风，九打养汉妇女，十打轻薄儿郎。劝君莫做亏心事，雷公电母放过谁。"

魁星："吾乃梓潼帝君门下科目文星是也，秀才学问有渊源，奈因他时乖运蹇，年来为善天膺眷，天遣我文星照，光生几筵，朱衣此去把头名显，使他居一品，中三元。"

降生圣母："人有善念天必从，古往今来事无疑。抱送麟儿，善门投胎。祈求子嗣看经典，广布施多结善缘，司命启奏天照鉴，赐麒麟儿奔走在黄金殿，使他生有托，福无边。"

金童、玉女："今有天官奏道，南耶王舍城中傅相好善，功满乾坤，德弥宇宙，玉帝命钦赏旨一道，命五殿查考，如果是实，即差金童玉女，带领白鹤，送入天官，无淹地狱。"

五殿阎罗、判官：五殿接旨，查考傅相寿数，发配天堂，查考刘青提寿数，发配地狱。

城隍："天有险，地有险，王公设险功非浅，筑斯城，凿斯池，统理乾坤显我灵，四方人鬼皆钦仰，国泰民安万物熙，城中都督城隍是也。"

土地、社令："土地职虽卑，近也先知，远也先知，土地事事腾，社令事事呈。"

五猖：五方五路猖神，前五里、后五里、左五里、右五里、中五里、五五二十五里，锁拿不正之神，保护地方安宁。

东厨司命:"世人谁能断烟火,烟火惟在灶司专,人家善恶详明记,晦日奏呈玉帝前。"玉帝封为南方火德星君。

门神:"两片柴扉由吾掌,万种妖魔没我侵。"

从以上可以看出,道教神祇主要是负责检察赏惩,其系统又分四个子系统,一是由门神、东厨司命、五猖、社令、土地、城隍构成地方检察系统;二是由金星和三官构成的上报下传的传达系统;三是由玉帝及其前的四大元帅构成的最高决策系统,决定赏善或惩罚;四是具体职能机构,如雷公、电母、五殿阎罗、判官执行惩罚功能,魁星、降生圣母、金童、玉女等执行赏善功能。这四个子系统以检察为主,检察在其整个系统中起到了决定性的作用,故检察思想是郑本《目连戏》中道教神祇的主要思想。

(三)阴间神祇与审判思想

阴间系统包括玉帝、东方枭鬼、金钱山、银钱山、破钱山、滑油山、望乡台、地狱桥梁刺史、鬼门关、一殿秦广王、二殿楚江王、三殿宋帝王、四殿五官王、五殿阎罗王、六殿广成王、七殿泰山王、八殿平等王、九殿都市王、十殿转轮王以及钟馗等,这些神祇及其功能表现如下。

玉帝:"南耶王舍城中,傅相之妻,罗卜之母,刘氏青提,身犯十恶等罪,命卿赍旨一道,命五殿查考,如果是实,即差东方枭鬼,捉到阴间,游遍十八地狱,不得有违。"

东方枭鬼:到阳间捉拿恶人到阴间。

金钱山、银钱山、破钱山:"一下打者为金钱,两下打者为银钱,阴间虽然领受,却皆不用,积在此地,堆成此山。那打不成者,烧不过者,阴间不受,堆成破钱山,使恶者奔波受苦殃。"

滑油山:"只因世人心地不肯光明,将青油自食,荤油点佛前之灯,佛爷不食,倾在此地,累成此山,使他到此遭魔障,一路昏昏不见光。但有恶人到此,打从此山经过,一走一走将上去,活辣火辣滚将下来,浑身跌如粉碎,尸首不得周全,又被孽风吹成活鬼,解往前途。"

望乡台:"只因阳世之人一朝死别,未免骨肉牵怀,故而设此望乡台,盼望家乡。此乃是天造地设,亡魂到此,便把家乡望。为善之人,登台便见家乡像,作恶之人,徒然登台盼望,一霎时红尘隔断,望不见家乡,望断肠,那时节悔已迟。"

地狱桥梁刺史:掌管三河,即金河、银河、奈河,金河上有金桥,银河上有银桥,奈河上有奈何桥。善人走金桥,步入升天门。善男信女走银桥,投生到人间。恶人走奈何桥,奈何桥下水滔滔,为恶之人,逼他到此桥心过,坠下波涛,汹涌中铜蛇乱咬,铁犬来攻,攻得他魂销魄散,下到地狱。

鬼门关:左为鬼门关,右为升天门,善人到此,上升仙界,恶人到此,又堕地狱。

一殿秦广王:职掌地狱两重,左曰刀山,右曰剑树,上接五殿鬼犯,下接九狱根源。

二殿楚江王:职掌地狱两重,磨来磨,碓来舂。

三殿宋帝王:职掌地狱两重,曰铁床,曰血湖,或火淋,或水浸。

四殿五官王:做人配对,如:叫做人的鬼过来,将他二人带去做,将男做女,将女做男。

五殿阎罗王:森罗殿,明镜台,牛头、马面两边排,作恶的拿来,为善的上天台。若无司报应也,谁肯阳间作善胎?掌理天曹是玉皇,人间敷治赖君王。天人两下皆兼理,地府阎王独主张。五殿阎罗天子是也。(与上面阎罗、判官同)

六殿广成王:掌管阿鼻地狱,如:把铜铁烊灌入恶人之喉。目连凭佛锡杖敲开此狱,把一狱鬼犯都放跑了。

七殿:剧中没有详细说明。

八殿:有夜魔城。目连凭佛神灯,照破此狱,放走一城鬼犯。

九殿:目连戏中独缺此殿,盖目连用神灯照破后,直接进入十殿。

十殿转轮王:职掌十三城,解脱魔命,到此尽超生。经历此殿后,刘青提投胎变犬。

钟馗:"唐皇敕赐青铜剑,斩尽凡间鬼妖魔。某,姓钟名馗,字斗根,只因七殿走了鬼犯,刘先方有书到来,接俺前去收鬼。"

从以上可以看出,阴间神祇主要是负责阴间的惩恶,其系统又分三个子系统,一是人死后由玉帝、五殿阎罗王和东方枭鬼构成的稽拿系统;二是由金钱山、银钱山、破钱山、滑油山、望乡台、地狱桥梁刺史、鬼门关、钟馗构成的收押系统,善人到此过金桥升入天堂,善男信女到此过银桥投生人间,而恶人到此过奈何桥堕入地狱;三是由十殿构成的地狱审判系统,如刘青提在此被判转生投胎为狗。

(四)临终追荐与超度思想

郑本《目连戏》中还有不少关于亡者临终时的追荐和超度仪文,反映了明清时期皖南地区民间的临终追荐与超度思想。

1. 傅相亡魂追荐仪文

（1）请佛教诸位菩萨

南无尽虚空界一切诸大菩萨,南无西方极乐世界一切诸大菩萨,南无十方三界一切诸大菩萨,南无大慈大悲救苦救难灵感观世音菩萨。

香才热,炉焚宝鼎中,旃檀沉浮真堪供,香烟缭绕莲花动,诸佛菩萨下天宫,清凉山,罗汉承受人间供。南无香云盖菩萨,菩萨摩诃萨。

漕溪水,一派向东流,观音瓶内除灾咎,醍醐灌顶涤尘垢,杨柳枝洒处润焦枯,咽喉中,甘露自有琼浆透。南无清凉地菩萨,菩萨摩诃萨。

（2）请道教诸天神圣

向来道场开启,法事祯祥。清茶一献,醴酒三樽。值符使者,急急来临。值符使者,向天曹地府,传水府阳元,遍往四部告诸天,伏望诸天神圣齐照鉴,龙车凤辇尽来临,同追荐,俯赐周全,将亡魂引上逍遥殿。

（3）奉劝亡魂

一张纸儿四角方,濛濛字儿写几行,拜上家中儿和女,今生不得转还乡。孝子虔诚,酒初当献。奉劝亡魂一炷香,在生之时昼夜忙,忙也么忙,那见忙魂得久长。无常到,只乐得南柯梦一场。

人生好似一张弓,弯弯曲曲在手中,有朝一日弓弦断,两手拿来总是空。孝子虔诚,酒当亚献。奉劝亡魂一枝花,在生之时昼夜巴,好似朝开暮落花。无常到,叫谁来替得咱。

人生在世无百年,斗勇争强总枉然。疏文通处齐照鉴,超荐极乐永无边。孝子虔诚,酒当三献。奉劝亡魂一盏灯,照破幽冥十八层,层也么层,你在灯光之下看得明。无常到,只乐得一程又一程。

三杯酒饭罢,酒杯放下,纸做银钱用火化。

（4）佛道混合,请上莲台

我本释迦尊,救苦的观音,十方童子把香焚,追荐亡魂登仙境,南无灵超生。

东方界阿弥陀佛如来,拜请东方青帝界,我今特请上莲台,惟愿降福来。

西方界阿弥陀佛如来,拜请西方白帝界,我今特请上莲台,惟愿降福来。

南方界阿弥陀佛如来,拜请南方赤帝界,我今特请上莲台,惟愿降福来。

北方界阿弥陀佛如来,拜请北方黑帝界,我今特请上莲台,惟愿降福来。

天照鉴虔诚拜祷,傅相他平生乐道,伏乞慈光普照,接引上莲台。

2. 刘青提盂兰会超度仪文

南无虚空界一切诸大菩萨,南无西方极乐世界一切诸大菩萨,南无十方三界一切诸大菩萨,南无大慈大悲救苦救难灵感观世音菩萨。

香才热,炉焚宝鼎中,旃檀沉浮真堪供,香烟缭绕莲花动,诸佛菩萨下天宫,清凉山,罗汉纳受香斋供。南无香云盖菩萨,菩萨摩诃萨。

漕溪水,一派向东流,观音瓶内除灾咎,醍醐灌顶不二勾,杨柳枝洒尽润焦枯,咽喉中,甘露自有琼浆透。南无清凉地菩萨,菩萨摩诃萨。

上来道场圆满,谨谨焚香,拜请天曹、地府、水国、阳元四部诸神,降临坛所。法水一洒,污秽清净。仙乐一奏,天地清宁。今为孝子傅罗卜,一心救母,削发为僧,赎犬归家。伏此中元佳节,地府赦罪之辰,大设道场,普叩佛力,拔亡于幽冥之府,超生于快乐之宫。再念祖宗源远,未报深恩,普叩追荐,绵绵齐度于仙桥,济济诞登于道岸。下暨孤魂野鬼,一齐脱化超生。取迎海众之同临,请看天花之乱坠。

道场圆满送如来,脚踏莲花朵朵开。惟有南风分北斗,北风吹送万年财。送龙神,归宝殿,南无驾祥云,文殊骑着青狮子,普贤跨着白鹤来。送龙神,归宝殿,南无驾祥云,昔年许愿在心头,今日酬还万事休。送龙神,归宝殿,南无驾祥云,小鬼忙把簿上来,判官忙把笔来勾。送龙神,归宝殿,南无驾祥云,奉送龙神归天去,一年四季保平安。诸大菩萨摩诃萨,摩诃般若波罗蜜。

从以上可以看出,亡者临终时的法事活动是由佛教和道教执行的,其中道教主要起追荐作用,佛教主要起超度作用。傅相和刘青提临终时虽然都请了佛道,但傅相生平为善,死后主要是由道教追荐升上天堂的,如"伏望诸天神圣齐照鉴,龙车凤辇尽来临,同追荐,俯赐周全,将亡魂引上逍遥殿。"这里的"诸天神圣"指道教诸神。而刘青提死后的超度仪式是由佛教的盂兰盆大会执行的,如"普叩佛力,拔亡于幽冥之府,超生于快乐之宫。"由此可见,道教和佛教在亡者临终时的作用是不一样的,道教适用于善人、善男和信女,而佛教适用于恶人如刘青提等。

（五）余　论

郑本《目连戏》中的道教神祇主要是起检察作用,检视人的日常行为规范,并给予相应的赏惩;阴间神祇主要是起审判作用,决定了人的未来命运;佛教神祇主要是起救度作用,帮助亡魂脱离阴间或地狱;而民间的临终追荐与超度思想则揭示了善人死后进入阴间直接由道教进行追荐即可升入天堂,而恶人死后沦入地狱则非经佛教大力超度不能出离,民间的临终追荐思想和超度思想实际上是道教检察思想和佛教救度思想在人临终时的一种应用。这些宗教思想藏身于佛教、道教和阴间三大系统之中,通过剧中人物的活动得以表现出来,因而剧中人物也分别象征了这三大系统及其宗教思想,如傅相生平为善,死后由道教追荐,被玉帝接入天界,因而是道教之象征;刘青提生前为恶,死后下地狱,并且遍游地狱,是地狱的现身说法;儿子傅罗卜为救母出家为僧,媳妇曹赛英为守节出家为尼,二者是佛教之象征,具体而言,傅罗卜是阿弥陀佛的象征,曹赛英是观音菩萨的象征,在《目连追犬》中,傅罗卜自曝自己与曹赛英的区别:"她是个南海清净观世音,我是个西方净土弥陀佛",即表明了这一点。此外,郑本《目连戏》的主要作用是劝善,故这四人也都是善的分身之神,其中,傅相修善,傅罗卜救善,曹赛英存善,刘青提劝善,傅相后被玉帝封为劝善大师,刘青提后被封为劝善夫人,戏中所有的角色最终都指向劝善,正如戏文所道"奉劝世间人,为善莫为恶"。而真正起劝善作用的乃是其背后的佛教、道教和地狱三大系统及其宗教思想,它们是善恶殊途的法理依据,向世人证明了信善的必要性,在明清三教衰落的时代背景下,民间信仰正恃此道存焉,故民国《祁门县志》曰:"支配三百年来中下社会之人心,允推郑氏,至今日而目连戏曲徽属而外,具流行于浙江之昌化、临安、于潜一带,其力量之久远溥极,洵为可惊也。"[1]可见郑本《目连戏》不仅对徽州,对皖南乃至江南地区都产生了重要的影响。

五　徽州民间信仰的价值

以上探讨了徽州的四大民间信仰,它们对徽州及周边地区产生了重要的影响,反映了徽州区域社会的主要精神价值。

世忠庙、忠烈庙和灵顺庙是徽州区域社会精神价值的象征。世忠庙祭祀程灵洗,程灵洗住在水边,夜梦水神,斩蜃于水,死葬水旁,始终不离于水,因而是徽州水精之象征。忠烈庙祭祀汪华,汪华"强起山谷",屯兵乌聊山,归葬云岚山,发迹于山,终归于山,因而是徽州山精之象征。灵顺庙祭祀人的五脏六腑,象征了徽州之人。三大祠庙的组合表达了这样一幅宗教意象:山赋予人以崇高,水赋予人以灵气,人在山水间,宛如画中仙。《论语·公冶长》曰:"知者乐水,仁者乐山,知者动,仁

---

[1] 胡光钊:《祁门县志》卷二《艺文志·目连救母劝善戏文》,民国三十三年铅印本。

者静,知者乐,仁者寿。"因而,世忠庙和忠烈庙还分别象征了徽州的仁智、动静和寿乐的精神。具体而言,世忠庙象征了徽州的水、智、动、乐,忠烈庙象征了徽州的山、仁、静、寿,两者是徽州人内外之德的化身,而灵顺庙是人体的机能,象征了徽州人的自性之德。《礼记·中庸》曰:"性之德也,合外内之道也,故时措之宜也。"世忠庙、忠烈庙和灵顺庙即是徽州人的"外内之道"和"性之德",即是徽州人的"时措之宜"。

程灵洗和汪华,一个生活于南朝梁陈时代,一个生活于隋末唐初,程灵洗代表了徽州迫于土著环境之艰辛而本能地向外发展求生,汪华代表了徽州鉴于唐初政治局势之不可图,退而求存,两者是徽州历史上内外两个宗教意象的完美结合。程灵洗代表了徽州"有为"的拓殖精神,汪华代表了徽州"无为"的明哲精神,由程灵洗信仰转到汪华信仰,是由外转而向内、由有为退而无为,是由动之静、周全自保以图将来的哲学。但是,汪华信仰并不是向内发展的逻辑终结,道教《太上九要心印妙经》曰:"动者,气也;静者,性也;性乃神也。"①"动"、"静"、"性"、"神"说明由外之内的逻辑进程必然会进一步导致向自身发展,并从自身引出一个神灵,这就是徽州的灵顺庙信仰。灵顺庙信仰代表了徽州人的神仙信仰和务本哲学,所谓君子务本,本立则道生,以道应天下,则能变化而无穷。因而灵顺庙信仰是紧随程灵洗信仰和汪华信仰而来的、代表了徽州"无为而无不为"的哲学精神,寓含了人的无限发展能力。程灵洗和汪华,两者都是达官贵人,徽州人选择这两个官场中人作为信仰的对象,反映了徽州人骨子里有一种很深的政治情结。灵顺庙信仰是关于人体器官的信仰,也与"官"沾了点边,所不同的是,程灵洗和汪华反映的是身外之官,而灵顺庙反映的是身内之官。但无论是前者,还是后者,它们都缺乏实质性的内容,缺乏贯穿彼此的内在统一性,三者只是徽州民间信仰的基本框架。因而,必定还有一个更为灵韵的东西在后头,最终将超越三者并充实灵顺庙的肌体,这便是人的存性之善,亦即徽州《目连戏》的劝善信仰。

这四大信仰是一个不断由外及内的过程。世忠庙反映了徽州人的外在世界,忠烈庙反映了徽州人的内在世界,灵顺庙反映了徽州人的主观世界,由外及内以至主观世界的发展,反映了徽州民间信仰不断内隐的特点,而目连戏则反映了这个内隐世界对善的执著与追求。世忠庙以程灵洗的惠政,教导人们不要忘本,多做家乡事业;忠烈庙以汪华为徽州土主,教育人们立足徽州,服务地方。因而四大民间信仰反映了徽州人服务家乡,立足地方,不断退隐,皈依善良的主题思想。这是徽州民间信仰的特质,也是徽州绝大多数人的信仰。

---

① 《太上九要心印妙经》,明正统道藏本。

第五章　徽州宗教信仰与徽州社会

徽州宗教信仰包括儒释道三教和民间信仰。其中,三教对徽州的影响可以划分为三个时期:早期三教对徽州的影响主要是道教,道教与徽州有着天然的联系,为日后徽州社会的发展准备了条件;唐宋元时期徽州提倡三教,儒释道都有长足的发展,共同促进了徽州社会的进步;明清时期由于国家宗教政策的改变,儒教日益强化,佛道日渐逡弱,徽州道教和佛教开始由民间转向道场,促使明朝中后期齐云山道教和黄山佛教的兴起,大大促进了徽州社会的发展,但与此同时,徽州民间宗教信仰结构的变化也给徽州社会的发展带来了日益严重的负面影响。在民间信仰部分,徽州民间信仰对徽州的影响主要是通过徽州祥异和徽州隐逸表现出来的。徽州祥异是徽州民间的一种政治批评,体现了徽州民间信仰的基本价值。徽州隐逸独标"隐"和"善",高蹈"全生全归",是徽州民间信仰价值的现实化、生活化和精致化之运用,对徽州社会产生了深远的影响。

具体而言,徽州宗教信仰对徽州社会的影响以早期的轩辕、唐朝的灵顺庙、宋朝的程朱理学、明朝齐云山的玄武、清朝黄山的文殊等为主,至轩辕而徽州之教始定,至灵顺而徽州之境始定,至程朱而徽州之政始定,至玄武而徽州始大,至文殊而徽州散为万殊。

一　早期道教信仰与徽州社会

我国封建社会的宗教政策大凡有三变,即唐朝以前是早期草创时代,唐宋元时期是大力创建和积极发展时代,明清时期是三教衰落和严格管理时代。早期三教对徽州的影响以道教为主,徽州一些名山早期均与道教有关。"相传黄山为轩辕与容成、浮丘炼丹处",汉末会稽太守陈业、晋代南昌的罗文佑等均在黄山修炼过。徽州又有"三天子都",也名"率山",传说黄帝曾到过此山,明《齐云山志·序》曰:"率山者,山海经所载蛮山也,为江南陬区鼻祖,古尊三天子都即此,若黄山、大鄣山皆其衍脉一,再衍而为齐云山。"说明"三天子都"也是徽州早期的道教名山之一。早期名山与道教的结合赋予徽州以特殊的内涵。徽州古称歙县或州,歙县为秦汉时置,秦汉时流行道教神仙思想,而"歙"字为"合"与"羽"字之结合,象征了飞仙降临之义,加之与"轩辕"和"(三)天子(都)"的关系,从而使歙州成为一个道教与政治的特殊结合体,这从后来徽州的建置上也可看出。宋徽宗宣和三年改歙州为徽州,宋徽宗尝自称"教主道君皇帝",徽州与徽宗同一字,则其建置是否也含有道教之义呢? 从"徽"字的造字结构看,分明是像人在山上学道之象①,则其取名多少与道教有关。总之,无论是早期的道教传说,还是歙县和徽州的建制,似乎都向人们暗示了徽州与道教和政治的某种天然的联系,这一联系为日后齐云山道教和程朱阙里的形成以及它们与宋明王朝的特殊关系奠定了基础。此外,"相传黄山为轩辕与容成、浮丘炼丹处"尚有二义:一是,轩辕与容成、浮丘皆是北方人,北方人来黄山,表明徽州是北人南徙的理想之地;二是,"炼丹"说明"丹"尚处于"炼"之阶段,表明早期徽州社会尚未定型。

二　唐宋元三教繁荣与徽州社会

唐朝是我国历史上著名的佛学时代,唐代统治者姓李,以老子后裔自居,故唐代佛教和道教俱流行。宋朝实行右文政治,不但流行佛教禅宗,于道教信仰亦不遗余力,赵氏不仅捏造了一个道教祖先赵玄朗,宋徽宗甚至以教主道君皇帝自命。元代是由蒙古族建立的国家,少数民族尤其信奉宗教,《元史》曰:"第以道释祷祠荐禳之盛,竭生民之力以营寺宇者,前代所未有。"②元朝还将人分成十类:一官、二吏、三僧、四道、五医、六工、七猎、八民、九儒、十丐,可见佛道的地位是很高的,尤其是对佛教更是推崇之极。此外,唐宋元的统治者还大力扶植地方宗教文化的发展,如《宋史》曰:"自开宝、皇祐以来,凡天下名在地志,功及生民,宫观陵庙,名山大川能兴云雨者,并加崇饰,增入祀典。熙宁复诏应祠庙祈祷灵验,而未有爵号,并以名闻,于是太常博士王古请:'自今诸神祠无爵号者赐庙额,已赐额者加封爵,初封侯,再封公,次封王,生有爵位者从其本封。妇人之神封夫人,再封妃。其封号者初二字,再加四字。如此,则锡命驭神,恩礼有序。欲更增神

---

① 徽由"彳"、"糸"、"山"、"攵"组成。"彳"三画为三人,暗示多人,"糸"、"山"指在山上,"攵"本义为教学,合而言之,指三人在山上学道。康熙《徽州府志》曰:"相传黄山为轩辕与容成、浮丘炼丹处",也是三人。
② (明)宋濂:《元史》卷七十二《祭祀一》,文渊阁四库全书本。

仙封号,初真人,次真君.'大观中,尚书省言,神祠加封爵等,未有定制,乃并给告、赐额、降敕。……故凡祠庙赐额、封号,多在熙宁、元祐、崇宁、宣和之时。"①唐宋元统治者的宗教政策及其做法无疑对徽州产生了深远的影响。

徽州在历史上是一个移民社会,唐宋元时期是徽州移民社会高度发展的时期,外来移民与徽州土著相融合,重新组合成一个新的区域社会,其形成的标志便是唐朝对徽州土主汪华的册封。适应这个新的区域社会的形成及其发展的需要,徽州儒释道三教也有了很大的发展。在儒教方面,徽州成为"道德之乡"、"文公阙里"、"程朱阙里"和"东南邹鲁"。在道教方面,唐朝婺源县的建立"以女宿得名",宋朝齐云山真武祠的建立"上应天象"、"为玄帝宫焉"。在佛教方面,唐末歙县建应梦罗汉院"要使邦人习气移",元朝歙县天宁万寿禅寺被誉为"郡都道场"等。说明三教对徽州社会共同体的形成和发展起到了重要的促进作用。三教中对徽州影响最大的当属程朱理学。弘治《徽州府志》曰:徽民"性刚喜斗","旧志前辈以材力保捍乡土,唐黄巢之乱,中原衣冠避地于此,益尚文雅,宋名臣辈出,多为御史、谏官者,自朱子而后为士者多明义理之学,称为东南邹鲁。"②"尚武之风显于梁陈,右文之习振于唐宋。"③说明唐宋时期徽州社会经历了很大的变化,这一变化主要是由程朱理学造成的。程朱理学既是儒教独立发展的产物,又是受道教和佛教的影响而形成的一种特殊形态的宗教,它促进了徽州社会风气由武风向文风的最终转变。

与此同时,三教也成为徽州民间宗教信仰的主要内容。《馆田李氏宗谱》曰:"八万公迁太平沟村,为我馆田一世祖也;八万公生千三公,性好善道,契松谷祖师,为结茅庵于天都峰下,为馆田二世祖也;千三公生社乙公,为三世祖也;社乙公生老一、佛二、关三三公,关三公卒葬陈村里蛇形,为四世祖也。"④社乙公,"千三公之子也,幼从张松谷先生受易义,阐伊洛之学,探皇极之秘,欣然有得,辄废寝忘食。元大德四年庚子,先生坐化于黄山青龙潭上,公为建浮屠,梓遗草,心丧三年,岁时致祭。"张松谷,又名张真人,是宋元之际一位佛道人物,千三公为之"结茅庵于天都峰下",张松谷死后,社乙公又为他"建浮屠,梓遗草,心丧三年,岁时致祭",并且以儒释道分别给自己的三个儿子取名"老一、佛二、关三",说明了宋元时期徽州民间信仰中三教合一的特点。这一特点还见于徽州民间最为流行

---

① (元)脱脱:《宋史》卷一百五《志第五十八·诸神祠》,文渊阁四库全书本。
② (明)汪舜民:弘治《徽州府志》卷一《风俗》,弘治十五年刻本。
③ 许承尧:《歙县志》卷一《风土》,民国二十六年铅印本。
④《馆田李氏宗谱》卷首《重修馆田族谱源流志》,光绪十三年刻本。

的汪华信仰和程灵洗信仰中。在程灵洗信仰中,程灵洗早年的传说属于道教的版本,后来的发迹故事属于儒教的版本,因而程灵洗信仰体现了儒教和道教的结合。而在汪华及其从神信仰中,汪华父亲"僧莹"、从弟"铁佛",皆与佛教有关。汪华又称汪王,唐朝时徽州有高僧清素禅师,"时扬州刺史陶雅祈雨汪王庙,梦汪王曰:'师(清素)为水晶宫菩萨,有五龙行雨,不由天降。'陶请之,果然。"①反映了当时以汪华为代表的徽州儒教与佛教的结合。

　　在徽州宗教信仰中,三教的结合莫过于道教和儒教的结合。徽州儒教和道教有三次成功的结合,并对徽州产生了深远的影响。这三次分别是唐初汪华与歙县灵顺庙的结合、唐末胡瞳与婺源灵顺庙的结合以及南宋朱熹与齐云山玄武祠的结合。歙县灵顺庙建立的次年汪华受朝廷册封,婺源灵顺庙建立的次年胡瞳受朝廷册封,齐云山玄武祠建立的次年朱熹受朝廷册封。三庙之建立,乃有三位英雄之成立,这绝非巧合。

(一)唐初汪华与歙县灵顺庙的结合

　　据宋代罗愿的《新安志》"新安之神"载:汪华,绩溪人,在隋末大业之乱中以土豪应郡募,"平婺源寇有功",寻为众所推据歙乌聊山以保郡境。时四方割据,建号者众,乃稍以兵取旁郡,"并有宣杭睦婺饶五州",带甲十万,建号吴王。唐武德四年遣使纳款于唐,高祖嘉之,使持节"总管歙宣杭睦婺饶等六州诸军事"。武德七年朝于京师,贞观二年授左卫白渠府统军事,参掌禁兵,贞观十七年改忠武将军行右积福府折冲都尉,太宗征辽东为九宫留守,贞观二十二年三月三日薨于长安。永徽中归葬歙县,立祠祀之。②

　　弘治《徽州府志》本府"灵顺庙"曰:"唐贞观元年五月十三夜,红光接汉,祥彩腾远,郡人惊骇,至山下观神五人黄衣道装自天而降,立双杉之上。翌日父老想象立祠,旱涝祷之辄应,民有疾厉以告于神皆获全安。近双杉上小庙尚存,此乃初发迹之祖也。"③本府"灵顺庙"亦即歙县灵顺庙,以其府治在歙县故。

　　由上可知,歙县灵顺庙建立于唐贞观元年,而此时"徽州土主"汪华正"朝于京师",贞观二年即"授左卫白渠府统军事,参掌禁兵",此后平步青云,一直到死,则灵顺庙的建立时间正值汪华发达之际。不难看出,灵顺庙实是附会汪华而建,弘治《徽州府志》亦曰:"此乃初发迹之祖也"。同书"忠烈庙"曰:"徽州土主汪王

　　① (明)汪舜民:弘治《徽州府志》卷十《寺观·广福宝林禅院》,弘治十五年刻本。

　　② (宋)罗愿:《新安志》卷一《祠庙·新安之神》,嘉庆十七年刻本。

　　③ (明)汪舜民:弘治《徽州府志》卷五《祀典·本府·灵顺庙》,弘治十五年刻本。

福佑一方”，而灵顺庙的五位神仙亦曰：“吾当庙食此方，福庇斯人。”汪华庙中也有五位神主，即汪华、毛甘、汪节、汪铁佛、汪天瑶，五人都是徽州人，正好匹配灵顺庙中的五位正神。可见二者的相通之处，实可合而为一。

（二）唐末胡曈与婺源灵顺庙的结合

宋代罗愿的《新安志》曰：“胡仆射曈者，婺源清华人，少负才勇，为乡人所畏服。唐僖宗广明初，黄巢犯宣歙，曈起义集壮士御之境上，屡与巢兵鏖战，贼众败走，井里获全，都统郑畋、王铎前后上其功，授宣歙节度讨击使、银青光禄大夫、检校国子祭酒兼殿中侍御史上柱国。光启三年，升兼御史中丞。后杨行密观察宣歙，复表其劳效，加左散骑常侍，又进检校尚书右仆射，兼御史大夫。卒葬邑之洋莪。乡人慕曈忠义立祠祀之，水旱疾疫，有祷必应，大著灵异焉。”①

弘治《徽州府志》婺源县“灵顺庙”引《祖殿灵应集》曰：“唐光启二年，邑人王瑜有园在城北隅。一夕，红光烛天，见五神自天而下，威仪如王侯，黄衣皂绦，据胡床呼而言曰‘吾当庙食此方，福庇斯人。’言讫升天去，明日一人来相宅良佳处也。王瑜闻之有司，捐地输币肖像建庙，复拨水田为修造洒扫之备。四方辐辏，祈祷立应，闻于朝，累有褒封。”②

婺源灵顺庙建于唐末光启二年，而光启三年胡曈升兼御史中丞，平步青云。胡曈起兵于婺源，卒葬婺源，其事迹一同汪华，而最重要的是胡曈是婺源清华人。弘治《徽州府志》婺源“灵顺庙”曰：“唐开元初，五显神降于（婺源）清化（华）。”③循例责实，则有婺源灵顺庙的建立及其附会胡曈的故事。

（三）南宋朱熹与齐云山玄武祠的结合

（见下文“齐云山道教、黄山佛教与徽州社会发展”以及第二章中“齐云山玄武的本体是汪华和朱熹”）

如上所述，徽州灵顺庙的建立有两说。歙县说是附会汪华，婺源说是附会胡曈，两者均以武力保卫徽州，事迹相同，故其附会之神亦同，都是五显神。据婺源灵顺庙的记载，灵顺庙的建立者为唐朝王瑜。“王瑜”二字拆开即成“王”、“王”、“俞”，其中，两“王”分别象征了汪华和胡曈，而“俞”是庙屋的形状，谐音为“御”，故又有御敌之意。五显神及其从神象征了徽州的空间区域，而汪华和胡曈所要

① （宋）罗愿：《新安志》卷九十六《胡仆射传》，嘉庆十七年刻本。

② （明）汪舜民：弘治《徽州府志》卷五《祀典·婺源·灵顺庙》，弘治十五年刻本。

③ （明）汪舜民：弘治《徽州府志》卷五《祀典》，弘治十五年刻本。

保护的也正是这个空间区域,二者的内涵是一致的,故而民间说灵顺庙的建立者为王瑜,这实际上等于说:徽州在唐朝的建立者是汪华和胡瞳。

　　齐云山的玄武用以附会朱熹,相传玄武"乃百鸟衔泥塑立",泥乃徽州之泥,表明玄武的肉身出自徽州,而其时朱熹为徽国公,后又称齐国公,故玄武的本体应是朱熹。之所以用五显神附会汪华、胡瞳,是因为五字代表了徽州,而汪华、胡瞳均以保卫徽州著称,汪华与胡瞳均可纳入五显神这一神系。之所以用玄武附会朱熹,是因为朱熹以道学平天下,道即玄,"玄"含有太一之义,又与"文"形似,而朱熹号称文公。在《三教源流搜神大全》和道教《搜神记》中,玄武是一位佐玉帝荡平人间魔乱之后"凯还清都面朝金阙"接受册封之神,其事迹与形象特像汪华,那么,他是不是又是汪华的象征?汪华在宋朝被封为"仁武神英圣王",是徽州惟一封赐中带"武神"的英雄,与"玄武"之"武"神是不是仅是一种巧合?汪华的忌辰是三月三日,而据《三教源流搜神大全》载,玄武的诞辰也是三月三日,是否暗示了二者之间的某种联系?明《齐云山志》云"(齐云山)测野在斗牛之墟而虚危之宿值焉","斗牛之墟"即歙县,是为汪华的道场,是否又是汪华与玄武之间关系的暗示呢?因而,能否这么认为:玄武之"武"象征了汪华,玄武之"玄"象征了朱熹,玄武是汪华与朱熹的综合之神,是徽州区域社会精神高度凝练的神学象征?

(四)徽州五显信仰与徽州天文地理的关系

　　唐朝时徽州形成的最重要的信仰是关于五和六的信仰,如灵顺庙供奉着五位正神和六位从神,汪华"总管六州",徽州又领六县等。这一信仰的形成是由多方面的因素造成的。

　　首先,它的形成与斗牛二宿有关,是徽州天文地理观念的反映。弘治《徽州府志》曰:"本府在汉为丹阳都尉治,正当斗分。按古丹阳,歙县地,是斗牛之交也,自南斗十二度至婺女七度,于次为星纪。"[①]这里的斗即二十八星宿中的斗宿,也称南斗,为北天七宿之一。《尔雅》曰:"牵斗牛者,日月五星之所终始,故谓之星纪。"又曰"南斗,天汉之津梁。"[②]《史记》曰:"南斗、牵牛、须女皆为星纪,于辰在丑。"[③]表明斗牛二宿具有相交之义。相交为五,《说文解字》曰:"五,五行也,从二,阴阳在天地间交午也,凡五之属,皆从五。×,古文五省。"[④]×即相交之

① (明)汪舜民:弘治《徽州府志》卷一《分野》,弘治十五年刻本。
② (晋)郭璞注、(唐)陆德明音义、(宋)邢昺疏:《尔雅注疏》卷五《释天》,文渊阁四库全书本。
③ 《史记》卷二十七《天官书》"婺女"下注。
④ (汉)许慎:《说文解字》卷十四下,文渊阁四库全书本。

义,也即五。故道家将五气归于北方天上,有东方九气青天、南方三气丹田、西方七气素天、北方五气玄天之谓。①古代徽州信仰道教,也信仰北方五气玄天,宋代齐云山的玄武信仰即是对北方五气玄天的信仰。而在唐代,对五气的信仰却选择处于"斗牛之交"、"正当斗分"的歙县作为州治,五位正神"从天而降",正是对北天五气信仰的一种表现。据说明朝高僧普门唯安来徽州时,"尝梦佛祖予以五色土",而唐朝高僧清素来徽州时尝拈"文殊遣我来"之语,这里的文殊系五字五髻文殊。可见徽州与五字的特殊关系,不仅有天文根据,且有历史渊源。

与此同时,六位从神则象征了六县。徽州处于"斗牛之交",斗宿和牛宿各有六星,故出六位从神以像六县之地。徽州历史上向有一府六县,这一建置始自汉末。宋代罗愿的《新安志》曰:"秦并天下置黟、歙二县,属鄣郡","(汉)献帝建安十三年,吴主孙权遣威武中郎将贺齐定黟、歙,分歙为始新、新定、黎阳、休阳,并黟、歙为六县,以为新都郡。"晋武帝时改称新安郡,仍领六县,"自后或并或分"。至隋开皇九年改郡为歙州,领黟、歙、海宁三县。至唐大历五年"复统六县"②,分别为歙县、休宁县、黟县、绩溪县、祁门县、婺源县,州治在歙县,此后成为定制,惟于宋徽宗宣和三年改歙州为徽州。可见,唐朝是徽州区域发展的重要时期,徽州重新恢复了汉末六县的建制,究其根本原因,还是与古徽州人法天取象的天文意识有关。

其次,它的形成与《易经》中的"天五地六"也有关系。《易经·系辞》曰:"天一地二,天三地四,天五地六,天七地八,天九地十,天数五,地数五,五位相得而各有合,此所以成变化而行鬼神也。"宋代刘牧的《易数钩隐图》曰:"天一地二,天三地四,天五地六,天七地八,天九地十,此乃五行生成之数也。天一生水,地二生火,天三生木,地四生金,天五生土,此其生数也,如此则阳无匹、阴无偶,故地六成水,天七成火,地八成木,天九成金,地十成土,于是阴阳各有匹偶而物得成矣,故谓之成数也。"③可见,五和六的关系乃是生数与成数的关系。《系辞》曰:"大衍之数五十,其用四十有九,分而为二以象两,挂一以象三,揲之以四以象四时,归奇于扐以象闰,五岁再闰故再扐,而后挂天数五、地数五,五位相得而各有其合,天数二十有五,地数三十,凡天地之数五十有五,此所以成变化而行鬼神也。"将天数二十五、地数三十各除以五即成"天五地六"之数。

①《元始无量度人上品妙经四注》卷二"三十二天"曰:"此四方之天即东方九气青天,南方三气丹天,西方七气素天,北方五气玄天。"
②(宋)罗愿:《新安志》卷一《州郡沿革》,嘉庆十七年刻本。
③(宋)刘牧:《易数钩隐图》卷中,文渊阁四库全书本。

由是论之,五和六是天地的简数,二者在天文上组成五天一候、六候一月的基本节律变化。此外,在《易经》中,五、六还是风、土、水的象征。《易经》所谓"乾一、兑二、离三、震四、巽五、坎六、艮七、坤八",其中坎是水,巽是风,"坎六"表明六是水数,"巽五"表明五是风数,同时《易经》又有"天五生土"之说,表明五又是土数。因而五和六象征了风、水、土,徽州的五、六信仰即是对徽州风水、水土的信仰,亦即是对徽州之信仰。五、六还是天干地支的简数,十天干是宇宙的方位图,十二地支是宇宙的时间图,因而五、六还象征了宇宙时空。这样,五、六既是对徽州之信仰,又是对宇宙之信仰,复是对宇宙生生不息之道之信仰,同时,正如前面所述灵顺庙的本质,它又是对身体内秘科学之信仰。这些信仰统以《易经》为代表,以周易六爻范围天地之化以合徽州六邑之数,以乾卦九五体现天地之尊以合徽州黄帝故地之义。

另外,它的形成还与道教信仰有关。歙县上应牛宿、斗宿,二者在道教中分别为"东第七兜术天"和"东第八不骄乐天"。《元始无量度人上品妙经四注》卷二"东第七兜术天"唐朝李少微注曰:"此天色碧气,系北方牵牛宿,帝讳无上,主明无上之道,六色尘俱染,初出欲界,犹染色尘。""东第八不骄乐天"注曰:"此天色紫气,系北方斗宿,帝讳吁真,主炼度朽骸,一色尘粗净,五色尘粗染。"说明歙县的天文与五色尘和六色尘有关系。而婺源县上应女宿,也与五、六有关,"东第六上监天"注曰:"此天色黑气,系北方须女宿,帝讳玉真,主开度幽难,五欲根粗净,一欲根粗染,以上六天谓之欲界。"据此也就不难理解为何徽州灵顺庙最早建立在歙县和婺源县了。

宋朝徽州玄帝信仰的形成也与天文和道教有关。玄武为斗牛女虚危室壁七宿所构成,而齐云山上应虚危,为"玄帝之宫",因而玄武无疑就成了徽州之神。如果说五显灵顺信仰尚是单个星宿的信仰,那么玄武信仰则走向了诸宿之联合,反映了宋朝时徽州内部各县之间的紧密关系,表明徽州社会已经发展到了一个更高的层次,正如玄武既是徽州神,又是国家神,此时的徽州正由地方信仰逐渐迈向国家信仰。

徽州先有五显信仰,后有玄帝信仰,从五到玄的发展与宇宙天文知识有一定的内在联系。根据"天道左旋,地道右旋"的原理,凡在地球上东方之数会变成天上的南方之数,地上南方之数会变成天上的西方之数,地上中央之数会变成天上北方之数,地上西方之数会变成天上东方之数。《洛书》曰:"天一与地六合于北而生水,地二与天七合于南而生火,天三与地八合于东而生木,地四与天九合于西而生金,天五与地十合于中而生土。"①讲的就是地数。由《洛书》演化而来的《易经》系辞和《礼记》月令中也讲到东方之数八、南方之数七、西方之数九、中央之数五、北方之数六,而在道教中却变成了东方九气青天、南方三气丹天、西方七气素天、北方五气玄天、中间一气大罗天。其中南方三气丹天也就是东方数八,只是根据《洛书》和《易经》中"天三生木,地八成之"的原理取三不取八而已。同样,中间一气大罗天本为北方之数六,取一不取六,也是根据《洛书》和《易经》中"天一生水,地六成之"的原理。因而,在地上为中央之数,到了天上就变成了北方之数,五显也就变成了北方的玄武,这也就是徽州为什么既有五显信仰、又有玄帝信仰的原因,二者的内涵其实是一致的,故元朝张理曰:"六位之经无玄武之数者,北望惟见斗枢、辰极也,故斗谓之北斗,辰谓之北辰,虽名曰北而实天中,是一六太极之数,潜宿于五也。河图六一居亥子之北,五居中央,是中央与北皆得太极之数也。"②

五含有相交和生成之意。《说文解字》曰:"五,五行也,从二,阴阳在天地间交午也。"《玉篇·午部》曰:"午,交也。"《文源》曰:"五,本义为交午,假借为数名。二象横平,×象相交,以二之平见×之交也。"故《易经》有"天五生土"之说。可见,五具有相交和生成之义。《灵宝无量度人上品妙经》曰:"元始安镇,敷落五篇,赤书玉字,八威龙文,保制劫运,使天长存。"因而,五还具有"保制劫运,使天长存"之义。唐代时徽州正处于一个新的区域社会的形成时期,五字信仰正是这一形成状况的反映,寓含了徽州人对这个新社会的美好期许。

总之,唐宋元时期徽州儒释道三教既相对独立发展,又相互融合形成新的宗教文化与民间信仰,共同促进了徽州社会的发展与进步。

三 明清三教衰落与徽州社会

明清时期三教衰落,国家对佛道的宗教政策从紧从严,一些民间宗教被视为"淫祠"或"异端"而备受打击。与此同时,儒教由于地方宗族势力的发展和国家的扶持而得以空前强化,导致三教结构失衡,三教的关系日趋紧张,严重影响了社会的可持续发展。于是明朝中后期出现了以程敏政和汪道昆为代表的徽州精英们吁求三教合一的时代呼声与努力,希望通过三教的整合来解决徽州发展中日益遇到的宗教信仰问题。

---

① 《周易图》卷上《洛书数》,明正统道藏本。
② (元)张理:《大易象数钩深图》卷中《六位三极图》。

（一）明清王朝的宗教政策与民间宗教信仰的畸形发展

明清王朝对佛教和道教实行严格的管理，控制其发展。以徽州为例，明朝程敏政曰：“我高庙混一，初尝命官考正祀典，而释老二氏之宫获存者，视前代不啻十之一二，若徽之休宁计其额几以百数而获存者四焉，其严如此。”①弘治《徽州府志》曰：“江南有寺观始于三国吴而本府有寺观则始于晋，历唐及宋元而益炽洪。惟我高皇帝稽古为治，于佛老虽不废其教而给牒度，天下郡邑僧道则有定额，未尝少滥。洪武二十四年又下归并之令，合数寺观各立一丛林，且严私创庵院之律，故本府寺观皆仍前代之旧，未尝少有私创者。”②这段材料至少说明了三点：第一，明代徽州地区宗教信仰兴盛，“历唐及宋元而益炽洪”；第二，明朝统治者对佛教和道教实现严格的控制，“于佛老虽不废其教而给牒度，天下郡邑僧道则有定额”，“合数寺观各立一丛林，且严私创庵院之律”；第三，明代徽州寺观的总数量未见发展，“本府寺观皆仍前代之旧，未尝少有私创者”，“视前代不啻十之一二”。在儒教方面也有去佛道化的倾向，如简化神祇、取消诸神封号。《明史》曰：“若夫厘正祀典，凡天皇太乙六天五帝之类，皆为革除，而诸神封号悉改从本称，一洗矫诬陋习，其度越汉唐远矣。”③弘治《徽州府志》曰：“洪武四年太祖高皇帝大正祀典，凡昏淫之祠一切报罢，徽之所存惟越公及陈将军程忠壮公二庙。”④明朝的宗教政策基本为清朝所继承，清朝还增加了打击民间宗教的力度，如康熙“圣谕十六条”之一的“黜异端以崇正学”⑤，将民间宗教视为“淫祀”或“异端”，坚决予以取缔和打击。光绪《重修安徽通志》曰：“古圣王先成民而后致力于神，祀典之设凡皆以为民也。风云雷雨山川、社稷、先农诸坛，民生之所瞻仰而庇赖，报功崇德，率土攸同。若乃法施于民，以劳定国，以死勤事，御大灾，捍大患，其有合于祭法者，则各视郡邑之所宜而庙祀之。国家典隆祠享，治洽幽明，诸所建修饬有司，将事吉蠲，春秋匪懈，粢盛笾豆，感格馨香，夫是以民和年丰而神降之吉也。非是者谓之淫祀，淫祀弗福。康熙五十年十二月丁卯谕以除原有寺庙外，其创建增修永行禁止。”⑥与此同时，明清王朝积极扶持儒教的发展，将地方儒教纳入国家祀典的范围，增加地方祠庙中儒教人物的祭祀，使儒教日益官方化、政治化、地

---

① （明）程敏政：《篁墩文集》卷十八《重修仁王院记》，文渊阁四库全书本。
② （明）汪舜民：弘治《徽州府志》卷十《寺观》，弘治十五年刻本。
③ （清）张廷玉：《明史》卷四十七，文渊阁四库全书本。
④ （明）汪舜民：弘治《徽州府志》卷五《祀典·忠烈庙》，弘治十五年刻本。
⑤ 《圣祖仁皇帝圣训》，文渊阁四库全书本。
⑥ （清）沈葆桢：光绪《重修安徽通志》卷五十四《坛庙》，光绪四年刻本。

方化和宗族化。明清王朝的宗教政策直接导致了佛教和道教的衰落,破坏了三教结构的内在平衡,也使儒教日益僵化,不利于宗教信仰的正确发展。

宗教是人的终极关怀,是社会道德、伦理观念和价值形态的重要载体,一般而言,人口越多,经济越发达,社会越发展,人的宗教需求就越强烈,而明清时期的人口、经济和社会的发展程度都远远超过了历史,明清王朝的宗教政策显然是与当时的实际需要相脱节。以徽州为例,据道光《徽州府志》载,明朝弘治四年和万历六年徽州人口总数是分别是65 861人和566 948人,在近90年的时间里增长了8.6倍。①另据徽州《馆田李氏宗谱》载,"吾乡……属望仙图,五六七甲",若按明朝弘治四年徽州户平均口数9.08人②、每甲10户计算,五六七甲应该有454～636人,但到了清朝嘉庆、道光年间,"一乡之内一姓之族祁祁焉济济焉,盖已逾五千人矣",与明朝弘治四年相比平均增长了9.17倍。多余的人口对宗教信仰提出了更多的需求,如道光年间歙县修禹王庙,"合郡绅士乐输者争先恐后"③。但受明清王朝宗教政策的影响,徽州同样要打击"淫祀"和"异端",如程敏政的《篁墩文集》曰:"新安旧俗有得于先正之遗风,故好礼尚约,无慕于豪侈之习,四方以为难,数十年来渐以销斁,而莫甚于亲丧饰殡仪、崇佛事,僭仪逾越,所费不赀……(翠环处士胡士仪)以义复里社之祠便祈谢,而淫祀佛老一屏绝之。"④清朝绩溪《石川周氏祖训十二条》"十杜邪风"曰:"近世僧道又添出恶习,聚众金鼓狂奔呼喊作暴戾之气,引妖魅之风,乃王法所当禁者。一村钱谷有限,都在塑佛造寺延僧布施上用了,所以族中一切正事都无力去做。"⑤表明清朝绩溪的民间宗教信仰已处于一种极不正常的状态。这一状态与清朝对民间宗教的严厉打击以及佛道的衰落和人口的大量增长密不可分,说明民间宗教信仰问题已严重影响到了日常生产。

明清王朝宗教政策的转变是由多方面的原因造成的,除了人口的增多、佛道的衰落、儒教的强化等原因外,还与当时的政治状况有密切的关系。如明太祖曾出身于佛教,即位之后对自己的出身一直讳莫如深。当时有杭州教授徐一夔上表曰"光天之下,天生圣人,为世作则"等语,帝览之大怒曰:"生者僧也,以我尝为僧也;光则剃发也;则字音近贼也",遂斩之。⑥后有建文帝逊国,民间又揭其出家

① (清)夏銮:道光《徽州府志》卷五《食货志》,道光七年刻本。
② 梁方仲:《中国历代户口、田地、田赋统计》,上海人民出版社1980年版,第203页。
③ (清)夏銮:道光《徽州府志》卷三《坛庙》,道光七年刻本。
④ (清)夏銮:《篁墩文集》卷四十六《翠环处士胡君墓志铭》,文渊阁四库全书本。
⑤ 《仙石周氏宗谱》卷二《石川周氏祖训十二条》,宣统三年刻本。
⑥ 赵翼:《廿二史札记》卷三十二《明初文字之祸》,中华书局2005年版。

之说,民国蔡东藩评之曰:"想是太祖僧缘未满,故令乃孙再传衣钵,乃祖以僧而帝,乃孙由帝而僧,往复循环,殆亦明史中一大异事耶。"①至清朝而又有顺治帝出家之说,隐为一代宫廷秘史。迨至雍正参禅,暴政与禅佛并存,以人王而兼领法王,及死后而不保首领,又成为一代莫大的讽刺。明太祖对佛教的态度可作明初讳佛之一论,而建文帝、顺治帝是否出家,因事涉朝廷政治,在当时也被视为禁忌,更勿论雍正参禅,机关重重,血影叠叠。因它们与佛教和道教都有直接的关系,遂连同佛道一并成为当时人们忌讳的对象。对佛道忌讳的另一面是对儒教的尊崇,如明朝宪宗时的祔葬变礼之争、世宗朝的大礼仪之争、神宗朝的争国本等,俱是儒教之争,当时轰动朝野。儒教之争的结果是激成了明宪宗宠信佛道,明世宗专信道教,而明孝宗即位之初即下令在宫中去除佛教和道教的专祭②,则又可以说是明朝三教分裂、儒教和佛道对立的一种表现。故明清王朝的宗教政策与当时的政治状况有密切的关系,政治上的紧张气氛可以说是导致明清宗教政策转变的一个重要原因。

(二)徽州儒教的强化及其产生的问题

在明清统治者对佛教、道教实行严格管理与对民间宗教实施严厉打击的同时,徽州积极发展儒教,如坛壝、祠庙、祠堂或家庙,以图缓解日益严峻的宗教信仰的压力。

明朝弘治年间和清朝道光年间徽州坛壝、祠庙、寺观数量统计表

		本府	歙县	休宁	婺源	祁门	黟县	绩溪	总数	升降
坛壝	弘治	5		5	5	5	5	5	30	+6.67%
	道光	4	3	6	5	4	5	5	32	
祠庙	弘治	11	28	23	18	23	19	13	135	+216.30%
	道光	33	68	73	103	64	42	44	427	
寺观	弘治		84	76	62	55	20	26	323	+59.13%
	道光		132	97	123	46	26	90	514	

注:弘治年间新安卫1种,已统计进本府祠庙中,共11种。此表根据弘治《徽州府志·祀典》和道光《徽州府志·坛庙》制作,单位:种。

---

① 蔡东藩:《明史演义》第二十五回,安徽人民出版社1996年版。
② 如明孝宗弘治元年下令曰:"今朝廷常祭之外,又有释迦牟尼文佛、三清三境九天应元雷声普化天尊、金玉阙真君元君、神父神母,诸宫观中又有水官星君、诸天诸帝之祭,非所以法天下。……自今凡遇万寿等节,不令修建吉祥斋醮,或遇丧礼,不令修建荐扬斋醮,其大兴隆寺、朝天宫俱停遣官祭告。"《明史》卷五十《志第二十六》。

　　以明朝弘治年间和清朝道光年间的徽州为例,明朝弘治以前,徽州坛壝本府有5种,分别为社稷坛、风云雷雨山川坛、郡厉坛、里社坛、乡厉坛,各县与府同(歙县从府祀),惟改郡厉坛为邑厉坛,也是5种,这样府县共30种。但到了清朝道光年间,徽州坛壝本府有4种,为社稷坛、风云雷雨山川城隍坛、先农坛、厉坛;歙县3种,为社稷坛、先农坛、厉坛,但都从府祀;休宁6种,为社稷坛、风云雷雨山川城隍坛、先农坛、厉坛、乡厉坛、里社坛;婺源5种,为社稷坛、风云雷雨山川城隍坛、先农坛、厉坛、乡厉坛;祁门4种,为社稷坛、风云雷雨山川城隍坛、先农坛、厉坛;黟县5种,为社稷坛、风云雷雨山川城隍坛、先农坛、厉坛、乡厉坛;绩溪5种,为社稷坛、风云雷雨山川城隍坛、先农坛、厉坛、乡厉坛,府县共32种,与明朝相比略有上升。在祠庙方面,明朝弘治以前徽州本府有10种,歙县28种,休宁23种,婺源18种,祁门23种,黟县19种,绩溪13种,新安卫1种,共135种。但到了清朝道光年间,徽州本府33种,歙县68种,休宁73种,婺源103种,祁门64种,黟县42种,绩溪44种,徽州祠庙共427种,比明朝增长了216.30%。在祠堂(或家庙)方面,每个宗族、每个聚落都有,因而无法详细计算。在佛道方面,明朝弘治年间徽州寺观总数为323种,到了清朝道光年间总数为514种,增长了59%。从明朝弘治年间到清朝道光年间大约350年的时间里,除去祠堂(家庙)无法统计外,徽州主要反映儒教信仰的坛壝、祠庙总量增长约176.36%,坛壝下降了3.33%,祠庙上升了216.30%,反映佛道信仰的寺观在350年里只增长了59.13%,而同期人口增长了9.17倍。相比而言,随着人口的快速增长,佛道信仰有所下降,而儒教信仰却大幅度攀升。但儒教信仰的上升并不能完全解决民间宗教信仰问题,反而使三教之间的关系变得越来越紧张。如安徽绩溪《石川周氏祖训十二条》"十杜邪风"曰:"凡葬祖祭祖,儒家自有正体,至于男女入教持斋,非但伤风败俗,而且诒祸宗党,凡我族永行禁止。"[1]反映了加强中的儒教信仰与日趋没落的佛道信仰之间的对立趋势。三教结构的破坏导致佛道对现实关怀的削弱,从而出现了社会变迁过程中的信仰危机。如清《婺源县志》曰:"国朝定鼎之始,婺之变迁不知凡几。……略而观之,婺之地峭壁荒山,土不胜瘠,民之耕凿犹昔也,而不安其分者,今则有之。婺之人高亢激烈、崇俭好学,民之禀赋犹昔也,而斗讼轻生者今则有之,岂诗书之泽、风俗之移今昔有异同欤? 抑或治之未得其道耳?"[2]究其原因,乃在于佛道对现实无常的消解能力被儒教冲去,故而生出如此种种之迷惑。

　　①《仙石周氏宗谱》卷二《石川周氏祖训十二条》,宣统三年刻本。
　　②(民国)江峰清:《婺源县志》卷一《清康熙己酉县志序》。

（三）徽州宗族势力的发展与三教关系的紧张

明清时期儒教信仰的强化除了官方的推动,还与人口的增长和宗族力量的成长相关。人口的增长对宗族的认同与归属是导致儒教信仰不断上升和佛道日益衰落的另一个重要的原因。

明朝中期以后,我国人口不断增长,尤其是清朝康熙五十年以后,人口更是急剧增长。人口的增长使移民现象日益增多,导致地方上修谱、建祠之风盛行。如安徽怀宁县查氏宗族,原籍徽州,迁徙怀宁后曰:"我朝休养百数十载,生息渐繁,支分渐涣","或以宦迁或以乱迁,棋布天下难以珠联","惟有谱以纪之,使我族之涣者聚,分者合。"又曰:"盖人死魂归天而魄降地,圣人营墓以藏其魄,立主以定其魂,是墓与庙皆礼仪不可忽。"与修谱、建祠活动相应的还有"谨坟茔"、"修祭祀"、"护祖荫"、"敦善行"等。如"谨坟茔":"族坟墓,盖葬也者,藏也,祖宗之灵爽冯于斯,即子孙之福命托于斯。""修祭祀":"为人子孙,终日饮食醉饱,俾祖若宗一丘黄土,几树白杨,荒烟蔓草中,鬼犹求食,忍乎?且祖宗之血食即子孙之血食,祖宗其馁而子孙能饱诸乎?但令春圃一蔬,秋田一黍,致爱致悫,必躬必亲,则孝悌之心可以油然而生矣。""护祖荫":"上世不封不树,中古仁人孝子葬其亲,垒坏土安窆之,植佳木披护之,神所凭依将在树矣。近世不肖子孙罔顾祖荫,牛羊之蹂躏,去其一薪炭之斩伐,去其一宫室器用之造作,又去其一致使郁匕,佳城转瞬间山而童矣,林而濯匕矣。谁无人心,坐令至此?鲁子曰'树木以时伐焉',夫子曰'断一树不以其时,非孝也',何况纵斧斤以自戕其祖宗。""敦善行":"尝谓乐善而不倦,人之心也,为善无不昌,天之道也,我辈躬乏尺寸柄势,不能人人噢咻沾溉之,但于寻常日用间存一点阴骘,开一线方便,便是无量功德,虽无所为而为,老苍鉴观,冥冥报施,毫发不爽,修德获福岂虚语哉?书曰'吉人为善,惟日不足',易曰'积善之家,必有余庆'。"①诸如此类,反映了查氏宗族迁徙后的一种本根意识和终极关怀。其中,"谨坟茔"、"修祭祀"、"护祖荫"主要是儒教的思想,而"敦善行"中的"阴骘"、"方便"、"无量功德"以及"冥冥报施"是道教与佛教的思想,表明儒释道地结合在明清时期主要是一种终极关怀上的结合,结合点不在此岸,而是在一个看不见的"冥冥"世界里。

在明朝之前,佛教和道教对世俗生活的参与和指导能力都是很强的。如唐

---

① 安徽怀宁《查氏宗谱》卷首《家规》,嘉庆二十四年刻本。

朝时汪华的父亲号"僧莹"、从弟号"铁佛",又如宋元时徽州馆田李氏宗族的二世祖千三公,"性好善道",分别以儒释道给自己的三个儿子取名"老一、佛二、关三",元朝汪德钧号"孟十一佛",说明三教的结合多在现实世界中。但到了明清时期,由于人口的增长,民间修谱建祠活动日益增多,儒教信仰在宗庙祭祀活动中不断地得到加强,逐渐削弱了佛教和道教的影响力,甚至出现了三教之间的紧张局面。在这方面,最典型的表现莫过于歙县真应庙和杨干院的僧俗之争。

真应庙,祭祀东汉方储。据清朝《歙淳方氏柳山真应庙会宗统谱》云,东汉永元五年癸巳六月,黟侯储公薨于直谏,赠太常卿、尚书令、洛阳开国公,敕护归葬本邑专祠,墓在淳安县东郭内,就墓立庙,而歙南柳亭山为黟侯潜修地,并立庙於柳亭西小山上祀之,北宋端拱元年"始置祀田,招僧守视。"至弘治十五年,守视僧福清等"设立佛像,希图易庙为寺,霸吞祀产。"由此引发了方氏宗族与寺僧围绕寺产而展开的一场旷日持久的诉讼。①

杨干院,据今人辑佚的《杨干院归结始末》载,唐季罗秋隐避地于歙,殁葬杨干,至宋朝宝祐年间裔孙罗鼐于墓旁建香火院,请僧人护视,"别立僧籍,专守供香灯",而"罗氏捐产若干亩"为祀田,"墓得僧院以存,僧院资成产以久",是为杨干院之由来。至明朝嘉靖年间,由于香火钱日益丰盛,寺院经济有利可图,于是寺僧要求脱离宗族的羁绊而职业化。由此引发了罗氏宗族与寺僧之间为争夺寺产而展开的一场长达8年的诉讼。有意思的是,杨干院始建时,内奉三位神主,"中居世尊,右祀后(土),左享秋隐。"世尊即释迦牟尼,后(土)即土地神,秋隐即罗氏始祖罗秋隐,分别是佛教、道教和儒教之象征,其排列位置以佛教居中,左儒右道,反映了三教之融合。但到明朝寺僧与罗氏宗族发生矛盾后,罗氏一度欲"将佛像毁去,改祀臣外祖程丞相、世祖罗迪威、罗贤孙神主。"②尽管后由官方多次介入,宣判寺、祠分开,各立门户,互不干涉,但此举毕竟宣告了罗氏宗族与佛教关系的正式破裂。同样,方氏宗族与寺僧之间的斗争也以方氏而获胜。

这两件案例说明有限的寺僧是不能同强大的宗族斗争下去的,但斗争毕竟还是持续了相当长的一段时间,说明这些寺僧在当时还是得到了一部分社会的认可,如罗氏宗族状告杨干院寺僧"纵仇党三百余人黄夜举火,将坟当顶掘窆","不期罗承善、汪宁等积仇愈深,与僧结党出名扛帮","不意奸僧串通积年,打点衙门","贿官翻异"等讼词就充分说明了这一点。之所以会出现这一情况,是因

① (清)方善祖:《歙淳方氏柳山真应庙会宗统谱》,乾隆十八年刻本。
② 承蒙安徽大学徽学研究中心的卞利教授提供史料,谨致谢忱。

为罗秋隐和方储这两个宗族神经过几百年的发展,已经超越了宗族的范围而成为一种更高层次的神祇为社会大众所接受。在此意义上说,宗族对寺僧的胜利,是宗族进一步控制了寺院的发展权,并不利于信仰的发展。

这两件案例反映了宋朝世俗生活中儒教与佛教是紧密结合的,但到了明朝弘治、嘉靖年间,双方分道扬镳,刀枪相见,说明明朝以后佛教对世俗生活的参与和指导能力大大降低。如明清的《安徽绩溪仙石周氏宗谱》就规定:"凡葬祖祭祖,儒家自有正体,僧道邪说概不可信。"此外,明清时期宗族的一些家规,如"黜异端以崇正学"、"为僧道者出"对佛教和道教也是一种严厉的打击。儒教信仰的强化和宗族的一些规定大大地减少了宗族子弟接触佛教和道教的机会,妨碍了佛道思想的传播和人才的培养,直接导致了佛教和道教的衰落。

(四)明中后期徽州三教合一的呼声与努力

儒释道三教,三足鼎立,三位一体,三种一味,同是中国传统文化的组成部分,业已成为中国民众的心理结构。在佛道日益衰落的情况下,单靠儒教不足以填补心灵的空白,恰恰相反,儒教的过分强化适足以削弱佛道的影响力,使明清民众的信仰问题更加尖锐化。因而在明朝徽州出现了以程敏政和汪道昆为代表的精英们主张三教合一的呼声与努力,希望通过三教合一来解决徽州社会发展中所遇到的宗教信仰问题。

1. 弘治年间程敏政的儒佛合一论

在程敏政的《篁墩文集·对佛论》一文中,程敏政针对社会上排斥佛教的态度,设立了十一组问题,采取自问自答的方式将儒教和佛教进行了比较,认为佛教在一定程度上可以补儒教之不足,因而主张儒佛合一。

或曰:"佛之道出于孔子之后,故学孔子者必斥之,以为不如是不足以名儒者,如使佛出孔子之世,则孔子之所以处佛者,何如哉?将怒而斥之乎?抑矜而进之乎?"答曰:"佛之得名,正以其所行有矫时违俗之义,是或一道也,……佛也者,其为孔子之所进盖不可知矣。"

或曰:"先正以佛为夷狄之教,非中国之所宜者,何如?"答曰:"孔子盖亦恶见周之末世淫酗贪乱而欲居九夷矣,欲浮于海矣,使佛获见孔子,孔子必与之矜其志而抑其过,进其所不及,不可知也。"

或曰:"佛也者,无父无君之教而中国袭之,此中国之所以不治也。"答曰:"彼佛也者,固矫枉过直之士,其流弊则有所不免矣,然亦岂佛之罪哉,且春秋之世未有佛而篡弑为甚,自汉以后始有佛而篡弑不加于前也,以是为佛之罪,亦厚诬矣。"

或曰:"梁武好佛而亡其国,是其验也。"答曰:"凡为人上者有所好乐而不得其正,皆有亡国之理,自桀纣以下可数也,而岂专于佛哉,矧佛恶乱而梁武乃篡齐之国家,佛好生而梁武乃杀齐之宗室,佛喜善人而梁武乃用朱异,佛恶凶恶而梁武乃纳侯景,则其平日之所以致礼于佛者止足为佞耳,恶知佛之可好哉。"

或曰:"佛之先固可恕也,而学佛者多无藉不才之子,乃使杂糅于中国,非计之得也。"答曰:"彼学佛者,其善恶固与齐民相等,善者存之而不善者去之,法之正也。今天下之人其为不善者不少也,轻于自恕而一切归咎于佛,欲尽去其种类,是恶垢而并剃其发,恶莠而并揠其苗。古之圣王,必使天下后世无一物不获其所其效,至于草木鸟兽咸若,故有自蛮貊而来归者,尤矜恤之,况佛之徒处于中国也久,不纯于夷也,而矜斥之以自署为儒,亦不仁矣。"

或曰:"先正尝病学佛者之髡也,缁也,奉佛之居室太丽也,以为勿髡勿缁而庐其居,则其教可渐隳也。"答曰:"佛之去今千有余年矣,为其徒者奉其师,饰其居,守其法而不变,则其立教之严明与受教之坚定,固世之所难也。诗云'他山之石,可以攻玉',则存其徒以励吾人亦无所不可也。"

或曰:"先正尝言,释氏更不分善恶,虽杀人之贼能一呼佛便可免罪,是佛者乃诲盗之首也。"答曰:"圣人不贵无过而贵能改,孟子曰:'西子蒙不洁,人皆掩鼻而过之,虽有恶人,斋戒沐浴可以祀上帝。'此儒者之教也。若佛之心,何以异此?"

或曰:"佛之心固善矣,若其所谓降妖邪,伏猛兽,致晴雨,与夫建斋、救度、设像、奉神则惑世诬民之甚者。"答曰:"周礼方相氏帅百隶,而时傩则以之索室而驱疫,大丧则以之击圹而驱方,良此降妖邪之说也;壶涿氏掌取水虫,以壮樟午贯象齿而沉之,则其神死渊为陵神,谓龙罔象之属而三代皆有豢龙氏,此伏猛兽之说也;太祝掌事鬼神,曰袳祭以除凶荒祷水旱,司巫掌群巫之政令,国大旱则率而舞雩,此致晴雨之说也;小祝掌禳祷以祈福祥远罪疾,而素问亦曰'上古之医,祝由而已',此建斋救度之说也。是数者,在先王之世皆掌于官府,降及后世,官失其守而佛犹能之,则古之遗法未泯也,故曰礼失则求诸野。"又曰:"儒者耻一事不知,而中国乃独以是诋佛为妄亦不考之过也。古者祭必用人为尸,而其流至于以人殉葬。佛也者,最号慈仁,则固不能无过中者矣,故其祭祀之尸率以土木之偶代之,盖有爱礼存羊之意焉,非若后世之直以木主而废尸也。"

或曰:"释经言,佛乃丈六金身,又有得古骸者,其胫与齿比常人特大,故有佛骨佛牙之说,是其诞而不可信者。"答曰:"左氏载鄋瞒一族以为防风氏之后即禹之所诛者,其身广九亩,其长三丈,骨节专车,其后裔有侨如者为鲁所获,埋其首于鲁郭门,有荣如者为齐所获,埋其首于周首之北门。杜预曰:'骨节非常,恐后世怪之,故详记其处也。'荣如以鲁桓十七年获,而其兄焚如至宣十五年犹在,计其年当百有三岁矣,其当生之年尚未在数,则其形骨之大、寿年之永,在古以为常而在今以为异者尚多也,岂止佛而已哉。"

或曰:"佛有天堂、地狱、阎罗、夜义、金刚之说,而达摩西来又倡为之禅,是则不可不斥也。"答曰:"予尝考之,佛之国在极西之境,其所居谓之天堂犹后世天朝天阙之云,其犯罪者皆掘地为居室而处之谓之地狱,南宋主子业囚其诸王为地牢亦此类也,其法有锉烧舂磨之刑,如书所载九黎三苗之为者,阎罗则后世之刑官,金刚则后世之卫士也,皆其番国处生人之制,而学佛者不察,谓皆施于己死者,则转相流传而非佛教之也。所谓夜义、罗刹、鬼国者皆其地之土名,其地去中国既远,风化不及,故其所生亦多异状,无复人类,如史所载狗国及罗施鬼国者,可考也,而世之人乃欲以耳目可及者悬断其有无,多见其不智矣。达摩之所谓禅乃其国之人士所撰次,略如后世诸子百家类书文集之属,其间精粗纯驳,虽大儒君子亦有所不免也,况今之学者于孔子之道亦不能无出口入耳之弊,而又何暇于禅,此亦不足忧矣。"

或曰:"先正尝言人之斥佛者,皆掠其粗以角其精,据其外以攻其内,而不能辨其似是之非,此佛之教所以愈炽而儒之道所以不明也。"答曰:"圣门教不躐等,性与天道之说,子贡以下皆所未闻,今大儒君子往往原心于眇忽,析理于豪芒,而与学佛者较胜负,诚非予之所知也。大抵佛之为教,亦欲使一世之人皆归于为善而已,初不欲一世之人皆髡其首而缁其衣,去其相生相养之道也,其书俱在,可以考见,而私忧过计者斥之太甚,遂使佛之为佛,虽当盛王之世,不惟不得预于人列,且不得与草木鸟兽为伍,此儒者所以不能充其意而佛至今存也。"①

以上十一组问题,概括起来主要有三个方面:第一,佛教可以补儒教之不足,如"佛之得名,正以其所行有矫时违俗之义,是或一道也","建斋救度之说也,是数者在先王之世皆掌于官府,降及后世,官失其守而佛犹能之,则古之遗法未泯也。"第二,佛教末流不等于佛教本身,"彼佛也者,固矫枉过直之士,其流弊则有所不免矣,然亦岂佛之罪哉","彼学佛者……善者存之而不善者去之,法之正也。"第三,应理智地看待佛教,"儒者耻一事不知,而中国乃独以是诋佛为妄,亦

---

① (明)程敏政:《篁墩文集》卷五十九,文渊阁四库全书本。

不考之过也"，"大抵佛之为教，亦欲使一世之人皆归于为善而已"，"而矜斥之以自署为儒，亦不仁矣。"因而他的结论是，"佛也者，其为孔子之所进盖不可知矣"，"使佛获见孔子，孔子必与之矜其志而抑其过，进其所不及，不可知也"，反映了他的儒佛合一的思想。

2.万历年间汪道昆的三教合一论

明朝万历年间，徽州民俗浇薄。邑人御史胡宥曰："吾闻归者以得至为安，今徽俗桎梏形家，父子数世暴骸中野而子孙未敢议葬事，神岂忍之？乃下令期以冬春，悉令死者归葬，送死养生无恨。于是太守简闾右之才而义者十二人，募闾右之乐助者，重修玄君殿，越明年七月殿成，山川鬼神亦莫不宁。……神岂远于人，人若神，皆气也，而神为精，其道恍惚辽邈，而其气曷尝不往来蔓羡，与人浃洽滋液，布护其身？故神宁则人以宁，精之感也。今神宁矣，祝祺往焉，祷雨往焉，有不受福乎？政和民安，然后为民缮葺而宁之，神不失主，民不失望，德与神明通矣。"[①]主张加强宗教教化。为此，汪道昆在齐云山倡建文昌阁和无量寿宫。

据明《齐云山志》载，万历丁丑徽宁兵备按察使冯叔吉建文昌阁于五老峰前，兵部左侍郎汪道昆题曰瑶光亭。汪道昆曰：

"玄君，北帝也，我国家建都北极，与主玄君盛德始于北而济于南，二畤俱在，于楚则畤玄岳（武当山），文皇帝（明成祖）治之，于越则畤白岳（齐云山），肃皇帝（明世宗）治之，一以钜丽，一以神奇，絜其广狭不同，亦晋之于鲁也，所出同矣。夫天象悬衡于北斗而居斗口者曰文昌，二畤故未有特祠，殆非类于上帝之义也。往余有事于玄岳，乃始建文昌祠……及余既释邦政，退就父母之邦，则以望祀同科……会冯使君行县至，余辄以祠议抵使君，使君慨然应役……不五月而告成。……（文昌阁）既完且美，庶几乎瑶光之庭，即隩区神皋避三舍矣。窃惟明兴，以文治治天下，实惟诸臣光辅列圣，而左右之括苍于越，具曰'文成袖然并举'。……诗曰：'惟岳降神，生甫及申。'自昔籍籍称楚材，其为岳降不虚矣。惟兹产上都而被首善，蔚为国桢，非有所待而兴，此其选也。乃今连茹而进，翩翩而拨前茅，亦既如林矣，上之为周召之治，为训诰之文，经纬天地以成章，煌煌乎明德也，下之则知天命如括苍，知性与天道如于越。……天垂象而岳效灵，何为也？……夫象而列星，形而名岳，天文也。太上立德，其次立功，其次立言，人文也。若殷良弼，若汉宗臣，逊志典学以佐中兴，鞠躬尽瘁以辅少主，天人征应之符不爽矣。三命二表，则其绪余，都人士第，师文王，学孔子，时而盐梅，时而鱼水，无施而不

---

① （明）鲁点：《齐云山志》卷二《建置》，明万历刻本。

宜。司马非直为南国谋,且以张楚,非直张楚,且以广厉四方。"①

这段话有三层意思,第一,徽州既信玄武,亦当信文昌,因为"夫天象悬衡于北斗而居斗口者曰文昌,二時故未有特祠,殆非类于上帝之义也"。第二,明朝"以文治治天下",提倡文昌信仰。弘治元年给事中张九功请正祀,天下学宫皆立文昌祠,文昌成为文人学士的守护神。第三,徽州人才济济,应该提倡文昌信仰。信文昌,"师文王,学孔子",为朝廷效命。这段话出自明朝兵部左侍郎汪道昆之口。汪道昆是徽州歙县人,是文人出身,《明史》曰:"汪道昆,字伯玉,王世贞同年进士,大学士张居正亦其同年生也,父七十寿,道昆文,当其意,居正亟称之,世贞笔之艺苑,厄言曰'文繁而有法者于鳞,简而有法者伯玉',道昆由是名大起。晚年官兵部左侍郎,世贞亦尝贰兵部,天下称两司马。"②因而由他倡建的文昌阁体现了徽州的文人信仰,体现了徽州文人以文立邦、以文兴国的观念。文昌本质上是属于道教信仰,文昌阁的建立体现了汪道昆儒道合一的思想。

文昌信仰之所以能在齐云山建立,除与玄武有关外,还与黄山有关。宋元时期流行的道教《玉清无极总真文昌大洞仙经》曰:"文昌星乃土气所化,《坤》土之卦辞曰:'黄裳元吉,文在中也。'《艮》土之卦辞曰:'生万物者莫盛乎艮,成万物者莫极乎艮。'"③由此论之,文昌与《易经》中的《坤》、《艮》两卦相通,而此两卦的卦象即是黄、山。黄在五行中为中间为五,《大洞仙经》亦曰:"文昌者,五行也。"可见二者的确有相通之处。徽州黄山的取名始自唐朝天宝年间,其时唐玄宗是一个道教徒。因而可以说,明朝齐云山的文昌信仰当是唐朝黄山的五行信仰之继续,二者的形成都与道教有密切的关系。

万历壬午,汪道昆又在齐云山建立了无量寿宫。汪道昆《阅无量寿宫成赋》曰:"西方白帝引真源,北极玄君启法门。大地平分净乐国,精庐宛在给孤园。峰开莲社吾堪老,云拥金城佛自尊。已见化身离色界,直须对面问轩辕。"④赋中的"白帝"、"玄君"、"净乐国"、"轩辕"均为道教信仰,而"给孤园"、"无量寿(佛)"是佛教信仰,无量寿宫体现了汪道昆的佛道合一的思想。

程敏政的儒佛合一论和汪道昆的儒道合一、佛道合一论体现了三教合一的思想,反映了徽州精英们对时代问题的思考与探索,希望通过人们深层次的宗教

---

① (明)鲁点:《齐云山志》卷二《建置》,明万历刻本。

② (清)张廷玉:《明史》卷二百八十七《文苑三》,文渊阁四库全书本。

③ 《玉清无极总真文昌大洞仙经》卷二,明正统道藏本。

④ (明)鲁点:《齐云山志》卷二《建置》,明万历刻本。

信仰的整合来解决徽州社会发展中所遇到的信仰问题。这种思考与探索不失为一种有益的尝试,它至少促进了明万历以后作为三教合一产物的徽州民间目连戏的兴起。

(五)儒释道三教的重要意义

自东汉以后,儒释道三教逐渐形成一定的互补关系。纵观历史,儒教的每一次发展都离不开其他宗教的发展,三教共同推动着中国历史文化的进步,如明朝许仲琳的《封神演义》所言"红花白藕青莲叶,三教原本是一家。"因而明清王朝片面扶持儒教的宗教政策非但不能振兴儒教,反倒使儒教日益僵化而走向衰落。儒教的衰落也使道教和佛教走向衰落,这正如一个鼎,一个足坏了,其他两足自不能立。三教的衰落导致了一系列的社会危机,在此时代背景下,出现了不少关于拯救时代命运的思考,如《目连戏》就是时人开出的以宗教方式拯救社会道德的一剂药方。《目连戏》为明万历年间徽州祁门人郑之珍所撰,主要是写南耶王舍城中傅相一生为善,死后升仙,其妻刘青提生前作孽,死后下地狱,其儿傅罗卜(目连)西天取经,地狱救母的故事。《目连戏》通过刘青提生前作恶、死后遍游地狱的种种故事揭示了明朝中后期社会道德的腐败,又通过傅相为善、死后升仙和傅罗卜西天取经、地狱救母的故事来宣扬道教和佛教的拯救主题。故事中的仁孝和名节观念是儒教的象征;玉皇大帝、三官、傅相等为道教的象征;释迦牟尼、观音菩萨、傅罗卜等为佛教的象征;南耶王舍城是南京的象征,南京在明初为国都,因而又是明朝的象征;而剧中佛教和道教反映了明朝中后期徽州齐云山道教和黄山佛教的兴起,因而《目连戏》具有隐射明朝和徽州的双重内涵。故事虽然宣传了三教合一,但就其主题思想来说,作者是把振兴儒教的希望寄托在佛教和道教那里,反映了三教合一的时代背景下儒教的发展不能离开佛教和道教的支持。但具有讽刺意味的是,成就儒教仁孝和名节观念的傅罗卜和他的未婚妻最终却双双出家了,这与《西游记》和《红楼梦》的主题思想一样,反映了明清时期儒教的衰落和人们对佛道信仰的心理需求。

儒释道是中国传统文化的主要组成部分,也是中国古代人的基本信仰。三教各有不同的特点,儒教是入世的,佛教和道教基本上是出世的。《道德经》曰:"出生入死,生之徒十有三,死之徒十有三,人之生,动之于死地亦十有三。"如果说人的一生也是一个"出生入死"的过程,那么,这个过程正是由一份入世、两份出世构成的,儒释道正是相应于这三个部分的人生宗教。因而,正如人生不可分割,三教亦不可分割,三位一体,三种一味,共同构成中国传统文化的本体,共同构成人们的心理结构。作为一种人生宗教,三教分别代表了三种不同的人生境界:人道、仙道和佛道。人道有时而穷,仙道贵生贵度,正可补人道之不足。佛教非自然,又非因缘,故又超越了道教。孔子曰"吾道穷矣"①,道教曰"唯愿仙道成,不欲人道穷"②,佛教曰:"汝犹未悟,惑为自然,当知如是精觉妙明,非因非缘,亦非自然。"③但佛教滞于顽空,乃以今生求于后世;儒者执于见在,遂以少年荣为老年殊;道教贵自然,又不免与草木同腐,只有将三者结合起来才能构成一个完整的人生。因而三教是人生不断进步、生命不断超越、生存境界不断开阔的一组系列,是生命的三种境界,也是人生得济的三种方式。这一点不仅对于个人,对于宗族乃至国家也是如此。我国自汉魏以来,三教基本上是并行不悖,并驾齐驱的,这一格局造就了唐、宋、元、明的博大胸怀与恢宏气度,使每个朝代都诞生了光辉灿烂的思想文化,如唐诗、宋词、元曲、明清的小说。道教之于唐诗,理学之于宋词,佛道之于元曲、明清的小说都有极其深刻的影响。但到了明清时期,由于宗族势力的增长、儒教信仰的强化、统治者对佛教和道教的严格控制以及对民间宗教的严厉打击,导致佛教和道教先行衰落,三位一体的宗教结构遭到破坏,三教关系日益紧张,于是由三教构成的传统文化开始崩离,从而导致人民正信的危机,使明清王朝首因思想和信仰的穷乏而走向自杀式灭亡,也使徽州最终丧失了正确发展的精神动力。

四 齐云山道教、黄山佛教与徽州社会

在明清徽州民间宗教信仰走向衰落的时候,徽州的道场文化却取得了长足的发展。徽州的道场文化主要是程朱理学、齐云山道教和黄山佛教。齐云山道教和黄山佛教的形成有其深刻的历史根源。徽州自宋朝以后逐渐流行程朱理学,明朝中后期又流行王阳明心学,齐云山道教和黄山佛教的形成正是程朱理学和阳明心学在徽州开张之时,实质上是程朱理学和阳明心学在宗教上的要求与体现,二者促进了徽州社会的发展与进步。

徽州号称程朱阙里,朱熹是程朱理学的集大成者。朱熹生于南宋建炎四年,

---

① (汉)司马迁:《史记》卷四十七《孔子世家》,文渊阁四库全书本。

② 《灵宝无量度人上品妙经》卷一,明正统道藏本。

③ 《大佛顶首楞严经》卷二,《大正新修大藏经》第十九册,CBETA版。

死于南宋宁宗庆元六年,死后不久齐云山道教开始形成。明《齐云山志》曰:"宝庆丙戌方士余道元初建佑圣真武祠于齐云山",标志着齐云山道教的形成。真武祠建立的次年即1227年,朝廷开始册封朱熹及其理学。《宋史》曰:"理宗宝庆三年春正月诏曰:朕观朱熹集注《大学》《论语》《孟子》《中庸》,发挥圣贤蕴奥,有补治道,朕方励志讲学,缅怀典刑,深用叹慕,可特赠熹太师,追封信国公。"[①]绍定二年九月改封朱熹徽国公,咸淳五年诏赐文公阙里于婺源,元至正间加封齐国公。从这里可以看出齐云山真武祠与朱熹的内在联系,我认为真武其实是朱熹的宗教象征。明《齐云山志》曰:"相传祠内玄帝神像,乃百鸟衔泥塑立,卓著灵异,招致香火日省。"玄帝即真武,又名玄武,本是天上之神,为何要百鸟衔泥塑立?"衔泥塑立"说明玄帝的真身出自徽州,不久徽州即成"文公阙里",朱熹又被封为徽国公、齐国公,因而玄帝暗示了朱熹。元仇远所撰《金渊集》卷五《送汤希贤晦庵书院山长》有"文公阙里女星源"之句,女星是玄武七宿之一,这句话表明了朱熹与玄武的内在关系。从义理层面看,玄即道,天即理,因而可以用玄帝比喻朱熹,而用"卓著灵异,招致香火日省"比喻朱熹理学日后的影响。这应该是齐云山真武祠的适时创建及其神话传说所要表达的真实内涵。简言之,齐云山真武祠的建立与朱熹有密切的关系,是朱熹及其理学在宗教上的要求与体现,因而齐云山道教可以说是程朱理学的宗教象征。

黄山佛教是在明朝中后期形成的,明万历三十三年佛教高僧普门来到黄山,开辟了黄山的佛教道教,时称"开山神僧"。普门带来的是文殊菩萨信仰,故黄山可视为文殊菩萨的道场(见前文"明末黄山佛教的兴起"),这一道场的形成与明朝中后期徽州流行王阳明心学有密切的关系。明中后期王门高弟纷纷来徽州讲学,据《紫阳书院志》载,"嘉靖丁酉,甘泉湛先生主教于斗山,庚戌东廓邹先生联会于三院,厥后心斋王、绪山钱、龙溪王、师泉刘诸先生递主齐盟,或主教于歙斗山,或缔盟于休天泉、还古,或振铎婺福山、虹东,以及祁东山、黟中天诸书院。"[②]安徽师范大学的李琳琦先生曾指出,"明中后期的一百多年间,阳明心学不仅统治了徽州书院讲坛,而且深入到徽州的民间乡里,主导徽州学术思想近三百年的朱子学则走向衰落。"[③]阳明心学与禅学有密切的关系。吴乃恭在《宋明理学》一书中认为"王学确是从禅学中汲取了理论、方法、材料,并与儒学相融合,借以建

① (明)陈邦瞻:《宋史纪事本末》卷二十一《道学崇黜》,文渊阁四库全书本。

② (清)施璜:《紫阳书院志》卷十八,雍正三年刻本。

③ 李琳琦:《徽商与明清徽州教育》,湖北教育出版社2003年版,第63页。

构自己的思想体系。"①禅学是智慧之学,而文殊菩萨在佛教中是智慧的化身菩萨,供奉文殊菩萨一般都要修习禅学,如黄山的普门,"行立禅法","腊月露顶赤脚乞斋,夜立禅风雪中"。阳明心学与文殊菩萨之间的联系表现为文殊菩萨是阳明心学的宗教象征。

宗教是文化的本体,同样也是学术思想的本体,两者好比源和流的关系,欲畅其流,必浚其源。徽州是程朱阙里,自南宋以来一直流行程朱理学,程朱理学自其流行之日起就逐步建立起了自己的宗教信仰,如真武信仰。明朝时,王阳明心学是与程朱理学相对而立的又一种学术思想,要想渗透到徽州,也不得不靠借助宗教的力量,故高僧普门将文殊信仰带来黄山的时候,正是适逢其时。此后不仅阳明心学在徽州大畅其道,文殊信仰也在黄山扎根,形成一派气象。

文殊信仰之所以能在黄山扎根,还有另一种原因。在佛教中,文殊有种种之差别,有一字文殊、五字文殊、六字文殊、八字文殊、一髻文殊、五髻文殊、八髻文殊等,其中以五字五髻文殊为本体,换句话说,文殊与"五"字有关,这也是五台山作为文殊菩萨道场的原因之一,而文殊菩萨来到黄山也与"五"字有关。据说普门唯安在来黄山之前,"尝梦佛祖予以五色土,安取黄,又梦佛南指一高山,因行脚到休宁","见山即梦所到,又以黄名,遂结茅文殊。"②其中就讲到了"佛祖"即文殊菩萨与五色土以及黄山的关系。在五行中,"五"指中央,在五脏中,"五"指脾,脾主思,其气黄,《黄帝内经·素问》曰:"中央……在藏为脾,在色为黄,……在志为思。"③因而"五色土"即中央,即黄,即指黄山。又,"脾主思",《尚书》曰"思曰睿,睿作圣",而王阳明亦曰"满街皆圣人"④,由此也可见文殊菩萨的品质与阳明心学的内涵有着惊人的一致。因此可以说,明朝中后期的黄山是文殊菩萨的应化之地,而文殊菩萨此时来到黄山则可以说是阳明心学的宗教要求与体现。其实,早在唐光化二年,就有僧清素自五台山来祁门求安禅之地,尝作偈有"文殊遣我来"之语,但那时文殊信仰在徽州并不见流行,直到普门唯安的到来,究其原因,恐怕还是与阳明心学有关,正可谓阳明逢文殊,若大旱之望云霓,两者相得益彰。

佛教中有四大菩萨,观音主大悲,地藏主大愿,文殊主大慧,普贤主大行。大

---

① 吴乃恭:《宋明理学》,吉林文史出版社1994年版,第373页。
② (清)夏銮:道光《徽州府志》卷十四《仙释》,道光七年刻本。
③ (唐)王冰注:《黄帝内经·素问》卷二《阴阳应象大论》,文渊阁四库全书本。
④ (清)陆陇其:《四书讲义困勉录》卷十《述而》,文渊阁四库全书本。

慧主智,大行主理,文殊和普贤分别是佛教中司智和司理的两大菩萨。但徽州已有程朱理学和真武信仰,所以司理的职责暂由程朱和真武代理,及至王阳明心学传入,司智的文殊也来了,于是徽州的理、智二学都齐了。黄山和齐云,一南一北,一理一智,一真武一文殊,一程朱一阳明,一花一叶一如来,使徽州在明中后期迅速腾飞起来。

五　徽州祥异与徽州社会

"祥异"是明清地方志中用以记载自然灾害和祥瑞的一种志体,其内容一般都是自然现象。弘治《徽州府志》也设有《祥异》一目,记载了很多的自然现象,但其记载的背后却含有深刻的政治寓意,往往用以讥讽天变、人事、民穷、吏污之弊,实质上是徽州社会的一种政治批评,反映了徽州民间信仰的基本价值。

(一)何谓"祥异"

弘治《徽州府志·祥异》云:"传曰'和气致祥,乖气致异,人事感于下则天变动于上',盖天道曰阴阳,地道曰柔刚,人道曰仁义,究极言之,天地人之道一阴阳也。郡邑吏民戴天而履地,率仁由义则阴阳之气和,不仁不义则阴阳之气乖,祥异之至岂无其故? 彼有关于气数之大非,人所能致者,修仁义以应之可也。……是宜表之,以为畏天道修人事者之劝,爰志祥异。"[1]可见"祥异"主要有三层意思:第一,"和气致祥,乖气致异",提出了"祥异"的基本内涵即祥气和乖气,相对于方志中的内容而言,即指祥瑞与灾害。第二,"人事感于下则天变动于上","祥异之至岂无其故",指出了"祥异"发生的根本原因乃是"人事"的原因,从而暗示了自然灾害掩盖下的人祸背景,表明"祥异"是天象示警的一种表现。第三,"人所能致者,修仁义以应之可也。……是宜表之,以为畏天道修人事者之劝,爰志祥异",则明确了"祥异"的社会劝善目的。

"和气致祥,乖气致异,人事感于下则天变动于上"来源于后人为《春秋》作的传注,是后世对《春秋》大义的一种引申与发挥。《春秋正传》曰:"圣人因灾异以明天人感应之理,而著之于经,垂戒后世,知石陨于宋而书'陨石,此天应之也',和气致祥,乖气致异,人事感于下则天变应于上,苟知其故,恐惧修省,变可消

---

① (明)汪舜民:弘治《徽州府志》卷十《祥异》,弘治十五年刻本。

矣。"①《春秋集义》曰:"《春秋》每因天变推天意以示谴戒,使贤君观之可以知天,庸君观之亦以自警。"②这表明《祥异》受《春秋》及其传注的鉴戒史观的影响,同时也受到《春秋》的"微言大义"、"为尊者讳"以及"大一统"等一系列春秋笔法的影响。可以说,《祥异》就是一部小型的《春秋》,它旨在通过对徽州历史上的自然灾害和祥瑞事迹的记载,发挥《春秋》的微言大义和鉴戒功能,鞭挞时弊,扶植正直,从而达到社会劝善的目的。

(二)《祥异》的内容与解读

"三国吴赤乌中有白虎见。"赤乌是孙权的年号,史称孙权"有句践之奇英,人之杰矣,故能自擅江表,成鼎峙之业。"③孙权的江山霸业在赤乌年间达到高峰。《三国志》载,赤乌元年"秋八月,武昌言麒麟见。有司奏言麒麟者太平之应,宜改年号,诏曰:'间者赤乌集于殿前,朕所亲见,若神灵以为嘉祥者,改年宜以赤乌为元。'"④相应地,徽州则出现了白虎。《唐开元占经》曰:"王者德至鸟兽,则白虎动;王者仁而不害,则白虎见。白虎者,仁兽也。"⑤由此可见,徽州的"白虎"是对孙吴霸权事业的一种美饰与附会。

"唐天宝末,歙州牛与蛟斗。初,水中蛟杀人及畜甚众。牛因饮水为蛟所绕,直入潭底,便尔相触。数日,牛出,潭色赤,时人谓蛟死。婺源县有大黄石自山坠于溪侧,莹彻可爱,群犬见而竞吠之,数日村人不堪其喧,乃相与推致水中,又俯水而吠愈急,取而碎之,犬乃不吠。"此喻唐天宝末年的安史之乱。牛是道教的一种象征,李氏王朝崇奉道教,因而牛或喻李氏王朝。相应地,蛟或喻地方藩镇如安禄山之流,而大黄石"莹彻可爱",或喻杨贵妃。

"大历中黄山石门峰下有毛人至山下为人所杀,明日其妻至,知夫已亡,号咷哭之而去。又轩辕峰下有石仙室,樵翁入室中见一道士酿酒,为设一杯,樵翁云'天性不饮',至夜,又弹琴悦之,翁坐睡。道士曰:'此非汝宿处。'送出洞口,复迷入香林源,不得出,遂成毛人。元和三年秋六县旱饥。"大历是唐代宗年号,大历时期是唐朝藩镇最嚣张时期,文中的"毛人"、"樵翁"均喻唐代宗,预示了唐王朝的政治窘境与穷途末路。元和为唐宪宗年号,唐宪宗时期力推裁抑藩镇,史称

① (明)湛若水:《春秋正传》卷十四《僖公》,文渊阁四库全书本。
② (宋)李明复:《春秋集义》卷二十一《僖公》,文渊阁四库全书本。
③ (南朝)裴松之注:《三国志》卷二《吴志·孙权》,文渊阁四库全书本。
④ (南朝)裴松之注:《三国志》卷二《吴志·孙权》,文渊阁四库全书本。
⑤ (唐)瞿昙悉达:《唐开元占经》卷一百十六《兽占》,文渊阁四库全书本。

"元和中兴",唐朝藩镇虽然被消灭了,但连年战事也给地方带来了巨大的创伤,故有元和三年六县旱饥以示天警。此喻战争与天灾之关系。

"宋雍熙中,婺源邑城内外大疫。"此喻雍熙北伐失败。"元丰壬戌仲秋,婺源县五显庙左楹产灵芝,邑人创阁秘之。"此喻1085年元祐更化,王安石变法失败。

"绍圣四年婺源南街内朱氏井中起白气如虹,是日朱松生。"朱松是朱熹的父亲。"建炎四年婺源朱氏井中复起紫气如云,是日朱熹生。""隆兴甲申,休宁县南汉川水上有紫云绕溪,经日不散,是日少师程珌生。"此喻圣人降生,天地呈祥。

"大观三年春,休宁南门孝子夏俅母墓后产瑞竹一本,自十节以上歧为二干,又开双头芍药。""自十节以上"暗示十八年后南宋建立,"双头"是倒置的八字,与"十节"正好合成十八之数。又,"双头"比喻北宋和南宋。

"绍兴二十年,郡城火。"据《新安志》载,"绍兴二十年火灾,市人以为承平,时谯门东出侧城中列肆不耗,士子登第者众。"①此喻城火与科举之关系,取《易经》中"火天大有"之义。

"乾道中,歙城西三里沙溪汪氏先世墓侧庵僧物故,葬于近山,有楮木生菌,肥白香甘,里之窃者见楮作人言曰'为报汪氏德',遂惊。"此以佛教喻因果报应,旨在劝人为善。

"国朝仁孝皇后《劝善书》。""国朝"即明朝,将明朝仁孝皇后《劝善书》放在宋朝纪事中间,且紧随上文"为报汪氏德"佛教故事之后,这种安排进一步明确了《祥异》的社会劝善目的。

宋朝"淳熙戊申夏,祁门大水,割邑东临河坊坏民居百余室,遂为溪,道邑南田地甚旷,人多溺死,朝廷察其灾,优恤之。"淳熙是宋孝宗年号,宋孝宗时期,国内不断爆发农民起义,故"祁门大水",实喻人祸。

"绍定四年,祁门福广门外白莲池莲开一枝双葩,是秋邑人方丘登首选。辛卯婺源儒学火。端平乙未郡城火,时监察御史兼崇政殿说书休宁吴辅居室产芝,三秀九茎。淳祐辛丑年七月郡城火。宝祐元年祁门邑南凌有塘,莲开一枝,双葩相向,是岁庭试武举,邑人程鸣凤中魁。景定辛酉八月郡城火。咸淳庚午三月郡城火。"此以奇葩、灵芝、城火喻地方科举、乡贤及武举之盛。

"至元庚寅夏,祁门大水,城市水高丈余,坏官宇民庐甚多,卷籍淹浸,人民溺死,田土有所损,至今不可耕。元贞乙未九月郡城火。大德己亥秋九月朔,祁门陨雪及霜,杀禾稼,十月望迅风震雷大雨,是月晦,复如之。辛酉夏,祁门大旱。

---

① (宋)罗愿:《新安志》卷一《城社》,文渊阁四库全书本。

丙午春,祁门雨水冰,牛羊冻死。丙午、丁未婺源蝗荐饥多虎。丁未冬十一月晦,祁门邑东门登朝楼及民庐灾。至大己酉夏,祁门蝗。庚戌夏五月,祁门大水,邑南尤甚。延祐甲寅婺源儒学火。丙辰夏祁门大旱。戊午夏,祁门大水。庚申夏,祁门大旱多疠。泰定乙丑冬,祁门严寒,林木枯摧,人行冻死。天历戊辰夏,祁门大水,与前至元庚寅无异,居民甚艰,王县尹作歌叹之。至顺庚午夏,祁门旱,秋蝗民饥。辛未春夏,祁门大饥,流疫荐臻,死者相继于道,至冬方弭。癸酉春,祁门横直二街及南隅五显行祠灾,是岁夏秋大旱。至元丙子夏,祁门城兵灾,官民庐舍十损其九。至正二年壬午正月郡城民居灾,延及官库谯楼。至正壬辰春,祁门邑兵灾,民居悉毁,邑井为墟。"元朝无一例祥瑞,灾异凡20例,表明了徽州排斥元朝的基本政治立场。如江恺,婺源旃坑人,进士出身,"誓不仕元"。①

"国朝洪武甲子夏,祁门大水。丙寅八月祁门邑灾,自北隅延至南隅,凡烧民庐百五十余家并税课局。庚午夏秋,祁门大旱。甲戌夏,祁门大水。"明朝洪武年间,祁门不是发生大水灾,就是发生大旱灾,要么发生大火灾。《剑桥中国明代史》谓"1383年至1392年:监视和恐怖加剧的年代",②可见祁门的水灾、旱灾和火灾实是对朱元璋暴政的一种影射。称"国朝"而不称"明朝",是为尊者讳。

"庚辰春月朔,祁门灾,由洗马巷口延至旧美俗坊,凡烧民居千余家。庚子秋八月郡城火,延及学门、戟门两庑。辛丑冬,再火,仅存大成殿。辛丑年,休宁县有蝴蝶大如纨扇,飞止人家,忽变怪鸟,散集乡村,居民设香烛供之。"庚辰为建文二年,庚子和辛丑分别是永乐十八年和十九年,文中都略去了年号,是出于对建文逊国和朱棣篡权事实的隐讳。此外,永乐十八年、十九年明朝正式迁都北京。在南京时代,徽州尝为"畿辅重地",一旦迁都北京,徽州的地缘政治优势无疑丧失,因而在此两年略去永乐年号不书,表明了徽州人对朱棣迁都的不满。此外,永乐十八年、十九年朱棣设立东厂特务机构,故休宁有蝴蝶"飞止人家,忽变怪鸟"之说。明人徐元太撰《喻林》曰:"怪鸟,闻之多祸,人恶之。"③因而,这几年的灾异和不书年号是对朱棣政治的一种隐射,表达了徽州人对朱棣篡权、迁都和设立东厂的强烈不满。

"永乐癸未,祁门明伦堂西桂树生二枝,挺然独高,茂花先众枝,香清殊异,是秋黄汝济、汪宗顺二人克贡皆领乡举,破天荒之谶也。"此以祥瑞喻乡举之盛况。

---

① (明)汪舜民:弘治《徽州府志》卷九《隐逸》,弘治十五年刻本。
② [美]费正清,崔瑞德:《剑桥中国明代史》目录,中国社会科学出版社1992年版。
③ (明)徐元太:《喻林》卷八《疾邪》,文渊阁四库全书本。

"甲申夏,祁门大水。己丑闰四月甲子,祁门大雨,洪水入城,至晡已落,咸谓水不再作,是夜一鼓,浓云四合,震雷交作,骤雨滂沱,俄顷水涌迅奔而起,直夜昏黑,人无所之举,皆登屋,三鼓时,盈城民庶悉随屋漂,谯楼前水高丈余,至黎明方杀,民庐十去其九,溺死男妇六十余人,凡漂官民房屋三百五十余间,卷籍学粮俱淹浸。庚寅祁门虎多近城郭啖人,邑宰路达等精虔祈吁于神,令民设木柙三百一十四所,仍备药矢窝弓于野,不逾时擒虎豹,凡四十有六。"由于徽州人对朱棣印象不好,凡涉及永乐之年号,除永乐元年徽州出了两个乡举提到以外,其他各处皆不提,而一之以天干地支纪年。不但如此,对永乐帝在位时期徽州地区发生的自然灾害之描述恐怕也是徽州有史以来规模最大、破坏最烈、刻画最惨的一次。而且,在永乐帝统治时期,徽州还出现了虎灾,元朝时也只是提到"多虎"而已。

自明仁宗以后,时代愈近,记载自然灾害的次数就越多,而描述也越少,充分体现了"为尊者讳"和"微言大义"的春秋笔法。其中明仁宗在位1年发生1次灾害;宣宗在位10年发生1次灾害;英宗在位前、后共22年发生3次灾害,1次祥瑞以附会"南宫复辟";代宗在位7年发生3次灾害,1次祥瑞以附会徽州科举盛况;宪宗在位23年发生9次灾害,2次祥瑞,一次附会宦官汪直被夺权,一次附会宪宗之死和孝宗即位;弘治在位18年发生3次灾害,3次祥瑞,有明显为当朝粉饰太平之嫌。

以上灾害次数要算明宪宗时期最多,除了与他在位时间稍长之外,恐怕还与他在位期间设立西厂特务机构、任用宦官专权等有关。其次要算代宗,代宗在位7年发生3次灾害,发生灾害的频率是最高的,这一方面与实际情况有关,另一方面也与载笔者的正统史观有关。代宗处于英宗前后两次政权的过渡阶段,是一个尴尬的历史人物。若以英宗为正统,就必须打压代宗,若以代宗为正统,则英宗的后期政权就成了问题。历史无疑是选择了英宗,因而就出现了一个奇怪的现象,即统治时间最短的发生灾害的频率越高,而统治时间最长的发生灾害的频率反而低,这种见于实际记录中的悖谬只能用正统史观支配下的尊尊而杀杀的作史原则来进行解释。

以下是明仁宗以后《祥异》的具体内容(括号中的内容为本书作者的注解):

洪熙乙巳五月祁门大水抵县仪门。(1425年,明仁宗洪熙元年)

宣德壬子祁门大旱。(1432年,明宣宗宣德七年)

正统戊午祁门大旱大饥。(1438年,明英宗正统三年)

庚申婺源文公庙宅火。(1440年,明英宗正统五年)

丙寅祁门大旱。(1446年,明英宗正统十一年)

景泰壬申八月祁门大水损田禾十之七。(1452年,明代宗景泰三年)

癸酉祁门明伦堂前旧有桂三株,花色俱黄,秋初东一株挺生二枝花变红,是秋生员叶琦发解南畿第一,同科者六人。(1453年,明代宗景泰四年)

乙亥夏秋,祁门旱。(1455年,明代宗景泰六年)

丙子黟水旱。四月祁门大水,山崩石裂,漂荡民居,淹死人畜,岁复旱大饥。(1456年,明代宗景泰七年)

天顺丁丑郡境有瑞麦,休宁一茎四穗者一本,两穗者四十五本,歙三穗者一本,两穗者五本,知府孙遇表进于朝。(1457年,明英宗天顺一年。该年发生夺门之变,南宫复辟)

成化壬辰,歙、休宁、祁门、婺源、绩溪旱。(1472年,明宪宗成化八年)

癸巳五月祁门阊门石崩,九月灾从养济院至一都止,烧毁民居八百余家及儒学征输库。(1473年,明宪宗成化九年)

戊戌夏秋六县旱。(1478年,明宪宗成化十四年。1477年,宪宗设立西厂,宦官汪直专权,人们只"知有汪太监,不知有天子"[1])

己亥郡城火。(1479年,明宪宗成化十五年)

庚子六县旱。(1480年,明宪宗成化十六年)

壬寅婺源县学殿后产芝。(1482年,明宪宗成化十八年。该年宦官汪直被夺权)

癸卯五月祁门大水抵县前。(1483年,明宪宗成化十九年)

甲辰四月祁门雷击石钟裂。(1484年,明宪宗成化二十年)

乙巳七月祁门火烧民居六百余家,延及钟鼓楼察院仪门,是岁夏秋绩溪大旱。(1485年,明宪宗成化二十一年)

丙午夏歙水伤麦。(1486年,明宪宗成化二十二年)

丁未绩溪清风亭前生双头瑞莲。五月祁门大水,平政桥圮,是岁婺源知县蓝章廨舍桂二株植既数十年,一旦结子累累,如葡萄状,味甘美可食。(1487年,明宪宗成化二十三年。该年九月,宪宗死亡,孝宗即位。文中"桥圮"喻宪宗之死,"舍桂结子"喻孝宗即位。"双头瑞莲"、"舍桂二株"、"累累"均喻此两人。徽州人恨特务和宦官,而明宪宗在位期间对此两项都有染指,故徽州人恨其不死,而曰其死为祥瑞)

---

① (清)谷应泰:《明史纪事本末》卷三十七《汪直用事》,文渊阁四库全书本。

弘治庚戌郡城火,是岁九月婺源城中民居自城西至牧民坊俱火,延及儒学文公祠。(1490年,明孝宗弘治三年)

壬子郡城东关火,时风烈,延及东门城楼。四月祁门火起,南街至一都界烧民居二百家。(1492年,明孝宗弘治五年)

乙卯祁门儒学火,明伦堂前三桂皆毁,是岁休宁县治东秋水亭成,有莲一本三萼。(1495年,明孝宗弘治八年。明孝宗弘治年间,史称"弘治中兴",故其祥瑞也应多,共3次,以应此"一本三萼"之数,后面还有两次为"玉芝"和"瑞竹")

丙辰九月婺源城中民居复火,及儒学。(1496年,明孝宗弘治九年)

己未歙学文公祠殿内右柱上产玉芝大如手扇。(1499年,明孝宗弘治十二年)

辛酉正月郡城火,延及税课司察院东廊,是岁新安卫指挥同知管宜作亭于其居之后圃竹下,竹有一本起五尺许、岐为二竿者,众以为瑞竹,遂以名其亭。(1501年,明孝宗弘治十四年)

(三)结　论

以上分析显示,每条祥异的背后都含有深刻的政治寓意,从中折射出一种民间的政治批评。

关于政治批评的内容,一是皇朝政治,如安史之乱、元祐更化、南宫复辟、特务政治、宦官专权等;二是民族问题,如胡汉之争、不仕元朝、排元尊汉;三是地方儒学、科举、武举,以祥瑞附会地方人才盛出。

关于政治批评的思想,一是厚古薄今,如对孙吴之美化和对明朝现实之讽颂;二是夷夏之辨,如对元朝之态度,非我族类,其心必异;三是对丑恶之愤懑,对美好之叹息,对守旧之怀念,如对宦官之抨击,对唐玄宗与杨玉环爱情故事之扼腕,对元祐更化、南宫复辟等守旧势力的认同等;四是赞美地方气象,如徽州儒学与科举、武举之盛,圣人感生如朱熹等;五是因果报应思想,如"楮木生菌"、仁孝皇后《劝善书》。

关于政治批评的形式,一是采取了《春秋》的微言大义形式,力图用简洁、自然的语言传递最复杂的政治内涵,因而是一种最凌厉而含蓄的隐喻与批评。另一方面,这些隐喻与批评又受制于《春秋》笔法,为尊者讳,为大一统思想服务,因而又是一种善意的批评。正如"祥异"这个词的本身是祥瑞与灾异二者的统一,其背后的批评也是凌厉、含蓄、隐喻与善意的结合,但它的正面作用始终是主要的,这就是它的社会劝善之目的,如明朝仁孝皇后《劝善书》在《祥异》一文结构中的安排,就充分展示了这一点。

然而当政治批评被自然现象和祥异二度过滤之后,其政治性也就逐渐发生了变化,而在自然现象那里演化成一种天象示警行为,又在"祥异"那里演化成一种社会劝善行为。但无论是天象示警,还是社会劝善,都掩盖不了其鲜明的政治批评意图。由此我们可以看出,"祥异"实质上是一种民间的政治批评,其中,自然现象是其基本内容,政治批评是其主要形式,社会劝善是其根本目的。

六　徽州隐逸与徽州社会

弘治《徽州府志》设有《隐逸》一目,专门记录了自梁至明朝弘治年间徽州隐逸士人共155人,说明隐逸是徽州一个重要的社会现象。徽州隐逸独标"隐"和"善",高蹈"全生全归",是徽州民间信仰价值的现实化、生活化和精致化之运用,对徽州社会产生了深远的影响。

(一)徽州隐逸的宗教伦理

徽州隐逸具有深厚的宗教伦理,它以儒教的"天道"、"善道"、"孝道"、"隐居"、"求志"、"行义"、"独善"、道教的"自然"、"神仙"、"纪箓"、"立善"、"感应"、"阴骘"等思想为其基本伦理,于佛教伦理也有所反映,以之作为儒教和道教伦理的补充与拓展。

1. 儒教伦理与徽州隐逸

儒教中有很浓厚的隐逸伦理,如孔子曰:"笃信好学,守死善道,危邦不入,乱邦不居,天下有道则见,无道则隐。"①又曰:"隐居以求其志,行义以达其道"②;"贤者避世,其次避地,其次避色,其次避言"③;"与其从避人之士也,岂若从避世之士哉!"④孟子亦曰:"古之人得志,泽加于民,不得志,修身见于世,穷则独善其身,达则兼济天下。"⑤可见孔孟都曾提倡过隐逸,以隐逸作为君子修身处世的基本原则之一。从上述内容看,儒教的隐逸伦理主要有"天道"、"善道"、"隐居"、"求志"、"行义"、"独善"等思想。此外,儒教也非常重视"孝道",孟子有"大孝终身慕父母"

---

① 李泽厚:《论语今读》,安徽文艺出版社1998年版,第207页。
② 李泽厚:《论语今读》,安徽文艺出版社1998年版,第395页。
③ 李泽厚:《论语今读》,安徽文艺出版社1998年版,第348页。
④ 李泽厚:《论语今读》,安徽文艺出版社1998年版,第423页。
⑤《孟子·尽心章句上》。

之说,有虞舜大孝、"窃负而逃"作为榜样,"舜视弃天下犹弃敝蹝也,窃负而逃,遵海滨而处,终身欣然,乐而忘天下。"①故而孝道也是儒教隐逸伦理的重要内涵之一。

徽州是儒教之乡,号称"程朱阙里",因而也深受儒教隐逸伦理的影响。如宋朝朱之纯"授平江府学教授,常有禄不及亲之恨,遂隐居求志,慕先贤窗草不除之意,自号草庭,守名节以终";明朝王均玉,隐居不仕,尝自书于座隅曰:"知穷有命,知通有时,知富贵不可以苟得,知贫贱不可以苟去,故行义以达其道,隐居以求其志,循循然不与物竞者,所以顺夫天也。"反映了儒教的"隐居"、"求志"、"行义"、"天道"等隐逸伦理。又如元朝张桂"退事重亲,每欲论荐,以母老辞",李伟"以养亲未赴,不复仕进",明朝程质"隐居养亲"等,反映了儒教的"孝道"思想。又如宋朝汪晫"作庐曰善养,自谓有得于孟子养气之旨",张雄飞"匾其书堂曰明善,门人私谥曰明善先生";元朝胡斗元尝谓"乾专言善,性也,坤兼善不善,情也,乾之善世,吾无及也,坤之积善,吾庶几勉之",及卒,门弟子私谥曰"孝善先生";明朝方振文"平居类选圣贤格言,一编断以己意,名曰《积善字训》"等,反映了儒教的"善道"思想。凡此,表明儒教的"天道"、"善道"、"孝道"、"隐居"、"求志"、"行义"、"独善"等思想是徽州隐逸的基本伦理之一。

2. 佛道伦理与徽州隐逸

徽州隐逸除受儒教的影响,还受道教和佛教的影响。道教的隐逸伦理主要有自然、神仙、纪箓、忠孝、立善、感应和阴骘等思想。自然思想以自然为宗旨,以白云、流水、山林、川泉等自然景物为表征,以追求潇洒无拘、闲情逸致、自然适意的人生生活为根本目的。徽州隐逸对道教的自然思想有很多的反映,如吴应紫"自甘白屋为闲叟,敢说青云有故人";汪晫"见杭村之原山如璧玉环,慕李愿盘谷之趣,结屋其中,名曰环谷";范启"志节高尚,不乐仕进,得林泉之趣,创风月亭,号风月处士";胡则参"所居扁心斋,客至焚香啜茗,调琴赋诗作字,超然有隐者趣";吴豫"于禾稼间筑场圃以自老,又效陶弘景为三层楼以娱宾友";赵戡"隐居徜徉池园,日以诗文自娱,号吟啸,客至相与觞咏竟日";汪俊德"五年一笑乱离过,托迹林泉意若何,花外不闻供奉曲,山中时听采薇歌,枕云漱石尘缘少,弄月吟风逸兴多,稍待雨晴闲暇日,会当扶策到岩阿";方伯鉴"处林下,结一室,环植竹木,静隔尘俗,日与名士赓吟,号鉴泉逸叟";胡唯"号瀛东老樵,又号樵墅,工诗善书,尤善画山水云龙梅竹,时人以其诗文书画目为三绝";张桂擅长音律,"一鼓

①《孟子·万章章句上》。

作飞仙环佩之音,再鼓为秋风亭皋之曲"等,表明道教的自然思想是徽州隐逸的基本伦理之一。

徽州隐逸还受道教神仙思想的影响。如许宣平,歙县人,唐景云中隐于城阳山南坞,"每拯人艰危,救其疾苦,访之多不见,唯壁有诗云:'隐居三十载,筑室南山巅,静夜玩明月,闲朝饮碧泉,樵人歌垄上,谷鸟戏岩前,乐矣不知老,都忘甲子年。'好事者题之于洛阳同华传舍间。天宝中,李白自翰林出,览之曰:'此仙人诗也。'乃游新安涉溪登山,累访不获。又如张友正,唐朝歙人,结庐城阳山下,作有《歙州披云亭记》云:"吴哇袅空,楚舞娇春,随天籁以远去,映花林而半出,仰之者有若子乔方平,弄玉飞琼相与乐群仙于上清。"①张桂,元朝婺源人,"好读书鼓琴,一鼓作飞仙环佩之音,再鼓为秋风亭皋之曲"。汪孟祯,明朝休宁人,所居号云水山房,著有《学仙》一稿。凡此,表明道教的神仙思想是徽州隐逸的基本伦理之一。

此外,徽州隐逸还受道教的纪算、忠孝、立善、感应和阴骘等思想的影响。道教《抱朴子》曰:"欲求仙者,要当以忠孝、和顺、仁信为本,若德行不修而但务求玄道,无益也。上天司命之神,察人过恶,其行恶事,大者司命夺纪,小过夺算,随所轻重,故所夺有多少也。凡人之受命得寿自有定数,所禀本多则纪算难尽而迟死,若所禀本少而所犯者多则纪算速尽而早毙。又云'人欲地仙,当立三百善,欲天仙,当立千二百善。'"②这里讲到了道教的纪算与忠孝和立善的关系,大意是忠孝和立善可以使人延年益寿、祛灾免难。宋元明清时期流行的道教善书《太上感应篇》亦云:"凡人有过,大则夺纪,小则夺算。其过大小,有数百事,欲求长生者,先须避之,是道则进,非道则退,不履邪径,不欺暗室,积德累功,慈心于物,忠孝友悌,正己化人,矜孤恤寡,敬老怀幼,昆虫草木,犹不可伤,宜悯人之凶,乐人之善,济人之急,救人之危,见人之得,如己之得,见人之失,如己之失,不彰人短,不炫己长,遏恶扬善,推多取少,受辱不怨,受宠若惊,施恩不求报,与人不追悔,所谓善人,人皆敬之,天道佑之,福禄随之,众邪远之,神灵卫之,所作必成,神仙可冀。"与此相应的还有民间广为流行的《文昌帝君阴骘文》、明仁孝皇后《劝善书》等。这几种善书对徽州隐逸都产生了重要的影响。如反映善书中纪算与忠孝关系的有元朝黄一清,"母尝卧病亟,莫能治,一清焚香告天,愿减己算以益母寿,夜梦人曰:'明日有老妪来,当得药。'迨旦,果有老妪来授啖蜜之法,时秋暑无

---

① (明)程敏政:《新安文献志》卷十一《记》,文渊阁四库全书本。
② (晋)葛洪:《抱朴子》卷一《畅玄》,北京书同文四部丛刊本。

从得蜜,夜行乞于邻乡程氏,还遇虎当道,一清号曰:'我死不足惜,如母蜜何?'虎熟视逡巡而去,人以为孝感之应。"又如明朝张德昂,"父升疾剧,德昂迫切祷天,求以身代,疾即愈。"反映纪筹与立善关系的有明朝胡仲德,"平生为善,至老不倦,年五十有三,忽疾作甚剧,梦中若有告曰:'汝积善当获寿八十三。'成化三年卒于家,果符其言,人以为阴德所至。"凡此,表明道教的忠孝、纪筹、立善、感应和阴骘等思想也是徽州隐逸的基本伦理之一。

徽州隐逸还受佛教思想的影响。如宋代祝确,"亲丧,庐墓下,手植名木以千数,率诵佛书若干",即以诵读佛书形式作为超度亡者的一种手段,从而深化了儒教的孝道伦理。又如元朝汪德钧,"字士仁,行孟十一,有义行,乡人德之,称曰孟十一佛",名号中带有一个佛字,从而深化了儒教的行义伦理。二者丰富了儒教伦理的基本内涵,提升了儒教伦理的精神境界,在一定程度上代表了徽州隐逸中的佛教伦理及其价值。

综上所述,徽州隐逸伦理是由儒释道三个部分构成的,其中主要是以儒教为主,道教次之,佛教又次之。如果说儒教是根本,道教就是枝叶,而佛教犹如枝叶之扶疏,二者均为儒教的一种羽翼,但客观上却丰富了儒教的基本内涵,深化了儒教的伦理境界,使徽州隐逸在儒教之外拥有更广阔的宗教空间,也因而具备了坚实的伦理基础,从而使徽州隐逸成为徽州社会的一种独特的文化现象。

(二)徽州隐逸伦理的中心思想

徽州隐逸凡为五种,一因官场不利而退隐,如南朝梁代胡明星,梁武帝崇尚佛教,"明星净之不得,遂弃官归黟,隐居横冈";二因科场失意而归隐,如宋朝汪洵侯,熙宁末"入太学不第,于是归隐",赵戬"试南宫不利,遂隐居徜徉池园";三因王朝覆亡而殉隐,如孙嵩,"宋亡归隐海宁山中,誓不复仕",谢俊民"值元季隐居不仕",明朝余宗益,"国初兵燹悉平,或劝之仕,乃隐于山林";四因孝道事亲而家隐,如元朝张桂,"退事重亲,每欲论荐,以母老辞,行省辟杭校官,亦不赴",李伟"以养亲未赴,不复仕进",明朝程质"隐居养亲";五因学道而僻隐,如唐朝许宣平,"隐于城阳山南坞,隐居三十载,绝粒不食,颜如四十许",元朝方伯鉴,"处林下,结一室,环植竹木,静隔尘俗,号鉴泉逸叟。"凡此五种隐逸,由官场而退隐,由科场而归隐,由亡国而殉隐,由孝道而家隐,由学道而僻隐,其共同的特点都是一个隐字。隐意味着从社会主流层面退出而选择过一种恬淡适意的人生生活,这是一个把自己不断从外在世界拉回到内在世界、从纷繁芜杂的彼在世界拉回到清幽雅致的此在世界的过程,也是一个不断找寻自己、返璞归真、让生命趋同简约、走向纯朴的心路历程。这种隐不是消极的退让,而是生命的积极的进取,是一种反向内适,以负求正,即心即道的生命价值观的体现。

徽州隐逸伦理由儒释道三个部分构成,因而也深受三教共同思想的影响。三教的共同思想主要是善,如佛教和道教均提倡"诸恶莫作,众善奉为"。《易经·系辞下》曰:"善不积不足以成名,恶不积不足以灭身,小人以小善为无益而弗为也,以小恶为无伤而弗去也,故恶积而不可掩,罪大而不可解。"《孟子·梁惠王章句上》曰:"苟为善,后世子孙必有王者矣。君子创业垂统,为可继也,若夫成功,则天也。君如彼何哉?强为善而已矣。"徽州隐逸士人也大多以此自我砥砺,如宋朝张雄飞谥号"明善先生",元朝胡斗元谥号"孝善先生",王肩吾字"肩善",汪德钧从弟德庆字"叔善",明朝有人取名王善庆,胡仲德字"善同",邵谊弟邵孜字"思善",明朝方振文编《积善字训》等。至于其他受善道思想影响的善政、善人、善事,更是层出不穷,如南朝梁代胡明星,"弃官归黟隐居横冈,见郭外多荒田未辟,询之云不通沟洫也,明星恻然,亲究水源,倾资募工,穿二渠,约十里许,导城北溪水逶迤而南溉民田千余顷,岁屡有秋";宋朝汪汉,"绍兴元年,张琪寇邑中,逃匿殆尽,乃携家众走西坑山侧,一日贼至,汉奋前与语善事,推随身之赀以与之,贼戒其徒曰:'好善人,勿得杀'";元朝董兴之,"性资敦厚,乡称善人,尝发其所积于至元十九年募工烧砖甃砌邑之通衢,自西而东计十余里,以木与舟为浮梁,邑人高之。"表明善道思想是徽州隐逸伦理的主要思想。

对隐和善的信仰使徽州隐逸既区别于一味逐名追利的社会名流,又区别于纯粹追求精神享受的佛道中人,而是介于两者之间,处于两个世界中间的那个世界,这就是隐者的世界。在这个世界里,隐就是一切,善就是全部,隐使一切回复到事物的原初状态,善让生命的价值得以升华。生命一次次地升华意味着全生,事物回复到原初状态意味着全归,全生全归是生命的一种原生态形式,而隐和善是达到这一生命形式的根本途径。故张雄飞临逝时,"沐浴端坐,诵全生全归之章",门人私谥"明善先生"。隐——善——全生全归,这就是徽州隐逸伦理的宗教魅力,也是徽州隐逸信仰的根本原因。

(三)徽州隐逸对徽州社会的影响

徽州隐逸士人一般都是文人出身,他们一旦从社会主流层面退隐以后,便立刻转化成为地方上一支重要的建设力量,在地方社会、经济、文化、教育、风俗、慈善、家族等事业中做出了重要的贡献。

南朝梁代胡明星,弃官归隐后,"见郭外多荒田未辟,询之云不通沟洫也,明星恻然,亲究水源,倾资募工,穿二渠,约十里许,导城北溪水透迤而南溉民田千余顷,岁屡有秋。"①

唐朝张友正,"结庐城阳山下,贞元末魏弘简来为宣徽副使,重其才,请为《披云亭记》,立成,酬以金帛不顾,去。"②

宋朝曹汝弼,"以经术德义高蹈州里,与林逋魏野交,自号松萝山人,有《海宁集》。"《宋元诗会》谓其"有诗一百五十首行世,曰《海宁集》,职方舒雅序之,其后嗣昌盛,举进士登仕籍者数十人。"③

宋朝汪绍,"严重好义,崇德乐施,父殁,七弟二妹,冠笄婚嫁,皆如礼,宗族贫病丧葬,随宜周急,人称曰畈上丈人。尝于居南辟义学,教授乡里子弟,名曰四友堂,捐田三百亩以充膳费,学者无裹粮束修之劳,四方闻风踵至。初,驿道由里中以达休宁之黄茅,溪路曲折多水患,绍言于郡,以己资辟芙蓉等岭,驿道直抵黄茅,较旧路近且无水患。"

宋朝祝确,"庚子方腊之乱,郡城为墟,有媚权贵者挟墨敕徙州治溪北,洼下多潦涨,众不便,欲诉于朝,余二千人莫敢为首,奋然以身任之,几坐,以违敕之罪逃隐,数年方得免,州治卒复旧,至今邦人赖之。"《方舆胜览》谓其"世以赀力顺善闻于州乡。岁太疫,亲旧有尽室病卧者,虽至亲莫敢闯其门,公每清旦辄携粥药造之,偏饮食之而后反,日以为常。其它济人利物之事不胜记,虽倾赀竭力,无吝色,乡人高其行。"④

宋朝许润,"博学洽闻,名甚著,政和中,累征不就,乃于沉山构乐山书院,所居村右构南楼数楹,时登览于上,又创天月亭于鬌山,环十二间,时与文人讲道其中,有诗文传于世。"

宋朝汪汉,"重然诺,尚气义,乡人以是非来取直者,徐以利害开谕,莫不感服。宣和庚子,方寇被邑,携骨肉逃难大溪,平时亲识有奔附者咸免于难。"

宋朝吴自牧,字益谦,"尝取乡荐,三上春官,辄不利,益谦不以为意,退讲究问辨,益自信其所得,作讲义史评杂著数百篇,皆有理趣,执经来学岁百余人。严

---

① (明)汪舜民:弘治《徽州府志》卷九《隐逸》,弘治十五年刻本(以下至明朝汪湛的资料引用未标出处的均出自此书)。

② (清)赵宏恩:《江南通志》卷一百六十九《隐逸》,文渊阁四库全书本。

③ (明)陈焯:《宋元诗会》卷七《曹汝弼》,文渊阁四库全书本。

④ (宋)祝穆:《方舆胜览》卷十六《徽州》,文渊阁四库全书本。

陵詹驾皋民守新安,以益谦尝为同门,友处以学职,由录而正,领袖多士,于所居号静庵,又创堂辟轩曰风月,曰青紫,皆自为记,发明动静之旨、浴沂之意、格物之学,非苟作者比。"

宋朝吴大用,"倜傥好善,为乡闾所推重,曾割己田捐赀开立昌塌一所,灌溉十七、十五、二十等都三乡田亩。"

宋朝程埙,"里有讼者,以理谕之,虽顽嚚亦感悟。淳熙丙午,岁谦,邻境有椎牛劫廪,因而啸聚,乃挺然入群,从容抚论,众解散去。年五十,作《原化论》,深达性命之理,纂集《先贤格言》,晚号翠林逸民。"

宋朝汪晫,"凡国治、官政、民俗靡不究知,居乡周急恤贫,兴利除害。乡有义役,强不逞者欲破坏之,晫力扶持,蹈祸机不少沮。给事袁甫守徽日,雅闻其名,绍定间,盗大侵扰,晫独能为乡邑区画,贫富得所,袁行部造门求见,晫以编氓辞,袁叹息而去。参政真德秀知其为人,欲荐于朝,不果。邑有水旱,晫为祈祷辄应。知县李遇每政事必资之。所著有《环谷存稿》,所编有《曾子》十二篇,《子思子》九篇。"

宋朝范启,"家资巨万,志节高尚,不乐仕进,得林泉之趣,创风月亭,又别业创楼曰宗绍,岁时聚族其上。所著有《鸡肋漫录》、《管锥杂志》、《井观杂说》。族孙再字续卿,号缉斋,又号耕隐,洪武中,本县知县周德成有惠政,为民所诬,再走京师白其冤,诏诘问,应对毅然,遂释德成,载与俱归,有诗曰《耕隐稿》。"

宋朝胡敏翁,"隐居笃学,所著有史评,世多传诵。"

宋朝胡则参,"少笃学,潜心古人,不以科举得失累其心,世业谨供伏腊,尚节俭,随力以及人。县学灾,重建礼殿,既成,则参忧无以膳士,乃物色逃户田于诸乡,得三十亩,请于官,许之。所居扃心斋,客至焚香啜茗,调琴赋诗作字,得古篆隶法,超然有隐者趣。"

宋朝张雄飞,"嘉熙丁酉亚乡贡,即绝笔时文,不应举,专教授乡社子弟,作家训,皆训励成人。从兄子早孤,心恶,视如己子,抚之终身。族里窭者,必随力赈之。"

宋朝江凤山,"以明经隐居教授乡间,即所居种竹万个,构阁匾曰琅玕,每与赵古澹辈觞咏其间,有蓄而好施,葬骼周乏,人多德之。"

宋朝汪会,"诙谐豪宕,不事边幅,作诗闲雅平易,有诗九首,乡人争诵之。"

宋朝鲍云龙,"从师闵,后甫试郡庠,逾年分革,当升职,云龙乞,以让其师,郡博士嘉之,遂两升焉。乡试中亚选,偕同里郑芭待试国庠,将入棘闱,郑疾卒,云龙不就试,倾赀护芭丧以归,闻者义之。次举乃领乡荐,已而省试不利,因绝意科场,居乡教授生徒,潜心理学,有《天原发微》若干卷行于世。"

元朝李伟,"宋咸淳癸酉,年十八,以经学中乡试一选。元初郡学未宾师,伟首与选,再调郡武教谕,以养亲未赴,不复仕进,创楼蓄书,讲诵著述,胡一桂《易本义》附录多伟相与讲论,尝患经史训注繁多,未易寻究,乃纂二图以便观览。县西有谋不轨者,里南同事默以相告,伟为力陈,逆顺沮之,因以他事故拘之不遣,未旬日,西民事露罹祸,而南民赖全。"

元朝程一飞,"博习诸经,尤精于诗,文章操笔立成,不喜穿凿附会,未始以科场得失介怀,泊如也。郡守林洽延置郡斋,即问政体,随事据理以对终,不及官府之是非。专以经学训诲乡间,子弟负笈来自远方,所居至不能容,一经指画皆为名士,其郡方称其文清劲如其人云。"

元朝刘光,"性恬淡,不与物竞,闭门授徒五十余年,多所作成。郡守许楫深敬之,暇日辄访之,语终日。家故贫,勉请主乡邑文学,乃捐己俸增筑斋舍,行省差克宁国路学正,不赴。喜为诗,有《晓窗吟稿》。"

元朝汪俊德,"倜傥有大义,从游郑师山,言动必法古人,师山称为老友,死以幼孤托之,卒抚于成。性恬淡,喜吟韵,尝寄汪彦贞,一时同辈若朱凤林、汪蓉峰咸极口称颂。先世崇福寺祠殁于豪右,力复之。尝割己田易便地为莘墟堨渠,乡人德之,勒石祀于社。所著有《覆瓿集》。子积善损赀甃小母堨,又言于官,开塘三所以益灌溉,盖能世其家者。"

元朝汪庭桂,"宋亡遂绝意仕进,会刘国公平安南,授本省左司郎中,以终养父母辞不就,士大夫高之。徽州路监郡马思忽良,二千石也,一见恨识之晚,言五事,凡诛黜吏十数,平反死狱者二,出伪楮株连者百人,马服其明,久政有未达,辄咨访,由是留置馆舍。府判木忽宾隐往赈济,庭桂预出所储以济流殍。族子文冒犯先墓,黜之,终身不得与宗族齿。有妇早寡,自誓靡他,舅姑欲夺志,庭桂戒之以全妇节。群从诸父兄弟病于征徭,出私财佐以集事。事亲孝,赈乡善族,恤姻字贫,死无治丧者,给棺衣衾,修川梁迳路以济往来。晚构楼西山麓以自娱。"

元朝黄孝则,"观书通大旨,十七岁,父兄俱早逝,独奉母,抚其侄孙泰,由是乡里巨细事咸推主维,有讼者必先质之,或相责而退,或望庐而返。宋末李铨为徽州招讨使,孝则素与善,欲辟从仕,不起,元兵至城,铨遁急以幼女为托,抚训成嫁之如己女。至元庚寅潜口、松源等处盗贼并起,居民骇散,为抚谕,一乡独安,避寇者多依焉。郡马思忽公总兵来讨,孝则醴酒劳军,力言玉石不可俱焚,遂留军中，擒其渠魁凌六一而返，又使其招谕余党，贼知其名德，皆罗拜投戈感泣，率其党各携妻子来降，各乡之避寇而他者皆复，田里赖以全，安监郡公议以功授巡检，辞不受，卒年六十一。"

元朝吴遂，"谦厚文雅，不言人过，闲居独处必端坐敛容，见人必具衣冠，非甚病必夙兴夜寐，所交皆当世名士。天性孝友，遭父丧，聘而未娶，有强徇俗成礼，遂厉色以拒，及宅兆未卜，族有感义者愿以地献，不受。慈亲在堂值世变，侍避兵，未尝失所，母年八十，抱瘫痪不能出者数年，起居饮食亲自扶持。土豪胡仲得肆剽掠，执吴善天、吴伯原、金万全、黄伯宇等将杀之，遂力解获免。乡里宗族无远近大小咸相敬重，以有德君子称之。"

元朝胡相，"幼颖悟，笃志好学，两举乡贡，进士不第，乃家居读书乡间，后进远近悉从游，注《协韵》，有诗文藏于家。"

元朝董兴之，"性资敦厚，乡称善人，尝发其所积于至元十九年募工烧砖甃砌邑之通衢，自西而东计十余里，以木与舟为浮梁，邑人高之，上其事于朝，乃扁其居之巷曰长者坊，人称董长者。"

元朝江敏求，"力学明经，邑人朱升辈皆受业焉，既卒，门人私谥明安先生。"

元朝胡斗元，"少孤，传易学，受徒五十年，尝谓'乾专言善，性也，坤兼善不善，情也，乾之善世，吾无及也，坤之积善，吾庶几勉之。'因号勉斋。及卒，门弟子俞洪等一百十五人用古隐君子私谥，例尊称之曰孝善先生。"

元朝李廉，"廉卯岁俨若成人，既躬行孝悌，侍父疾，衣不解带三年。祖墓世远多芜废，率族人访求表树而立祠于十世祖墓傍。诸娣之夫与子俱亡者，生则养之，死则葬之。性刚直尚气节，临事果敢，岁饥民相率盗取人谷，长吏庸孱，托故避去，廉以稍缓将滋蔓为乱，手擒其首恶数辈，余党骇散，因出所储以赈其不能自食者，人由是称之。"

元朝吴以宁，"天历戊辰，蛮獠叛于广南郡，将尽发其属卒以征兵，狃素安弗堪也，其悍者钟乙等十余人持梃入大家劫取私藏，莫之能制，以宁之家独随，所有予之不兢也，事闻有司，当卒以强盗之罪狱成。后至元丙子朝，命五大府遣官虑囚天下，及至徽，坐狱者皆在而被害讼干官者皆前死，独召以宁问状及所以独不告官之故，以宁曰：'兵与卒求贿耳，无杀人意，非强盗也。'官用其言，破械出之，时有长者之名。"

元朝祝寿朋，"号中山隐者，尝以己产为廪膳，延明师以教乡子弟愿学者，其设教之所扁曰中山书塾。"

元朝赵宜远，"好读书，得易学之传，性刚毅而乐与人为善，所居去城西二十里，构渔村精舍而隐居焉。"

元朝黄一清，"父早卒，母二十九守节自誓，一清学通易及阴阳家言，耕钓以为养，有秋江钓月楼，乡人号秋江处士，尝至京师平章李秋谷孟，欲官之，固辞，强授杭州教授以归，不复仕。母尝卧病亟，莫能治，一清焚香告天愿减己箅以益母寿，夜梦人曰：'明日有老妪来，当得药。'迨旦，果有老妪来授啖蜜之法，时秋暑无从得蜜，夜行乞于邻乡程氏，还遇虎当道，一清号曰：'我死不足惜，如母蜜何！'虎熟视逡巡而去，人以为孝感之应。省院交章荐之，皆不起。母年八十一，集贤闻之，为言于朝，曰：'黄氏母为节妇，子为孝子，宜旌表以励四方。'乃下县令旌其门曰孝节之门，里曰孝节之里，有《孝节录》行于世。"

元朝汪士逊，"至元十八年以例举授南轩书院山长，性资温良，不尚华侈，尤勤教育，尝谓人曰：'凡读书以践履致用为本，立身以孝弟为先，苟不由此，非圣贤之道。'化洽乡间，人多悦服。"

元朝朱以礼，"有经学，隐居教授。"

元朝程梦麟，"笃行君子，以伊川家法，月必一会，仿而行之，结宗会盟，为规多出入黄直卿之意，杯酒岁时，少长毕集，孝恭友爱，一乡化之。"

元朝程可绍，"天性孝友，隐居不仕。刻孝经，刊误以惠学者，编世谱，勘订经传，所著有诗集，藏于家。临溪构亭，匾曰观澜，藏修教子居之，东建孝则堂以奉高曾祖祢之祀，乡称孝则居士。至正壬辰，大发所积以赈不给，为糜粥以膳饥者。红巾寇乱，避难衢饶之境而终。"

元朝鲍元康，"从郑玉游，于应事处变得经权之说。遣嫁孤女，收养孤子，设立社仓，时其出纳以济穷乏，驰其息不取，以中统钞一万五千余贯赎文公祠之祭田于婺源，其它济人利物事不可累数。至正十二年春，红巾贼至饶州，元康与乡人集丁壮，结保甲，捐财出粟以供费用，贼至婺源，官军败走，度民力不可支使，携老幼入山逃避。四月郡城陷，贼购师山甚急，以计行购诸贼，师山得免。九月大军克复，元康与从子深首起义兵应之，出入山谷，劳苦成疾，卒年四十四。"

元朝谢景章，"问学该洽，尝提领浙右营田，厌俗而归，与同侪歃盟诗社，率其子卜居邑之小壶天，有聚德堂，汪克宽为之记。"

元朝鲍深，"至正壬辰红巾倡乱，从叔仲安散财率义保御乡井，四月红巾至徽，逻卒执深等至军门欲杀之，深从容言曰：'我山林遗民，亦举义图全乡井，将军奉命行师，奈何用不以律，纵野掠罗，民至帐下而概杀之？'主将动容，留之军中，咨以安徽之计。至正末为师山书院山长，又尝立社仓聚粟赈给贫乏，卒乡人祀之于社。"

元朝谢俊民，"值元季隐居不仕，筑云深、坞乐、安庄书舍，与汪克宽为友，讲明道学，所著文有《玉泉集》，诗有《寓意稿》，藏于家。"

元朝汪时中，"博学善吟，不乐仕进，元季隐查山筑书堂，与兄克宽讲学，学者称查山先生，所著有《三分稿》，藏于家。"

明朝游芳，"隐居教授，以师道自任，其读书之室曰初月梅轩。所编有《皇明雅音》三十卷，其诗文曰《沟断稿》，族子祖贤泰亨寿等编其诗为《初月梅轩集》。当时及门之士若游文裕、游维贞辈俱以学行闻，群从兄弟从善、关城、彦忠皆读书有时名，彦忠犹长于诗，族侄永亮知书尚礼，端重孝友，深为乡间所称。"

明朝程平，"妻兄汪思贫卒，平殡葬之，遗子八岁为抚教，又以己帑赎其父所鬻产，迨其成人，不索价。时休宁朱仲杰偕往陕西，中途雨涨，漂失朱行囊，乃责平不救，坐偿银五两，平不吝，后朱卒，平为衣冠，即呼孙通负送其家，其轻财尚义如此。裔孙有志颖敏通经，人劝之仕，曰'二亲垂老，念及此乎'。邻有贫丧，捐赀营葬，其家至今时祭之。愈厚，尚节义，有姻家罹疫，邻族深避，数为调治，人多沮之，则曰'自有天命'，疫气遂寝，亦不为染，人以为诚敬所致。"

明朝程宾赐，"自少严毅，有志略，年十三，能率丁夫于池州伐海船木，起赴郡，又奉例改造。戊戌自实田，一秉至公，毫发不少假。尝镯己帑倡诸父昆弟以赎石灰山之后，及自婺源伐巨木五千余送安庆应和买之令。太祖高皇帝命光禄赐膳内府给价以嘉之居家孝友，一毫不妄取于人。凡天文地理、阴阳卜筮、诗书六艺无不涉猎，尤长于医。邑令周德成举其孝廉，辞不就，乡人遂称之曰程孝廉。"

明朝俞彦诚，"刻志诗书，博通经史，尤精春秋，教授乡里。洪武初绩溪休宁交聘为邑校官，力以疾辞不起，卒于家。"

明朝程达道，"性刚毅，尝以春秋领试江浙，遭乱不仕，为文质而不华。洪武初，尝督修朱子庙宅，编《历年》、《纪实》及《孝则堂家教辑录》凡三卷，年五十六而终。"

明朝方振文，"潜修内植，乐恤贫乏，有司屡征不就，创思本桥以济往来，平居类选圣贤格言，一编断以己意，名曰《积善字训》。"

明朝黄枢，"洪武初以左辟辞不就征，隐居教授，金彦瑾、戴批皆其徒，尝与二弟权畿均分其产，悉以祖基让其弟，自取后之隙地以居，乡人称为后圃先生。卒，子则惠掇拾遗稿曰《后圃存集》。"

明朝黄永坚，"性嗜学，早丧父，事母以孝闻，里有贷其祖父财物者，私焚其券，不责之偿。郡守任勉县令，贺天顺皆以孝廉举，以母老辞，乡邦高其行义。"

明朝胡唯，"号瀛东老樵，又号樵墅，明春秋经，工诗善书，尤善画山水云龙梅竹，尝采摘六经子史之要、诗文书画之法，纂集成书，名曰《致知编》，藏于家，时人以其诗文书画目为三绝。年八十余而卒，永乐四年访求遗书，其从子士沂以其书上。"

明朝周原诚，"号淡如居士，又号石泉，幼嗜学，及长，专意训迪后进，尝作《春秋王正月辨》及《先天图》、《太极图》、《河图洛书论》。"

明朝金显德，"不以功名为意，归侍亲侧，居乡尤仗义，岁饥则出粟以赈贫乏，存活甚众，又有张姓者，无辜系狱，鬻子求脱，显德与之钱而还其子。父有疾，尝汤药，衣不解带者七月，及殁，哀毁逾礼，郡邑廉其行实于朝，欲官之，显德力辞不就。乃筑居，旁匾曰西山书屋，与远近学者诵习其中，人称为节孝先生。"

明朝金德玹，"家世业儒，至德玹而贫，好学，六经三传，诸史百氏，山经地志，医卜神仙道佛之书，靡不研究。世家士族争为西席，子弟经其训诲悉有礼度。尝以先儒遗书精神心术所寓湮没不传为己任，遍访藏书家，抄校既毕，遣子辉送入书坊，刊行天下。平生著述有《新安文集》十卷、《道统源流》、《程朱氏录》、《小四书音释》，卒年七十二，赞曰：'文风既变，俗尚商贾，视著述若敝屣，德玹奋不顾流俗，肆志圣贤之学，求书之心急于众人之求利，家愈贫操愈砺，先儒遗书得不湮没，后生小子知所趋向，皆其力也。'"[①]

明朝李天祥，"隐居读书，乐善好义，念其曾大父仲实垂庆远而子姓蕃衍、贫富不一，凡宗族贫乏者恒汲汲周之。既又以白金百两命子弟能者营，什一岁收其息。置义田，凡丧葬、嫁娶、饥寒、无资及有志读书而力不逮者皆取给焉，邑学创紫阳书院以祀朱子，亦出白金以助费，乡人称之。"

明朝张德昂，"颖敏好学，能吟咏，有诗集，为儒绅所采，闾里多宗师之。"

明朝胡仲德，"平生为善，至老不倦，正统间，岁大饥，守令劝借富民多吝色，仲德慨然出粟百余石赈济，人甚德之。"

明朝张原诚，"博学能文，性鲠直，乡人甚敬礼之，永乐间与六邑儒绅同修郡志，有诗文稿，藏于家。"

明朝程孟，"性诚朴而力于学，尝以诸程自唐以来莫能相通，乃远者走书，近

---

① (明)程敏政：《新安文献志》卷九十五下《金仁本传》，文渊阁四库全书本。

者亲会,为《程氏诸谱会通》五十卷,《外谱》二卷,《世忠事实源流录》十卷,及《明良庆会录》三卷,别有《黄山小录》,自号槐濑,所著有《槐濑集》。"

明朝赵德相,"聪俊端厚,年十五即教授于乡,善属文工诗,绰有清德,号玉泉子,晚号遁叟,有《复斋遗稿》。子骥字世隆,清苦好学,以文行著,弘治元年举修宪朝实录,每岁郡行乡饮皆宾礼,卒年七十余。"

明朝吴逊,"年三十余即家居,为文章有理致,士大夫家凡礼文稽古事有疑者多以咨之,在城江养正、曹梦草、张西清皆秉志高尚,皆与其为忘年友,有文会之益,郡行乡饮延正宾席。"

明朝鲍宁,"通习经传,旁及子史诸书,正统初,御史李公、郡守崔公相与荐之,力辞不就。景泰甲戌朝廷下命纂修郡志,邑请从事。晚年著《天原发微辨》二十五篇,于诗文不事藻饰,有《谧斋集》,至阴阳地理医药诸家之说无不究竟,尝谓祀先之礼家礼,尝欲定议复昭穆之制而未成,乃酌古制更其式而行于家,庶不乖夫事生事存之理,方拟著笔,以疾卒。"

明朝汪仕政,"无心禄位,居家以孝悌闻,秉公道,乐施舍,一时名公巨卿皆忘势与之友,每遇岁凶则散业周贫,生财有负则焚债券,贫者春耕助其牛种,死无依者给其衣棺,三十年间棺几五百,凡乡邻有争竞者,以道义谕解,暴横者以利害告戒,桥梁冲损则捐财补葺,年七十二而卒。"

明朝汪显德,"性英敏,孝友纯至,三举不偶,遂退修于家。成化初,提学御史陈选释奠,祁门学中闻其名,以布衣辟,行分献礼,郡邑学者多宗师之,筑室西庄。弘治元年举修宪朝《实录》,卒年七十三,所著有《梅峰小稿》。"

明朝程质,"隐居养亲,尚气节,不钓声利,弘治纪元与修宪庙《实录》,又尝佐篁墩学士修《程氏统谱》及编《新安文献志》,所居有世德堂,学则书楼,名公皆题咏,所著有《南峰小稿》四卷、《文献录》八卷,及编《星源志》一十二卷,藏于家。"

明朝汪湛,"性至孝,幼失怙,事母方氏甚谨,内外称孝。长不仕,治易经,旁通医,生活甚众。乡邻有斗,讽以诗书皆释服,知府李公雅重之。所著有《清风亭诗》及《刍荛杂集》,藏于家。"

明朝郑之珍,"字子玉,号高石山人,祁西清幽人。弱冠补邑庠,性至孝,在诸生中英气勃勃,自负文武全才,善谈诗,兼习吴歈,宏词奥旨,一于调笑中发之。既困于场屋,不获伸其志,乃思以言救世,又以世浑浊不可壮语,而挽救人心,莫如佛化,因特撰《目连救母劝善戏文》,俾优伶演唱,以警世人。徽郡各县,每逢夏历闰年,均有所谓目连班者,纷纷演唱。……徽郡自朱子讲学后,由宋迄清七百余年,紫阳学派,绵绵不绝,江戴兴而皖派经学复风靡天下,然支配三百年来中下社会之人心,允推郑氏,至今日而目连戏曲徽属而外,具流行于浙江之昌化、临安、于潜一带,其力量之久远溥极,洵为可惊也。"①

① 胡光钊:《祁门县志》卷二《艺文志·目连救母劝善戏文》,民国三十三年铅印本。

附录一:徽州历史上的坛庙

坛壝和祠庙是儒教的主要的祀典制度,在地方上有大量的存在。根据道光《徽州府志》的记载,清朝徽州存世的坛壝约有29种,祠庙约有427种。另有数种为道光《徽州府志》所无,而为他书所记载,一并录之如下。

一 徽州府

社稷坛:宋社在城之南隅,元迁西南,明朝洪武三年颁行定式,迁于镇安门外。其坛社右稷,左建神厨、宰牲房、库房各三间,洗牲宰牲各有池,有井缭以垣墙。按《礼部则例》,祭社稷坛以春秋仲月上戊日为民祈报,各府州县以正印官将事,以各学教官纠仪生员充礼生,掾吏执事。

风云雷雨山川城隍坛:在府南门外。宋元符祀式,风师坛在社坛之东,雷师坛在社坛之西,雨师坛又在其西,后雷师雨师坛附于社,风师坛移东关。明朝合风云雷雨山川城隍为一坛,迁于南门外南面,制同社稷坛。按《江南通志》及旧志不言城隍。考《礼部则例》云:"春秋祭神祇坛,风云雷雨居中,山川居左,城隍居右。"是城隍亦祭于坛。据《歙县志》,旧制以春秋二仲上丁之第三日致祭,清朝则由钦天监诹吉日颁行,又孟夏诹吉日行常雩礼,又祈雨、祈晴、祈雪皆致祭于此。

先农坛:在府城东门外。雍正四年遵建。按祭先农,岁用仲春吉亥,行礼用朝服,耕籍用采服,府县秉耒,首领、杂职奉青箱播种。

厉坛:在临溪门外石壁下,缭以墙垣,无屋。永乐五年因洪水漂坏,知府张从道迁于东关,接官亭西,制如式。按《礼部则例》,厉坛以每岁三月清明节、七月望、十月朔,先期府以告于城隍,厥明导城隍于坛,鬼神列坛下祭之。

关帝庙:在府治乌聊山。雍正五年奉旨追封三代公,春秋同日祭于后殿。乾隆四十年移建天宁寺左。

文昌庙:在斗山亭。嘉庆六年奉旨列入祀典,十六年歙人鲍漱芳之子均就旧址重建。

八腊神庙:在府治东。雍正十三年敕建,乾隆间停祀。

城隍庙:在府南山门内,旧在东门内乌聊山,明洪武三年移建南山门内。

火神庙:在新安卫前。

龙王庙:在河西。乾隆四十六年知府黄杭建。

刘猛将军庙:在府治东。按乾隆《歙县志》引《稽神录》云:"刘猛将军名承忠,吴川人,元末授指挥使,弱冠临戎,兵不血刃。适江淮千里飞蝗遍野,挥剑追逐,蝗飞境外,后鼎革自沉于江。有司奏请,遂授猛将军之号。"又,按文昌、关帝、火神、龙王、城隍、刘猛将军等庙祀典通行天下,故特列于诸庙之前,后皆仿此。

蔺将军庙:在府城潮水门外。祀隋将军蔺亮,亮镇新安,有靖难功,故祀之。庙久圮,道光三年知府长白麟庆捐赀重建。

忠烈庙:祀越国公汪华。旧立祠于刺史宅西偏,唐大历中迁乌聊山。宋政和四年赐庙额曰忠显,德祐元年赐庙额曰忠烈。从祀者汉将军毛甘、唐神策将军汪节等。

灵顺庙:在府城东北。一名五显庙,一名五通庙。宋大观中赐额灵顺,清朝康熙二十五年江苏巡抚汤斌奏毁五通庙,遂改为关帝庙。按《陶及申笔猎》云:"五显即五帝,实司五行,避帝而称显者,其诸神之通谓也。明兴,肇定祀典,南京十四庙有五显灵官,秋季致祭,此神祀所由著,沿及郡县,逮于民间,而不知者妄以五通例之。罗鄂州《新安志》云:'其神五人,旧号五通庙,大观三年三月赐庙额,宣和五年正月封通赐、通佑、通泽、通惠、通济侯,绍兴二年五月并加封四字,十五年九月封六字,乾道三年九月封八字,淳熙元年进封显应、显济、显佑、显灵、显宁公。'据此则历代褒崇其来已久,恐非吴下淫祠祀比也。

旗纛庙:在新安卫所。

东岳庙:在乌聊山。唐武德中建,明弘治中增元帝阁于后。

元坛庙:在乌聊山忠烈庙后,祀赵元帅。

孚惠庙:在府城东门外,祀石敬纯。按《新安志》云:"近岁民间祀孚惠庙,本出于信州。传云石敬纯,东晋时前赵之从子,为父报仇,山为鸣震,故信人祠之。"宋时封至八字王,元至大三年改封明仁广孝翊化真君。

茅司徒庙:在紫阳山。

尚贤祠:在府城南门外。祀晋程元谭,梁任昉,明陈彦回、孙遇、张正、彭泽、何歆、张芹、留志淑、王继礼,后增徐搌、陶承学、陈所学、洪有助。

吕司马祠：在河西太平兴国寺，祀唐歙州司马吕渭。按吕渭，河中人，由殿中御史贬任歙州，历官礼部侍郎，见唐书。

节烈祠：在府城机巷口，旧在府治水洞口，祀历代节烈，后移今所。

显忠祠：在府城南街，祀明靖难忠臣徽州知府陈彦回、河南左参政歙郑桓、辽府左长史绩溪程通。

任公祠：在府城南，祀梁太守任昉。

张太守廉惠祠：在府城隍庙右，祀明太守张芹。按张芹，江西新淦人，明正德中知徽州，立紫阳书院，置廉惠田三千亩，立廉惠仓，六邑各立生祠祀之。

舒先生祠：在府学西，祀宋教授舒璘。按舒璘，陆九渊门人，以讲学明经自任，作《诗礼解》，卒谥文靖，故徽人祀之。

陈公祠：在府城南城隍庙左，祀明知府陈彦回。

杨先生祠：在府学东，祀教授杨升，门人程富等同建。

孙公祠：一在府城天宁寺左，一在城南忠护侯庙右，祀明知府孙遇。

何留二公祠：在府城东门内旧弥灾亭中，祀明知府何歆、留志淑。

陶公祠：在府城东太子堂前，祀明知府陶承学。事载《思仁编》歙鲍象贤记曰："酒桥陶公以南台御史出守徽时，适寇警调繁。公至，镇之以静，继而采取殷公为委曲调停。越四载，政通人和，擢江西副使。行之日，颁白拥道，士民流观，咸咨嗟惨阻，如失所天，于是祀之。公讳承学，字子述，会稽人。"江信州珍《跋》谓"公处无为之事，行不言之教，去其画然智者，远其挈然仁者，士民为立祠而又侈以歌颂，徽之德，公者深矣。"许国题《思仁编后语》其略曰："公备江州兵事，会国有大封，循江而下，徽当发丁夫万人，公力争之，令徽出雇役而募沿江诸郡之民给之，于是徽民得免役。"

陈公祠：在府城东太子堂前，祀明知府陈所学。

循良祠：在新安卫，祀太守彭公、陶公。

报功祠：在府城十横街，祀明总督兵部尚书胡宗宪。

高公祠：在府城东太子堂前，祀太守高时。

崇贤祠：在府城南城隍庙左，祀历朝以来惠爱守令二十五人，益以明温璜、清朝孙继佳二人。

昭忠祠：在府城南门内，嘉庆八年奉敕建立。按昭忠祠因无基址，未有专祠，现附主于忠烈太守陈公祠内。

三皇庙：在西隅，元至元二十三年建，明洪武二十九年裁革。

帝师殿:元起朔方,崇尚释教,及得西域郡县其地而领之于帝师,帝师之命与诏敕并行于西土,帝后妃主皆受其戒。大臣俯伏进觞,帝师不为所动,谓皇天之下,一人之上,故各郡设蒙古字学必建帝师殿以主之。至正十二年兵毁,今察院乃其故址也。

二　歙　县

社稷坛(从府祀)

先农坛(从府祀)

厉坛(从府祀)

城隍庙:在问政山、马鞍山下。嘉靖三十六年知县史桂芳作新城成,始立庙,后迁紫阳门内,复徙于此。

龙王庙:在溪山下,旧在山岭,宋知州事谢采伯移建溪山下。

世忠庙:在县西南篁墩,祀陈将军程灵洗,旧宅并射虎事俱在篁墩。宋嘉定十六年赐庙额曰世忠,宝庆中追封广烈侯。《大清一统志》、《江南通志》、旧志俱同。郡歙人罗愿记略曰:"壮士之出身用武以立功显名于时者,世常有之,然能使其乡百世之思者鲜矣。中古以来相殽以权利,有啮臂而去其亲,为间而焚其孥,临阵而欺其友,苟取一功不顾所厚,其威则伸于敌矣而不见信于族党,其位则列于朝矣而不见誉于州里,激扬于人主之前,矜视同列,得志富贵矣而不可以见故乡之父老、先世之丘墓,往往随官留止不能复还,使其子孙为羁人于四方,数世之后燕秦楚越矣,而况能使其乡百世之思哉!若吾州程公则不然。"又曰:"吾乃知今有功烈者之不忘也。古之见祭于人者,当时则祀,过则舍之。梁陈氏之去今六百余年矣,其恩之及我者,耳与目不接矣,不接则宜僝以废,然益相与崇奉,以坛为未足防,于此乎立庙,是非其道有可怀者乎。由此观之,虽百世可也。"

忠靖王庙:在县北十里洪相山。王张姓,名卞,家于滑之白马,唐天宝时与张、许同死睢阳,史失其名,宋政和、乾道间加封王爵。

英烈庙:在乳溪,祀宋义勇钱岀、钱甹。宋绍定三年新安士民以其捍寇有功,陈乞褒表立祠,赐额英烈。

禹王庙:在龙井山,上为文昌阁,后建忠助八侯庙。康熙元年知府蔺一元复修。屋久圮,道光五年夏,知府马步蟾重建。《采访册》马步蟾记曰:"龙井之山,禹庙在焉,上构文昌阁,后建忠助八侯庙,重檐蔽日,飞栋接云,诚一柱之擎天,万流之仰镜也。特不知防于何时，遍考志乘，记载阙如，惟旧碑仅存。前明嘉靖中许相国文穆公始修复旧制，至清朝康熙纪元，前太守蔺侯改作，迄雍正十二年文穆之元孙观察讳登瀛捐资重构，嗣是至今又将百年矣，风摧雨蚀，片瓦无存，惟见败址颓垣与波光相激荡而已。有其举之，莫或废之，谁执其咎哉？甲申秋，蟾奉命来守新安，新安固文献之邦，其风俗急公好义。凡地方一切善举，有大力者每不难独任其成，而封翁程退斋先生德行尤冠于乡。下车时特造庐请谒先生，即慨然以兴废修坠为合郡倡。时方将辑郡志，建府堂，费用浩繁，不下三四万金，蟾始犹难之。先生曰：'事在力行而已。'不一月，合郡绅士乐输者果争先恐后，乃知事可次第修举矣。因先即龙井山禹王阁故址披荆剪棘，庀材鸠工，经始甲申之冬，落成乙酉之夏。虽规制一仍其旧，而雕甍画栋，垩白涂丹，俨龙蟠虎踞之雄，成凤舞鸾翔之势，固不待形家者言。以为是举也，将科甲益见振兴而簪缨愈欲蔚起。至于山势之纠纷、川源之络绎、神灵之佑享、灾沴之消除，旧碑已详言之，故不复赘云。"

张许二侯庙：凡三处，一在严镇，一在许村，一在黄村新化桥南，祀唐张巡、许远。

周王庙：在黄坑，祀周翊应侯庙。

昭明庙：在溪西，祀梁高宗，里人谓之九郎庙。按梁太子萧统，薨谥昭明，《文献通考》云："宋仁祐间赐庙额文孝，阅乾道、嘉泰累封文孝英济忠显灵佑王。"明洪武三年厘正祀典，仍号昭明太子庙。又，《周书》萧詧，昭明太子之第三子，詧既与江陵构隙，恐不能自固，大统十五年乃遣使称藩于周，请为附庸。十六年周开府杨忠平汉东，太祖遂令假散骑常侍郑穆权持节策命詧为梁王。魏恭帝元年，太祖令柱国于谨伐江陵，詧以兵会之。及江陵平，太祖立詧为梁王，居江陵东城，资以一州之地，詧乃称皇帝于其国，年号大定，追尊其父统为昭明皇帝，号高宗，故文孝庙今俗称高宗庙。弘治《徽州府志》云："溪西昭明庙，即梁高宗也，里人谓郭西九郎庙，盖池州之郭西有九郎庙，此其行祠也。"

蔺将军庙：在城南蔺将军岩。

张王庙：在县城东二里，即广德祠山神也。

真应庙：据《歙南柳亭山真应庙纪事》载，东汉永元五年癸巳六月，黟侯储公薨于直谏，赠太常卿、尚书令、洛阳开国公，敕护归葬本邑专祠，墓在淳安县东郭内，就墓立庙，而歙南柳亭山为黟侯潜修地，并立庙于柳亭西小山上祀之。历晋、宋、齐、梁、陈、隋、唐、五季，虽世代久远，蒸尝祀事莫能悉纪，而我方氏子孙世守弗替。北宋端拱元年戊子,三十六世孙忠正以原庙将圮,移建于柳亭山麓之左昌干,乃忠正公曾祖蒙公居址也,始置祀田,招僧守视,厥后六世孙彦复重新之。政和四年甲午,有司以天子命,修葺洛阳公庙,裔孙仕燮考其后封侯伯以上及元英先生三十二人,绘像于庙壁之左右,七年丁酉,赐额"真应"。后世裔孙置祀产,招僧守视,历元明清,蒸尝不辍。①

飞布庙:在县北飞布山,一名主簿山。相传昔寇乱,县主簿葛显同县丞率民保障,营寨于此山,土人立庙祠之。唐天宝六年,敕谥明惠、灵应二神,赐额飞布,宋嘉祐五年封公。按《新安志》云:"飞布庙、灵山庙、窍山庙,各在其山。"清朝飞布庙犹存,而灵山、窍山其迹不可考矣。

大姑小姑庙:在陈村山上,祀唐章氏二女。按章预女,偕母登山采桑,救母于虎口,复终身奉母不嫁,刺史刘赞蠲其户税,改所居合阳乡为孝女乡。

龙车庙:在余岸,宋政和三年建。

显应庙:在岩镇,明嘉靖丙寅敕建。

瀹岭庙:在瀹坑。

通真庙:在富山麓。

孝女庙:在城阳山下。

忠助庙:在龙井山。

忠护庙:在城南。

总管庙:在飞山。

张王庙:在上路。

朱韦斋祠:在歙县紫阳山,祀朱熹父松。按祭韦斋先生,以祭朱子日祭于后殿。又三月初一日诞辰、九月初一日忌辰亦祭焉。

孝女祠:在县南刘村,祀唐章氏二女。按此条旧志不载,清朝时祠在刘村,与大姑小姑庙在陈村者别,故两存之。

先贤祠:在西乡,祀宋周敦颐、程颢、程颐、张载、朱子。

六逸祠:在严镇岳庙中,祀宋潘洋发、方鹗明、唐子彰、畲修、赵汝弼、王瑷。

陆忠节祠:在渔梁,祀宋朝请大夫陆梦发。

汪忠愍公祠:在城东,祀明副使汪一中,嘉靖辛酉敕建。

任公祠:在任公村,任公寺法堂右。

徐公祠:在路口,祀梁太守徐摛。

① (清)方善祖:《歙淳方氏柳山真应庙会宗统谱》卷十八,乾隆十八年刻本。

吕内史祠:在半节街,祀梁新安内史吕文达。

谏议祠:在孝悌里汪川,祀宋谏议大夫谢泌。

令君祠:在双桥北,祀元县尹郑安。旧在憩棠庵,后迁双桥北。

孝子祠:祀历代孝子。

旌表孝子祠:在郑村,祀明孝子郑泗。

按乾隆《歙县志》,止一孝子祠,即在郑村者。至祀历代孝子之孝子祠,旧志亦不载何地,盖倾圮已久,不可得而考矣。

洪公祠:在练影桥东,祀知府洪有助。

三夫子祠:在篁墩,原在塌田,万历四十年知县刘伸建。前为三门,右为聚奎堂,后为集贤院,石坊署曰"程朱阙里",后圮。清朝乾隆二十五年邑人徐麒甡移建篁墩,原任光禄寺少卿吴炜恭请书赐额曰"洛闽溯本",后祠又圮,嘉庆初年邑人程光国重修。《采访册》徐麒甡记曰:"邑篁墩为子程子、子朱子祖里,井闾墟墓咸在焉。稽之典册,访之故老,质之两姓之家乘,皆信而有征,此程朱阙里之名所由昉也。胜国伯雨赵先生缘司徒方公暨厥祖武城公绪论,请于邑侯刘公,集同学创程朱阙里坊并祠于邑之湖田,既又辑一编曰《程朱阙里志》。顾湖田距篁墩将一舍地,井庐墟墓去之辽远,当其时已有不慊于此者。追敬庵吴先生昌言正之,古愚吴先生修志遂祖其说,乡之人益晓然,知祠当建于篁墩。大夫朴村公潜心理学,于三夫子书讽诵不辍,尝念篁墩为三夫子故乡,三贤之灵犹应恋此,而祀之非所,何以尽桑梓之忱,体崇儒之意!既又念邑之紫阳为朱子讲学地,其当振兴与篁墩等。顾即事有渐,先葺紫阳,建学舍,捐膏火,役竣将谋篁墩。而先大夫捐馆舍,余小子躬承遗训,未之敢忘,乃嘱戚友炳政程君及家奉直仲苍、家太史莲蕴、家石城令左亭,俾相视吉圹,而庀材营构,则仲苍力尤多。是役也,经始于乾隆戊寅年冬,落成于乙酉年春,共计屋若干楹,奉三夫子木主,后奉三夫子所自出,前后两庑则理学名贤暨有功于阙里者从祀焉。祠成,置田若干亩,为春秋祀费。既而光禄吴公特请宸翰揭于石坊,而当事以工竣上请,复奉旨命翰博河南程、婺源朱将以前所赐额摹送于祠,辉煌御宝,照耀堂皇,并以旧编湖田祭银归于篁墩,永著祀典。盖自是而学大夫羽翼正学之心藉以慰矣。迄工之后数年,余归里谒祠,恐颠末久而就忘也,爰泚笔记之。"

忠烈行祠:凡六处,一在堂樾,一在龙山,一在新馆,一在龙合山,一在龙屏山,一在信行。

双忠祠:在潜川。按《新唐书》云:"大中初,圆巡远、霁云像于凌烟阁,睢阳至今祠享，号双庙云。”是张许二公，自唐已称双庙。韩昌黎从事于汴徐，亲祭于其所，谓双庙者是也。然唐祀止睢阳，清朝则大江南北几于家祀户祷。盖当时江淮之不亡，实二公之力。史所谓“以疲卒婴孤墉鲠强虏之喉牙，使不得搏食东南”者，其功在生民也。乾隆十二年封浮梁张巡神为显佑安澜之神，四十五年改司水张公之神，嘉庆八年封丹徒张巡为显佑安澜宁漕助顺之神。此祀典所由，独盛于天下欤。

张公祠：祀明知县张齐。

史公祠：在紫阳门，祀知县史桂芳。

两贤祠：在迎恩门内，祀知县郑舜臣、彭好古。

姚公祠：在河西桥西路，祀知县姚学闵。

邬公祠：在新安关外，祀知府邬元会。

虞公祠：在教场，祀推官虞廷陛。

刘公祠：在步廊巷，祀知县刘伸。

戴公祠：在龙王山下，祀知县戴东明。

倪公祠：在河西，祀知县倪元珙。

陆公祠：在河西，祀知府陆锡明。

唐公祠：在河西，祀知府唐良懿。

李公祠：在河西，祀同知李茂荣。

鲁公祠：一在教场，一在河西堤上，祀推官鲁元宠。

叶公祠：一在相公潭，一在天马山，祀知县叶高标。

傅公祠：在河西，祀知县傅岩。

张公祠：在霞山，祀明知县张涛、国朝提督张天禄。

吴新都侯汪澈祠：在吴山铺。

介庵先生祠：在信行里，祀元县尹汪寿甫。

惠政祠：祀宋郡守宋济、袁甫、明知府张芹、彭泽、段朝宗、梁应泽，在紫阳门外。

郑公祠：在紫阳门内，祀邑令郑舜臣。

忠义祠：在上路街，即孝子祠，雍正元年建，祀黄芮、王六、鲍素孙、鲍元凤、郑泗、朴素、李士景、程四、方尚用、汪溥、何澄、汪存、萧榧、何胜、汪祚、吴绅、洪金竹、吴贞美、毕阳、吴鼐、朱复德、鲍燦、吴楼、程起善、吴延友、汪龙(凡二十六人)。

节孝祠：在上路街，雍正元年建，祀历旌贞烈。

梁公祠：在郡城太子堂前，祀明太守梁应泽。

周公祠：在丙字塘边，祀太守周士昌。

二李公祠：在上路街，祀邑令李珀、李右谏。

孙彭二公祠：在天宁寺左，祀明太守孙遇、彭泽。

胡公祠：在白雪楼，祀清朝提督胡茂正。

孔贞子祠：在绍濂，祀孔敬康先生，晋时乡人立祠于孔灵山下，由此名。《晋书》曰："孔愉，字敬康，会稽山阴人，因避乱入新安山中，改姓孙氏，以稼穑读书为务，信著邻里，后忽舍去，皆谓为神人而为之立祠，后为晋车骑将军。"

三　休宁县

社稷坛：在西门内。宋社在县东南，后移今所。初社稷各一坛，明嘉靖间始合，径二丈，封三尺。

风云雷雨山川城隍坛：在东南二都。

先农坛：在县东二都。

厉坛：在县北二都。

乡厉坛：在各乡，共十六所。

里社坛：在各乡。

城隍庙：在城内东墩。

文昌宫：在尊经阁。

武庙：在普满寺东。清朝乾隆二十四年知县胡则安建，嘉庆十九年知县何应松重建。

龙王庙：在北街，又一在谒潭。清朝嘉庆三年知县刘缙建。

火神庙：在西关社内。

刘猛将军庙：在崇寿观，奉神牌。道光《休宁县志》曰："每岁正月十三日、冬至后第三戊日致祭。"

中顺庙：在县东。

梢云庙：在县东。

杨山庙：在县西。

夹溪庙：在县西北。

孙王庙：在县西，祀吴主孙权。按道光《休宁县志》作祀吴太子孙和，未知孰是。

忠烈庙:凡六处,祀唐汪华,一在县西北东山,宋绍兴中邑令吴敦仁建,又一在古城岩,一在汪溪,一在汪村,一在斗山,一在乌龙山。按道光《休宁县志》止载东山、古城二处,其在东山者为忠显庙。

唐吴都将庙:在五城倒马墩。

阳山主簿庙:在阳山。世传宋初以是山有异,遣李主簿者解铜钉来镇,没于山下,遂为神。

世忠庙:凡五处,一在汊口干龙山,一在斗山,一在率口,一在荪田,一在庙山岭。

灵顺庙:在芝山。

东岳庙:在县东南山。

张王庙:在郏溪张村梅山下。

周王庙:凡三处,一在下汶溪,一在凤湖,一在临溪。

晏公庙:在县东水口上。

梁武帝庙:在塘尾。

周翊应侯庙:在下汶溪。

三贤祠:在县南,祀宋程泌、程若庸、程洙。

三皇庙治教堂:在县治东,左为阴阳学,右为医学。

鬲山陈府君庙:在藤溪,祀唐陈禧。本桐庐人,避广明之乱溯流而上至休宁之西,爱藤溪山水清秀因家焉,没葬鬲山,其后子孙蕃衍号陈村,禧积德敦义,乡人神而祠之。

江先生祠:宋人,讳庆,尝受学安定胡公,归隐此山授学,因祠之。

定宇先生祠:在陈村,祀元儒陈栎。明景泰三年知府孙遇重建,正德九年毁,十年知县王迥重建。年久复墟,清朝康熙二十八年邑人给谏汪晋征疏请重建。汪晋征疏曰:"臣惟六经之道得孔孟而大彰,孔孟之道得先贤而益著,故敦崇圣道必表彰先贤而正学乃愈明也。我皇上聪明天纵,德盛化神,尊崇先师典礼,自有史册以来无以复加,诸如录恤周公之子孙,查叙周敦颐之世袭,颁给白鹿洞书院之书额,皆所以崇重先儒,振兴文治。臣愚以为历代大儒关系道统之传者如周敦颐、程颢、程颐、张载、朱熹、杨时、真德秀、许衡、陈栎、薛瑄、胡居仁、罗钦顺、顾宪成、高攀龙辈,以及诸弟子渊源一派,或生长之乡,或宦游之地,类皆有力学读书之所。后之人景慕前徽,建为祠宇,设位置田,春秋致祭,具载各省通志,班班可考,弟岁久年湮,其有生徒诵习者堂庑犹然仍旧,其无师儒肄业者栋宇或致摧颓。

恭值我皇上圣治日隆,文命四敷,各省学宫以及孟庙仲庙莫不焕然一新,而历代大儒祠宇顾犹有倾颓弗饬,揆于圣时文治之隆,岂非所宜急饬者乎!且自古圣贤之学,大而经世治民,内而修己正心,其余以及诗歌文辞皆必资乎诵习,而后人才蔚起,可以备国家之用。先贤祠宇,学人诵习之区也,关系教化实非浅。鲜我皇上圣学渊深,犹且讲筵弗辍,千古道统治统萃于一人,是景运方隆、正学昌明之日,伏乞敕各省巡抚、督学诸臣查所属先贤读书之处,动用无碍钱粮重加修茸,所在官司岁时亲临,鼓舞生儒讲习其中,清理祭田以资膏火,务使真儒辈出,勿得视为具文,于以继往圣之绝学,开万世之太平,道由此矣。"邑人汪紫沧记曰:"苍苍者,云山耶,泱泱者,江水耶,匹夫而峻节可师,犹足以寿山川而享百世祀,况毅然阐程朱之秘,俾圣人之道皎皎于日星河岳而功在万世者哉!定宇先生,吾邑之藤溪,后朱子文公五十有三载。当是时,学士分门立户,各逞奇附会,群起著述朱子之说,日以失正而先生独慨然发愤著四书,发明《书传纂疏》《礼记集义》诸书余数十万言,句精字练,务求合于中正,以不失乎朱子之遗旨,而后朱子之书若月之翳于云而复澈,泉之涸于沙泥而复澄,若炉冶之锻炼,夫兼金而光芒更灿,此揭文安公所为,有豪杰士之目,而篁墩程学士且指为文公世适也,岂虚誉哉。先生故宅在藤溪山水间,为里人所据。景泰中,族孙彦威率先生之五世孙曰洪白诸当事请厘正之,以为祠祀先生。正德甲戌毁于盗,县大夫王君复与其族兴复之,然而积岁既久,沧桑变移,先生读书讲学之遗踪又荡为丘墟而不堪冯吊矣。家京兆涵斋先生以理学世其家,当其由词林为谏官也,首疏请复先贤祠宇而先生之祠预焉,蒙御旨命所在地方官修葺,而先生后裔不欲重烦县官帑,相与勤力鸠工,未期年而祠复成。呜呼!世之富贵熏灼,勋名赫奕,力足以使斯人为之祠以张其崇盛者,非不丹碧巍奂,碍日凌云,乃未转盼而荒烟蔓草,忽焉狐兔悲啸之宅,物换星移,渺无复有过而问焉者。先生以一布衣,未有所设施于时,而后之人谋所以尸祝之者,屡废而屡兴,遥遥数百年迄于今弗替,何哉?杨末佛老之余,非我朱子接踵,周程以力为表暴,则孔孟之道不明,而生朱子之后非得先生羽翼其传义于杂学异说纷纭之日,则朱子之道亦不得彰,固宜其生则荣而没则思,以与文公并不朽于天坏也,而又何疑于一祠。余小子粗解章句,即钦佩先生笺释,既幸先生之近出吾乡,兼喜其祠之复建,以有光于枌榆也,因泛舟藤溪,拜先生于新祠而为之记。"

养晦先生祠:里人汪绍及兄护等建,以祀其高祖养晦洗。绍又割田四十亩入祠中,岁以租给其族之贫者。告县给帖照据,置立规约,令子孙遵守。先生遗稿一卷,裔孙尚和编集。

程襄毅公祠:在南山庵,祀明太子少保兵部尚书程信。

汪文毅公祠:在中街,祀明汪伟。

杜副帅祠:在西关,祀唐宪宗时宰相杜黄裳力保高崇文破刘辟蜀乱有功。

高副帅祠:在西关,祀唐宪宗时大将高崇文平蜀乱有功。

任公祠:在万安街。

孙勋烈祠:在审坑,祀唐金吾将军新安伯孙万登、明都御史忠烈公孙燧。

江先生祠:在锦堂山。按先生讳庆,尝受学胡安定,归隐此山。凌待制唐佐、金尚书安节皆其高弟,太守洪适即其山建祠祀之。

排岭祠:在斗山排岭上,祀宋统领程安节,元至大中建。

贞女祠:在东门内,祀方、王二贞女。按,二贞女事详见道光《徽州府志·人物志·列女门》。

东山先生祠:凡二处,一在龙源,一在旧市,祀明儒赵汸。

程宗伯祠:在车田墓前,祀明赠尚书程敏政。

敦伦夫子祠:在厚田,明方伯范涞等公建,祀其师西门汪嘉宾。

父子乡贤祠:在上溪口四芝塘坞,祀明赠宪副汪铋、宪副汪康谣。

太仆汪公祠:在上资,祀明太仆少卿汪先岸。

孝子祠:在东门外,祀旌表孝子邵燕,墓在祠后。

内翰祠:在汉口。

太守张公祠:在凤凰湖街廉惠仓西。

忠烈祠:在和村朱紫塘。

吴将军祠:在东里,祀元季保障新安明武毅将军良。清朝嘉庆十五年里人吾锡衮重建。

忠烈行祠:在古城岩,祀唐张巡、许远。

仁峰汪先生祠:在鹏源,祀明儒汪循。清朝康熙六年建。

名宦乡贤祠:在上资。

唐公祠:在王家山,祀明知县唐勋。

四贤祠:在庙山岭,祀知府陶承学、推官李廷龙、知县林腾蛟、潘清宣。

林公祠:在庙山岭,祀知县林腾蛟。

王公祠:在庙山岭,祀知县王谣。

陈公祠:在庙山岭,祀知县陈履。

曾公祠：在庙山岭，祀知县曾乾亨。

丁公祠：在庙山岭，祀知县丁应泰。

祝公祠：在万岁山还古书院，祀知县祝世禄。

鲁公祠：在大东门外，祀知县鲁点。

沈公祠：在大东门外，祀知府沈茂荣。

项公祠：在演武场门左，祀知县项惟聪。

李公祠：在东门外，祀知县李乔岱。

清修馆：在石岭，为教授袁中道立。

张公祠：在大东门外，祀知县张汝懋。

唐公祠：在大东门外，祀知县唐登俊。

侯公祠：在大东门外，祀知县侯安国。

鲁公祠：在大东门外，祀署邑推官鲁元宠。

王公祠：在大东门外，祀知县王佐。

修文馆：在瀛洲桥，祀署邑推官张懋忠。

去思亭：在东门内，共七所，为明知县陈寓、俞深、欧阳旦、张锌、张九逵、沈圻、宋国华立。

德政亭：在庙山岭，为知县俞深立。

遗爱亭：在县治东，为知县欧阳旦立。

治绩亭：在鼓楼岭东，为知县张锌立。

甘棠亭：在董干岭，为知县翟敬立。

折冲亭：在山斗五城，为知县唐勋立。邑人程珧记曰："唐侯令休之明年，姚源剧贼王浩入寇衢、饶、信等府，流血僵尸，蔽于川野。又明年寇婺薄大鳙，大鳙失守，遂掠大畈，侵我南鄙，时唐侯以报政去县六十里舍，闻之怃然曰：'丑类敢尔，当亟藏之，无俾民忧。'即驱车，旋县募骁勇、饬器械，引兵南行，邀之至山斗，方严鼓肃队，值逻卒报寇已踩黄茅。黄茅，休之喉吭，吾乡近地也，过此则贼可长驱而徽为血沼矣。侯乃先士卒而前，诸骁勇奋死力随之，或戮或俘，贼众大溃，窜伏潜遁。侯以山谷险隘，因伐树为藩为固守计，贼度不可犯，遂欲乘虚掠邑之东，侯又急转而东，为疑兵复引兵追胜之，自是惊败溃散，竟以灭死。先是贼锋甚锐，甲胄之士率望风溃靡，莫敢谁何。侯身先诸军战连捷，贼气大沮，人心快跃。又明年入觐，皇帝念功，金币以庸，无何征入朝为侍御史。山斗里彦程邦协庸敏，勤事者程玺、程智、程玑而告之曰：'侯绩大矣，然吾乡其制胜地也，当筑亭树石以昭令德,以告后人,捐资鸠金,我既尸之,董役兴工,尔其辅予。'于是卜地石岭之阳,构屋三间,贮石其中,题曰折冲,而以其事属纪于余。余谓吏乎,民者,苟非其人,无事而治则侈其威,有难而思则念其家,遇敌而前则哀其身,视弃其民若去传舍,孰肯捐妻子犯矢石,出吾民于汤火之中者乎? 侯以孱弱数尺之躯当剧贼数万之众,经昼指挥,若元臣宿将之老于兵事,略无惊懔之容,能使吾徽不为血沼,匪才之良,匪守之定,匪爱民之深,其能底绩若是哉? 有亭以志之,庶后之人思侯之德,将指而言曰'吾乡之衣冠得免于兵燹之殃者,其在斯人欤!'侯名勋,字汝立,惠州府归善县人,中戊辰进士。"

去思亭:在王家山头,为知县沈圻立。

去思碑:在瀛洲桥,为知县欧阳铉立。

四　婺源县

社稷坛:在城北汤村,明迁此处。

风云雷雨山川城隍坛:在南门外。

先农坛:在东郊天仙观前。

厉坛:在北门外。

乡厉坛:在各乡,凡四十所。

城隍庙:在东门大街,雍正十三年灾,乾隆元年复建。

文昌庙:在澧溪,吕昌建,又捐田以资学者。

关帝庙:在苍巷,康熙己酉镇将王龙重建,又一在西山。

龙王庙:在城明道坊,潜虬会众建,备水龙防灾,置田赡用。

火神庙:在道观坞,祀火正之官。

刘猛将军庙:在北门外,雍正初建,春秋致祭。

五龙庙:在县东南。

汪司空庙:在县东南。

忠显庙:在县南,唐汪武始迁于此。

敛溪庙:在县南。

婺女庙:在县西北,以县为海宁地,常隶婺州,取上应婺女之义,故立庙焉。

发祥庙:在明道坊,祀杨四将军、王总管、胡元帅。清朝顺治辛丑神显灵示址,因建焉,后改水府庙,并祀金龙四大王。

忠烈庙：凡十三处，一在县南，一在大畈，一在天泽门，一在丰田，一在赤朱岭，一在高安，一在敛溪，一在绣溪，一在沱川，一在坑头，一在甲路，一在沱口，一在庐坑岭。婺源礼部尚书汪泽民《忠烈庙诗》云："锦帆忘返干戈起，天产英雄定六州。唐诰表忠垂宇宙，宋臣编史失春秋。风云神异来车马，祀庙蒸尝拜冕旒。护德固宜绵百世，昭陵无处问松楸。"

世忠庙：凡五处，一在二都，一在龙山，一在金珠，一在凤岭，一在高安。

灵顺庙：凡三处，一在城北，一在下槎，一在高安。按《祖殿灵应集》载，唐光启二年，邑人王瑜有园在城北隅，一夕红光烛天，见五神自天而下，威仪如王侯，据胡床言曰："吾当庙食此方，福庇斯人。"言讫升天去。明日一人来相宅，良佳处也。王瑜闻之有司，捐地输币肖像建庙，复拨水田为修造洒扫之备。四方辐辏，祈祷立应，闻于朝，累有褒封。宋雍熙间邑大疫，知县令狐佐梦神教以禳送之说，乃以四月八日即庙设斋，遂为故事。

东岳庙：凡二处，一在溪东，一在苫径。

闵八相公庙：在沱川。神姓余，名海阳，猎射麑母，麑子抱号死，公感悔，引铳自杀，仆胡仲亦以身殉，遂成神焉。明太仆余一龙建庙。

齐总管庙：总管名宗护，宋任浮梁陶丞，误毁御器，抱愤吞器死，立而不仆，遂成神焉。嵩峡齐氏建。按《婺源县志》云，总管所吞之御器复吐出，堆积凝为石，今犹存其形焉。

钟英庙：在江湾水口，明正德中建。

张许二侯庙：在二十四都，一名清流庙，祀唐张巡、许远。

岳王庙：在锦绣坊。明万历丙申毁，甲辰杨村程应通建。

五福镇庙：在五镇，祀南唐镇官罗芟，遇水旱灾伤祷之。按罗芟在汪武之前，追寇于铜埠溺死，见罗愿撰《汪武传》。

军服庙：在梓坞黄塘。元末吴总管伯宣战服红巾军于此山下，故名军服山，都人立庙。先是鬼出为祟，庙成祟绝。万历间，花桥吴文高等修葺，康熙癸酉梓坞宋德根重建。

朱文公阙里庙：旧在县南前街，清改建于东门旧察院故址。按《婺源县志》云，阙里有韦斋井、明道坊，宋理宗赐额曰文公阙里。元延祐中经理所存之地半为居民所侵，五世孙光诉于浙省闽宪，得其情实，邑人汪镐以己地易所侵地，始复其旧开故井。知州干文传援颜孟例请立庙，费出汪镐，镐复捐三十亩为祭田。邑人孙季思请移檄闽郡，取其五世孙勋掌祀事。初韦斋仕闽时质田百亩，后入籍建宁,友人张敦颐为赎田归之。韦斋卒,葬崇安,绍兴庚午朱子归婺源省祖墓,以前田授族人掌之,备祭扫之费,族人窃售,歙人鲍景曾子元康赎之复归朱氏。至正壬辰庙宅悉毁,明知县程斗南辟祠,后王文贯、王佛奴、李公献地重建,以六世孙境掌祀事。正统庚申八世孙湛请修理,知县陈斌复修,又立亭虹井上。弘治庚戌又毁,丙辰知县乔恕先砌砖垣,至己未知县聂瑄重建,监察御史刘淮以罚锾三百助之。嘉靖初奏设五经博士嫡孙世袭,岁祭以二八月次丁,守土官行礼。康熙二十六年御书"学达性天"匾额悬挂阙里,五十一年诏升十哲之次。雍正十一年金议地多回禄,改建东关,十三年落成,总督赵宏恩碑记。乾隆三年御书"百世经师"匾额,悬挂阙里,六年照河南程氏例定祭银四十两,又庙户二名,每名工食银六两。先是乾隆元年奉宪檄置紫阳田户为久远修葺阙里之资,计税参拾陆亩伍分,递年征稻伍拾参石捌斗,每石变价柒肆串钱陆钱,除纳粮米则外,余悉收贮县库,入交盘册,遇修文公庙,博士领出支用。四十二年,博士世润领出贮库钱加建追远、报功二祠于韦斋祠左右,其田税旧寄城七鄙八甲,今博士学彬牒呈,改归城五鄙七甲朱紫阳户。

总督赵宏恩碑记曰:"婺源之有朱子,犹邹之有孟子,曲阜之有孔子也。自古至圣大贤,其风教所被,瞻向之诚,即穷海内外日月霜露之所及,无有遐迩。如奉函丈而尤,必重其里居乡邑,故孟子叙道统而亦以近圣人之居为幸,岂非以天地灵异所钟而神明所凭哉!今天下于朱子仕宦流寓讲学之地无不崇庙貌,祀春秋,则婺源之庙宜尤巍焕异于他所。自雍正二年毁于火,于是两江督抚大臣胥用悚惧,而余以十一年冬奉命来莅兹任,累檄所司鸠工庀材,毋怠毋率,而布政使司李兰、盐运司尹会一殚力经画,斥羡帑,倡捐输,委吏董役,虔肃将事,自雍正十一年工兴,迄今岁三月告竣,请予为文以祀之。世尝谓三代而上,道统与治统合,自孔孟后,道统寄于师儒,遂与治统分。余谓不然,道统之寄,不遇圣帝明王,亦无以别正宗而昭一是,是岂不系乎其治哉!有宋、周、程、张、朱五夫子,续千圣之道统于既坠,一洗汉唐以来浅儒俗学,其为圣门功臣当无所轩轾,其以公为集诸儒之大成。虽昔贤有言之者,而历朝典礼班于诸儒,于公未有所隆。异我圣祖仁皇帝以天纵之姿,契执中之传,编纂全书,冠以御制序文,特命从祀进公位次于十哲之后,以示褒崇,于是天下士大夫求圣贤之道者,知必由公之教始无歧误,如入室之户,涉川之舟楫也。盖自公之生,迄今五百余年而其道始大著,是岂不系乎其治哉!余博观诸儒之书,求圣人之道二十余年,略有窥测,叹宋儒皆学孔子之学而能具体孔子者断推公一人。盖公之穷理致知一孔子之博文也,主敬存诚,一孔子之约礼也，反躬实践，一孔子之下学也，一生所注释考订之书几万卷而未尝自为一书，一孔子之述而不作也，微公则周张二程之学不著，即孔子之道亦从而晦，噫嘻盛矣。宋熙宁、元丰间，圣学久芜，学者溺于文词，锢于功利，重以王氏之学，诬经叛道，惶惑其间，闻周张程子之说信者十一，而诟毁诋諆者蜂起。迨南渡后，风流弥远，非公为之扬其风而畅其义，后之人谁复知周张二程之书而又何由知孔子之道哉！夫孔子之道不外六经四书，此生人之命脉，国之治乱、人心之存亡系焉，不得其言，不明其道，自公研穷阐发，而后由孔子而上溯于尧舜禹汤文武周公，由孔子而下及于颜曾思孟，靡不揭其心源以诏示万世，炳炳乎如日月之经天，江河之纬地。盖其精神气力实足以肩荷古今宇宙之大业而视若歃然，故河汾薛氏谓朱子之功不在孟子下也，尧舜之道得孔子而益彰，周张二程之道讵非得公而益彰也耶！余以浅薄遭逢圣主，累膺重任，恒陨越是惧，犹以读公之书，窃公一二绪言，勉勉于立诚主敬，为当官治躬之则，以冀幸寡过。使公生于今日，必得大用，以上佐圣天子唐虞之治，顾不幸而际宋季，与时龃龉，不得一行其志以老，每读宋史为之慨然太息，然孔孟之生皆未得一遇，于公又何叹焉，而从此亿千万年，孔子之道悠久不息，公之教亦历久而弥芳，公之教列于千秋，孔子之道愈光昌于万古，余兹以公与孔孟并举，岂谀也哉！因志重修岁月而敬述其私淑之诚，俾勒之石。"①

茅司徒庙：在汤村。按《浮梁志》载，神自降笔云汉茅容也。

旗纛庙：在演武场。旧在西门外，后移建东溪。

真武庙：凡二处，一在明道坊井旁临城堞，一在桂潭水口。

三官庙：在仓巷关帝庙后。康熙己酉镇将王龙捐俸建，并置田十亩勒石供香灯。

马明王庙：在仓巷三官堂左。

胡忠靖庙：在北门关帝庙左，祀忠靖侯胡德胜。

忠靖祖庙：在种德坊福泉井畔胡侯世居，故曰祖庙。万历中毁，里人户部郎中王廷举撰文募建。顺治丙戌赵良柏等又输地创后寝，祀侯父检察将军发。

十帅庙：在北门关帝庙右。

刘金萧三相公庙：凡二处，一在东门外，乾隆甲子洪水冲圮，董宏谟重建，后毁，乙巳邑众重建，一在庐坑岭。

彭王庙：凡二处，一在三都口，一在霍口关山，祀彭畬。

---

① （清）赵宏恩：《江南通志》卷四十一《坛庙》，文渊阁四库全书本。

钟灵庙:在慈坑口。

关岳二王庙:在阳田。

周王庙:在江湾,祀周宣灵王。

灵树庙、英烈庙:俱在中平。

雨顺庙:在三松。

金湖堂五显庙:在西坑。

古楼墩庙:在秋溪。

西峰庙:在长径。

大王庙:在腾坑。

张睢阳庙:在凤山查村。

东山庙:在凤腾。

西风大圣庙、宗三舍人庙:俱在沱川。

保安庙:在潢川。

金轮庙、裕福庙:俱在莒径。

长春庙:在梅田。

华佗庙:在符村。

云山祖庙:在中云,王元第建。

长林庙:在龙槎,金姓建。

社庙:在游汀,宋张泰宇建,明裔孙砺斋复筑石坛。

程相公庙:凡二处,一在四十三都,一在十三都。

宝灵庙、水口古庙:俱在桂岩。

水口庙:在翀田,康熙壬戌齐隐柏建,乾隆乙丑敦颐堂重修。

灵保庙:在张村。

凤山庙:在虹钟坦,洪遇昆倡首重建。

英圣庙:在张公山下。

延寿庙:在游汀。

忠勇丛祠:在卢源,宋宣和中詹巨源、光国、芝瑞、彦达等死义,乡人立祠祀之。后以光国祖必胜、子世勋俱没于王事并附之。

双湖祠:在县东门,祀元儒胡一桂。

云峰祠:在县北,祀元儒胡炳文。

经锄祠:在大田,祀汉儒倪宽等。

明经祠：在考川，祀唐胡昌翼。

双烈祠：在古坑，祀明指挥王千户何俱死流贼之难，失其名。

朱韦斋先生祠：旧在县南文公庙后。康熙丁卯总督于成龙捐玉带变价倡率重建。后祠圮，移建东门。

追远祠：在韦斋祠左，祀淮南制置茶院始寓居婺源朱古寮环。

报功祠：在韦斋祠右，祀宋枢密院检详张敦颐、元知州千文传、歙义士鲍元康、婺义士汪镐、明给事戴铣。

汪端公祠：在大畈，祀唐银青光禄大夫检校太子宾客上柱国汪滨。

晦翁祠：祀朱子。宋滕钲因草堂为祠，以父璘、叔珙配享。

滕氏启贤祠：凡二处，一在双桂坊，一在江湾，祀宋中奉大夫滕洙，以滕璘、珙配享。

七贤祠：在考川。

吴公祠：在东门大街，祀明知县吴春。

五贤祠：在城内，祀知县陈金、曾忬、周如砥、朱衡、张榰。

蓝公祠：在东门大街，祀知县蓝章。

三侯古祠：在太平坊。

四贤祠：在东街，祀知县李士翱、曾忬、周如砥、朱衡。邑人都宪游震得记曰："始震得挟策试有司，时则尚书长山长白李公知婺源县事，公庞硕宽简，持己廉而治事慎，士民莫不悦之，召为监察御史。太和前川曾侯继之，学道爱人，既大新学宫群，多士讲习焉，多兴起者，今婺人知有身心之学由曾公始也。公入为给事中，余姚履所周公继之，方严节信，视利禄若将浼焉，惠先困穷，法先豪右，不肯失尺寸以谋其身，公之声益大而忌公者已不能容，擢判武昌府。万安镇山朱公继之，英妙之年，敏达之政，继周公之后而能不刓其方，接李曾之躅而能益坚其操，及召为刑部郎，震得时，未释褐，公礼罗之，有诗送公云'十年更四贤，百姓安田庐'，纪实政也。李公由御史出试方州，入为户部尚书。曾公历左右给事中、都给事，以谏去位，今其疏草留掖垣者盖彬彬焉。周公自武昌入为工曹，历太仆少卿以卒。朱公今为礼部侍郎，上知公深庆且大至。婺人始以周公之擢为非其道，建亭以系去思而伸清议，予记之，载所送朱公诗语于碑。又二十年中丞观所公者，周公弟也，行部徽州，遣使祭周公，取碑文读之，有感于'十年四贤'之语。时知婺源县事心吾张侯白于中丞公曰：'某自守任兹邑，大小之政宪章四贤，久而愈不能舍，婺人之思四贤也，久而愈深，请并祀之以彰前政之盛。'中丞分质于士民，士民日信，遂因周公旧宇而新拓之,士之景行者,民之孺慕者,争快观焉。张侯召为御史县丞,胡君邦耀主簿,詹君翔荐典史,黄君允广继事匪懈,轮焕有赫,詹君请记。予闻之诗曰'维申及甫,维周之翰',昔孝庙时天下治平,民生不见异物,是以风俗美而贤才多,今上继明,励精化理,命才登良,小大之吏,咸若厥职,观于一邑而天下可知也,故十年之间四公受任相继,其贤同,虽时有利有不利,其忠之在国,仁之在民者同,其进于朝而偕大也,又同其称名臣也,又同非所谓邦家之翰而至治之征哉。故自时厥后,官吾邑者或贤而不能久,或继而不能皆贤,则时之升降,非识治者之所隐尤哉,宜婺人之思四公者不衰也。四公名在史册,中丞公恺悌谅亮,功德在民,其施将益遐,张侯名榿,廉公仁诚,能继四公之业,儒学教谕曾君翔龙、训导谢君宽、张君全,嘉乐相承,劝士弼治,得并书。"

朱公祠:在东门内,祀知县朱衡。

赵公祠:在东门大街,祀知县赵崇善。

万公祠:在治前,祀知县万国钦。

报功祠:在水口塔上,祀司礼郑公。知县朱、徐、金、赵、冯五公,监生程亨嘉建,冯公捐田四十亩。

谭公祠:在东门大街,祀知县谭昌言。

徐公祠:在天仙观前,祀知县徐良彦。

金公祠:在城隍庙前,祀知县金汝谐。

赵公祠:在天仙观前,祀知县赵昌期。

冯公祠:在天仙观前,祀知县冯时来。

棠械遗思祠:在回头岭,祀署县事同知凌公、歙学训导刘公。

金公祠:在天仙观前,祀知县金兰。

节孝祠:在书院头门外,旧在院旁,嘉庆十年移建此处。

四镇土地祠:在万寿寺左右,一在泽民坊,王嘉宏等倡建。

端风祠:在城内,祀知府徐成位、司理舒邦儒。

报德祠:在城内,祀冯邑侯。

登高山永相祠:在理田。

东台灵祠:在外庄。

英圣祠:在江村岭。

庙山祠:在考川,宋江廷珪建。

马山祠:在周坑,祀知县马元。清初兵燹之余,民多逋欠,侯为捐俸缴完,故立祠祀之。

邓二尹祠亭：在水濠口，祠邓揄材。

王二尹祠亭：在兴善坊，祀王元祉。

黄二尹祠亭：在双桂坊，祀黄世臣。

孙三尹祠亭：在小北门，祀孙良佐。

去思亭：在县治东，凡二处，一为知县陈金，一为知县聂瑄。

忠观阁：在理田，祀宋忠节李苪。

五　祁门县

社稷坛：在西城门左，明迁门外，后又迁大洪山。

风云雷雨山川城隍坛：在县南。

先农坛：在县治东上五里牌。

厉坛：在县北一里。

城隍庙：旧在城西，明移建崇法院故址。

文昌庙：在县西门外。

关帝庙：在东门外秀墩街。

火神庙：在秀墩街。

刘猛将军庙：在县东上五里牌。

龙王庙：在东山麓，清废。

范不娄庙：在县西八十里。《方舆记》云："南朝鄱阳尉范不娄领数百人斫明堂木于吴山中，木长数百尺，川谷阻深不可出，惧而据山作乱，竟死于此。"

历山庙：在历山下。《祥符经》云："昔管公明学道于此。"疑后人为立庙。

历口庙：在县西。

鳙口庙：在县南。

道人山主者庙：在县北。

岳王庙：在县西四十里，祀宋岳飞，飞尝提兵赴洪州过此，后移建城南山川坛右。

忠烈庙：在县西重兴寺侧。

双忠庙：凡二处，一在祁山之阳，一在东石坑口，祀唐张巡、许远。

灵顺庙：凡四处，一在城东隅，一在新岭下，一在古楼岭，一在椰木岭。

元帝庙：在城北隅。

张王庙:凡六处,一在夹耳岭,一在重兴院,一在张村,一在大北港口,一在石坑,一在祁门岭。

周王庙:凡六处,一在城西隅,一在凤凰山,一在五都寺古坦,一在虎岭,一在墩上,一在闾岭。

东岳庙:旧在眉山,后移建祁山麓。

元坛庙:在邑东河中埠,祀赵元帅。

宝山庙:在大洪山。

胥杨庙:在六都方村龟形山下。

汪王庙:凡三处,一在左田下坑,一在大园,一在双溪楼水口。

汪衍庆侯庙:在九都漆园,嘉庆十年左田黄氏建。

真武庙:凡二处,一在华桥,一在古城山下。

汪公庙:在浒溪山下。

大圣庙:在浒溪高岭山头。

司徒庙:在六都,清废。

青龙将军庙:在七都小路上。

郧国公庙:在十七都黄沙。

宝山庙:在十八都。

郑司徒庙:在二十都。

忠臣庙:在磻溪水口。

龙溪庙:在二十二都下湾西南门口。

金山庙:在二十二都查源桥。

吴长史祠:旧在县东三里,祀唐知县吴仁欢,后移建县治西。

梅侯祠:凡二处,一在悟法寺左,一在大北港口,祀汉梅鋗。

张金吾祠:在县西,祀唐张志和。

三贤祠:在县南,祀唐吴仁欢、路明、陈甘节。

文孝祠:凡四处,一在善和里,一在曹村,一在周村,一在柏溪。

张太守廉惠祠:在塌山。

史卜二侯祠:凡三处,一在县北隅,一在王村,一在韩村。

司马蒋公祠:在白塔,祀汉蒋琬。

胡仆射祠:在归仁乡许村,唐末胡瞳尝于此聚兵保乡井,乡人立祠祀之。休宁学士程敏政题曰:"阅国史知讨贼安民之功,观庙貌沐和风甘雨之泽,精忠不死,生气长虹,百世而下,其将仰公如一日耶。"

周舍人祠:在眉山下,祀宋舍人周继忠。

谢将军祠:在柏源山,祀南唐金吾将军谢诠,宋裔孙龚州助教谢玨等建。谢诠墓在祁门县南三十五里潘家村。

张隐君祠:在东芦桐坞,祀宋张明善。

景贤祠:在学西,祀宋儒方岳等,景定中知县事潘子昌建。明弘治中知县韩伯清重建,增祀元儒汪克宽。

甘棠祠:在学西,祀宋知县陈过、徐拱辰、傅褒、潘釜,景定中建。

路教授祠:在县北画绣坊,祀元本路教授汪公。

遗爱祠:凡二十四处,一在塌山,祀知府张芹;一在县治左,祀知县曹凤;一在桐木岭,祀洪晰;一在五里牌,祀钮纬;一在郑坑口,祀尤烈;一在七里亭,祀钱同文;一在郑坑口,祀曹大野;一在秀墩街,祀刘一炉;一在五里牌,祀余士奇;一在郑坑口,祀李希泌、唐玉、陈翀奎;一在苏家园,一在七里桥,俱祀刘应龙;一在秀墩街,祀倪元珙;一在苏家园,祀朱大雅;一在桐木岭,祀张大受;一在秀墩街,一在秀水桥,俱祀主簿卢默;一在七里亭,祀游击赵亮;一在教场左,祀臧世龙。又三祠祀知县宋岳、姚三让、常道立,俱莫可考。

灵应祠:在洞元观左。

梅仙姑祠:祀汉梅销女。

昭忠祠:在演武亭东,祀康熙甲寅殉难都司臧世龙、巡检张行健。

建城桂侯祠:在黄长史祠西,清圮。

孝子祠:在六都善和报慈庵后。

忠显祠:在十八都西塘下首。

宇山灵祠:在十八都沙堤宇山。

忠义祠:在十八都沙堤村南。

昭明祠:在十八都许村。

郑三公祠:在二十都上元山,祀唐郑传、郑鲁、郑玫。

去思亭:凡十三处,为明太守张芹、曹凤、洪晰、钮纬、宋岳、尤烈、钱同文、曹大野、姚三让、常道立、刘一炉,主簿卢默、曾大野建。

喜雨亭:凡四处,一在县南十王寺,为知县孙光祖建,一在县西,为知县张季思建,一在严家坞口,一在大洪山,俱为知县边垦建。

六　黟　县

社稷坛：在西北城外，宋在城西南，元迁城南隅，明建此处。

风云雷雨山川城隍坛：在县南。

先农坛：在郭门外关帝庙旁。

厉坛：在县北门外。

乡厉坛：共五十六所。

城隍庙：宋在县北，明洪武三年即旧址重建，永乐、正统间县丞黄彪、陆逵等先后修葺，年久倾圮。

火神庙：在城南门外灵虚观。

龙王庙：凡二处，一在迎霭门外，一在嘻潭侧。

关帝庙：凡五处，一在迎霭门外，明万历十九年知县王家光建，清康熙五年知县江既入重建，一在长宁里，一在古筑村，一在鲍村，一在蓬厦。

文昌阁：在学宫前，泮池之东，五都文会建。

刘猛将军庙：在城南门外，乾隆三十一年知县孙维龙重建，城南舒世求捐地。

吉阳庙：在县东。按县志云："吉阳庙亦称三姑庙，旧传盖山舒氏有三女仙化于此，岁时祀之，多灵感。宋绍兴十七年赐庙额曰显济。"又按《文选》注引《宣城记》："登盖山百步有泉，昔有舒氏女与父析薪于此山，忽坐泉处牵挽不动，父遽告家，比来惟见清泉湛然，因名舒姑泉。"与此大同小异。

土地庙：在县西。

顶游庙：在县西。

戢岳庙：在县北。按县志，岳作兵，恐《新安志》岳字误。

嵽潭庙：在县东南。

石将军庙：在县西。按县志作在县北，又云一称孚惠庙。

五郎庙：在县北。按汪越国公华有将曰石五郎，杀贼有功，故土人为之立庙。

灵山庙：在县东朱村，一名吉庙，嘉庆十四年里人朱作楹重修。按《郡国志》云："黟县有灵山，天欲雨先闻鼓角声。"《新安志》云："灵村有三山，生香草，名灵香。"

东岳庙：在县西南一里，宋淳熙间建。

真武庙：在县南五里横冈迎恩观前。

贺将军庙：在城南门外寨下，祀三国吴新都太守贺齐讨越中郎将蒋钦。

华佗庙：凡二处，一在县东舒村庙后，有井，疾病祈祷者汲水煎药多灵验，一在县南五都新庵。

文孝庙：在县西南五里，祀梁昭明太子萧统。

周宣灵王庙：凡六处，一在城东门，为周王阁，一在城郭门外，一在枧溪，一在古筑，一在西南红庙，一在长宁里。

灵惠庙：在县西上堂山，祀胥公祷雨有应，宋乾道时敕封善应侯。

郎官庙：在闻琴社前，神名文焕，助父明星穿渠利民，故祀之。

褒忠庙：在县北二十五里，祀宋卢谏议臣忠。

三郎庙：在西武岭下。按宋朝《会要》云："炳灵公庙在兖州泰山下，即泰山神三郎也，后唐长兴三年诏封泰山三郎为威雄将，宋大中祥符元年十月封禅毕，亲幸泰山三郎庙加封炳灵公。"

石盂庙：在县西北，宋嘉定间祷雨有感，汪侍郎纲请于朝敕封灵济王。

五侯阁：在二郎桥上，祀唐张、许二侯，贾、南、雷三将军。旧在城南市心，因改儒学，致仕宦余循、耆民许复春等捐资移建二郎桥。按县志云："《张巡传》睢阳城陷，巡与远俱被执。尹子琦以刃胁降，巡不屈，又胁霁云，亦不肯降，乃与姚訚、雷万春等三十六人遇害。送远洛阳，至偃师，亦以不屈死。三十六人姓名不传。《姚訚传》訚素善巡，及为城父令，遂同守睢阳，累加东平太守。巡之遣霁云、万春败贼于宁陵也，别将二十有五，其后皆死巡难。四人逸其姓名而列各传中之人亦无贾姓者，五侯当为张、许、南、雷、姚。赵志云：'贾、南、雷三将军未知何据。'"

薛公祠：在县治东庑，祀唐县令薛稷。宋端平间知县舒泳之移于大门内，并祀知县鲜于侁。

董公祠：在县北梓路寺，祀明都抚董兴以御寇功也。

胡公祠：在县北，祀明知县胡拱辰，正德丙子移建旧儒学基。

董公祠：在县东，祀知县董复。

赖公祠：在城南，祀知县赖暹。

四贤祠：在城东郭，祀知县杜铨、刘㮣、魏元吉、周舜岳。

胡太常祠：在县东南。梁太常胡明星相地，穿二渠导城北溪水灌田千余亩，故乡人立祠祀之。

吕祖祠：在城南灵虚观。清嘉庆十年奉旨加封燮元赞运，春秋致祭。按吕祖祠不入寺观者，以列入祀典故也。

土地祠:在县大门内东偏,一曰薛公祠,祀唐薛稷、宋鲜于侁。

东岳行祠:在县西龙尾山。

忠烈行祠:乡人称为汪王庙,凡八处,一在城中,一在霭冈,一在横冈,一在黄陂之原,一在古筑,一在鲍村,一在官路下,一在长宁里。

赵公祠:在鱼亭驿,祀知县赵三极。

节孝祠:在城隍山旧学址东。

圣母灵祠:在龙尾山下。明天启四年甲子邑人余瀚等重建。清朝祠圮池淤,嘉庆九年甲子桂林程氏复即旧址构祠浚池。

五显行祠:凡四处,一在城隍庙右,一在东岳行祠右,一在县北谢村,一在县东南七里石。

周翊应侯祠:又名灵顺将军祠,凡四处,一在叶村,一在横山,一在胡村,一在岩村。

五溪大圣行祠:在县东北,每岁祷雨之所。久废,明洪武十三年夏重建。

七　绩溪县

社稷坛:在眉山门内,元时在门外,明嘉靖二十二年知县甘汝孚复修,后因筑城故在门内,清康熙间坛房尽圮,雍正间重建。

风云雷雨山川城隍坛:旧在南门外,明嘉靖间迁下三里,清因之,雍正间重修。

先农坛:在河东市北。

厉坛:旧在一都,明迁云台观右,清朝因之。

乡厉坛:共十五所。

文昌殿:在学宫东南崇圣祠右。

武庙:在天王寺左。

城隍庙:在县东北。洪武二年知县吴珏重修,隆庆四年通判徐庭竹等重建;清乾隆六年知县崔鸿训重建,三十九年知县薛鹏程复修。

火神庙:在南门外,康熙丙申雷恒迁建。

刘猛将军庙:在西门内。

梓山庙:在县东南一里。《方舆记》云:"初于山下置良安县。旧有方白石,忽化为双白鸟,飞向山,遂于山下鸟楼处立庙。邑人敬之,行立种植皆不敢背。"

将军庙:在县东。

吴山太婆庙：在县东。

茅司徒庙：在县东。

归善庙：在县东。

溪口庙：在县东。

郎粟庙：在县东。

徽溪庙：在县西北，祀唐汪华第八子俊。

乳溪庙：在县北，祀汪华第九子献。

张许庙：在九里坑，祀唐张巡、许远。

旗纛庙：在教场。

威显庙：在天王寺左，祀张睢阳。

张王庙：旧在西门岭，宋绍定间邑人汪晔移建天王寺西，后世因之。

白沙庙：在冯村铺。

忠烈庙：在登源，祀越国公。宋太平兴国五年知县范阳等建，绍兴二十九年知县曹训重修，宝庆丁亥邑尉汪斐赞等重建，明洪武丙辰知县唐昊重建，嘉靖庚申知县郁兰重建。按《新安志》云："忠显庙有二，一在县侧，一在东七里，越国公故城宅井在焉。今忠烈庙后有公父母墓，郡守袁甫为书神道碑。"又相传庙即公故宅遗址，且有旧匾额曰忠显，与《新安志》所载同一处也。

李王庙：凡三处，一在南城外，一在北阜成门外，一在杨溪。

岳王庙：在梓潼山。

元武庙：在灵山庵左。后圮，乾隆间复，即旧址重建。

晏公庙：凡二处，一南门大街，一在瀛川。

周王庙：凡三处，一在胡里，一在北门外，一在石歆，祀周翌应侯。

三王庙：在暮霞。按元胡相记，谓祀亳之吴、宋西、台三王，今合祀汪王及东平王、谦逊王。

表忠祠：在县南，祀明程通。

仰山祠：在县东，祀宋胡舜陟。

苏文定公祠：在新西街，祀宋苏辙，一名颖滨祠。

双烈祠：在大石门，祀唐南霁云、雷万春。按《绩溪县志》，"有太尉庙亦在大石门，祀雷南二公。"即此双烈祠也。

忠烈行祠：凡七处，一在白鹤观，一在外坑，一在坑口，一在岭坦，一在卓溪，一在大干，号王鸟庙，一在瀛川。

三先生祠：在讲堂，祀宋苏辙、崔鹏、胡舜陟。

节孝祠：在新西街。

世忠行祠：在仁里，祀程忠壮公灵洗。

协忠祠：在新西街口，祀唐张巡、许远。

五显王行祠：宋开禧初，道士项训一改创于徽溪桥头，为屋二百楹。

通真行祠：一在天王寺，一在太平寺，一在杨溪口，一在九里坑，祀唐通真太子。按明郡守陆锡明《新安氏族考》云："唐封新安郡王李徽，恭濮王泰之子，太宗皇帝孙，袭五世。厥后二王子曰通真、通灵，死武崇烈之乱，国人哀之，为立太子堂。"

华佗祠：在县北十里坦。

汪毛二将军祠：在县西关外石壁山，祀汪节、毛甘。

邑侯祠：凡三处，一在南门外，一在徽溪桥，一在南关外，祀李右谏、傅偕、秦聚奎、区日扬、熊维典、来承祉、许宏纲、吴维魁。

绎德祠：凡二处，一在南门外，一在大佛寺，祀陈嘉策。

生祠：凡二处，一在天王寺，为李邦直建，一在西门内，为郁兰建。

秉义祠：在徽溪桥，祀清殉难知县侯宪武。

参将祠：在徽溪桥，祀清参将李之珍。

惠政亭：为明知府熊桂立。

去思亭：有二，为知县薛斌、李邦直、李旦、林应雷，主簿李延寿建。

棠阴亭：在梓潼山，为知县许宏纲建。

附录二:徽州历史上的寺观

根据弘治《徽州府志》、道光《徽州府志》和《江南通志》等书的记载,明朝弘治以前徽州寺观总数约323种,至清朝道光年间约514种,除去其间相同的,明清时期徽州寺观总数大约有560多种,基本情况如下。

一 歙 县

天宁万寿禅寺:在州城北隅,旧名护国天王院。唐中和元年州经焚毁,光启三年复修,景福元年赐额。宋庆历三年僧省募人为塔十三层,其下为屋百余间,治平四年落成,赐名普安塔,崇宁二年改崇宁寺,政和八年改天宁万寿,绍兴七年改报恩广孝、十三年改报恩光孝,明弘治年间名报恩光化禅寺。元大德甲辰重建佛殿、法堂、诸天阁、三门两廊、方丈、库厅。元时天下普称天宁万寿禅寺,为郡都道场。至正壬辰毁于兵,乙未住持僧永传重建法堂、方丈。洪武七年起盖大佛殿,置僧纲司,其左廊基地前半为杂造局,其右廊及三门基地洪武九年为军营屋。清朝仍名天宁寺。

太平兴国寺:在府城西南二里,唐至德二载建,号兴唐寺。大历末,吕渭为州司马,尝于寺之隙为堂读书,晨入夕还,既去以贻寺僧,故有吕侍郎祠。唐末吴杨氏改为延寿寺,南唐复为兴唐寺,宋开宝九年复为延寿,太平兴国四年敕改太平兴国寺,而民间又名水西寺,有戒坛。宋之制,岁以圣诞日开坛为沙弥受三百六十戒,祠部给戒牒。此寺旧有院二十四,后起废仅十五六处,有应梦罗汉院者,唐末僧清澜与婺州僧贯休游,休为画十六梵相,相传尝取入禁中,后梦歙僧十五六辈求还,因复以赐之,内相汪藻诗所谓"祇祇梦乞归严寺,要使邦人习气移"者也,画本仅一二存。有福圣院者,学窦长老嗣宗出家处也。有同受业僧智珍,尝为长庐寿禅师延寿堂主,亦有文学,卒年八十余。元时旧院所存者十有二,曰长庆,曰观音,曰罗汉,曰如意,曰妙法,曰净名,曰经藏,曰等觉,曰崇寿,曰福胜,曰五明,曰兰若,至明弘治年间观音、崇寿、兰若三院皆不存,清道光年时仅存十寺,曰应梦罗汉院,曰五明院,曰福圣院,曰经藏院,曰净名,曰妙法,曰如意,曰等觉,山左曰长庆,前曰古塔七级院,后为披云峰,峰巅有亭,泗洲头陀呼雨处也。又有观音、兰若二院,后废。寺前有诸天阁。唐李白《兴唐寺诗》"天台国清寺,天下称四绝。我来兴唐游,于中更无别。梢木划断云,高峰顶积雪。槛外一条溪,几回流碎月。"

诸天阁:在太平兴国寺前,旧槛十六,诸寺出入由此,宋宣和中吏部侍郎黎确建。元大德庚子秋毁,松江财赋提举郡人汪孔昭德甫重建,新为槛四十六。垂成,德甫即世,二子宏达继成之。升阁周览,尽见一方之胜,寺僧立祠以祀德甫。

开化禅院:唐天祐元年建,旧号十方院。宋大中祥符元年敕改开化禅院,元末壬辰毁,后寺僧普佑重建。

昭应禅院:在县东,唐光化中刺史陶雅建,号宝相禅院。大中祥符元年敕改昭应禅院,元元贞乙未火,后僧普仁募缘重建。

大中祥符禅院:在黄山天都峰下,先是唐刺史李敬万建,五代吴天祐九年刺史陶雅建寺,号汤院,南唐保大二年改灵泉院,大中祥符元年敕改大中祥符禅院。

乾明禅院:在登瀛乡清平里,五代南唐建,号安国院。宋太平兴国五年三月敕改乾明禅院,是时赐两京及诸路无名寺额凡数百,大率多以乾明、太平兴国为名。

水陆院:在宁仁乡岑山里,五代吴顺义中建。

白莲院:在县治侧,唐天祐二年建,其址后为定光堂。隆兴初,尚书宋赐自安南界致定光圆应普通大师像于此山。山上有泉四泓,冬夏不歇。《新安志》曰:"紫金山,在县东三十五里,旧名金紫山,与绩溪石金山偕号甘露大士道场,暮夜见种种光相映。绍兴十八年,尚书郎章侯睹而异之,因取佛语改其山曰紫金,而徙置白莲院焉。"

城阳院:唐景福中建,宋宣和中焚毁,僧如净为请其额于长寿乡建之。如净,县南项氏子,壮岁为弓手,饮斗酒,噉肉数斤,一旦弃妻求事长老道才,后住于天宁寺,太守赵祥之尝跋其遗偈。

普安院:在宁仁乡,唐乾宁二年建,号永安,后改,有水玉色,里人号白水寺。

西峰院:在通德乡隐儒里,唐至德二年建。

惠化院:在仁爱乡,唐乾宁中建,号惠化院,五代吴天祐十四年改天王院。先是天宝初,大食、康居五国寇安西,遣救未至,诏不空三藏祈护世天王为助。帝昼见神人铠杖五百，不空言此毗沙门第一子领兵救安西来辞耳。已而安西奏城东北二十里云雾晦冥，中有人皆金甲，长丈余，鼓角鸣振，五国奔溃，又有鼠金色，啮其弓弩弦，其器杖皆不堪用，城楼现天王像，无不见者，乃图以进，因敕诸道州府于城西北隅各置天王像，至佛寺亦别院安置。此院旧在郡城北角，有唐世祠部牒目，为北城护国天王院，置僧七人。宋绍兴间取其废额复建于此。

白杨院：在长乐上乡西村里，唐太和元年建。

金城院：在仁爱乡长沙里，宋开宝二年十二月敕建。

金紫院：在县西三十里黄罗峰之北。宋绍兴间汪若容、若思奉敕葬其父叔敖于此，因奏立金紫院，附祠像其中。

禅林院：在登瀛乡宣化里，唐永昌元年敕建。

江祈院：在孝悌乡千秋里，五代吴顺义二年建。

灵山院：在平辽乡新安里，唐天祐三年敕建，后为禅院。

清泉院：在孝悌乡玉泉里，唐大中二年建，旧号玉泉院。

竹会寺：在宁泰乡仁爱里，唐大中元年建。

溪头院：在仁礼乡溪头里，唐景福中建。

杨干寺：在孝女乡漳湍里，唐咸通二年建。

古城院：在永丰乡安乐里，唐太和中建。旧在杏潭东，宋宣和后徙潭西。其旁有杏城潭，极平广，相传古尝以为城，寻以土轻弃不用。

汉洞院：在仁爱乡富资里，唐大中二年建。此地初入险隘，其中夷广，傍连簸箕山，山上有昔人屯聚遗迹，坏垣废瓦，可数百家，其东披山上亦然。相传黄巢乱时，民相与保于此。其称为汉洞者，当是汉末已尝保聚如乌聊、林历山之类。俗云汉帝尝驾至此以为名，非也。宣和贼退后，院东迁半里许，对石耳山。

古岩院：在永丰乡环山里，唐会昌元年建。

兴福院：在中鹄乡迁乔里，唐光化中建。

坦平院：在仁礼乡万安里，唐太和五年建。

黄坑院：在仁爱乡金山里，唐太和中建。

灵康院：在永丰乡溪上，一径通太平兴国寺，唐天祐八年建。

葛塘院：在平辽乡，唐天祐八年建。

仁义院：在中鹄乡礼教里，宋大中祥符元年建。

富山院：在仁礼乡，唐景福中建。

杨干禅院：在宁泰乡仁佑里，宋至道元年建。

向杲院：在永丰乡，南朝梁大同元年建。

小溪院：在仁爱乡，唐太和五年建。

任公寺：在宁泰乡仁佑里，莫知始所建，宋大中祥符元年用旧额起废。先是寺侧有富资水，梁太守任昉每行春至此，累日不能反，旁有大石，往往坐钓其上，后人因名其溪为昉溪，村为昉村。唐大中九年刺史卢潘以贤守名宜讳，始改为任公溪、任公村，而寺旧亦以昉名，僧籍则稍变其音为膀寺。宋元丰元年本县避贤守名讳，始为立任公寺户，而僧籍犹如其故。

周流院：在永丰乡岑山上，唐天祐八年建。

保安院：在孝悌乡，唐天祐五年建。

傍溪寺：在长乐下乡铜山里，宋大中祥符元年建，绍兴中徙乌聊山。

资福院：在明德乡，唐天祐元年建。

溪子寺：在长乐下乡铜山里，宋大中祥符元年建。

香油院：在长乐上乡佛溪里，五代吴顺义六年建。

陈塘院：在孝悌乡，唐会昌以前有之，大中七年复。

临塘院：在中鹄乡礼教里，宋至道二年建。

天王院：即惠化院（见上文）。

湖田寺：在宁仁乡，宋绍兴壬子僧怀一建，咸淳癸酉火，僧慧明重建。

积庆寺：在县西五里，寺后有宋丞相程元凤墓。

能仁尼寺：在城南二里，自唐以来有寺，旧名承天，又名香封，宋大中祥符中始赐能仁尼寺，绍定癸巳重建。

普照堂：在县南一里，元元贞乙未僧钦瑞募缘建。

福田寺：在宁仁乡，唐武德中建。没于水，明景泰中僧宗源请都御史程富捐赀，告府县申达礼部移建于古城关，富又割田入租以克常住。

华严院：在孝女乡，宋宝祐二年建。

玉歧寺：在长乐上乡大尖山，宋咸淳壬申建。

褒忠寺：在长乐上乡，宋绍兴八年建。

山旁寺：在长乐上乡，宋宝祐三年建。

揭湖寺：在孝女乡，宋淳祐辛丑建。

中峰寺：宋景定中建。

中峰左寺、叶杨寺、会圣寺：以上四寺，弘治《徽州府志》云在长寿乡，道光《徽州府志》云在长庆乡。

石池寺：在衮绣乡，宋朝建。

上律寺：在德政乡，宋至和中建。

景德寺：在衮绣乡，清朝重建。

左昌寺：在长乐乡，宋绍兴四年建。

高眉庵：在宁仁乡，宋淳熙间建。元至顺间毁，明初以旱潦祈祷辄验，邑人方元茂重建，永乐间火，孙世昌继创于旧址，仍舍田十二亩。

灵金尼寺、慈竹尼寺：二寺并在衮绣乡。

仁寿尼寺：在县南三十五里牛矢岭。

多宝尼寺：在孝女乡。

弥勒尼寺：在宁仁乡。

孝义寺：在中鹄乡。

崇福寺：宋察判汪时中建，母金氏夫人祠墓在焉。

天庆观：在县西。宋大中祥符元年以正月三日天书降日为天庆节，诏东京建玉清昭应宫，天下置天庆观；五年十月二十四日有延恩殿之祥，闰十月诏天庆观各置圣祖殿，令玉清昭应宫降像及侍从之式。元元贞乙未例改为玄妙观，延祐二年住持周椿龄募缘重建三清殿，元末毁。明洪武年间道士吕遵道建殿宇，住持郑永年募缘于殿东重建昊天阁，洪武二十五年立为丛林。

乾明观：在郡城内。唐乾封元年置灵星观，八年改龙兴观；天宝元年改开元天宝观。宋太平兴国六年太宗以诞圣之日为乾明节，敕改乾明观；理宗书"玉枢之府"四字于观。嘉定壬申道士谢德一重建，毁于景定庚申，徒孙江继元重建，毁于元元贞乙未，道录程应诚、佐继元捐私橐建，至正壬辰毁。明洪武初重建，十五年于本观开设道纪司，二十五年立为丛林；景泰六年延火焚毁；天顺三年副纪汪文忠重造；嘉靖间建玉皇楼。

紫阳观：在城阳山，本许真君祠。宋天圣二年四月奉敕赐观额，淳熙戊戌郡守陈居仁梦与许仙遇，因访故基重建。元至正十二年毁于兵，重创三清殿、许宣平祠及玉枢阁。赵象元诗云："晚烟横断紫阳峰，松叶成林翠几重。我正来时不知路，隔溪忽听一声钟。"明成化中道士李本蓁建楼七间于观之左，匾曰清隐，弘治中道士方本初重建凭虚阁于观后，清朝后废。

兴道观：在问政山，唐世筑号问政山房，道士于方外、聂师道相继居之。五代吴顺义七年三月，师道枢自扬州还葬此山，杨氏为立坛给田，以其故居为归贞观。宋天禧四年敕改兴道观，绍兴中诏以御书《黄庭经》及《临魏晋六朝唐人书》

凡十卷藏于山,咸淳庚午火,后知观黄巽升重建殿堂未竟。元道录张应元继之,内外完好,常住田视先业有加翰林学士。山半旧有候贤亭,州东胜处也,亭久不在,元延祐丙辰张应元重建。又山麓有园,园内有池,乃聂仙炼丹处,俗呼为道童园。张应元世业儒,元授明善弘道崇仁法师、徽州路道录、兴道观住持提点。

龙兴女贞观:旧在县西五里。唐神龙二年置;开元十八年改灵星观,二十八年敕改龙兴。后因通德乡长春里素有古观,因葺之,请此额焉。

紫极宫:旧在城南。宋绍熙元年移其额于岩镇以处章思道。章术甚高,能伏,凡祷辄应。元至正壬辰毁,道士谢存善重创。

报德观:在县西十九都。

南极观:在凝(宁)仁乡雄村。宋登仕郎棠樾鲍景山请额创建,以荃膳田百亩入观焚修,营生墓于侧,卒藏焉。明永乐甲申鲍思斋等重建。

屺瞻观:在永丰乡。

南山道院:在县南四里,循山而上为弯三十有六,唐许宣平居之,祠像坛池,后废。

庆福道院:在兴道观北,元大德九年建。

东岳道院:在岩镇,宋绍熙二年建。

(以上寺观主要来自弘治《徽州府志·寺观》卷十)

南源寺:在长垓,唐太和年间建寺,后有五峰,前有三瀑布,朱子尝书"新安大好山水"六字镌石壁。

杨干寺:在府通德乡丰乐里,宋丞相程元凤建。明侍郎毕懋康诗云:"群峰天际削芙蓉,入夜遥看紫翠重。一片禅心千涧水,五更残梦数声钟。云生净土龙归钵,月冷空坛鹤唳松。托宿精庐经几载,苍苔埋却旧游踪。"

松谷寺:在黄山,张真人居此,松谷其别号也,明宣德年间建。

慈光寺:在黄山朱砂峰下,旧称朱砂庵。明万历间赐慈光寺,清康熙丙午重修。休宁赵吉士诗云:"客到山门噪白鸦,佛光四面现昙华。钟鱼隐隐传天梵,台阁层层蔟石霞。百啭时闻山乐鸟,一株独放木莲花。长空碧落流丹液,好向云中泛日槎。"

翠微寺:在黄山翠微峰麓,唐中和二年建。

葛塘寺:在衮绣乡,五代吴天祐间建。

周流寺:旧在永丰乡岑山,五代吴天祐间建,后徙溪西二里许。

东古寺:在石耳山东坞,亦名东坞古寺,元末韩林儿龙凤中建。

净土禅林:在古关。

开黄禅院:在郡大北门外,原名白雪楼。清顺治庚寅总镇胡茂桢改建。清朝歙令勒治荆诗云:"五月炎熇渐不禁,偶骑羸马到香林。绿荫满户鸟声寂,新雨一池花影深。倦倚竹床寻断梦,喜看云岫得闲心。同游莫没牵归兴,白雪楼高足寄吟。"休宁赵吉士《白雪楼分韵诗》云:"苍苍日暮客登楼,羁旅难堪笛里秋。吾辈自然无媚骨,诸君那得不穷愁。红分远树霜千嶂,绿浸平波月一洲。长啸碧空清宴彻,银灯人散板桥头。"

掷钵禅院:在黄山钵盂峰下山坞中,俗名丞相原。原为邑岩镇汪氏书院,明万历己酉寓安寄公乞地于汪,不数月遂成梵刹,太学生潘之恒题名"一钵",太史汤宾尹易为"掷钵"。

肇林院:在千秋里,明汪司马道昆建。北眺天都,西攒金竺,为一郡丛林之冠。

大悲院:在莲花峰,右即光明顶。

观音院:在问政山钟楼峰。

文殊院:在天都、莲花两峰间,后拥玉屏,峰前有菩萨座,登座趺坐,烟云无际,万峰出没足底,明僧普门建。过小心坡,夹壁争高,线光曳白为一线天。又进级转壁,迥崖益崩,磴益削,途复穷,双崖断若峡。假松栈以渡,渡已升级,天复一线,级愈升,壁愈狭,相视颜色如夜。约半里,仰窥石顶,突口如喉,凭梯出矣,突出天开,众峰尽露。里余至院,光明顶之旷,桃花源之幽,石筍矼之异,各擅其奇,惟文殊院兼之。其奇尤在山迳缘梯,栈穿石穴,历历见远山平楚,故景为独绝。院额"到者方知"四字,邑人孝廉汪沐日题。右侧凭虚阁,可望后海诸峰。休宁赵吉士诗云:"曲磴天边路百回,此身长傍白云隈。看山有胆双眸豁,铺海无声万象来。夜放佛光人指月,上升旭日下鸣雷。文殊座出悬崖顶,趺坐忘年长丝苔。"歙黄生诗云:"我爱文殊院,中天拥玉屏。双峰峙苍翠,万壑俯青冥。古佛默相对,空堂永不扃。月明河汉尽,摘却满山星。"休宁吴启元诗云:"飞下清凉界,今宵卧玉屏。杖前云已白,顶山石犹青。大地蹲狮象,中天过日星。山空钟声落,静者独为听。"

报应庵:在县西灵山。

尼庄庵:在环山里雪压山,唐会昌二年建。

圣僧庵:在县西五里,唐武德中建。休宁赵吉士《圣僧庵销夏酬吴雯清侍御诗》云:"节序虚消楮墨中,簧筜谷裏隔烟丛。风澜不住潺潺响,云影无边淡淡空。

一带山光摇几席,四围禽籁绕房栊。禅关莫谓常岑寂,小径时来御史骢。"

白云庵:在仁爱乡。

谧庵:在宝相寺左。

长山庵:在明德乡,元至正壬午建。

莲花庵:即唐汤院遗址,庵前五峰耸翠,众壑争流。

水晶庵:去甜珠岭三里许,明天顺间少司马吴凝建。吴苑诗云:"一岭通幽展,庵从曲磴寻。残僧难应客,古瓦易生阴。顾眄余乔木,纵横对碧岑。先臣精爽在,展拜若为心。"

皮蓬庵:又名云舫,在仙灯洞下。唐文宗时,有西域僧居洞中凿岩石曰:"七百年后当有圣僧来。"故又名仙僧洞。清朝康熙己未有翠螺山僧雪庄枯坐皮蓬三年,虎皆远去,郡邑为建云舫山房。清朝休宁吴启元诗云:"千盘穿石磴,一杖到皮蓬。只讶高云外,翻来乱壑中。鸟声寒谷集,人影暮山空。此际出尘思,扪萝问远公。"

云岭庵:又名佛岭庵,唐大历中志满禅师露宿地。地多虎,禅师至,虎皆远徙,里人为造庵。清朝康熙壬戌庵僧更建竹楼,一入此中鬓眉皆绿。

同德庵:在箬岭北。

福会庵:在凝太(宁泰)乡黄柏源。

林隐庵:在凝太乡王家坦。

皓月庵:在德政乡黄川。

思棠庵:在县东北登瀛西。

菩提庵:在登瀛乡。

大金庵:在大金山。

福禄庵:一在翥岭,一在南乡,南乡绵潭者,清改为别峰庵。

鹤林庵:在县西前封金竺,下临丰乐,大类桃源。

圆通庵:在丰南上游三里,庵倚峭壁,有丁云鹏画壁,俨如道子写生,风神隽逸。

一树庵:在鱼袋山,静室飞阁,悉嵌危壁间,群峰攒翠,幽绝之境也。罗逸《过一树庵访友诗》云:"去年偶到门时闲,今日重过值杖藜。松叶渐堆山径滑,药苗曾绊竹枝低。常时屋角猿窥食,恰有篱边虎印泥。我不难来君不厌,拟将书画作幽栖。"

御泉庵:在双岭,连峰数十。明太祖从鄱阳破敌回,取道过之,憩松阴下,渴而思饮，岩下泉水忽涌出，因名御泉庵。中丞徐公守郡时题额，左为青莲阁，后为贝叶楼。

桃源庵：在桃花源，一阁踞大石上，潭中洪涛怒张，有排山驱石之势，因名狎浪。休宁赵吉士《桃花庵坐响雪亭诗》云："曲径青苔湿，森阴隔寺门。悬岩飞雪瀑，乱石碎云根。万响摇空碧，诸天抹一痕。虚亭吾独立，鱼鸟向寒温。"邑人黄生《狎浪阁诗》"风波为客惯，瓢泊任孤舟。不意到青嶂，此身同白鸥。晴雷轰石底，飞雨挂檐头。禅榻中宵梦，虚疑在舵楼。"

墨浪庵：在白龙潭上。

云涛庵：在莲花庵东南十里。

赵州庵：在天都峰下，明太史顾锡畴题曰"山鄁"。崇祯甲戌有龙起庵侧，山崩石坠，庵正承之，椽桷无恙。

指象庵：即指象处，下炼丹台，步深壑中，可至幽深沉奥，不异井底。庵有方池，广二尺，寒澈无痕影，相传为丹井。

利生庵：在岩镇，一名醉茶庵，屹立溪浒，林木葱蒨，潭影清澈，溪岸有泉甘冽。

唐子庵：在南乡。

观音堂：在明德乡仙姑洞，洞为三仙姑炼丹遗迹。洞有二宝，其内常有机声，幽深无际，非烈炬莫能辨路，其顶穹窿如盖，时有石膏流出，泽可濯发，俗传仙姑圣水，疗病辄愈。

万山庵：在府城东门，壁有洞宾遗像。

浮邱观：在黄山浮邱峰下，唐毁，故址犹存，祈水旱多应。

仙都观：在黄山仙都峰下。

苗儒观：宋建，在徽溪苗儒山。里人吴道章，号辰峰，修真于此，张真人遇之，题为崇正道院。辰峰屡见神术，众溪罗某宅降妖，辰峰至佛岭飞剑斩之，化为白蛇。后又于某所收妖，谓主人曰："孽未至死，请驱之。"无何有巨蛇当径，一荷锄者击之而毙，辰峰顿足曰："不当死而死，吾命尽矣。"夜分果逝。至今奉祀于院之左堂，殁后其所居舍不火而焚，因名其地为法坛基云。

千佛庵：在龙王山后，明僧空元创建。内有铁浮屠七级，上铸千佛，故名。毕侍郎懋康题曰"雨花方丈"。康熙后重修，更增宏广。

（以上寺观主要来自道光《徽州府志·寺观》卷四）

二　休宁县

普满禅寺：在忠孝乡，旧名报国禅院。唐咸通六年建，宋大中祥符元年敕改普满禅寺。元至正壬午僧净能，号起南，鄱阳人，戒行精严，来主是寺，悉新之，壬辰兵毁。明洪武三年僧永寿重建殿宇钟楼；十五年开设僧会司，凡习仪必于是焉；三十年毁，惟钟楼、天王殿存；三十一年住持僧昭回与其徒智晓、惟亨重建，复葺南偏地，构亭憩息。继其席者以宁隐峰以山门入径褊隘，特改创之，揭额曰"大云山门"，内凿池架桥，即景命题有八，曰大云山、古柏祠、浣月池、渡云桥、宝珠林、玉带泉、觉音楼、善法堂。

建初寺：在忠孝乡，旧名崇法寺。唐咸通九年建，宋开宝九年敕赐建初寺，元至正壬辰兵毁。明洪武三年僧善述如祇重建，戊午僧福镇捐衣钵，复建千佛楼于寺后。永乐乙未其徒永萌重建廊庑，塑卧佛普陀幻象，桂柏森茂，境界清幽。府知事徐俊书"东南山"三字，揭诸三门外，后为丛林。

竺梵堂：在县东百余步，临街建茶亭。

广慧堂：在县东接官亭后，路总管书额。

阳山院：在杨村，五代吴天祐七年建。

灵山堂：在县西五里，吴永亨叔庚舍地、汪普昭建堂，吴荣甫舍良庭以奉陶渊明祠。

归一堂：在凤山顶，胡道真建堂，杨世荣建华严阁。

万寿堂：在县城南，奉庐山教，有陶靖节（陶渊明）祠，水旱疾疫祷皆应。

永庆寺：在二都，宋嘉定三年建，旧名如存庵。

慈氏院：在水桥干，元至正二十六年建。

普满塔庵：在松罗山顶，元至顺三年建。

松萝庵：在三都，宋淳祐五年建。

南山庵：在水南，晋泰兴二年天然建，宋淳熙中僧空公重建，明景泰中僧诚闰募众，复作中奉佛。左祠汉寿亭侯，右祠唐张睢阳。程氏旧尝捐地于庵东，成化初作程襄毅公祠。

万安寺：旧名烧香院，在长汀里，唐咸通十四年建，明洪武初，僧动敬重建，弘治十一年僧普盛、日才、日厚重修。

庆明堂：在县东十三里，元至元甲申僧妙玘建。

兴福堂：在四都金普成建。

修善寺、翠微寺：二寺并在四都。

仁王院：在安乐乡，有西峰大士祠，元于祁门请舍利来塑像，祷雨有验，汪一麟两捧檄请雨立应，明为丛林。

英山庵：在五都，宋嘉定二年建。

吴山院：在龙源，五代吴天祐七年建。

心田堂：在县北五里，经二百余年，祈求有验，元大德初，里人张友成募缘建。

黄岗寺：在六都。

金龙庵：在六都，唐大中五年建，庵后有玉宸山，僧绍坚重建。

善庆堂：在县西六十里，枫林戴觉轩同男觉茂劝缘建，奉大圣祈雨。

感应堂：在八都金刚山。

宝华寺：在十一都。

石桥院：在履仁乡太平里，唐元和五年建。先是刺史韦绶梦僧来谒曰："能相记否？"绶不省。僧言："昔与公同修证，今为二千石，遽忘我耶？"绶问所居，曰："在公部下休宁之石桥岩。"且问左右无知者，索图经阅之，岩在县西六十里，石室讲堂佛像，遣视信然，乃建精舍。会僧元立以游方来，问所需，愿住此岩，是为开山祖。

密多院：在履仁乡，唐乾符元年建。

普明堂：在县东二十里引（隐）充，元本路张治中书额，奉普照大士，里人汪普瑞、普胜建。

仁寿尼寺：在十四都黎阳乡。

新屯寺：在黎阳乡合阳里新溪之上。唐贞观十年僧法本开基，后因溪潦侵啮，元至正庚寅僧秀芳徒于云盖山，明洪武丁卯僧恩发建三门，永乐甲申里人戴孟善捐赀财建山亭，揭凝碧二字，僧志远重建钟楼。

普慧堂：在易村，元本路刘总管书额，金道祥、吴普通募缘建。

易山庵：旧名孔雀庵，在十七都。唐贞观十七年建，明洪武初僧善述与其徒永坚重创。

千秋庵（寺）：在隆阜，唐咸通二年建。

灵应庵：在十八都。

方兴寺：在十九都。唐贞观十三年建于孙祁，龙纪元年为水所荡，咸通十四年徒十九都，宋淳熙丁酉毁，嘉定间僧永庆重建。翰林学士程珌记。端平元年敕为丛林。明洪武甲寅僧景辉增其旧规,天顺辛巳厄于火,癸未嗣僧普云重建。

正觉堂:在十九都。

等慈庵:在璜原,宋淳祐间建。元僧碧庵买田入常住,延祐元年毁,重构。

觉慈庵:在汉川,宋淳祐中建,祀少师程珌。

明心堂:在汉川,程操之、舒普庆募缘建。

玉枢庵:在汪潭,宋少师程珌建,祀父少傅公文夷。

富昨寺:在二十一都。宋宣和间毁于方腊之寇,绍兴七年旱,里中祷遗址,得雨而稔,里人汪渐重建,渐诸孙又施田度僧。

斋祈寺:在二十一都,唐会昌中建。宋庆元乙卯僧净昙迁于夹山西庑,有率口程氏祠。

审坑庵:在县东南四十里,旧名天王堂。宋淳祐四年孙万登建大佛钟楼、华严阁,又东偏构堂奉孙吴二氏神主。

龙宫寺:在二十三都,唐天祐二年建。

星洲(州)寺(院):在嘉善乡睦亲里,唐咸通中建。宋吴儆题《星州寺浣溪沙词》曰:"十里青山溯碧流,夕阳沙晚片帆收,重重烟树出层楼。人去人归芳草渡,鸥飞鸥没白蘋洲,碧梧群竹未曾游。"

孚潭庵:在二十四都。

宝林祠:在二十四都,唐咸通三年建。

施水庵:在十六都黄石,宋淳祐二年建。

锦堂庵:在二十四都,宋绍兴元年建。

瑶溪庵:在二十四都。

嘉祥(尼)寺:旧在忠孝乡宣化里,唐光化二年建,宋乾道中程大昌徙邑南二十里云峰山。

西涌庵:在二十九都,一说五都。

福聚庵:在二十六都。

全真庵:在二十六都,元至正间建。

月溪寺:在二十七都,唐开元间建,元初僧净因竭力营创殿楼堂阁,置田园以裕常住,有芝产僧堂。

著先庵:在二十七都。

双门寺:在二十八都,去五城镇十里许,穷山幽谷间,两崖壁立,涧水中流,故曰双门。唐咸通二年有异僧来此建庵,元至顺二年徙于衡溪,至正壬辰兵毁,癸卯僧寿南重建。

三宝庵:在二十八都,唐贞观三年建。

全岭庵:在二十九都。

云溪寺:在三十都。

广福寺:在三十一都。

磜口寺:在三十一都,宋淳祐三年建。

海云庵:在三十二都。

龙潭庵:在三十二都。

普照寺:在三十三都,宋绍兴二年建。

圆通庵:在三十三都。

竹溪庵:在三十三都。

崇寿观:旧名白鹤观,在县西三里许。宋大观元年闽士邵拳应举都下,夜梦一道士谓曰:"公将宰休宁,但求一栖息所。"明旦观榜,果若其言。到任,访诸父老,无有识者。乃谒道观,已为丘墟,独观一石人瓦覆其顶,熟视如梦所见,因感前事,遂徙县东南之葆真山,更名崇寿。后邑令黄维申请敕赐崇寿观额,遂祀石真人为开山祖虚靖真人。元至正壬辰兵毁,明洪武十五年设道会司,叶积善主领教事,永乐丁亥邑令舒友常劝邑人汪仲伦、金孟起等建三清殿、玉皇殿、山门、两廊、法堂,宣德丁未徐士垓建三门,癸丑道士陈思正建佑圣阁,继后刘景文正统壬戌建祖师堂,乙丑邑宰虞安命叶景晖重修,己巳道士巴道先建园堂,景泰庚午余道玄建斋厅。

齐云观:在县西四十里。据弘治《徽州府志》,齐云岩在白岳山西北,高二百仞,中峰有峻崖小路,凭梯而上,其三面并绝壁二百余丈,不通攀缘,峰顶阔四十亩,有故阶迹、瓦器、石室,亦尝有学仙者居之。其东北石壁五彩状,若楼台在空中势欲飞动,又如神仙五六人凭栏观望。宋德祐丙子,里人作寨屋于岩上以避难。岩之额有武当行祠,石冈围绕,有层楼环列。至元中有讲师叶元焚修于此,数年迁凤山之良庭。其祠前正对香炉峰。在左右两崖之间巨石特起,又谓之凌虚台,实休阳胜境也。玄像凡两经火,一发不毁,其异如此。宋内相程珌书"云岩"二字于石。元汪应辛诗云:"度回复登厄,依山一迳微。洞寒龙正蛰,崖冥鹤初归。采木云生屐,扪萝露湿衣。层岩去天近,织女夜鸣机器。"明朝程敏政诗云:"四山回合杳难穷,翠锦屏开面面工。巨石穿云成户牖,半崖飞雨作帘拢。地灵今古神先据,境隔仙凡路可通。极目丹砂何处是,巍巍楼阁倚天中。"汪孟祯诗云："牵萝攀登到封头,乘兴豪吟豁壮眸。幽洞远吞沧海月,闲云长锁碧山秋。泉飞翠壁松巢鹤,火暖丹炉树化牛。徙倚琳宫最高处,此身何必在瀛洲。"[1]

双清道院:在县南枫林园,吴判府存远营寿藏建,毁于兵,曾孙仁重建。

著存观:在县西五十里,宋珰溪金桐冈竹所为父进士金革墓前建。

常清宫:在江潭,宋淳祐间赐额。

南山道院:在会里,元程天经居丧庐墓,人称孝隐院。

忠孝道院:在上山,元至大己酉建。

(以上寺观主要来自弘治《徽州府志·寺观》卷十)

护国仁王院:在良安乡万安里,唐咸通八年建。

修善尼寺:在忠孝乡良安里,唐贞观十年建。

汪村古寺:在上溪口。

塔岭寺:在十二都,宋高僧建塔于此,故名。

阜通庵:在潜阜,明嘉靖丁巳以造桥建。

湘湖岭庵:在十六都雷溪岭下,有湘湖,即陈将军程灵洗射屦处。

寒云庵:即商山古子塘庵,一名颖谷,有桂子冈、梅坞诸胜,本吴氏别业,僧景寒、断云始购为庵居之,因改寒云庵。

金佛庵:在城北十三里。宋太平兴国三年山岭放白毫光,凿之得金佛,州守令里人祀之,祷者苦峻,凡再迁,咸平二年定在城北十三里。

大备庵:在四都大备山。

西竺:在塌田,金斋建。

冷云庵:在南门外,明天启甲子建。

净土庵:在三都新塘。

古云岩庵:在八都。据道光《徽州府志》,有古云厂,在县西南八里,悬岩中立一山,前障檐漏天光,弯如半月,泉喧洞底,盛夏不涸,邵太常庶题曰"古云厂"。清朝邑人汪紫沧诗云："阴森洞壑敞芝田,峭壁当门欲蔽天。终古云飞留宝月,四时琴声送岩泉。临风猿啸穿松下,行雨龙归傍涧眠。最爱前峰僧定后,一钟敲散万村烟。"[2]

普润庵:在萝宁门外。

文峰庵:在汶溪桥文峰上,有塔。

---

[1] (明)汪舜民:弘治《徽州府志》卷一《山川》,弘治十五年刻本。
[2] (清)夏銮:道光《徽州府志》卷二《山水》,道光七年刻本。

天乙庵：在汶溪。

古观音庵：在十二都霓湖。

清净禅林：在南门外，明天启甲子建。

护国禅林：在下汶溪，僧一斋有戒行，明熹宗赐紫衣惠藩，题护国禅林额。

观音阁：在郏溪张村梅山下，宋建。

大士阁：在霞瀛水口。

青莲舍：在三都金幻山。

恒山堂：在十九都，宋程珌建。

元天太素宫：在齐云岩，明嘉靖庚子赐额，丁巳敕重建。

三清殿：在太素宫东南，旧名齐云观，明嘉靖丁巳赐额。

（以上寺观主要来自道光《徽州府志·寺观》卷四）

三 婺源县

万寿寺：在县治西，先名智林禅院，唐乾符二年僧智柔开山，邑人王双杉舍地建院。元延祐元年赐额，邑人汪良垕重建，至正壬辰兵毁。明洪武初年僧净鉴募缘重建，洪武二十五年立为丛林，以处归并者，后因倾颓，正统年间僧会德信修创。

保安寺（禅院）：在县治后，五代吴顺义二年僧录判邑人太常协律郎刘崇遂舍田建寺。元至正壬辰兵毁，明洪武初僧有源重建。

普济寺（院）：在县治东，旧名万安崇福院，唐中和三年僧楚禅师、邑人顺义军使汪武舍地建寺。宋大中祥符六年赐额，元至治壬戌，僧真涓重建，至正壬辰兵毁，明洪武初僧能胜重建。

荷恩寺（院）：在县治西，唐光启二年僧慧光、邑人顺义军使汪武舍地建寺，元至正壬辰兵毁，明洪武间僧一麟重建。

龙居寺：在二都，宋绍兴十七年僧勤、邑人程孝思建，元至正壬辰兵毁，明洪武间寺僧文有募缘重建。

灵仙寺：在三都，宋天禧二年僧白云开地建寺，元至正壬辰兵毁，明洪武间僧福聚募缘重建。

慈尊寺：在十八都，宋淳熙间僧滋、邑人王炎建，元至正壬辰兵毁。

保福寺：在十九都，宋端平间僧佑、邑人张伯四建，元至正壬辰兵毁，明洪武间僧德崇重建。

　　高峰寺：在二十一都，宋绍兴五年，僧世英、邑人胡金判建，元至正壬辰兵毁，明洪武僧兆有重建。

　　新田寺：在二十一都，宋绍兴十七年僧志售、饶人洪太师因祖墓建，元至正壬辰兵毁，明洪武间僧悬翁重建。

　　隆庆寺：在二十四都，唐乾符元年僧石佛、邑人李朝散建，元至正壬辰兵毁，明洪武间僧法悬重建。

　　泗洲寺：在二十五都，宋咸淳六年僧知新、邑人胡三五建，元至正壬辰兵毁，明洪武间僧仲奕重建。

　　云兴寺（禅院）：在二十八都，唐咸通元年僧蕴忠建，宋庆历末新修，元至正壬辰兵毁，明洪武间僧自性重建。

　　宏山庵：在三十一都，宋绍兴庚午僧弥寿，邑人胡十三建，元皇庆癸丑德兴桐川胡文偾建墓祠，至正壬辰兵毁，明洪武间僧法真重建。

　　自保安寺以下至此十二寺一庵，并于洪武二十五年归并入万寿寺，后各复本寺庵。

　　黄莲寺（院）：在五都，唐咸通间僧清贡、邑人程少府建，光化中赐额，宋熙宁十年进士李曦、僧惟鉴重修，明洪武十五年立为丛林。

　　开化寺：在五都，宋绍兴十七年僧奉超、邑人俞彦升建，元至正壬辰兵毁，明洪武间僧宗汉重建。

　　真如庵：在五都，元大德九年僧善坚、邑人李顺一建，至正壬辰兵毁，明洪武间僧广远重建。

　　龙渊寺：在六都王村，原在古塘西山之巅，额曰胡天，宋乾兴间徙今处，改额龙渊。绍兴三年僧如晦、邑人毕伯念二建，淳祐间王经谕重修，元至正壬辰兵毁，明洪武间僧全美重建，后坏，王爵招僧全泰捐赀重创。

　　碧云庵：在七都灵山，宋太平兴国四年，国师何令通、邑人江广汉建。元至正壬辰兵毁，明洪武间僧妙莲重建，弘治辛亥又毁，住持程普护重建。汪玺诗云："策杖灵山去，行行路欲迷。钟鸣知寺近，云暗觉天低。谷口流泉滑，檐端古木齐。何当谢尘鞅，向此卜幽栖。"汪德昭诗云："直上灵山绝顶头，碧云境界觉偏幽。云龙出洞将行雨，风竹敲窗欲酿秋。"

　　忠斋堂：在七都，宋景定元年僧志清、邑人江均干建，元至正壬辰兵毁，明洪武间僧瞻礼重建。

凤林寺(院):在八都大鱅,唐大中元年僧有通、邑人汪太公建。元至正壬辰兵毁,明洪武间僧心静重建。弘治间常住田金刚坵若干亩为寺僧所卖,里人曹义干等共捐赀赎还本寺。

新兴寺:在九都,宋政和元年僧日赞、邑人程五六建。元至正壬辰兵毁,明洪武间僧心静重建。

大杞寺:在九都,唐光启二年僧日赞、邑人汪同太建。元至正壬辰兵毁,明洪武间僧观重建。

三礼堂:在九都,宋淳熙二年僧善现、邑人程十五建。元至正壬辰兵毁,明洪武初僧思敬重建。

曹溪寺:在十九都,宋绍兴二年僧妙果、邑人程万五建。元至正壬辰兵毁,明洪武中僧观重建。

钱塘寺:在二十一都,宋绍兴七年僧友华、邑人江瑞建。元至正壬辰兵毁,明洪武间僧祖德重建。

香严寺(院):在十都,一说在丹阳乡,旧名西干院,宋庆历二年僧宗妙、邑人詹大昌、胡广之建。元至正壬辰兵毁,明洪武间僧星重建。

贻佑堂:在十七都,宋庆历二年建,景定元年僧宗一、邑人施全庆重建。元至正壬辰兵毁,明洪武间僧星重建,后改名常安寺。

如意寺(院):在十八都,一说在浙源乡,旧名荷恩寺,唐开元二十八年僧大德、邑人胡长者建。宋大中祥符元年敕改,元至正壬辰兵毁,明洪武间僧恭信重建。

自开化寺以下至此凡九寺二庵三堂并于洪武二十五年归并入黄莲寺,后各复本寺庵堂。

灵山寺:在三十四都,唐太和二年僧珂公建。元至正壬辰兵毁,明洪武初僧福惠、邑人李元忠重建,洪武二十五年立为丛林。

大田寺(院):在三十一都,唐太和元年僧应机、邑人汪愿建。元至正壬辰兵毁,明洪武初僧传灯重建。

朗湖院:在三十四都,元至治间僧坚镇、邑人方弘三建。元至正壬辰兵毁,明洪武间僧清源重建。

天王寺(院):在三十五都,唐乾符元年僧佑、邑人汪耕岩建,天福二年赐额。元至正壬辰兵毁,明洪武间僧传芳重建。

自大田寺以下至此凡二寺一院并于洪武二十五年归并入灵山寺,后各复本寺院。

福山寺:在三十六都,宋熙宁二年僧性常、邑人黄五建。元至正壬辰兵毁,明洪武间僧行满重建,洪武二十五年立为丛林。明湛若水与门人方纯仁等讲学其间。

肇安庵:在二十七都,宋咸平二年僧正心、邑人俞四二、郡马建。元至正壬辰兵毁,明洪武间僧天相建。

白塔寺(院):在三十九都,五代吴乾贞三年僧文德、邑人李鉴四建。元至正壬辰兵毁,明洪武间僧月中重建。

新兴寺:在三十九都,唐太和四年僧文爽、邑人朱县丞建。元元统元年重建,至正壬辰兵毁,明洪武间僧心定重建。

砾崌寺(院):在四十二都,五代吴顺义元年僧澄、邑人程浩辉建。宋天圣末重修,元延祐中增修,元至正壬辰兵毁,明洪武间僧俊伟重建。

高峰院:在四十二都,元至正元年僧惠通建,明洪武初僧文福住持。

重兴寺:在四十三都,唐咸通元年僧善称、邑人李氏建。元至正壬辰兵毁,明洪武初僧崇钦重建。

灵河寺(院):在四十三都,唐咸通四年僧道贺、邑人张知监建。元至正壬辰毁,明洪武间僧知源重建。

广福寺:在四十五都,宋绍兴二十七年,僧道悦、邑人戴彦章建。元至正壬辰兵毁,明洪武间僧永和重建。

沙门寺(院):在四十六都,唐开宝七年僧日本建。元至正壬辰兵毁,明洪武间僧普华重建,正统元年里人吴延钊、延祯、延玉、延辉重建。

龙泉寺(院):在四十七都,五代吴顺义七年僧正华、邑人方庚建。元至正壬辰兵毁,明洪武间僧德重建。

山房寺:在四十三都,唐太和元年僧简、邑人张八九建。元至正壬辰兵毁,明洪武间僧净忠重建。

资福寺:在五十都,唐太和二年僧文德、邑人汪十七建。元至正壬辰兵毁,明洪武间僧震公重建。

自肇安庵以下至此凡一庵十寺一院并于洪武二十五年归并入福山寺,后复各庵寺院。

天仙观:在四都,宋咸淳丙寅邑人李万四舍地、道士张开甫(张松谷)建。元至正壬辰兵毁,明洪武元年道士程敬虚重建,洪武二十五年立为丛林。

紫虚观:在县治左,宋政和四年道士胡宗奉建,诣阙请额赐紫虚观。元至正壬辰兵毁,明洪武二年张寿朋重建。据道光《徽州府志》,紫虚观在婺源县北,南唐保大间建,名栖真观。宋政和四年改紫虚观,明嘉靖改建西门湾,清顺治间重建。①

栖真观:在六都,宋景定三年邑人司户俞畴舍地、道士黄承正建。元大德间州人汪治中舍田,俞司户孙主簿奇翁亦舍田,至正壬辰兵毁,明洪武间道士汪虚中重建。

龙潭道院:在六都,宋咸淳二年邑人俞颐轩舍地、道士黄承正建。元至元甲申盗毁,后至元五年颐轩曾孙仲权复建,至正壬辰兵毁,明洪武间道士李主静募缘重建。

朝宗观:在十一都,元延祐元年道士胡宗周建,泰定丙寅道士戴宗玉募缘重建。

桃源庵(观):在二十三都,元至元丁亥邑人胡玉成舍地、道士王泰初建。至正壬辰兵毁,明洪武十一年道士程宗友重建。

太清观:在二十八都,元泰定甲子邑人胡一凤舍地、道士程虚谷建。至正壬辰兵毁,明洪武五年道士王泰初重建。

时思堂:在三十都,元至元末道士董玉泉建。至正壬辰兵毁,明洪武间道士吴得华重建。

龙门观:在三十六都,元至元丙子邑人黄朝阳舍地、道士董菊园建。至正壬辰兵毁,明洪武六年道士吴进修重建。

通元观:在十七都灵岩三洞前,宋绍兴十八年邑人李三长、道士郑全福建,庆元元年道士程弥远重建。汪行素诗云:"蓬壶咫尺隔尘氛,流水桃源上下村。游遍东西南北洞,风光别是一乾坤。"据道光《徽州府志》,通元观,旧名洞灵观。

自紫虚观以下至此,凡六观一院一庵一堂,并于明朝洪武二十五年归并入天仙观,后各复本观院庵堂。

中和观:在一都,元大德二年全真道士赵定庵建,至正壬辰兵毁。

神光寿圣观:在清化灵芝山,宋嘉定十六年因孙法篆、胡高士立石祷祈屡应,胡知府创永兴道院居之,继又舍田度人,州县申省部建赐额。

玲珑道院:在清化长林,即五显发迹之地,宋嘉定中胡知州建,元至正壬辰兵毁。

山房道院:在城西,宋淳熙庚子查安礼建,元至正壬辰兵毁。

① (清)夏銮:道光《徽州府志》卷四《寺观》,道光七年刻本。

清新道院:在四都,宋咸淳元年道士俞崇清建,元至正壬辰兵毁。

见云道院:在三十九都游汀,元至顺癸酉里人许克芳、兰道士程橘建,至正壬辰兵毁。

(以上寺观主要来自弘治《徽州府志·寺观》卷十)

报恩光孝禅院:在游汀乡,旧名中峰寺,唐中和二年置。宋崇宁四年闰二月改天宁万寿禅院,后改今额。

大起禅院:在万安乡,唐乾宁二年置。

隆兴院:在万安乡,旧名永泰院,大中祥符元年敕改。

灵隐禅院:在浙源乡,唐天祐元年置。

感恩院:在万安乡,唐中和五年置。

金刚般若院:在浙源乡,唐天祐二年置。

湖田院:在怀金乡,唐中和二年置。

湖山院:在丹阳乡,五代吴顺义三年建。

龙祥院:在游汀乡,唐中和元年置。

灵仙院:在万安乡,南唐天祚二年置。王提刑总角时,每游戏寺中,或指之曰:"君若登第,此井栏亦烂也。"及得官归,作诗云:"乡人笑我无官分,烂却灵仙石井栏。"里人至今诵之。

松溪院:在万安乡,唐景福元年置。

诘曲院:在游汀乡,唐太和元年置。

普利院:在浙源乡,旧名养田院,宋治平二年三月敕改。

东广福院:在县北百里。

西广福院:在县西九十里。

国宁东尼院:在县东,唐中和年间置。

国宁西尼院:在县西,唐光启三年置。

明节尼院:在县东,五代吴乾贞三年置。

香严寺:在阆山,宋建。

山房院:在怀金乡,五代吴大和元年置。

资福院:在游汀乡,建隆二年置。

东山寺:在沱川,余氏建。

铁瓦禅林:在高湖山。

慈址庵:在莲花山。

来苏庵:在小秋岭。

玉莲庵:在十都黄连山。

大觉庵:在一都花山前。

赵州庵:在三都,旧名崇善庵。

紫霞庵:在一都南门岭城湖畔,张友铭建。

仙鹿庵:在四都相公尖。

钟灵庵:一在旃坑古塘岭,一在大畈灵山。

凌云塔庵:在七都,江湾、江彦道兄弟建。

五圣庵:在芙蓉岭。

金竺庵:一在七都谭公岭,一在四十五都。

龙泉庵:在石耳山。

圆明庵:在石耳山。

平案山低庵:在八都低源山。

沸涛庵:在八都坑口上流。

云瑞庵:在荷花桥虎祝山。

须弥庵:在十六都大鄣山。

高际庵:在大鄣山。

泊如庵:在十七都诗春,与三天子鄣山相对,为习静胜地。

高峰庵:秋溪詹时泰建。

密斗庵:里人潘洪建。

云居庵:山有石牛,又名石牛坞。

晓磲庵:在二十五都店埠,江一清建。

诸龙山庵:在二十五都祝家庄。

冲霞庵:在玉川,赵仲滋建。

剑山庵:在三十三都。

储秀庵:在十三都凤山,查氏众建。

云峰庵:在紫荆岩。

汇源庵:在十二都凤山,查公艺施茶建庵,前又建文笔峰及养生潭。

礼迦庵:在江湾,江中丞建。

听松庵:在江湾,江骥建。

莲花庵:在十一都回岭,廉宪汪尚谊建。

保龙庵:在十七都,官创建。

法华庵:在一都大王桥,宋临安推官汪世聪墓庵。明万历间邑侯赵崇善讲学其中,题额明心堂,洪侍御记。

连云庵:在回岭山腰,里人汪思孝建。

天竺庵:在十九都,余文建。其水从山下视至顶上。

万寿庵:在八都西源金竺峰。

天竺庵:在谭公岭。

石佛堂:在凤凰山下,内奉大觉玉佛。岁旱,里人祷之必雨,四方求者无不感应。

玉虚观:在车田小溪山。

栖正观:在六都汪口,宋景定三年建。

青云观:在潢川。

白石观:岭下王新美、王支岂重建。

太清凌云观:即三师法坛。

盘谷道院:在李坑,李义建。

(以上寺观主要来自道光《徽州府志·寺观》卷四)

四　祁门县

悟法寺:在邑南三里,旧在县西七里,名万安寺,唐咸通二年移建于此,宋大中祥符中改赐额,汉梅銷墓所也,今人指殿后砖甓是其葬处。旧有十二院,曰多宝,曰普贤,曰宝胜,曰天王,曰文殊,曰十方,曰弥勒,曰柏山,曰尊胜,曰十王,曰罗汉,曰泗洲,梅烈侯之祠。壬辰兵毁,明初鄱阳僧文穆、宗寿来,剪荒辟基,创建泗洲、罗汉、十王三寺。洪武壬戌间开设僧会司,寻以文穆为僧会,其徒行栗复建大雄殿暨塑佛像,永乐戊子亦授僧会之职,寺之存者四之一焉。正统间邑人汪德高、汪仕政相继重修泗洲寺及梅烈侯祠,前有修径,径外深水,水外高林,过者谓似天竺灵隐寺,后为丛林。至清道光年间惟十王寺独存,余皆废。

忠国显亲下院:在邑北五里万石,旧名霄汉资圣院,唐乾宁三年置。宋大中祥符八年丞相汪伯彦之祖重建,敕改承恩。建炎初,伯彦请于朝,敕改忠国显亲,而自筑祠写真附祀于寺,戴进贤冠,腰横大羽箭,取出将入相之象。徐季洪序其事,刻之石。

珠溪寿圣院:在邑北七里万石,旧名珠溪资福院,唐光化二年建。宋大中祥符二年敕改,有唐时谦禅师塔,五十六年前尝迁之,骨身宛然。至正壬辰毁于兵,明洪武庚午池阳僧璘与其徒辟基建殿,继其业者鄱阳僧惟昊及文重建天王殿,视昔颇佳,后为丛林。

广福宝林禅院:在邑西一百二十里上元山西峰。唐光化二年有僧清素师者自五台山来,里人郑传保据乡间,师造其垒求安禅之地,传言:"自紫溪入上元山有数亩古木,曲涧中有洞穴神龙潜焉,宜居之,其旁可以安禅。"师曰:"吾今夕当飞锡往观之。"传馆之于楼,扃镝严甚,比夜半失之,及明寝自若也,谓传曰:"吾已用锡表其处,坤山而壬首,自此以往者涉溪三十六,度岭二十四。"传使人视之,垅上新有行迹,他皆如其言,大敬异之,为筑室百余间,白郡刺史陶雅,请于吴杨氏,号上元西峰宝林禅院额,开坛度僧。是岁久旱,传结彩楼延师求雨,师表竹于楼之四隅曰"雨于竹外",已而果然。时扬州亦旱,令属郡遍祷群祀,雅梦伟人自称汪王为雅言:"师乃水晶宫菩萨也,有五龙行雨,不由天降,可往求之。"乃请之,师曰"吾已遣施雨扬州三昼夜矣。"验之果然。一日赴吴,杨氏封禅大德,赐锦袄钱米而归。五代吴天祐八年入寂,住山十七年,聚众数百人,尝作偈有"文殊遣我来"之语。三年后,有僧自五台来,为塑像于院中。宋元丰三年赐号惠应大师,饶州亦奏诏赐神惠禅师,绍兴十三年加神惠永济禅师。其山巅有石池,有穴通江,深莫测。每祷,褚钱掷池中,则鱼从穴出,衔而潜之,祈祷必应。先是杨氏遗师紫衣不受,求锦襖著之,每往还池阳,有冯姥者见常迎,劳为设酒,乃脱襖为赠,使遇祷雨旸,出而浴之。其锡杖、铁笛、戒牒并舍利骨藏以铜函,护以木匣,皆存。熙宁二年改寿圣宝林,隆兴中改广福,嘉泰间郡守李浃祷雨屡应,奏加普佑二字,后郡守刘炳重架殿宇。

石门(禅)院:在二都,唐光化二年有僧自五台来,以飞锡所止而建,又有塔山庵,在石门村口。宋僧惠满、佛印大师与丞相汪伯彦先世相善,伯彦微时藏修之所,以净庵二字匾之,僧连收其墨迹立丞相寿祠存焉。王伯俞亦读书于此,后仕至直阁,有联句云:"昔年去学深山寺,今日来游小石门。"

东松庵:在十四都。当官道之冲而邸舍辽远,暮行者患之。宋熙宁间悟法寺僧子珣少游四方,尝参云居心印禅师,迨老而归,乃当官道为庐舍数十楹,设床榻备薪蔬以给往来,至则如归,士大夫多为诗美之。宋元丰中王荆公以江东提刑过此,赋诗刻庵中。其后丞相汪伯彦以布衣去乡里,及为少傅仗节归,作诗曰:"万夫屹立若临冲,四十年来谒上峰。名遂归来人物改,青青惟有岁寒松。"绍兴初太

233

师岳武穆王提兵讨杨么过此,题记壁间。子珣号济了堂,浮梁朱氏子,以试经得度,晚益精进,昼夜坐禅,说法华满二万遍,有莲花生座下,以足跳去之,年八十一,其徒永净继之,尤善遇客。元寺毁,徙叶家源。

重兴内外二院:在邑西山阿,五代吴天祐十年建,为祈祷道场,林木森郁,涧水澄清,实潇爽之境。宋宣和四年重建,邑人秋崖方岳匾外院曰重兴,内院曰觉庵。

崇法禅院:在邑西隅,旧名西林水陆院,五代南唐时建,宋太平兴国五年敕改。今废,为城隍庙。

青萝院(寺):在邑东五里青萝岩之下,唐大历二年建,依山岩以为屋,前有石崖,上建七级浮屠,下有滴泉,冬夏不竭,石池注之,石佛守之,门前立辟支佛、舍利塔、六字碑。宋大观中僧道清好为禅,自以往山不能出,乃私榜其院为禅院,每使其徒出旁近招僧之游能为禅者,使挂钵于此,卒年九十余。元至正壬辰兵毁。

万安古寺:在一都,唐咸通二年移于县南,改名悟法,而此处犹以古额并存。《广录》云:"寺之迁也,独唐会昌五年石佛三身在焉,往往出光,里人异之,祈祷必应。"宋宣和二年僧智海来主之,建三门堂殿,又于东隅别为宝藏大殿,元僧弥秀等重建,延祐乙卯徐善庆修。

理堂庵:在二都,宋绍兴间建。

登山古寺:在五都,宋嘉定五年建,今废。

报慈庵:在六都,宋绍兴十七年建。里人程伯原之母乃丞相汪伯彦秦国夫人之女,创是庵以奉丞相。汪忠定公上其事,赐额报慈。

安丰庵:在六都,立浮屠塔,元延祐癸亥建,后废。

灵泉寺:在八都寺前,有水由椒石中出,春夏不盈,秋冬不涸,味甘而色洁,故曰灵泉,唐乾宁三年建。元至正壬辰经兵,寺存如故,明为丛林。

净居庵:在八都。

钟山庵:在八都西峰锥锡之所,有龙洞山、石钟、石峰。

白杨院:在十二都,宋元祐二年建,建炎间朝散郎胡俊杰请赐额。院有五景,曰松萝阁,曰竹间亭,曰碧波亭,曰般若池,曰四宜亭,元废。

贵溪古寺:在十二都,唐建。

普陀庵:在十二都鳙口。唐初建庵,有萝石与邑东青萝同称,曰小青萝,明万历间僧道铉植百桂为城,又称曰百桂庵。

祖成庵:在十二都,山川奇秀,林木森郁,实幽居之境。宋里人汪伯俞偕弟季俞建,寺僧写二公像以祀之,时秋崖方岳读书于此,以诗咏之。

云平庵:在十三都,五代后罗汉院僧道云置田于平里号罗汉庄,宋景德间建,以其师名及地名联匾为云平,俾不忘也。后有僧庆修以医药济世,里人汪舜中以事达于朝赐紫衣号佛光无碍大师,其徒总恭仍故业,亦赐紫衣号普觉圆照大师。元邑人方贡孙《宿云平庵诗》云:"松房闲却卧云僧,老子枯髯尚葛藤。尘世许多桑海事,山中古寺旧时灯。"

武陵法喜庵:在十三都,宋元祐五年建,后废。

明觉庵:在十二都,里人程元吁读书于此,后废。

崇福堂(院):在二十都,唐咸通二年建,后废。

资福院:在十八都历口,唐咸通二年建,元延祐甲寅火后重建。

吉祥院:在二十都,唐龙纪元年建,后废。

普安院:在二十二都,旧名永安,唐咸通二年建,宋熙宁三年六月敕改。

堂下庵:在十八都,宋建,后废。

白莲庵(寺):在二十都,宋建。

忠要庵:在十九都,宋建,后废。

黄砂庵:在十七都,元建。

云严庵:在八都山,有岩,五溪大圣居之,以为祈祷之处,后废。

天门庵:在九都,宋政和间建,后废。

享堂庵:在三四都,唐建,附朝散大夫汪鸿祠于内,因以名之,后废。

法林庵:在十四都,宋建,后废。清重建大痕寺。

山门庵:在九都,宋咸淳年间建,后废。

祊坊永禧庵(寺):在十一都,宋建。

小西峰法云庵:在十六都,元建,后废。

寿山堂:在七都,五代吴天祐间建,后废。

龙塘庵:在二十都,唐建。其山峭崖,高百仞,人迹罕到,曹江山道者修养之所。山有池,池有龙,乡人祷雨请水于此。后废。

钟山庵:在一都,宋通判王汝扇建,后废。

普门庵:在邑东隅,后废。

思敬堂:在九都,后废。

灵石庵:在东都六公山,后废。

松山庵:在西都双溪,一说十四都。

普福庵：在邑东石驴山上，梁时建，元天历间僧维贤重建。

横山尼庵（寺）：在制锦乡，唐咸通六年建。

洞元观：在邑东祁山之阳，相传为汉梅锅故宅，明代祀祁山明府是也，旁有女子言锅女号梅仙七娘。唐大历中庐山虎溪道士黄元素开创，初名龙潭，唐末遂废。宋乾德四年邑人周继忠同道士黄象昭重建，郡守苏简能请于朝，敕改通玄，犯彭城王讳，寻改通元，嘉定间知观方观复加营造，有灵应真官事迹，元至正壬辰兵火，明洪都道士刘时中再加创建。岁久震陵，观宇倾圮。

龙兴观：在六都伟溪之源，其山曰不老山，峰曰彭公尖。宋乾道间道士高景修爱其清邃，开创宫宇，邑人王汝扇乐成之，绍其业者奚岳卿也，宪使丁时发请于朝，赐名。左建东华楼、丹泉亭，右建平远阁、金液池，凿池于前曰荫观，峙亭于后曰长春，山腰有亭名松关，山巅有彭公炼丹所。元至正壬辰毁于兵，后废。

上清灵宝道院：在邑南，元大德五年邑人谢本真儒家子，寄迹老子法宫，舍宅为道院，割田七十亩以助熏修，时法师甲乙住持，至正壬辰火废。

顺真道观：在八都王观村，观宇皆圮。

冲虚道观：在十二都贵溪，废。

真武祠：在九都塘岭，后废。

石迹山上真祠：在十三都板石源，后废。

（以上寺观主要来自弘治《徽州府志·寺观》卷十）

西峰寺：在上元山，唐建。

大痕寺：在十四都，原名法林庵，宋建。明嘉靖中重建，改大痕寺。

重兴寺：在西山阿，五代吴天祐间建。

白杨寺：在十二都平里，明嘉靖中建。

观音阁：在一都。

狮子庵：在五都，原名哀哀庵，明万历间方元凤庐墓建。

般若庵：在二都，明万历间建。

同佛庵：在一都粟地坞。

祝寿庵：在院岭。

金粟庵：在重兴内院。

文峰庵：在凤凰，明万历间建。

九龙庵：在二十二都，旧名龙塘庵，在上元山下，今迁于此。

云艺庵：在一都，旧名永义。

甲第庵：在甲第岭，明隆庆间建。

宝胜庵：在五都。

挹泉庵：在十东都。

雨花庵：在九都天门山。

百子堂：在洞元观左。

（以上寺观来自道光《徽州府志·寺观》卷四）

五 黟 县

广安寺：在县城之北，旧名永乐寺，梁大同元年建，宋大中祥符元年敕改。旧有三门释迦、弥勒、观音，元至元十四年厄于邻火，住持广济同其徒景崧募缘重建。至正壬辰毁，明洪武元年僧通师募缘即基建观音殿，二十二年僧文献修完，二十四年为丛林，以处归并者。

子路寺（院）：在顺仁乡怀仁里，唐会昌三年建。元延祐己未年间僧绍复募缘重建，明洪武二十四年归并广安寺，后续创葺。

霭山院：在新政乡明德里，唐大中三年建。宋宣和间方寇至寺侧以马不肯前遂引退。学士程迈诗云："丙午峰前翠作堆，白云深处见楼台。老僧住久有神护，能使凶徒到却回。"县令程咫跋。至元乙亥里人俞永超等鼎新正殿。明洪武二十四年归并广安寺，正统丙辰毁，厥后僧永忠、永懋即旧址重建法嗣，信旻、法璟募缘重修，殿宇三门，廊屋桥道一新。

遵孝寺：在会昌乡延福里，旧名石盂崇福院，唐天复间建。宋乾道间赐枢密汪渤为追修之地，改名遵孝，后寺僧章志广募缘重建。元至正壬辰毁，明洪武初，僧吉绍重建，洪武二十四年归并广安寺。

延庆院：在新政乡鱼亭里，旧名阜口院，唐大中三年建，大中祥符四年敕改延庆。明洪武初僧惟则重建，洪武二十四年归并广安寺。

精林院：在会昌乡历阳里，唐乾宁五年建，历宋政和、宣和间视他刹为盛。元至正壬辰毁后，寺僧秀师即基创屋三间。明洪武初僧普葵、智证重建，洪武二十四年归并广安寺，宣德壬子有南京僧恩溥来住广安，里人汪显济等告请住持重建宝殿、穿堂、佛像、廊庑、厅堂、池桥，弘治间法嗣广昌等重建山门并廊庑。

石鼓院：在戢兵山，唐会昌五年建，后山有石鼓，因以名寺。宋丞相江万里尝读书院中，后僧匾其堂曰相儒。元初建殿堂，明初丙午毁，洪武壬戌僧宗迪重建，洪武二十四年为丛林。

闲居尼寺:在县东,梁大同元年建。元至元丙子毁于兵,后住持妙崧重建,至正壬辰年复毁,明洪武初里人李景明捐赀重建。

东山庵:在会昌乡蜀里,元延祐庚申居士鲍从善所建,僧月堂、法网相继主之。至元八年从善立石景德寺,明朝僧名隆者建圆通阁,其徒名永者洪武十五年领印为僧会,及昌敬、嗣守、培青、龙山建三门,置田二十余亩为常住,宣德乙卯举授僧会,恪守清规,宗风始振。

泗洲庵:在怀远乡丰乐里青山之西。唐泗洲大士飞锡至此,卓穴涌泉,凡民祈祷即应,宋嘉泰间僧天庵偕徒古石奉敕募缘建。明派分于石鼓丛林,洪武初普葵益权领由竖籍,洪武二十四年归并石鼓院,永乐甲午僧义昭修大雄殿,传徒道彝、福广节次修理,嗣徒福清、德兴因开法堂基址,获见古碑,备载来由,成化癸卯仍立石记。据《释氏稽古略》,泗洲僧伽大士,初自碎叶国游于西凉,是年显化洛阳,或问师"何姓?"士曰:"姓何。"问:"何国人?"士曰:"何国人。"则天万岁通天元年,诏番僧有乐住者,所在配住,时大士不欲异凡,乃隶名楚州龙兴寺,淡如也,或宴坐于深房,或振锡于长路。中宗景龙二年,诏大士自淮寺入宫,帝称弟子,三台问法,百辟归心,馆于荐福寺。在京数月,天时忽大旱,帝请大士内殿祈雨,甘泽随沾。帝为度慧俨、慧岸、木叉三人为侍者,为书大士所居寺额曰普光王,先送归淮。睿宗景云元年三月,大士示寂,寿八十三,敕奉全身归泗洲普光王寺,塑身建塔。帝问圣士万回曰:"僧伽何如人?"回曰:"观音大士化身耳。"大士初三十年在于本国,五十三年行化此方,显应度缘凡二十七处,神迹灵异人共瞻仰,殿宇塔庙在处供养。[1]

青林庵:在怀远乡,元至顺甲戌建。

皆如庵:在县东北之岩峰,元泰定甲子僧月堂、里人舒逢辰等建。

观音阁(堂):在城东隅,年深倾圮,元天顺八年邑人胡志广等重建。

金竹岩庵:在县西南十五里南山,年久倾颓,明朝邑人程廷琛等捐赀重建,并砌祈雨坛一所,琛兄弟仍舍田以为常住,庵畔有龙湫不竭,岁旱有祷辄应。

天尊观:在邑北隅,元大德十年丙午始创。延祐乙卯道士胡守正住持道法有验,民间称之。元末观宇倾颓,明洪武初道士汪均泽欲复未克,其徒道会吴守中住持,洪武二十四年立为丛林,永乐元年募财创建,复新而未备,守中之徒道会舒守道又新之。

---

① (元)释觉岸:《释氏稽古略》卷三,文渊阁四库全书本。

灵虚观:在县西南一里,旧名洞灵观,宋崇宁四年敕改。元丰中常有云气覆其上,得一天尊身于石岩之侧,道士范处修创观,二十五年而成,黄侍御葆光为请于朝,敕授元素大夫。至元辛巳道士程冲用募缘重修,元末毁。明洪武初道会吴由斋即基修建小殿,年深圮坏,宣德壬子道会吴守中命徒李明道、程静道、王贤真募缘建正殿、玉皇楼、紫微楼、祖师堂、真武殿、两廊三门,明年募里人程士宁捐财命工于后山巅建通殿,里人胡文秀绘像。

真元道院:建于元,年深颓坏,明宣德间道会吴守中偕徒道会舒守道募缘,里人舒志道等捐财修葺,延歙之南山观道士吴懋元偕徒黄元真主之。

龙门道院:古之南山院,在县南成子山之巅,峭壁石窦间有龙湫,每遇岁旱,乡人斋祷辄应。年深倾颓,里人胡伯安、吴伯忠、黄仲机各捐己财葺修如故,又共舍田为香灯之需,岁时祈祷焉。

真因道院:在县西十五里,后废。明成化间里人移建县南五里横冈,改名曰迎恩观,官府迎送往来多驻于此。

拱北道院:在县西七里,明废。

(以上寺观来自弘治《徽州府志·寺观》卷十)

霞山院:在新政乡明德里,唐大中三年建。

淋沥庵:在县南十里淋沥山,僧觉海建。山有八景,一曰炉峰炼汉,二曰象鼻锁云,三曰瀑布飞空,四曰棋枰仙踪,五曰石洞流霞,六曰孤松盘翠,七曰烟雨铺海,八曰金灯夜现。山之佳胜莫可殚述,多有名流韵士蹑屐登临,赋诗作记,留题于上。

黄荆庵:在县西南十五里万山中,明僧洪千建。

卓锡庵:在九都舒道翁遇异人处,里人朱廷璋建。

清涟庵:在县东南石山抱秀桥左,路通江浙,庵左建同善亭,夏茶冬汤以济往来行人,系淋沥庵僧洪伟建,邑侯江捐置常住田租一百六十石。

利渴庵:在羊栈岭,明嘉靖间建。

甘露庵:在县西北章岭。

地藏宫:在二都,明初叶景科夜梦神人借居,是日果见僧人忠达募地供佛,都人咸异其显应,遂争成之。

清虚观:在七都。

正元道院:元建。

(以上寺观来自道光《徽州府志·寺观》卷四)

六 绩溪县

天王寺:旧名广福院,在仁慈乡,元延祐三年创,至正壬辰兵毁,明洪武初重建,改天王寺,十五年立僧会司,二十五年为丛林。

普照寺(院):旧名普照院,在仁慈乡,宋治平元年改慈云院,明洪武初改为寺。

药师寺(院):旧名院,在新安乡,唐天祐二年建,明洪武初改名为寺。

新兴寺(院):在上乡,旧名院,唐乾符五年建,明洪武初改名为寺。

慈云寺(院):旧名慈恩院,在仁慈乡,宋治平元年改慈云院,明洪武初改名为寺。

义林寺(院):旧名院,在下乡,宋天禧三年建,明洪武初改名寺。

正觉寺(院):在修文乡,宋治平元年改为菩提院,明洪武初改寺。

觉乘寺(院):旧名释迦寺,宋治平元年改院,明洪武初改寺。

广化寺(院):旧名宣化院,在宣政乡,宋治平元年改院,明洪武初改名寺。

福昌寺:在新安乡。

自普照寺以下至此凡九寺,并于洪武二十五年归并入天王寺。

太平禅寺:旧名华严院,在新合里,宋太平兴国五年改太平兴国禅寺,元延祐间僧宗正建,至正壬辰兵毁,明洪武初改太平禅寺,二十五年为丛林。

光相寺:旧名宁泰院,在长安乡,宋治平元年改光相院,明洪武初改为寺。

清福禅院:旧名清堂院,在上乡,宋治平元年改清福院,明洪武初仍旧名。

福田寺:在遵化乡。

自光相寺以下至此凡三寺,并于洪武二十五年归并入太平禅寺。

清隐寺(院):旧名高峰院,在杨山乡,宋治平元年改清隐寺,明洪武二十五年立为丛林。

庐山寺:旧为院,在杨山乡,宋治平元年改广福院,明洪武初改庐山寺。

崇福寺(院):旧名院,在修文乡,唐光化二年建,明洪武改崇福寺。

广福寺:旧名石门院,在遵化乡,宋熙宁四年改寿圣院,隆兴中改广福寺,明洪武初仍旧。

前山寺(院):旧名院,在宣政乡,唐咸通五年建,元大德己酉僧显达增田五十亩重建,明洪武初改名前山寺。

新建寺:在杨山乡。

灵鹫寺(院):旧名幽山院,在新荣乡,宋治平元年改灵鹫寺,咸淳间僧惠应建。元延祐甲寅其徒定宁增田三十亩有奇,明洪武毁于火,八年重建。

兴福寺(院):旧名院,在修文乡,唐天宝二年建,明洪武初改兴福寺。

自庐山寺以下至此凡七寺,并于二十五年归并入清隐寺。

灵台观:元旧在县南七里,后徙县西一里翠眉亭,侧有宋苏文定祠,又有佑圣真君堂。嘉泰间文定四世孙苏琳宰县日,又迁祠与堂于观之东庑,元延祐己未邑簿岳浚捐俸哀助复其堂于故址,至正壬辰毁于兵,明洪武六年道士王椿永复于县北宝盖山,三清正殿及门庑并新创。

白鹤观:在县北门,本宋介福道院,嘉定间邑士汪晔、戴适之,因休宁县有废白鹤观,请用其额,有忠烈行祠在焉。

崇真(正)道院:在县东南仁里,宋元祐甲寅里人程县尹文彬建,捐田地八十二亩以助修理,后毁。明正统丁卯程朝宗、程思仪等陈其事于县,乃令徙于新兴寺侧,有程氏先祠在焉。

乳溪道院:在仁慈乡一都,元元贞乙未市民胡信建,后废。明洪武初胡仲彰重建,有胡氏先祠在焉。按道光《徽州府志》,乳溪道院系胡氏墓祠,祀胡庆云,邑人舒顿贞《素斋集》有文记其事,康熙府志及嘉庆邑志皆误收入寺观。

(以上寺观主要来自弘治《徽州府志·寺观》卷十,道光《徽州府志》或改寺为院)

求安院:在新安乡隆兴里,旧名新恩院,宋治平元年十二月敕改。

兜率院:在修仁乡常溪里,旧名弥勒院,宋治平元年十二月敕改。

大佛寺:在县文峰右,有藏经全部。

香盖寺:在县西八十里。

翚岭庵:在翚山。

施水庵:在县南三里。

灵山庵:在县南五里灵山。

玉龙庵:在四都。

仁寿庵:在四都,宋治平元年建。

戴家庵:在县北三里,邑人戴绍功建。

白云庵:在曹度。

石金庵:在一都石金山。

水竹庵:在水救,邑人胡瑭建。

佛岭庵:在佛岭。

天井庵:在高村。

福善庵:在王干堨。

小蕨庵:在三都。

歇岭庵:在十四都。

连金庵:在临溪,程格建。

善世庵:在三都梨木岭,明嘉靖间市西周御建。

(涛)山庵:在十五都磡头,许时清建。

古今庵:在五都。

望云庵:在石照岭后。

文峰庵:在孔灵。

翠眉庵:在西郊。

西霞庵:在霞间。

万寿庵:在梓潼山麓。

度云庵:在舟山。

西竺庵:在下卜山。

观音庵:在十五都竹里。

西云庵:在演武场左。

大定庵:在一都不字岩。

古樵庵:在十二都龙须山。

济度庵:在十三都。

庆丰庵:在十二都。

空界庵:在十三都。

云居庵:在十四都。

栖圣庵:在羣岭北。

玉虹庵:在二都。

洒杨庵:在四都。

天圣庵:在镇头。

大士阁:在新岭,清康熙间知县王祚葵建。

大悲阁:在飞云洞,清康熙间知县王祚葵建。

圆通精舍:在石金山。

碧霞宫:在太平寺右,邑人郑知刚兄弟建。

三元宫：有二，一在大屏山麓，一在祥云洞，里人方兆亨等建。

慕云道院：在八都。

山城斗阁：在城北，清康熙间知县王祚葵建。

（以上寺观来自道光《徽州府志·寺观》卷四，同书还附以下神皋）

长庆院塔：在太平十寺长庆院前，高七级。明泰昌元年三月朔，黄备张氏集议修塔，有白毫光二道从塔顶起。塔顶旧有钟宇，云宣和三年访击使毕永朗、永充供养。

霞山塔：在霞山，明万历戊申知县张涛营创石塔，以七月二十四日度基斋醮，其夜基上放大光明，议募顶柱，会有巨木浮下，长六丈余，圆十拱，取以为柱，因名神柱塔。己未复于塔侧建大士殿、三元宫、元帝阁、讲学书院，旁有张公祠以祀张涛。

岩镇塔：在岩镇文几山台下。

古城塔：在万安山，明嘉靖初建。

丁峰塔：在玉几山西，嘉靖中建。

巽峰塔：在玉几山东，嘉靖壬戌建。

水口神皋：在东南郭外富瑶山，与古城巽峰二塔相峙为捍门华表，明万历甲午邑人都谏邵庶倡建。

辛峰塔：在富昨，明万历间榆村光禄寺署丞程爵建。

丁峰塔：在县治西南十里，明万历乙未知县朱一桂建，高十八丈，后圮。

理田塔：在五都，即塔山。

废塔：在桃溪金山寺。

江湾塔：在江湾。

古塔：在六都伟溪。

石塔：在东山，宋淳熙三年汪召翰建。

东皋塔：在赤溪口，方楷等倡建，巍峨宏丽，为一方胜观。

文峰塔两处：一在县南凤凰山，明万历甲辰知县李希泌建；一在南郊舟山，明知县陈嘉策、汪若冰建。

大屏山塔：上有文昌殿，康熙间建。

七 黄 山

浮丘观:在浮丘峰下,始建年代不详。唐会昌间拆毁,明宣德间道人鲍兴重建,现已圯废。

九龙观:在九龙峰下。唐开元中一度改为僧舍。宋政和五年敕名九龙观。观宇久废。

城山观:在翠微峰下。宋嘉定间,太平人焦源建,初名黄山堂。后由同乡焦颐重修改名城山书院,命二子在此读书。清代改为城山观,祀玉虚真人。观宇圯废。

升真观:在采石峰侧,旧名黄山观。北宋嘉祐八年创建,政和间赐额。观已湮没。

仙坛宫:俗名仙人坛,在后山,面对炼丹峰。已废。

仙都观:在仙都峰下。元至元中,徽州人吴万竹曾在此修炼。观宇圯废。

轩辕宫:在温泉区紫石峰下,或说在祥符寺旧址,久废。温泉岩壁刻有"轩辕行宫"四字,水帘洞前又有轩辕碑,来源于轩辕黄帝入山炼丹之传说。

浮丘坛:在浮丘峰下。坛前有白莲池,周围多梅花。久废。①

---

① 黄山志编纂委员会:《黄山志》,黄山书社1988年版,第214—215页。

附录三：徽州历史上的名道

据弘治《徽州府志》、康熙《徽州府志》、道光《徽州府志》、《新安志》、《江淮异人录》、《江南通志》、《云笈七签》以及《续仙传》等书的记载,徽州历史上有不少名道,如后汉的方储,晋朝的罗文佑,唐朝的许宣平、郑全福,五代的胡得胜、聂师道,宋朝的聂绍元、江处士、丘浚、郑姑、汪四、新安道人、舒道翁、孙元明、何仙姑、金野仙、曹原宥、甘露仙、李玉琳、程惟象、张扩,元朝的赵定庵、胡月潭,明朝的邋遢仙、张楣、李赤肚,清朝的章天山等。其中晋以前(包括晋)2人、唐朝2人、五代2人,宋朝15人,元朝2人,明朝3人,清朝1人,可见宋朝是徽州道教发展的主要时期。

(东汉)方储

字圣明,歙县人。夜辄还寝室,向晓而去,不动户枢,尝遗只履于牖下,母命藏之。母丧负土成坟,种松柏嘉木数千株,致鸾鹤白兔之瑞。后对策天下第一,拜洛阳令。章帝以储善天文,当郊祭问之,储劝帝毋往。其日风景明淑,帝遂行,储称疾不从。比发,雨雹如斗,死者千计。使召储,已死,帝甚伤之。丧至家,启视之,无尸,唯有只履,因取前履合之。后宋明帝尝祠,以太牢追封龙骧将军黟县侯。按《严州图经》,唐左台监察御史张行成撰《方仙翁庙碑》,称储兄侪关内侯,行南郡太守,弟俨忠烈太守,丹阳五官云麾将军,又载储所历官及言驾鹤乘空等,多舛不可据。

(晋)罗文佑

南昌人,父塘与许逊学道。太康中,佑奉母谌,之歙采药黄山,寻轩辕故迹,既而结庐长春里居焉。烧丹丹成,乘白狼去,里人祀之称为呈坎天尊。其烧丹故地草木常青,下有丹井,母葬灵金山北麓。按文佑,鄂州族人,尝阅《白沙碑》中有罗天尊诗云:"万里无片云,秋空一轮月。影清碧潭寒,上下两澄澈。泉涌土龙宫,火炎丹凤穴。祥光彻底明,金谷向中截。五气浑自然,一珠从此结。推动阿香车,隐隐雷声烈。送我上昆仑,中天光皎洁。有能知应心,何必问丹诀。"其碑在邑浦口庄定王祠左边第七株石榴树下,诗虽率成而仙灵之气宛如也。

(唐)许宣平

歙人,隐城阳山,绝粒不食,颜如四十许,人行及奔马。或题其诗于洛阳传舍云:"隐居三十载,筑室南山巅。静夜玩明月,闲朝隐碧泉。樵夫歌陇上,谷鸟戏岩前。乐矣不知老,都忘甲子年。"李白见其题壁诗曰:"此仙人诗也。"访之不获。后百余年,有采樵者见之南山石上。

据光绪《重修安徽通志》,许宣平,歙人,唐景云中隐于城阳山南坞,结庵以居,不知其服饵,但见不食,颜色若四十许,人行及奔马。有题其诗于洛阳传舍,李白见之曰:"仙人诗也。"乃游新安,访之不得,亦题诗于庵壁而去。是冬野火燎其庵,不复知所在。百余年后,至咸通七年,郡人许明奴家有妪入山,见一人坐石上曰:"汝明奴家人也,我明奴之祖宣平。"与之一桃,令食之,妪自后童颜轻健。中和以后兵荒相继,明奴徙家避难,妪入山不归,有樵采者见妪衣藤叶,行疾如飞,升林木而去。[1]

(唐)郑全福

据《江西通志》,郑全福,浮梁人,幼不茹荤,文宗时入县东三十里灵岩洞修炼。后徙薄叶洞,游桃花溪,见老人乘铁船,曰:"愿借船还人间。"老人许之,曰:"后三年当复来。"时已百余岁,语门人曰:"死必葬我浮梁白水乡。"及举棺轻,发之,惟杖履存焉。郑有一白鹿甚驯,后鹿去,寻之而不获,乃逝。[2]

(五代)聂师道

字通微,新安歙人。性聪淳直,言行谦谨,养亲以孝闻,深为乡里所敬。少师事道士于方外,即德海之从兄也。德海自省郎出牧新安之二年,方外从之荆南书记。早舍妻子,入道学养气修真之术,周游五岳名山,到新安,德海乃于郡之东山选胜地构室宇以居之,目为问政山房。而师道事之辛勤十余年,传法箓修真之要。后出游绩溪山,自言尝览内传,见服松脂法。乃与道侣上百丈山,采松脂,崖石回耸百丈,遂以名之。其四望高千余仞,夜宿崖顶松下,天清月朗,忽闻仙乐起自东南紫云上,遥遥而来,迟缓过于石金山。石金与百丈其高相等,虽平地,隔三十里,山顶相望咫尺间,乃闻仙乐到彼,辍少时,敲小鼓三通,复奏乐,金石笙箫丝匏响亮,击鼓而拍,莫审其曲调,声揭而清,特异人间之乐,自三更及鸡鸣而止。后问于山下人,是夜皆闻之,其同侣叹曰:"方采灵药

---

① (清)沈葆桢:光绪《重修安徽通志》卷二百四十八《神仙传》,光绪四年刻本。

② (清)谢旻:康熙《江西通志》卷一百四《仙释》。

遽闻仙乐,岂非有感!此亦君得道之嘉兆矣。"其后游行,归南岳,礼玉清及光天二坛,后泊招仙观,入洞灵源。时当春景,闻蔡真人旧隐处不远,有花木甚异,采樵者时或见蔡真人在其间。师道喜之,乃辟谷七日,晨起独趋山中,渐行见花有异香,不觉日晚。忽到大溪傍,见一樵人临水坐于沙上,师道骤欲亲近之,乃负薪,将下溪,回顾师道却驻。樵担问:"独此何往?"应之曰:"学道寻仙,深心所切,闻蔡真人隐此山,愿一礼谒耳。"樵人曰:"蔡君所居极深,人不可到。"师道曰:"攀萝登崖,已及于此,有山通行,岂惮远近?"樵人又曰:"日将暮矣,且行过此山,东有人家可宿。"师道欲随樵人去,樵人遽入水,甚浅,及师道入水,极深而急,不敢涉。樵人曰:"尔五十年后方过得此溪。"目送樵人步水面而去不见,乃回山东。行十余里遥望见草舍三间,有篱落鸡犬,渐近见一人青白色似农者,年可三十,独居,见师道到,甚讶师道深山自行。忽曰:"家累俱出,何为主人?"又问师道此来何之,应曰:"寻蔡真人居。"主人曰:"路上见一樵人否?"曰:"见。"主人曰:"此蔡道者,适过也。"师道闻之,礼祝曰:"凡愚见仙圣不识,亦命也。"已逼夜,山林深黑,投宿无地,又问曰:"从何来?"具以发迹新安寻真之由以对。乃许入其舍,复指师道,令近火炉边床上坐,曰:"山中偶食,尽求之未归。"师道曰:"绝粮多时,却不以食为念。"见火侧有汤鼎,复有数个黄鬶盒。主人曰:"盒内物皆堪吃,任意取之。"乃揭一盒是茶,主人以汤泼,及吃气味颇异于常茶。复思茶,更揭之,盒不可开,遍揭诸盒,皆不能开,师道心讶不似村人家而不敢言。主人别屋睡,日高不起,又无火烛,睡中曰:"此孤寂之处,忽病无以相待,前村人家甚多,可以往彼。"师道便行数里,不见人家,悉是崖险,乃回,已迷向宿之处。复行约三十里,即逢见一老人,欣喜邀于石上坐,问入山之意,具以前事对之。老人曰:"蔡君父子俱隐于此山,昨夜所宿之处,即其子也。"又曰:"尔道气甚浓,仙骨未就。入山饥渴,曷能久留此哉!"俄折草一茎与师道,形如姜苗而长尺余,嚼之味甘美,复令取泉水吃次,举头已失老人所在。师道悲叹不已,而觉食茶、草之后,气力轻健,愈于来时。欲却,沿山路寻宿处,其路已为棘蔓蔽塞,前去不通。却回招仙观,众道士忽见师道,惊异曰:"此观地虽灵岳,侧近虫兽甚多,人罕能独行,何忽去月余日?实久忧望。"师道曰:"昨日方去,始经一宿。"具言见樵人及宿处,又逢老人道士。皆叹曰:"吾辈虽同居此观,徒为学道,知有蔡真人,无缘一见。吾子夙有仙分,已见蔡君父子,其老人者,昔闻彭真人亦隐此山,岂非彭君乎?子一入见,遽逢三仙人,一日一宿,人间月余矣,其实积习之命也。"师道深自叹异,驻招仙观修炼逾年后,以亲老思归却回问政山。每入诸山拾薪采药，或逢虎豹，见师道垂耳摇尾，俯伏于地，师道以手抚而呼之，乃起随行，或以薪药附于背上，负之送归而去。昔郭文泰之居大涤洞，伏虎亦如之。歙之近山颇有猛兽而不为人之害者，自师道之感也。其亲时问师道游学所益，具陈其事，亲闻之而喜曰："汝以孝养我，以道资我，亦幸为汝母矣，此盖宿庆之及也。"后又出游，复思往南岳九嶷山，早闻梅真人、萧侍郎皆隐玉笥山，时人多见之。梅即汉南昌尉福也，萧即子云，字景乔，梁之公子，自东阳太守避侯景之乱，全家入山，二人俱得道于此。师道且止玉笥清虚观，思慕梅萧，三游郁木坑，或冀一见，坚心以去，山行极深。忽见一人布衣乌纱帽颜若五十许人，师道礼敬问之，初自称行者，问师道何往，乃以寻梅萧为答，行者曰："闻尔精勤慕道，遍访名山，情亦非易，欲见二君，行者可以相引。尔宿业甚净，已应玉籍有名，虽未便飞升，当亦度世尔。"行者又曰："我谢修通也，恐尔未识，故以自言，本居南岳与彭蔡同隐已三百年，知尔常游洞灵源，我适为东华君命主玉笥山林地仙，兼掌清虚观境土社令。尔与我素有道缘，是时相见，然梅萧日中为小有天王所召，恐未便还，非可俟也。"师道于是处拜曰："凡世肉人谬探大道，凝神注想以朝继夕，未知要妙，若浮于海，讵识其涯，不期今日，获见道君，实百生之幸也。"修通曰："丹心恳苦，深可悯哉，尔世事未了，且当送尔出山路，往我所止。"随行数里，忽见草舍两间，甚新洁，有床席小铛，燃火煎汤，俨若书生所居而无人。修通命师道入坐于木马上，修通自坐白石鹿床上。俄有一鬃角童以汤一碗与师道，呷之神气爽然。又指令架上自取书一卷，修通曰："此素书也，但习之无怠，当得真旨。"师道意欲求住师学，未之启言而修通已知曰："尔有亲垂老，虽有兄能养，若欲更南游，此未可言住。我弟子紫芝在九嶷山，若往彼见之，为我传语，兼出素书示之，得尽其旨矣。或不见，但投素书于毛如溪上洞中，仍题石壁记我传语之意，紫芝当自授尔要道。"言讫乃发遣师道回。俄不见修通，已在郁木坑，师道入清虚观矣。众道士惊曰："一去七日而返，何之也？"师道具以对之。有道士二人欣跃，乞与师道共入郁木坑。到旧处，岩石草树历历宛然，但失其草舍，竟日怅望而回。师道得素书，文字可识，皆说龟山王母理化众仙秘要真诀也，他仙习此，当得升天，世人授之，迹参洞府，其间有疑义不可究也。后到南岳九嶷山湘真观，月余寻问紫芝踪迹，咸言毛如溪有一隐士莫知姓名，人或见者。师道累入山寻之不见，乃如修通之言，投书题石壁。后常梦神人称紫芝，教之以释凝滞，意乃醒。然经岁余，复还问政上。居二十余年，每焚修即以二蔡彭谢真形画像瞻礼，仍自以《管辂编异》传于道俗。其后吴太祖霸江淮间，闻师道名迹，冀其道德护于军，庶继发召，止及广陵，建玄元宫以居之。每升坛祈恩祷福，水旱无不应致，天地感动，烟云呈祥，是以人情咸依道化，境若华胥，俗皆可封。虽古今异时，实大帝之介君也，乃降褒美为逍遥大师问政先生，以显国之师也。弟子邹德匡、王处讷、杨匡翌、汪用真、程守朴、曾景霄、王可儒、崔蝉然、杜崇真、邓启遐、吴知古，皆得妙理，传上清法，散于诸州府，袭真风而行教，朝廷皆命以紫衣，光其玄门。有秦吴荆齐燕梁闽蜀之士咸来逾纪，勤苦奉事，师道常谓之曰："我无道术，何以远来若此？"弟子皆曰："昔张君居蜀，天下之人悉往师之，随其所修各授以道要焉。群弟子执奴仆之役，久而不去者，方得成仙。今悉是枯骨，子孙日逼朽腐，思避短景，希度长生，愿无却恳切也。"然师道以仁慈接众，言不阻违，随其性识，指以道要，若久行雾露，余润渍衣，近罗沉檀，轻香袭体，由是居广陵三十余年，有弟子五百余人。而师道胎息已久，炼丹有成，一旦告弟子曰："适为黑帻朱衣一符吏，告我为仙官所召，必须去矣。"顷之异香满室，云鹄近庭，若真灵所集，爽然言别而化。弟子殓之，棺忽有声，视之若蝉蜕尸解矣。后数日人自豫章来见之，领一髫角童随行，道俗多识之，咸问何为远游？曰："离南岳多年，今暂往尔。"所在多泊旧游宫观而去。半年后有人自长沙来，亦如豫章所见，复言衡阳路见归洞灵源，去樵人言五十年后过此溪适足验矣。详其由来是二蔡彭谢之侪侣也，隐化而往，绝世思望，神仙皆然矣。

据《十国春秋》，聂师道，歙州人也，少好道，唐末于涛为州刺史，其兄方外为道士，结庐郡南山中，师道往事之，涛常诣方外，且时时咨以郡政，因名其山为问政山，师道居是山久，国人号曰问政先生。唐给事中裴枢刺史歙州，田頵、陶雅举兵围之累月，食尽援绝，议以城降，而城中杀外军过多，无敢将命出者。师道力疾请行，枢曰："君道士，岂可游兵革中邪。"令易服以往。师道曰："吾已受道法科教，不容易服。"乃缒城而出。頵雅初亦怪之，及与语，大喜曰："真道人也。"随约誓遣还。及期，枢复欲更日，令师道再往。席下多为危之，师道了无难色，复见二将，皆曰"无不可，惟给事命。"州人获全，实师道力也。歙州平，太祖闻其名，召至广陵，建紫极宫居之。一夕，群盗淹至，举什器尽取之。师道谓曰："若为盗取吾财以救饥寒，持此将安用乎！"乃引于曲室，尽括金帛与焉，仍属之曰："当从某地出，无逻卒，可逸去。"盗如其指，得不败。居数年，师道奉太祖命，设醮龙虎山，道遇暴客掠之，将如害中，一人熟视师道，谓同党勿犯先生，因曰："我即紫极宫盗也，感先生至仁之心，今以相报。"久之，卒于广陵。时方遣使湖湘,使还遇师道于途,问之,师道曰:"朝廷遣我醮南岳耳。"及入境,知师道已卒数月矣,相传以为奇。①

（五代）胡得胜

据弘治《徽州府志》载,忠靖胡提点,名德胜,乃检察之子,生而神异,长有慧性,有术者相之曰:"生不封侯,死当庙食。"尝昼寝觉则汗流浃背,所穿履尽弊,且言某处风浪覆舟,城池失火,后累验之果然。及卒,御灾捍患,有祷辄应,四方之人奔走祠下惟恐或后。三十八代天师张与材赐号忠靖灵远大师胡提点,赐七星剑。元至正间镇南王奏封忠靖灵远护国胡总管,其剑犹在。②

（宋）李玉琳

婺源李坑人,名元德,生宝祐甲寅。自幼崇真慕道,遍游江之东西,参礼道师若友,凡经八十有三人。将三十年,诣灵顺庙,忽遇异人遍身患疮痍搔不辍,手召呼玉琳,词甚倨,玉琳异之,迎拜愈恭。因索酒食,玉琳供之而食其馂余,不为嫌。其人曰:"是子可教,期来年是日至此。"琳如期侵晨往候之,果至,乃授以玉皇经教真文符箓。言讫,其人忽不见。明年出应人求,拯灾祷雨无不响应。远近遂捐金拓地建太玄真一元坛,又群卜地龙尾溪上立雷坛。岁壬子雷坛山地忽裂,居民恐,玉琳曰:"无虑。"乃即其地瘗以真文铁诰。丙辰秋雷雨大作,地溃山摧,坏民居,漂屋流尸,远近不可胜计,而铁诰所镇处蛟乃潜遁不为害,居人以安。浮梁骄岭有狂邪迷惑王氏女,玉琳即动雷击死二蛟妖于五丈巨石岩中。休宁蓝渡山魅迷陈氏男子,每日用猪头祭之即现形来享,略无忌惮,玉琳畀之符箓以往,雷火随之烧灭。开化盖云岭猴精迷蒋氏女,玉琳投符即安。婺源城中王汪有孙女被邪,下诰即愈。一日往龙虎山,张天师梦神告之曰:"明日有异人至。"至期迎候,玉琳果至。按行符法,天师异之,厚礼送,凡告急请符或传言李王,琳至无不宁息者,远近传其教者亦往往有奇验。庚申三月,忽晨兴沐浴,呼其子福道授以书,遂端坐而逝,鼻出两玉筋,其长及膝,得年六十有七。

福道字道轩,生于元至元庚辰,符咒禁邪尤有奇验。休宁黄茅村井妖为害,福道投铁符,其妖即布微雨而宵遁。庚戌秋大旱,黄沙汪氏请祷之,刻期沾足。富溪程氏女为山魅摄之山中,不知所在,福道至云:"六日内可得。"至日,邻人因寻牛到山,果见女在山中,填土及胸肋,取之回,咒水喷之,苏醒而安。黄尖程氏男子抱大树哭笑不止,福道动诀降雷裂树击死猴精数十,其疾遂止。

---

① (清)吴任臣:《十国春秋》卷十四。

② (明)汪舜民:弘治《徽州府志》卷五《祀典》,弘治十五年刻本。

丙辰池州疫炽，请为设醮，一日而息。徽州路治中那怀被魑魅飞走砖石为害，移宅避之，砖石飞打如故，福道至以铁诰镇止之，厚酬贿货，辞不受，独受其文。休宁汊川程氏家妖邪迷惑妇女，摄去财物，福道以铁诰埋镇其家，怪随息。丁卯大旱疫作，福道设醮，厉遂止，雨也沾足，岁遂大稔。至大辛未四月卒，得年五十一。子真佑字仲实，生至大辛亥，能世具术。岁戊辰黄沙汪氏请祷雨，净坛时方曝谷于场，真佑请撤之，主人不信，真佑掌诀运雷，俄顷雨大作，谷皆漂。庚午旱，汪氏请祷，过横槎桥，黄氏诸人结草庵山岭祈雨，得神龙银盆，水载覆以黄袱，真佑下马观之，龙黑若铁，细如箸，长尺四寸许，目突出如珠，乃潜画锁龙符，即上马去，既而横槎人喧失其龙，黄沙则得雨沾足。钟吕俞氏有狂邪，抛石打屋，得真佑符逐止。丙子大旱，诸处请祷，皆奇应。辛亥四月疾作，呼诸子授以世袭真经文字，瞑目而逝。子四，长天惠，齐府乐舞所生，次道生、道同、道原，皆传家学。左春坊左司直汪仲鲁为作《三师传》云："三师者，三世相承以济民患，其显迹良多，至今日谈犹凛然如见。"

(宋)聂绍元

据《新安志》，绍元字伯初。母程氏始孕，便畏荤，梦天人指其腹曰："此子当证道果。"长好文史，尤精玄学。尝诣金陵，受戒篆，是夜梦入一城，官府严肃，中有朱衣者凭几谓绍元曰："此司禄之所也，可自阅籍。"籍上图形旁题云："聂绍元，十八入道，二十授上清华坛，二十六往南岳。"遂掩卷而寤。久之还问政山，筑室号草堂，事母勤瘁，不交流俗，自号无名子，世多以炼师称之。忽晨起沐浴，戒家人以伯祖有训，宜世勤修炼，毋忘太上教。俄有四鹤集于屋，有光自空而下，远望疑以为火，至则无他，而绍元已化矣。先一夕告母曰："胡将军至，可备酒果。"至是，若有就坐者。诘旦，仆夫自外入云："炼师与三道士衣朱绿乘马，武士冠带从者数辈烨然南去。"炼师回首语之曰："吾往南岳矣。"最后一人云："为语宅中，谢贻我酒果。"尝撰《宗性论》、《修真秘旨》各一篇。学士徐铉及弟锴称之曰："吴筠、施肩吾不能过也。"[1]

(宋)江处士

歙人，性冲寂好道，能制鬼魅。里有妇人为鬼所附，广求符禁，终不能绝，乃诣江。江曰："吾虽能御之，然意不欲与鬼神为仇，尔既告我，当为遣去。"令归洒扫一室，江寻至入室坐，令童子出迎客，一绿衣少年，举止端雅，延之入室。江令坐，乃坐啜茶，不交一言，再拜而去，自是妇人复常。又有人入山伐木，因为鬼物

---

① (宋)罗愿：《新安志》卷八《叙仙释》，文渊阁四库全书本。

所附,自言曰:"树乃我之所止,今既伐,当假汝身为我窟宅。"其人觉皮肤之内有物驰逐,不胜其苦,往诣江。人未至,鬼已先往。江方坐楼上问之,鬼具以告,且求赦过。江曰:"吾已知矣。"寻而人至,谓之曰:"汝可于里中觅一空屋。"复来告江,以方寸纸置名与之曰:"至空屋弃之。"如言而病失。又有为襖鬼所扰者,楼置图画,皆为秽物所污,以告之。江曰:"但须闭楼门三日,当使去之。"如言,三日开之,秽物尽去,图画如故。

(宋)丘浚

据《新安志》,丘浚字道源,黟县人,天圣中登进士第。因读易悟损益二卦,以此能通数知未来兴废。早岁游华阳洞,求为句容令,秩满,以诗寄茅山道友曰:"鸣凤相邀览德辉,松萝从此与心违。孤峰万仞月正照,古屋数间人未归。欲助唐虞开有道,深惭巢许劝忘机。明朝又引轻帆去,紫术年年空自肥。"历官至殿中丞。尝语家人曰:"吾寿终九九。"后在池州,一日起,盥沐索笔,为春草诗,诗毕,端坐而逝,年八十一。及殓衣空,众谓尸解。光禄大夫滕甫元发为太守,为记其事。葬于九华山。后数年有黄衣人持浚书抵滁州,家人启封,持书者忽不见,书中云:"吾本预仙籍,以推步象数谪为太山主宰。"[1]

(宋)何仙姑

歙人,昌化旧隶歙,故亦云昌化人。驻跸山有何家坞,传言上世出一仙姑。其地无蚊,相传此地为其俗家云。

(宋)郑姑

少苏公《龙川略志》云,歙州郑仙姑父曰八郎,学道者也,家于歙之东岳庙前。家有一小阁,姑幼与父居阁上,客至父见客阁下,姑自上捧茶汤下,率以为常,然人未尝见阁上有烟火。父死,殓棺中不葬,姑言父非死也,如是数十年未尝出城,人或见之百里外,亦略言人灾福。予为绩溪令,欲一见,曾到郡闻其旧宅,岁久摧坏。是岁大风雨,夜中屋毁有声,邻居疑其压死,且往视之,偶有一木斜倚床上,得不压而姑酣睡未觉,人尤异之。予问其年,曰八十矣。予诘姑年八十而不嫁,何也。姑曰:"吾诵度人经,故尔。"予曰:"度人经安能使人不嫁?"曰:"此经元始天尊所说,元始天尊生于天地先,立于天地外,安得不尔。"予曰:"姑误矣,安有人能出天地上者。"曰:"此无他,盖亦道尔。"予曰:"道则能尔,然何与姑事?"曰:"君谓道不在我,然我身何者? 非道?"予叹曰:"姑乃知此耶。明日略访,我当具一斋。"姑曰:"我随有而食,不择荤素。"明日即至,略能饮酒食肉。余问以养生,曰:

---

[1] (宋)罗愿:《新安志》卷八《叙仙释》,文渊阁四库全书本。

"君今如器已破,难以成道。"余遍以术问之,如导引、吸纳、烧炼,皆曰非是。予曰:"竟以何者为是?"徐曰:"人但养成婴儿,何事不了。"予曰:"尝有人于百里外见姑,岂婴儿在耶?"微笑不答。予偶复谓曰:"姑家在岳庙前,庙中望水西山林极佳,姑亦尝至庙上否?"曰:"我道家不信神佛,未尝往也。"予曰:"道家不信神可也,如佛与道何异!"佛设《般若心经》与道家《清静经》文意皆同,姑诵《清静经》,予觉其不习佛法,因问之曰:"经所谓五蕴何物也?"曰:"五行是也。"予笑曰:"姑未尝学佛而遽忽之可乎! 五蕴即所谓色受想行识是已。"姑默然而已。

(宋)汪四

歙人,谏议谢泌微时读书乌聊山,汪心爱敬之,且就市得钱,暮辄携以相资。后数日不来,谢下山问之,人云:"已盗驴窜去矣。"及谢登第为蜀县令,一旦,有道人访,乃汪也。与坐书室,汪起画壁为岩洞,有朱门金锁,解腰间钥开之,挽谢同入。谢请归,言之,汪遂先入。比出,壁如故,汪不复见矣。

(宋)新安道人

歙人,尝游洪尚书中孚之门,待之不倦,忽告别他适,言曰:"愿呈一术以为公欢。"时当岁晚,洪指园中枯李曰:"可使开花结子乎?"曰:"能。"即请以青幕罩其上,白洪延客置酒以赏之,乃于腰间探药一粒纳李根封以土。少顷揭视,李已著花。又覆其幕如初,及再揭李已结实,累累可爱。摘食味胜常种,但惊讶而不识其为异人,去后悟其神仙,欲见而不可得矣。

(宋)舒道翁

黟人,遇异人授养生术,弃家入山,妻子求之数年不获。后为樵者所见,遂烧其庵,迁东山之岭,山高数百仞,扪萝攀登仅可登,自是又十余年,人方知之。有问养生法者,以无嗜欲对。年百五岁而终。

(宋)孙元明

祁门洞元观道士,自称野仙,好追游名山。绍兴中来灵源西洞,服石元丹,遂断谷,时食酒果而已。乞钱买酒,既醉则掷余钱与丐者。盛暑不挥扇,寒浴于溪。为人书偈,祸福随验。绍兴二年四月,无疾而终,留辞曰:"佯狂八十六年,识得元中又元。今朝摆手归去,笑彻蓬壶洞天。"未几,有蜀客至,言有老孙道士在青城山,云是此观中人,乃知其蜕解也。

(宋)金野仙

名良之,字彦隆,休宁下东人,两浙提刑受之子,以荫为奉新尉。一旦狂肆以病去官,妻亦携二女去之,自是食不继,然貌常充悦,夜卧往往有光。枢密朱朴以谪来一见,则曰:"是八百仙中之一也,直以金丹动荡,故有此态度耳。"晚节多采大黄食之,栖止无常,尝曰:"使吾为物外仙难矣,若尘中仙人,拔生度死可庶几也。"逝年六十有一,葬城阳山,立坛其上。后有自蜀中见之者为携家书归,即其没之岁,或谓之尸解。同郡有士人朱南一,字德修,潇洒闲逸,至老不娶,喜画山水梅兰竹石。野仙曾有诗赠之云:"寄语月溪朱隐士,他年同赏水仙花。"野仙没二纪,南一下世。士友相率葬之城阳山,正在野仙墓后,时山中水仙花正开。初赵师夒为郡,日闻野仙前知,强邀至郡斋,索诗立成,云:"王侯门户懒开颜,斗酒千钱一笑间。无雪可欺青桧老,有天难管白云闲。丹霄作客曾骑鹤,紫府为家不买山。京口相逢又相别,只琴孤剑几时还。"赵欲以斗酒千钱与之,而野仙已知之矣。一日赵喜雪开宴,野仙曳杖直造,赵命之坐,索诗出填字韵,即赋云:"昨夜嫦娥弄玉纤,也应招月作花钿。为嫌梅影太清廋,几片飞来疏处填。"郡士张梦锡赴南宫,赠以诗云:"秧针刺水麦锋齐,漠漠平沙白鹭飞。尽道春光归去也,清香犹有野蔷薇。"梦锡下省,归授徒外邑,望窗外绿秧如真,白鹭飞过,裴回惊讶,见篱间蔷薇正开,悉如其诗所言。后梦锡屡荐不第而卒,子三英入上庠,以特科为永明簿,或又谓野蔷薇即寄意于此。

(宋)曹原宥

休宁人,寄食歙之长春里,凡数十年未尝有求于人。破窗尘榻,凝坐达旦,或一卧辄六七日。一旦,以衣物道具散乡里,遂卒。

(宋)甘露仙

绩溪叶里汪氏女。自幼洁身奉道不嫁,父母欲嫁之,遂入石金山焚修,岁久成道,莫知其终,遇亢旱求之立应。其时有歙县石主簿者亲临本山寻视,见有遗鞋及得道圣迹,主簿亦就舍身。至清朝其遗迹尚存,四方祷雨立感,旁有甘露井四时不竭,人立庵祀之。

(宋)程惟象

婺源人,以占算游京师,言人贵贱祸福若神。家近三灵山,故自号三灵山人。英宗潜邸时,惟象预言其兆,既贵,得赐御书,王荆公赠诗云"占见地灵非卜筮,算知人贵自陶渔",谓此也,而诗人梅圣俞之属皆有诗送之。耆老犹及见其家有御书楼者,独其占验事多逸,或言惟象有子传其术。宣和中,太守卢徽猷尝泛令占卦,成而色不怿,问何所宜,曰:"是于占皆无所宜矣,独可以兴土木耳。"曰:"何以言之?"曰:"卦为困于文,有木焉,其外一横一从,若今匠之尺者二,所以制夫木也。"卢公喜曰:"吾欲大为谯楼,为是占也。"是役也,度山而材具,工徒无缺,其占则从矣,而论卦乃尔何也!

(宋)张扩

字子充,歙县人。少好医,从蕲水庞安时游,时同学六十人,安时独喜扩。后闻蜀有王朴善脉,又能以太素知人贵贱祸福,从之期年,得衣领中所藏素书,尽其诀,乃辞去。南陵有富人子伤寒不知人,气息仅属,扩视之曰:"此嗜卧证也,后三日当苏,苏则欲饮,欲饮与此药必熟睡,觉当得汗也。"已而果然。当涂郭祥正子患嗽,肌骨如削,医多以为劳,扩曰:"是不足忧。"就坐饮以药,忽大吐,使视涎沫中当有物也,视之得鱼骨,宿疾皆愈。在建业有妇人叩门求医者,扩不在,其弟挥为诊之,及归,挥具言其状,扩曰:"弟与药如是且瘳矣,此其脉当孕居三年,左乳下有志也。"验之信然。尝有调官都下者,扩诊之谓曰:"虾游脉见,不出七日当死。"后五日得通判齐州,喜曰:"张扩妄言耳,我适得官,何谓死哉?"又二日,晨起进盥,仆地即死。建中靖国初,范忠宣公方召而疾作,问曰:"吾此去几何?"扩曰:"公脉气不出半年。"公曰:"使某得生至京师,则子之赐已。"遂与偕行至京师,奏补扩假承务郎,未几公以不起闻。董正封知歙州,扩以太素切其脉曰:"承议今岁当奏子。"正封自以官不应格,又非郊岁,以为疑。适宛陵有幕官至者,与语及之,客曰:"是不可信,彼亦以此语许吾州守矣。"会徽宗登极,守臣子弟例以捧表得官。崇宁中,黄诰待淮西提刑,扩谓曰:"大夫食禄不在淮西,行且还朝矣,然非今日宰相,所谓宰相者犹未起,起则有召命,不满岁当三迁。"又曰:"大夫不病而细君病,忧在九月。"及蔡京当国,诰被召还,岁中自户部、吏部迁左司郎中,而妻刘亦适以九月卒。尚书蹇序辰知应天府,扩谓曰:"尚书无官脉,旦夕当有谪。"俄被旨放归田里,复见之曰:"当得州。"果得杭州。汪丞相微时,祁门宰陈孺使遍视在学诸生,次至公曰:"君位至宰相,然南人得北脉,名宦当由北方起。"未几登第,调北京大名主簿,不出北京,积官至中奉大夫,中兴遂为上相。谓胡殿院曰:"君当登第,然心脉未圆,岁在辛卯,见之曰不出此岁矣。"明年果登第。扩后以罪谪永州,至洪州晨起见帅曰:"扩今日时加午当死,后事以累公帅。"曰:"何至是?"扩曰:"吾察之血已入心矣。"退使人伺之,及期卒。挥字子发,传兄业,为人纯孝有常,士大夫多爱重之。

(元)赵定庵

名道可,其先辽州人。历官昭勇大将军、营军总管,感疾,麾下老卒李清庵者号得道,一夕侯安否,因请屏去侍妾,解衣趺坐,腰背相倚达旦而疾疗,道可感动,礼请清庵为师,以印绶付其弟大明,弃家云游,人不识其尝为达官也。一日,俳优者于市见之,拜曰:"相公因何在此?"道可去不顾。一日谓弟子曰:"吾当去矣,当与各官诀别。"弟子入城回言:"公冗午后即道。"道可曰:"吾不及待。"即自颂曰:"举目无亲识,孤舟驾片云。飘飘归去也,风月与谁邻?"言讫即跌坐而逝。其弟子从遗命将焚之,州守黄野舟乃以大缸二合而葬之中和道院南,表曰赵真人之墓。

(元)胡月潭

字守正,婺源人。幼失怙恃,兄令入沙门,遇樗野翁训曰:"汝忍髡其首,伤父母之遗体乎?"守正悟其言,由是适黟之天尊观,参汪云隐为师,传太玄法。后又落魄江湖,皈礼王侍宸八世孙王月蟾,求天心五雷至元之秘、九灵飞步琼玑之书,竭诚十年,诸法皆明。其后馘狐精于太平,斩白蛇于本邑,召雷祷雨,立见感通。一日谓其徒曰:"吾夜梦登于九霄与先师会,吾将逝矣。"言讫,遂沐浴更衣,无疾而逝。

(明)邋遢仙

不知何许人也,嘉靖间寄迹休宁西郭镇桥庵,露宿门外,日游城市,溽暑衣破衲、暴日中,冬则跣足践霜雪,尘垢遍体,不事浣濯,触之无纤秽,问其姓名笑而不答,咸称为邋遢仙云。五城黄上舍国瑞,号无心道人,筑齐云半山中,颜曰洞天福地。居之日惟一食,或数日不食,扃关寂坐。游屐登齐云者辄往瞻礼,仙罕与人接。按台田生金叩以休咎,摇手不答,叩急即瞠目曰:"做汝自家的事。"再问之,曰:"忠孝是也。"雨台登仙,祝厘多题赠之。生平绝不作书,一日忽书偈示徒,踟跌而逝。时年百余,坐化于齐云山。

(明)张楣

祁门石坑人。幼慕道,遍游名山,参访得悟,归来筑室双峰下,扁曰愚隐。所著有《道统元机》一卷,其卷首有太极图,赞云:"两仪之主宰,万物之根蒂,大道的本原,长生的正理,百果核内仁,五谷壳中米,数年劳苦栽,今日寻见你,极大极小极坚耐,莫收莫歇莫败坏,体数渺茫难形容,四围上下无边界,在理无声亦无臭,著物有相有四大,不知老死在其中,识破跳出圈子外。"后访道于终南,不知所终。

(明)李赤肚

黟打石堆人,或称彻度。师事邈蓬头及阁道人,得异术,张其肚皮可蒸饼炙酒。诘其故,曰:"五行人所自有,不必取之于外。"或以毒药试之,指肚皮上黑子曰:"岂非尔毒我耶。"俄而黑子走左手,又走右手,从手走足,从足走手,如是数周,曰:"可以出矣。"黑子从毛孔出,四射如烟。诘其故,曰:"药本不能伤人,人自死耳,但中气能作主,则邪皆傍行而不伤。"百岁前尝数年一归,但见猖狂市上,唱老庄书,后不知所终。有杨尚书文恪公作传。

(清)章天山

号月鉴,一号乐真子,绩溪西关人。幼喜修炼,尝游石镜山,遇梅道人,授以长生术,遂豁然有悟于阴阳辟翕之理,独得真谛,乃注魏伯阳《参同契》、张紫阳《悟真篇》等书。结茅大嶂山,昼夜瞑目端坐,野火焚其庐,面不热。复归城中,额其庐曰"紫云回寓",望气者见其居处时有紫云覆其上。每为里人言休咎皆中,尸解时鼻中有白气二道腾空,须臾而减,举室咸闻笙箫之声。后数十年乡人至南海,有复见乐真子于普陀岩者,犹携月鉴踞盘石鼓琴焉。

附录四:徽州历史上的名僧

徽州历史上的名僧,这里收录了唐朝12人,五代3人,宋朝13人,元朝1人,明朝18人,清朝15人。

(唐)释慧明

《安徽佛门龙象传》曰:"释慧明,字元照,歙人,幼愚陋,长乃神异,莫知师法,止邑西北数十年,人莫知之者。忽民间疾疫,医十不起一,明交臂之际即获痊。旱祷,甘霖立至,能使眇者视,跛者履,转俭为丰,回殃作佛,称为圣僧菩萨。"①《江南通志》曰:"圣僧山,在府治西,旧志云:唐武德间,僧慧明居此,故名。下有泉曰灵塘,左为洗眼池,巅下有石曰仙人幢,南渡时有道人居此,明汪道昆为僧自明创般若台,冯梦贞谓之莲花国土。"②

(唐)释智琚

姓李氏,其先居冀州赵郡,晋室东迁遂为新安人。父祎仕梁为员外散骑侍郎。琚年十九便自出尘,听坦法师《释论》、雅公《般若》、誉公《三论》,年二十七即就敷讲无碍辩才,众所知识,说经待问,驱动常伦。口不言人,服无受色。后三屈指逝于常州建安寺。武德二年弟子常衍为立碑,西阳王记室曹宪为文。③

(唐)包西来

天竺高僧,编麻为衣,冬夏不易,人称麻衣和尚,后人尊称麻衣祖师。唐中和二年,在翠微峰侧创建翠微寺。据康熙《黄山翠微寺志》,麻衣和尚风闻朝廷欲毁寺庙、减僧侣,忧心忡忡,作偈语曰:"敕命如雷下翠微,佛前垂泪脱麻衣。山中有寺不容住,四海无家何处归?"皇帝闻后作答:"忍仙林下坐禅时,曾使歌王割四肢。况我圣朝无此事,只教修道又何悲。"上述对诗,出自《五灯会元》福州龟山智真禅师,与麻衣和尚无关。旧志所载,属于附会。

---

① 江谦:《安徽佛门龙象传》卷下《苦行》,民国二十二年铅印本。
② (清)赵宏恩:《江南通志》卷十五《舆地志》,文渊阁四库全书本。
③ (明)汪舜民:弘治《徽州府志》卷十《仙释》,弘治十五年刻本。

（唐）志满

河南洛阳人，俗姓康，幼入龙兴寺为僧。后南游至黄山汤泉结茅，创建汤院。唐永贞元年卒。

（唐）岛云

唐代诗僧。唐武宗时还俗，因慕东国僧人"掷钵神异"，来游黄山，登天都峰，是唐代题咏黄山景物最多的诗僧。旧山志中收有《黄山怀古》、《仙僧洞》、《汤泉》、《登天都峰》、《仙桥》等十首诗，《全唐诗》中录有断句，称其诗尚奇险。

（唐）行明

祥符寺住持僧。宋景祐间，刻印《黄山图经》，记述黄山名胜与历史，并辑录唐宋人题咏。元符三年重刻，现为存世第一部黄山志书。①

（唐）释定庄

新安人，牛头寺法融禅师传三世，旁出十二人，庄其一也，无机缘语句。《传法正宗记》曰："三十一祖之二世，曰法融禅师，旁出法嗣凡十人，一曰金陵钟山昙璀者，一曰荆州大素者，一曰幽栖月空者，一曰白马道演者，一曰新安定庄者，一曰彭城智瑳者，一曰广州道树者，一曰湖州智爽者，一曰新州杜默者，一曰上元智诚者。"②

（唐）释茂源

歙州人，得法于吉州性空禅师。平田来参，源欲起身，平田把住，曰："开口即失，闭口即丧，去却甚么，时请师道。"源以手掩耳。平田放手曰："一步易，两步难。"源曰："有什么死急。"平田曰："若非此个？阿师不免诸方检点。"师不对。③

（唐）朱溪谦

歙州人，师云居道膺，通禅学，能译经义。饶州刺史为谦造大藏殿，谦与一僧同看次。谦唤某甲，僧应诺，谦曰："此殿着得多少佛。"曰："着即不无，有人不肯。"谦曰："我不问这个人。"曰："若此则某甲亦未曾只对珍重。"谦后终于兜率山。④

据《五灯会元》，歙州朱溪谦禅师，韶国师到，参次，闻犬咬灵鼠声。国师便问："是甚么声？"师曰："犬咬灵鼠声。"国师曰："既是灵鼠，为甚么却被犬咬？"师曰："咬杀也。"国师曰："好个犬。"师便打。国师曰："莫打，某甲话在。"师休去。

---

① 黄山志编纂委员会编：《黄山志》，黄山书社1988年版，第232页。以上四位僧人出自此书。
②《传法正宗记》卷九，《大正新修大藏经》第五十一册，CBETA版。
③（明）汪舜民：弘治《徽州府志》卷十《仙释》，弘治十五年刻本。
④（明）汪舜民：弘治《徽州府志》卷十《仙释》，弘治十五年刻本。

因造佛殿毕,一僧同看。师曰:"此殿着得甚么佛?"曰:"着即不无,有人不肯。"师曰:"我不问那个人!"曰:"恁么,则某甲亦未曾祇对和尚。"①

(唐)释清澜

唐朝歙州兴唐寺僧,名清澜,性孤高,饱丛林。九华杜荀鹤赠诗云:"只恐为僧心不了,为僧心了总输僧。"答诗云:"如何即是僧心了? 了得何心是了僧?"世多传之。与婺州僧贯休相善,以诗文往还,故其精舍往往有澜所为碑塔在寺后。②

歙州兴唐寺又名太平兴国寺,寺中有应梦罗汉院。唐末僧清澜与婺州僧贯休游,休为画十六梵相,相传尝取入禁中,后梦歙僧十五六辈求还,因复以赐之,内相汪藻诗所谓"祇祇梦乞归严寺,要使邦人习气移"者也。③

(唐)释慧琳

据《宋高僧传》,释慧琳,字抱玉,俗姓柯,新安人也。丱龄受业于灵隐西峰为金和尚弟子,所传法要断无重问。大历初受具足戒于灵山会,习学三教一领无遗。不乐声华止好泉石,一入天眼二十余年。天眼即天目也,其山高三千丈周围三百里,与天柱庐阜等相俦匹,上有二湖,谓为左右目,登涉艰阻数日乃到巅,顶多蛟龙,池潭三所,最上池人不可近,气臭逆人不可久视。或说山神作白鹿形,每五月与震泽龙会必暴雨焉。琳居此率多妖异,而心不挠。元和丁亥,太守礼部员外城南杜陟请出永福寺登坛,至己丑岁春刺史兵部郎中裴常棣,召临天竺寺坛。度人毕归寺,讲训生徒向二十载。郡守左司郎中陆则,刑部侍郎杨凭,给事中卢元辅,中书舍人白居易,太府卿李幼公,刑部郎中崔郜,刑部郎中路异,相继九邦伯皆以公退至院致礼,稽问佛法宗意染指性相。此诸名公,簪组上流,辞学高度,或号毗昙孔子,或名胜力菩萨,非琳何以感动哉。太和六年四月二十五日示灭,享寿八十有三,法腊六十四,以其年五月十二日葬于今永安寺西山之阳玛瑙坡之左,石塔岿然存矣。④

(唐)僧清素

罗愿《新安志》载,广福宝林禅院在仙柱上乡,唐末有僧清素,自言从五台来,眉目端秀,发覆额,倰傥多异,时县人郑传保据,号司徒,师造其垒,求安禅之地,传为言"自紫溪入西峰有地数亩,无人迹,古木清秀,涧中有洞穴,神龙居

---

① 《五灯会元》卷十三《朱溪谦禅师》,《卍新纂续藏经》第八十册,CBETA版。
② (明)汪舜民:弘治《徽州府志》卷十《仙释》,弘治十五年刻本。
③ (明)汪舜民:弘治《徽州府志》卷十《寺观》,弘治十五年刻本。
④ 《宋高僧传》卷十六《唐钱塘永福寺慧琳传》,《大正新修大藏经》第五十册,CBETA版。

之,其旁可以安禅。"师曰:"吾今夕当飞锡往观之。"传馆之于楼,扃镧严甚,比夜半失之,及明寝自若也。谓传曰:"吾已用锡表其处,坤山而壬首,自此以往者,涉溪三十六,度岭二十四。"传使人视之,垄上新有行迹,他皆如其言,大敬异之,为筑室百余间,白刺史陶雅,请于杨氏,号上元宝林禅院,开坛度僧,时光化二年也。传尝以久旱,结采为楼,从师求雨,师表竹于楼之四隅,曰:"雨于竹外。"已而果然。扬州旱,令属郡遍祷群祀,雅梦伟人自称汪王为雅言:"师乃水晶宫菩萨也,有五龙,可往求之。"乃请师,师曰"吾已遣施雨扬州三昼夜矣。"杨氏封禅大德。住山十七年,聚僧数百人,一旦尽散其众而逝,其骨身在今塔下。始师尝作歌偈,有"文殊遣我来之语"。元丰三年,赐号慧应大师,饶州亦奏请,赐神慧禅师。绍兴十三年八月,加神慧永济禅师。先是杨氏遗师紫衣不受,求锦袄著之,每往还池阳,有冯姥者见常迎,劳为设酒,乃脱袄为赠,使遇祷雨旸,出而浴之,并锡杖、铁笛、戒牒,皆见存,而院以熙宁二年改寿圣宝林,隆兴间凡寿圣例改广福云。①

(五代)何令通

俗姓何,名溥,字令通,法名慕真,袁州宜春人,为南唐国师。精堪舆,言牛头山不利,谪休宁,来归芙蓉峰,即灵山碧云庵礼昭禅师为师,改名慕真,参狗子无佛性话头。一坐四十年,豁然大悟。宋天禧三年己未十月十八日,里中江文采辈往见,慕真肃入正席趺坐,忽火从心出自灼,顷刻而化,其徒收舍利为塔葬之。留偈曰:"四十五年默默无言,吾今一去明月当天。"初托言晨炊无火,命其徒下山取火,未几火自身出,其徒望烟奔归,亦跃入火,俗称火头仙。今舍利塚犹附真公石塔后。真公著《堪舆书》一卷,名铁弹子,形家宗之。②

(宋)释道茂

号雪山,歙县纪氏子。少时每遇盛夏辄以昏暮伏草莽中,求以身施蚊蚋者二十年。始住休宁普满院,时郭公三益为尉,间数与语,郭公由是好佛法。后住通州白狼山,晚归自号觉庵,未尝为人白椎。或问之,答曰:"是第一义者,可轻以假人耶?"有妻死求出家者,茂终不纳,曰:"彼一时所激,非为法来也。"此人再娶已,有买妾,竟如所料。大观中郡守使其乡僧行月住天王院,月自言云门下,求与茂通法属,茂不答。及茂去世,月言:"彼非坐灭,乃其徒伪为之。"守使检尸,检者踏其腰股使伸。伸已,随结焚之西关渡,项骨诸根不坏,烟所及,虽水皆得舍利。有

---

① (宋)罗愿:《新安志》卷四《祁门沿革》,文渊阁四库全书本。
② 江谦:《安徽佛门龙象传》卷上《禅宗》,民国二十二年铅印本。

《池阳百问》行于世。①

(宋)释子珣

释子珣,东松庵僧。绍兴初,岳武穆尝提兵过此,与僧语。岳问:"何处响涓涓?"僧应:"接竹引清泉。"岳云:"春夏常如此?"僧应:"秋冬亦自然。"岳心奇之。先是僧种储芋壁中,群僧异之,至是出以犒军。秦桧之杀武穆也,闻子珣与武穆语,遣李吉杀之,子珣先觉,题诗云:"急忙收拾旧袈裟,钟鼓楼台莫管他。袖拂白云归古洞,杖挑明月到天涯。可怜松顶新巢鹤,犹忆篱边旧种花。好把犬猫随带去,莫教流落野人家。"以佛像一轴置庵西桥,复题诗云:"李吉从东来,我向西头走。不见佛力大,几乎出场丑。"乃遁入山。吉至庵见诗欲追之,及展佛像恍惚夺目,始见为一,俄而千,吉乃错愕,赞僧慧力以还。僧寻构庵遁所,逾时坐化,其所置佛像桥后名千佛桥。②

东松庵,在祁门十四都,宋熙宁间僧子珣尝为庐舍数十楹,设床榻备薪蔬以给往来,至则如归,士大夫多为诗美之。子珣号济了堂,浮梁朱氏子,以试经得度,晓益精进,昼夜坐禅,说法华满一二万遍,有莲花生座下,卒年八十一。③

(宋)释永素

祁门人,居柏山院。诵华严经,撰《瑜伽文》、《罗汉文》、《弥陀文》、《水陆科文》成,各具二本,奏闻三界,存一化一,设香烛不燃,祝曰:"吾文可行于世,请香烛自燃。"坐至夜半,香果自燃,烛自明,炉灰中有一依字,其文见行于世。一日沐浴升堂,说法作偈曰:"看不上面,笑不出唇,淡轩之上,独对松云。呵呵,有人若问西来意,山僧原是大朝人。"言讫而逝,荼毗舍利满盘。④

(宋)释云林

不详其里,俗姓宋,宋淳祐甲辰来游黄山,结茅其间,此地初名佛岭。唐大历中志满禅师露宿岭上,山虫卫绕,数日不知饥渴,人以为佛也,故名佛岭,为游山者发足初地。在郡城西北三十里,自歙至太平亦多取道焉。但经行十余里无居人,行者苦之,及建禅院,岿然林表,四时姜茗,取携甚便,游侣德之。时事变迁,故院湮废,及云林庋止,知为龙象修真旧地,乃造华严楼以居,为开山始祖,因以云名其岭。林有《归山诗》云:"沧海尘生望不还,虚空粉碎步方艰。时人欲识今行履,一衲萧然云岭间。"又《答友》云:"搔首何须更问天,此心灰尽不重然。休将

---

① (宋)罗愿:《新安志》卷八《叙仙释》,文渊阁四库全书本。
② (清)赵吉士:康熙《徽州府志》卷十八《仙释》,康熙三十八年刻本。
③ (明)汪舜民:弘治《徽州府志》卷十《寺观》,弘治十五年刻本。
④ (清)赵吉士:康熙《徽州府志》卷十八《仙释》,康熙三十八年刻本。

琐琐尘寰事,换我山中枕石眠。"味其旨趣,高蹈远引,无惭禅德。方遗民凤《寄林诗》云:"竹杖芒鞵去未能,鞅尘十丈苦相仍。去来今了三生事,输尔寒岩晏坐僧。"凤为文信国客,与谢皋羽结汐社,林盖方、谢旧友云。[1]

(宋)叶氏女

歙县人,亲没,鞠于叔父母。叔父为衙前吏,坐逋官钱五十万系狱,女以香置顶自灼,从昏达旦,中夜狱官梦帝命使审其狱,果前界吏所负。其后叔母有疾,昼夜拜叩,有光晔然,刲股进之,遂愈,卒皆制丧三年。女自幼不愿嫁,至是于舍后即山为庵庐,所事像设忽左右生两竹,旦旦有甘露降竹上。太守黄诰为诗序,以为"唐世列女五人,或报父仇、代弟死,或庐墓终身,或父兄战死,沿边护丧,凛然与烈夫哲士争不朽名。若叶女者,何遽不及!至其养心治气,深达性命之理,优游自得,疑若过之。"其见重如此。好佛法,每诵经有大蛇下听,尝以偈示小,本本以为演畅天然云。时有郑姑亦自幼修炼,两人相遇,语欢甚,人窃听之,辄为猥下之语,闻者往往舍去。预自营冗甓,皆作九龟,将终,西向右胁卧。兄子请曰:"姑自幼重修,今不跏趺,无以厌人望。"女笑崛起,端坐而逝。又尝语其嫂,必毋焚我。其家竟以僧礼焚之,舌不坏,有骨缀舍利无数,年八十一,墓在县治侧。叶氏世柔循,为亲刲肝股者前后五人。[2]

(宋)歙州普满明禅师

问:"一佛出世,各坐一花。师今出世,为什么却升此座?"

师云:"一片红云起,千山地布金。"

僧拈起坐具,云:"且道遮个是什么?"

师云:"不借看。"

僧曰:"为什么不借看。"

师云:"贼是小人。"

问:"远涉江山即不问,西来祖意事如何?"

师云:"达摩西归辞震旦,至今犹自笑儿孙。"

僧曰:"恁么则诸圣入廛,殊无利济?"

师云:"面壁九年空费力,得皮得髓太无端。"

上堂,顾视大众云:"牙齿一把骨,耳朵两片皮,从始至于今,禅人犹未知。诸仁者,祇恁么会得,便是出尘罗汉、英灵丈夫。若也未然,江北江西问王老,一狐

---

① 江谦:《安徽佛门龙象传》卷下《兴福》,民国二十二年铅印本。

② (明)汪舜民:弘治《徽州府志》卷十《列女》,弘治十五年刻本。

疑了一狐疑。参。"

上堂云:"吾祖家风岂涉途,失宗随照用心粗,一言为报知音者,近日南能不姓卢。"

上堂,顾视云:"铁牛不吃栏边草,丫角牧童互相报。放在高坡卧白云,任渠七颠与八倒。阿呵呵,债有头,冤有主,拾得要打寒山老。参。"

上堂,顾视大众云:"一佛手,二驴脚,生缘各各自斟酌。日出东方夜落西,砖头太厚瓦子薄。错、错。前三三与后三三,莫道文殊对无着。参。"①

(宋)歙州开化惠圆禅师

问:"成山假就于始篑,修途托至于初步。未审如何是初步?"

曰:"携锡下孤峰。"

问:"恁么则松江一派入新安也。"

曰:"莫错认定盘星。"

问:"人天有赖。"

曰:"十万八千。"②

(宋)徽州简上座

徽州简上座者,径山颜首座因问之曰:"一二三四五六七,明眼衲僧数不足,你试数看。"简便喝。颜复曰:"七六五四三二一,你又作么生。"简拟对,颜便打出,即曰:"你且莫乱道。"简于言下有省,遽说偈曰:"你且莫乱道,皮毛卓竖寒。只知梅子熟,不觉鼻头酸。"尝颂"狗子无佛性"话曰:"赵州老汉,浑无面目,言下乖宗,神号鬼哭。"先是,大慧老师揭榜于佛殿,不许凭栏干。简既犯所戒,遭删去。未几而卒,年未三十,交朋靡不伤悼之。③

(宋)徽州黄山正因禅师

仁和俞氏子。参育王,一夕闻霹雳声,通身汗下,拊掌大笑曰:"如是如是。"元世祖请说法,称旨,授圆明通应之号。一日谓弟子曰:"吾二十七日去矣。"至期而逝。④

(宋)徽州右文颖禅师

颂梁山家贼难防话曰:"故乡人遇故乡人,鴂舌枭唇语尽情。露滴花枝春正冷,玉箫吹彻凤凰城。"

颂法眼指帘曰:"一枝红艳露幽香,蛱蝶双双透粉墙。最好迷漫香雾冷,殷勤

---

①《禅宗语录辞典》。

②《禅宗语录辞典》。

③《禅宗语录辞典》。

④《禅宗语录辞典》。

款曲不寻常。"①

(宋)释道宁

(宋)释嗣宗

(宋)张松谷

(以上三位俱见文中《徽州高僧的主要思想》)

(元)石隐和尚

元朝人,不知其所自来,善诗画,在石鼓寺数十年,与奇墅韩海友善,日夕赋诗谈道,后坐化,瘗寺旁有石塔,一重上重刻石隐冠带像,故传是宋末进士。②

(明)宗泐

姓周氏,字季潭,临海人。元末从欣笑隐学佛,住持泾水西宝胜寺。凡经书过目辄成诵,寓情词章,尤精隶古。洪武初举高行沙门,命往天界寺,寻命往西域取佛经,还授僧录右善世。太祖欲授以官,固辞,太祖撰《赐宗泐免官说》,其后胡惟庸谋逆,词连宗泐,特原之。有奉诏注《心经》、《金刚经》、《楞伽经》及所著《全室集》、《西游集》行世。③

(明)释海球

歙人,为大鄣山住持,坚志苦行,不立文字。初募大鄣禅室,有妇人向山樵苏,会谴发,呼球曰:"菩萨为吾女子束此薪。"待起负去。旁有牧竖拍掌大笑曰:"和尚私妇人乎。"球奋怒,遂持樵斧自宫气绝,逾日乃苏,一时远近相传,俱诧球为活佛。庵不日成,广大壮丽,为婺源第一丛林。秋每岁斋僧,动数千众。后真纯戒行,亦大相类。住仰天台,功不在大鄣下。④

(明)释了容

字大方,河南开封人。七岁颖悟禅理,未入空门,能诵诸般经品。十岁随父宦燕京,竟私奔五台祝发,父大索不得。后周游名山,至婺北遇猛虎毒蛇如林拦截,独空一径,容信步往,乃诸潭山也,遂诛茅以居,不复出,猿猱时献果。山主胡景儒闻而奇之,爰施诸潭为容道场,建刹供养。容绝火食,惟日食果蔬及生米,住山十余年。一日,景儒往视,容喟然叹曰:"凡胎不能白日飞升,又那用此臭皮囊为也。"会野烧,跃入火中而去,无遗蜕焉。⑤

① 《禅宗语录辞典》。
② (清)夏銮:道光《徽州府志》卷十四《仙释》,道光七年刻本。
③ 江谦:《安徽佛门龙象传》卷下《苦行》,民国二十二年铅印本。
④ 江谦:《安徽佛门龙象传》卷下《苦行》,民国二十二年铅印本。
⑤ 江谦:《安徽佛门龙象传》卷下《苦行》,民国二十二年铅印本。

(明)释海心

婺源项村人,生而胎斋。家贫业竹工,尝得遗金百两于道,俟其人还之。既祝发,并断油酱,人称为淡斋和尚云。生平苦修积德,如山头桥路及霍口、莘田、三官、榔村、横槎石桥皆其所募造,又置茶庵数处以济渴者。博山僧樵石说法于休邑阳山寺,心往听,言下顿悟,归而闭关三载,专诚念佛。圆寂于长老寺,荼毗得舍利一焉。[①]

(明)释嗣汉

休宁普满寺僧,戒行卓然,为禅林所宗。忽一日沐浴趺坐,作偈书罢,奄然而化,得舍利瘗于灵谷浮屠。又号昭回,成祖赐龛以殓。

(明)释宗忍

明朝天童密云悟法嗣,住歙石耳山,与都人酬唱机缘甚多,载在语录。[②]

(明)释慧融

来自西蜀,隐黟石门山洞。初攀藤上,人代凿之,始有路。洞中一灶一瓢,余无所有,有施米则炊,无则己坐石上,兀如石人,或七日不食亦不饥。有人夜经山下,冒月而行,讶时方晦,何得有月?俄而俯瞰溪潭,悉成月色,批枝寻根,月从洞生。后往天童密云印证,归悠然示寂。有深知者叩其工夫,盖修月观云。[③]

(明)释真柏、真松

释真柏,字郁林,姓叶氏,歙人。真松,字翠林,姓汪氏,绩溪人,即柏亲甥,生而胎斋,稍长偕往宛陵千顷山,师僧守庵。后同住婺石门,诣歙汪司马肇林、荆山珂公法席,共传心印,江中丞一麟复建礼迦古迹,请为住持。柏解脱泥滓,求见心性,远近皈依。一日忽辞大众,衣钵授徒如湛曰:"漫说从来多弟子,破颡方识印心人。"复偈曰:"年华过甲子,净业了诸缘。一证无生理,花开九品莲。"吉祥而化,舍利藏庵侧。松深解禅理,戒行严洁,常说偈言:"浮生元大梦,幻体亦非坚。亦欲超凡世,无如净土禅。"后火化,凝然趺坐。一夕湛梦松语曰:"昨辞尘世,今向乘云寺里一游耳。"孙海谓严持戒律,思松不至,建听松庵置松舍利。湛即松侄,囊幼同谒肇林,时已露慧性。浴佛日,司马手书一偈之云:"小小一沙弥,法身长六尺。摩诘并肩行,祇陀同日浴。"其衣钵盖有自矣。[④]

---

① 江谦:《安徽佛门龙象传》卷下《苦行》,民国二十二年铅印本。
② (清)赵宏恩:《江南通志》卷一百七十五《人物志》,文渊阁四库全书本。
③ (清)夏銮:道光《徽州府志》卷十四《仙释》,道光七年刻本。
④ 江谦:《安徽佛门龙象传》卷上《禅宗》,民国二十二年铅印本。

(明)释智显

字大机,姓欧氏,池阳人。初薙发昌江大龙山,后游婺源赵州庵。超悟博洽,称善知识。邑人士钦其高,延住登高山为华严经主,会登高,不戒于火。里人俞仁科复延之继竺庵,与弟子慧海、本如等俱。显精禅理,一棒一喝俱属秘教,惟海能参取,遂先化。一日显起盥沐,三礼佛毕,敷席端坐,朗说西方公案一则,瞑目而逝。其衣钵海孙雪牛传之。所著有《禅林宝训》、《音义》等书。[1]

(明)释如镜

字东明,海阳汪氏子。弱冠弃家往庐山祝发,后游饶州,结屋茅仙山,跪诵华严经三载。来婺源赵州庵,遇大机谈性学,遂师大机。专志宗旨,每日焚香手书华严一卷,二十余载,造次无辍。戒行最肃,一语不苟。临寂,预集友徒,跌坐无语,一笑而逝。[2]

(明)释照通

黟人,初为衙役。偶有感悟,削发来婺源平案山苦修净土,寻住碧云庵,二十余年见人不作一语,人呼为哑照。一日熏沐辞佛屠维以化,乃于休之竹林富室托生,背有"照通"二字云。[3]

(明)释文齐

歙县人,五十五岁出家。为僧不参禅诵经,只讲"万法俱空,一善是实"。为僧七年,崇祯三年(1630)十一月卒。[4]

(明)尹蓬头

尹蓬头,寓泾宣阳观。尝从道士索守犬作食,道士嘱徒烹之,徒窃食其两耳。尹食讫,让曰"犬非全者",因吐出宛然,惟缺两耳。岁余辞去。

(明)周尼

周尼,婺源东溪胡元靖继妻。元靖先籍德兴,以两考吏授蜀之岳池簿署县事。前妻子与吏相比为奸,事觉元靖被论罚赃下狱。周遍谒县之有力者,合钱完赃,得出狱。元靖愤子不肖,不肯归,留岳池与民杂处拮据为活,凡十余年死,仆从俱去,周独携两婢扶榇归。自蜀江下鄱湖数千里,倚榇坐卧,每风涛作则泣而呼天,抵家卖一婢为资,召前妻子与扶榇。葬德兴讫,子与妇均无留养意,遂仍归婺源,依曩时保姆,遂为尼。且并埋前妻之骨,而前妻之子亦荡败与妇俱死,尼又

① 江谦:《安徽佛门龙象传》卷下《杂科》,民国二十二年铅印本。
② 江谦:《安徽佛门龙象传》卷下《杂科》,民国二十二年铅印本。
③ 江谦:《安徽佛门龙象传》卷下《杂科》,民国二十二年铅印本。
④ 黄山志编纂委员会:《黄山志》,黄山书社1988年版,第236页。

收葬之。乡人重尼节,筑庵居之。有俞氏女敛钱为铸钟,冶人范土为模矣。将重索价,诘旦其模有大士象现焉,冶人恐,一铸而就,可见诚之所感云。①

(明)一九和尚

绩溪十二都人。俗家居于山,其父为虎所噬,一九挥拳击中虎眼,夺父尸于虎口而归。翌日独持械往山寻虎与斗,久之,械为虎折。复还持械往,卒杀虎。观者啧啧,邑侯胡民仰旌曰"孝勇"。后于石金庵为僧,清修苦行,人咸重之。②

(明)释惟安

字云亭,读书中普门,喜其义广大无碍,因自号普门,姓奚氏,陕西郿人也。幼失怙恃,不识生平而志骨挺立,弗甘俗贱。年十岁为人牧羊,迅雷夜半惊起,自愤消除卑念,投入空门。年近二十,薙发受具足戒,遍叩宗匠,三十年中往来少林、五台、太行、伏牛、普陀诸名山,饥不言疲,患至不怖,昼夜精勤,锻炼周密,直至无可转虑,必欲转得,如是努力,自疑自龁。尝于元日入山负薪,被风吹落,身心两无,前后际断,如月映澄潭,花明空镜,虽青岩击竹,高峰落枕头,无以过也。独以未经明眼印可,不敢自信。再上台山谒空印,呈偈请益,一闻提惊,便破桶底,若洪钟既扣,靡不响应矣。万历二十一年立禅之夜,似梦初醒,觉黄山境象,如在目前。三十二年行至新安,因缘所集,宰官、居士、缁素、道侣、信受归依几及千人。安乃破雪寻奇,扪萝陟峭,得黄山之胜,恍如梦符,遂入开山,草创法海禅院。来者日众,糇粮乏绝,相与采苦饮水,亦不相离。道价翔溢,声达禁苑,敕赐慈光寺额及七级四面金像并藏经、金书《法华经》、紫衣金钵,赏赉有加。天启三年,飞锡庋夫椒山祥符寺,山荒地僻,厨灶无烟,安与众闭门七日不火。许居士鼎臣叩扉直入,见其道貌清峻,略无疲色,叹为华严不思议境界,消冻饿想,俨然雪山麻麦也。无何以赐佛因缘,北至清源乘愿禅林,即安十年前所建,少傅蓼水朱公相留结夏,亦自知迁化期近,即止憩焉,以天启五年六月十二日示寂趺坐,说偈曰:"处处西方地,我无西方心,满目皆莲花,惟不见我身。"合掌而逝,僧腊五十余载。弟子辇骨黄山造塔,寺后白石凿凿,流水环绕,许鼎臣为之铭。③

(明)释如本

(明)释广寄

(以上两位俱见文中《徽州高僧的主要思想》)

---

① (清)赵宏恩:《江南通志》卷一百九十六《杂类志》,文渊阁四库全书本。

② (清)夏銮:道光《徽州府志》卷十四《仙释》,道光七年刻本。

③ 俞谦:《新续高僧传四集》卷五十四,北洋印书局民国十二年版。

(清)释寂融

字莲城,姓张氏,宛陵人。家本望族,生具福相。幼性敏悟,夙好诗书。长甘淡泊,归志清净。从益念剃落,殚心教典,靡不通贯。年二十,登华山受具足于见月,随侍巾拂,易寒暑亦见器重。出参名宿,得礼心空于翠微,师资道合,两相印许,遂传以毗尼,授之法衣。于是刻苦自持,勉励行修,乃于韵松领头别筑一亭,冬汤夏茗,利济行者,远道流传,誉问宣昭。邑宰陈公闻而敬之,请主韵松西乡,檀越又乞驻锡翠微,化覃延,胜会无遮,两地戒法,一时振兴。往岁太邑祭祀皆用鹿羞,烈火焚炎,响穷山谷,飞毛雨血,恻焉伤之。融为请于陈公,卒得免焉,里人深感之。暮年仍还韵松,多与士林赋诗往还,每于赠答随机诱迪,故文学之士多愿皈依。后邑宰王公又创瓣香禅室以供养之。融年逾八十,鹤发童颜,望之起敬。其修诵操行,老而弥笃,示期垣化,日月不爽。建塔山左,程绳武为撰铭。[1]

(清)释照宏

字缘鹤,姓李氏,仙源人。将诞之夕,一童子跨鹤翩跹飞入其家,觉而身动,呱呱在地,圆顶广颡,眉目清奇,知有夙果,不入尘俗。稍长,拜常乐如心,字曰缘鹤,以符其兆。由是委怀内典,细绎梵音,虽贝叶灵文,过目能了。后得戒于宝华尝松,心契波罗之旨,力任行持。及遇韵松莲城,抉其素蕴,怃然曰:"超六尘通三昧者是子也。"乃付以戒本为律学真传。时诸檀越请主持寺席,弘演毗尼,继风太原,三学既勤,七众来归。每当讲论,剖析精微,闻其片偈,如证道果。戊申以波罗法脉传之黄石普开,端坐迁化。[2]

(清)释妙参

俗姓洪,字志明,婺源古坛人。淡泊寡营,通内典,谙书画,至老弗辍。年十九观剧,慕真武得道,慨然有出尘之想,遗书父母诀别,遁皋水德寺削发为僧。受戒于宝华山,遂云游名山大川,足迹半天下。闻杭州半山有天朗大德,遂往谒,执弟子礼数载,尽得其传。皈依日众,驻锡宜兴海会寺为方丈。时韩古农在臬司任,闻名造访师事之。武进盛宣怀尚书晚好佛,延妙参,封坐蒲团,听经自忏,因注《心经》《禅宗直解》以贻之,刊行于世。海会寺旧已废,妙参不募外资,辟地种竹,自号种竹道者。[3]

---

① 俞谦:《新续高僧传四集》卷三十,北洋印书局民国十二年版。
② 俞谦:《新续高僧传四集》卷三十一,北洋印书局民国十二年版。
③ 江谦:《安徽佛门龙象传》卷下《杂科》,民国二十二年铅印本。

(清)释行印

俗姓胡氏,名文杜,法名行印,号半庵,歙良干人,明天启间任内阁中书,掖左忠毅于廷杖,因并杖之,不死,卒收左骸。顺治二年,两膝患人面疮,经七年。一日,疮口气腾出作语,称是梁时卢昭容,被害洛阳宫。半庵不解,疮怒曰:"弑昭宗者谁?"半庵悟,遂力疾书经一千二十卷,患平。康熙三年,寓江宁大报恩寺修藏禅院,知府陈开虞允绅士请入志,载流寓。经藏院中有碑记印曰:"我歙人也,何忘本根?"以所书《妙法莲花经》、《仁王护国般若经》等二十卷供黄山慈光寺,已入黄山志。①

(清)释普信

释普信,字师古,号梅屿,俗姓郑,歙人也。母梦道人手法华经一卷来,遂诞信。幼而善病,礼云岭参照哲御为师,年才十龄,受以经论,俱能了解,哲喜其灵慧。未及进见于华山见月,既研律仪,更究文艺,好学深思,每见骚客词人,虚怀请益,人以是称之。著有《听松阁诗》四卷,郡司马安丘曹贞吉为之序,称为"草际幽兰,难寻野鹤。"又辑《云岭志》六卷、《读书楼》一集,均附刊。信寂于康熙辛巳三月五日。②

(清)释渐江

字六奇,俗姓江名韬,歙县人,出家后法名弘仁,字无智,自称渐江僧,以画著名,是新安画派奠基人。画风境界宽阔,笔墨凝重,寓伟峻沉厚于清简淡远之中。生平不婚不宦。清顺治二年,清兵入歙,渐江即由水路离歙去闽,旅居武夷山等地。两年后,从古航道舟法师剃发为僧。后北游南京、芜湖、宣城、歙县、黄山等地。清顺治十六年挂单黄山云谷寺,次年返居歙县五明寺,游黄山,客休宁建初寺,以后两年还曾游扬州、黄山、庐山等地。清康熙三年十二月二十二日示寂于歙县五明寺,起塔厚葬。遗留的大量山水画及题画、诗偈为中国艺术史上的珍品。③

(清)恒证据

清朝人,原籍新安程氏子。年十三,削发遍参丛席,依天童十五载。后衍化庆雪、水西、丁山、断山、梓山、杉山,最后住黄山慈光寺暨开黄禅院,为黄山燃一灯。顺治中示寂。④

---

① (清)夏銮:道光《徽州府志》卷十四《仙释》,道光七年刻本。
② 俞谦:《新续高僧传四集》卷六十三,北洋印书局民国十二年版。
③ 黄山志编纂委员会:《黄山志》,黄山书社1988年版,第237页。
④ (清)赵吉士:康熙《徽州府志》卷十八《仙释》,康熙三十八年刻本。

(清)释寀寀

不知所自来,顺治初到王平山诛茅结庵,日晏坐习禅一室中,不漫与人交语。鹏原汪三省,理学闻人也,宦归,尝至山,则与为酬答,久益善。康熙间,将化,预饬其徒置两缸,俟寂后龛而藏之,计若干年月乃开。如其言,及期启视,肉身不少坏,爪发如新,乡人其异焉,因髹漆涂金升置座上奉之。道祀辄应,杖履至今犹存。①

(清)胡世润

字玉山,宅坦人,具夙慧,夜坐无风烛灭,因悟曰:"是之谓生灭,顾岂无不生不灭者乎?"苦心修炼,明心正性,尝作偈语数百首,颜曰玉山。②

(清)无影和尚

不知何许人,投太平寺,常在佛殿隙地趺坐,不住僧寮,髡首跣足,寒暑无异。博通经史,士林重之,尝为邑驱虎。③

(注:清初黄山还有一些名僧,如诗画僧石涛、雪庄、大涵、诗僧海岳、文僧弘眉等,见第三章"其他僧人",此处不再另附)

---

① (清)夏銮:道光《徽州府志》卷十四《仙释》,道光七年刻本。
② (清)夏銮:道光《徽州府志》卷十四《仙释》,道光七年刻本。
③ (清)夏銮:道光《徽州府志》卷十四《仙释》,道光七年刻本。

主要参考文献

一 道教及佛教经典

《历世真仙体道通鉴》,明正统道藏本。

《灵宝无量度人上品妙经》,明正统道藏本。

《上清大洞真经》,明正统道藏本。

《太上老君说常清静妙经》,明正统道藏本。

《皇经集注》,明正统道藏本。

《洞神八帝元变经》,明正统道藏本。

《太上洞玄灵宝真文要解上经》,明正统道藏本。

《真藏经要诀》,明正统道藏本。

《道法会元》,明正统道藏本。

《元始天尊说北方真武妙经》,明正统道藏本。

《无上秘要》,明正统道藏本。

《太上说玄天大圣真武本传神咒妙经》,明正统道藏本。

《道门通教必用集》,明正统道藏本。

《太上说九幽拔罪心印妙经》,明正统道藏本。

《元始无量度人上品妙经四注》,明正统道藏本。

《真龙虎九仙经》,明正统道藏本。

《玉清无极总真文昌大洞仙经》,明正统道藏本。

《上清黄庭五脏六腑真人玉轴经》,明正统道藏本。

《大惠静慈妙乐天尊说福德五圣经》,明正统道藏本。

《太上九要心印妙经》,明正统道藏本。

《通玄真经》,北京书同文四部丛刊本。

《南华真经》,北京书同文四部丛刊本。

《大般涅盘经》,《大正新修大藏经》第一册,CBETA版。

《佛说法集经》,《大正新修大藏经》第十七册,CBETA版。

《大方广圆觉修多罗了义经》,《大正新修大藏经》第十七册,CBETA版

《大毗卢遮那成佛神变加持经》,《大正新修大藏经》第十八册,CBETA版。

《大佛顶首楞严经》,《大正新修大藏经》第十九册,CBETA版。

《大智度论》,《大正新修大藏经》第二十五册,CBETA版。

《法华义疏》,《大正新修大藏经》第三十四册,CBETA版。

《黄檗山断际禅师传心法要》,《大正新修大藏经》第四十八册,CBETA版。

《宏智禅师广录》,《大正新修大藏经》第四十八册,CBETA版。

《宋高僧传》,《大正新修大藏经》第五十册,CBETA版。

《传法正宗记》卷九,《大正新修大藏经》第五十一册,CBETA版。

《一切经音义》,《大正新修大藏经》第五十四册,CBETA版。

《开福道宁禅师语录》,《卍新纂续藏经》第六十九册,CBETA版。

《憨山老人梦游集》,《卍新纂续藏经》第七十三册,CBETA版。

《五灯会元》,《卍新纂续藏经》第八十册,CBETA版。

中华佛典宝库编:《禅宗语录辞典》,V1.2电子版。

二　古籍文献

《易经》,文渊阁四库全书本。

(汉)司马迁:《史记》,文渊阁四库全书本。

(汉)戴德:《大戴礼记》,文渊阁四库全书本。

(三国)韦昭注:《国语》,文渊阁四库全书本。

(南朝)范晔:《后汉书》,文渊阁四库全书本。

(唐)长孙无忌:《隋书》,文渊阁四库全书本。

(唐)王冰注:《黄帝内经·素问》,文渊阁四库全书本。

(宋)王溥:《唐会要》,文渊阁四库全书本。

(宋)卫湜:《礼记集说》,文渊阁四库全书本。

(宋)吴自牧:《梦粱录》,文渊阁四库全书本。

(宋)祝穆:《方舆胜览》,文渊阁四库全书本。

(宋)邵雍:《皇极经世书》,文渊阁四库全书本。

（宋）朱熹：《家礼》，文渊阁四库全书本。

（宋）张君房：《云笈七签》，文渊阁四库全书本。

（宋）岳珂补注：《三命指迷赋》，文渊阁四库全书本。

（宋）黎靖德：《朱子语类》，文渊阁四库全书本。

（元）吴师道：《礼部集》，文渊阁四库全书本。

（元）陈栎：《定宇集》，文渊阁四库全书本。

（元）释觉岸：《释氏稽古略》，文渊阁四库全书本。

（明）陈邦瞻：《宋史纪事本末》，文渊阁四库全书本。

（明）宋濂：《元史》，文渊阁四库全书本。

（明）程敏政：《新安文献志》，文渊阁四库全书本。

（明）程敏政：《篁墩文集》，文渊阁四库全书本。

（明）陈焯：《宋元诗会》，文渊阁四库全书本。

（明）唐桂芳：《白云集》，文渊阁四库全书本。

（明）陈耀文：《天中记》，文渊阁四库全书本。

（明）万民英：《三命通会》，文渊阁四库全书本。

（清）张廷玉：《明史》，文渊阁四库全书本。

《圣祖仁皇帝圣训》，文渊阁四库全书本。

（清）陆陇其：《四书讲义困勉录》，文渊阁四库全书本。

佚名：《六壬大全》，文渊阁四库全书本。

（晋）葛洪：《抱朴子》，北京书同文四部丛刊本。

（明）杨卓：《佛学次第统编》，北京图书馆出版社2008年版。

（清）赵翼：《廿二史札记》，中华书局2005年版。

（清）袁树珊：《命谱》，中州古籍出版社1995年版。

（清）程之康：《程氏人物志》，清康熙程氏延庆堂刻本。

（清）江永：《考订朱子世家》，清同治十三年刻本。

佚名：《三教源流搜神大全》，清末宣统刻本。

胡朴安：《中华全国风俗志》，上海广益书局民国十二年版。

喻谦：《新续高僧传四集》，北洋印书局民国十二年版。

江谦：《安徽佛门龙象传》，民国二十二年铅印本。

（宋）罗愿：《新安志》，文渊阁四库全书本。

（宋）方仁荣：景定《严州续志》，文渊阁四库全书本。

（元）袁桷:《四明志》,文渊阁四库全书本。

（元）郑弘祖:《新安忠烈庙神纪实》,明天顺四年刻本。

（明）汪舜民:《徽州府志》,弘治十五年刻本。

（明）鲁点:《齐云山志》,江苏古籍出版社2000年版。

（清）赵吉士:康熙《徽州府志》,康熙三十八年刻本。

（清）谢旻:康熙《江西通志》,文渊阁四库全书本。

（清）赵宏恩:《江南通志》,文渊阁四库全书本。

（清）夏銮:道光《徽州府志》,道光七年刻本。

（清）沈葆桢:光绪《重修安徽通志》,光绪四年刻本。

许承尧:《歙县志》,民国二十六年铅印本。

胡光钊:《祁门县志》,民国三十三年铅印本。

《新安程氏统宗补正图》,乾隆十二年刻本。

《宏村汪氏家谱》,乾隆十三年刻本。

（清）方善祖:《歙淳方氏柳山真应庙会宗统谱》,乾隆十八年刻本。

《查氏宗谱》,嘉庆二十四年刻本。

《馆田李氏宗谱》,光绪三十三年刻本。

《仙石周氏宗谱》,宣统三年刻本。

葛韵芬,江峰清:《婺源县志》,民国十四年刻本。

三　今人著作

梁方仲:《中国历代户口、田地、田赋统计》,上海人民出版社1980年版。

黄山志编纂委员会:《黄山志》,黄山书社1988年版。

王治心:《中国宗教思想史大纲》,三联书店上海分店1988年版。

[美]保罗·蒂利希著,陈新权、王平译:《文化神学》,北京工人出版社1988年版。

齐云山志编纂办公室:《齐云山志》,黄山书社1990年版。

马西沙,韩秉方:《中国民间宗教史》,上海人民出版社1992年版。

[日]忽滑谷快天著,朱谦之译:《中国禅宗思想史》,上海古籍出版社1994年版。

张志刚:《宗教文化学导论》,北京东方出版社1996年版。

蔡东藩:《明史演义》,安徽人民出版社1996年版。

安徽省地方志编纂委员会:《安徽省志》,方志出版社1997年版。

茆耕茹:《安徽目连戏资料集》,(台北)财团法人施合郑民俗文化基金会,1997年版。

王秋桂:《皖南高腔目连戏卷》,(台北)财团法人施合郑民俗文化基金会,1998年版。

[德]黑格尔著,魏庆征译:《宗教哲学》,中国社会出版社1999年版。

[法]涂尔干著,渠东译:《宗教生活的基本形式》,上海人民出版社1999年版。

王振忠:《徽州社会文化史探微》,上海社会科学院出版社2002年版。

李琳琦:《徽商与明清徽州教育》,湖北教育出版社2003年版。

[德]西美尔著,曹卫东译:《宗教社会学》,上海人民出版社2003年版。

卞利:《明清徽州社会研究》,安徽大学出版社2004年版。

王廷元,王世华:《徽商》,安徽人民出版社2005年版。

周晓光:《新安理学》,安徽人民出版社2005年版。

徐乐吾评注:《穷通宝鉴》,北京理工大学出版社2008年版。

后　记

　　这本小书，是在我的博士学位论文《古代徽州宗教信仰研究》的基础上略为修改而成的。以此为题做博士学位论文，可以说是我当时必然的选择。我自2002年考上硕士研究生时起，就师从安徽师范大学历史系的李琳琦、王世华、周晓光诸位先生从事明清史研究。师大是徽学研究的重镇之一，几位先生都是徽学研究的专家，理所当然的，我也就选择了徽学。但徽学博大精深，研究什么，如何研究，我当时很困惑。我细数了一下几位先生的研究特色，王先生以徽商见长，周先生以新安理学见长，而我的导师李先生以徽州教育见长。于是，我就结合自身的特点选择了古代徽州宗教信仰。后来想想，我之所以作出这样的选择，兴趣固然重要，可能还出于以下方面的思考：一是学术重在创新；二是学术贵在继承，导师是研究教育的，宗教也是一种教育，且是人类历史上影响至深的一种教育；三是学术有容乃大，徽学研究至今，人才辈出，作为古代徽州人最基本的精神信仰，儒释道三教却没有人研究，难以说过去。但徽学博大精深，宗教信仰是精深中尤为精深者，倘若没有深厚的理论功底，徒知其然而不知其所以然，或入乎其中而不能出乎其外，不惟贻笑大方，且祸及他人。于是我决定从最基本的理论研究做起，这也就是我的硕士毕业论文写《宋明儒学与佛教的关系新探》的根本原因，但这一举止当时并不为人所理解。时至2007年，我再次报考了李先生的博士研究生，以完成未竟之心愿。

　　在这一课题研究的过程中，导师李琳琦先生从开题到定稿皆倾注了大量的心血，在论文开题、评审、评阅和答辩的过程中，王世华教授、裘士京教授、周晓光教授、复旦大学的王振忠教授、安徽大学的卞利教授、南京大学的范金民教授等都从奖掖后进的角度，对拙著给予了较高的评价，并提出了一些宝贵的意见，使我受益良多，谨向上述诸位先生致以崇高的敬意。师兄妹梁仁志、周惊涛、唐丽丽、刘俊男、台启权、刘道胜、崔伟等提供了很多的帮助，这是我永不能忘怀的。

　　拙著的出版得到了池州学院多位校领导的支持，在出版之际还得到了安徽大学徽学研究中心卞利教授以及诸位前辈、同仁的悉心指导,在此一并致谢。

得知拙著即将出版,李琳琦先生非常高兴,欣然为之作序,并嘱咐我在安徽师范大学出版社出版,同时嘱咐在安徽师范大学出版社做编辑的孙新文师弟认真、严格把关。我深知,这既是先生对我们的鼓励,也是先生对我们的鞭策。

是为记。

丁希勤

2012年12月25日